高等院校通识课教材

中华文明简史

第二版

于琨奇　庄华峰 主编

华东师范大学出版社
·上海·

图书在版编目(CIP)数据

中华文明简史/于琨奇,庄华峰主编.—2版.—上海:华东师范大学出版社,2020
 ISBN 978-7-5760-0233-1

Ⅰ.①中… Ⅱ.①于…②庄… Ⅲ.①文化史—中国 Ⅳ.①K203

中国版本图书馆 CIP 数据核字(2020)第 132785 号

中华文明简史(第二版)

主　　编　于琨奇　庄华峰
责任编辑　范耀华
审读编辑　王　海
责任校对　徐　晨　时东明
装帧设计　俞　越

出版发行　华东师范大学出版社
社　　址　上海市中山北路 3663 号　邮编 200062
网　　址　www.ecnupress.com.cn
电　　话　021-60821666　行政传真 021-62572105
客服电话　021-62865537　门市(邮购)电话 021-62869887
地　　址　上海市中山北路 3663 号华东师范大学校内先锋路口
网　　店　http://hdsdcbs.tmall.com

印 刷 者　上海昌鑫龙印务有限公司
开　　本　787×1092　16 开
印　　张　17.75
字　　数　339 千字
版　　次　2021 年 11 月第 2 版
印　　次　2024 年 1 月第 2 次
书　　号　ISBN 978-7-5760-0233-1
定　　价　54.00 元

出 版 人　王　焰

(如发现本版图书有印订质量问题,请寄回本社客服中心调换或电话 021-62865537 联系)

前言 QIANYAN

中华文明源远流长、博大精深。在其起源与早期发展阶段形成的多元一体格局和兼容革新能力,成为了其生长的起点,从中孕育出的共同文化积淀、心理认同、礼制传统,奠定了中华文明绵延不断发展的基础。

在世界文明谱系中,能与西方文明相提并论的,无疑是中华文明。中华文明诞生于内陆地区,属于十分典型的农业文明。它滥觞于夏、商、周三代之前,成型于秦、汉,兴盛于隋、唐,宋、明时达到顶峰,其悠久而灿烂的文明成果为人类发展作出了卓越贡献。对于西方国家而言,无论是地理大发现、文艺复兴,还是走出中世纪迈入现代社会,中华文明都在其中发挥了至关重要的作用。

党的十八大以来,以习近平同志为核心的党中央在国内提出实现中华民族伟大复兴的中国梦,在国际上提出构建人类命运共同体,中华文明正发生着凤凰涅槃式的变化。习近平总书记在二十大报告中着重强调,"中华优秀传统文化源远流长、博大精深,是中华文明的智慧结晶"。高校是传承与弘扬优秀传统文化的重要阵地,在高校开设文明史课程,对于中华民族精神血脉的传承,大学生人文素养的培养、健全人格的养成以及审美能力的提升等都有着重要作用。

《中华文明简史》一书自2005年由华东师范大学出版社出版发行以来,迄今已有整整十五个年头了。在这段时间里,本书一直被全国多家高校作为教材使用,也赢得了不少社会读者的垂爱,恰因如此,本书先后被多次印刷,发行量一路走高。这些让我们感到十分快慰。

尽管本书赢得了读者的首肯,但近年来我们研究中华文明史的一些心得需要补充到书中,加之这些年来中华文明史的学术研究、文物考古诸方面获得了丰硕成果,本书也需要吸收,以体现内容的先进性。因此,对本书进行全面修订,迫在眉睫。

本书的修订有删削,有订正,有增补。即删削了一些陈旧的内容,订正了个别的错误以及表述不够准确的地方,而增补则是主要工作。增补的内容有三:一是为了让读者能够对中华文明之美有更直观的感受,我们按照时代性、代表性的原则选配了一些图片来展示中华文明的成果;二是吸收了学界的最新研究成果,以体现学术的前沿性;三是增加了拓展阅读的内容,帮助读者以本书为线索,更广泛地涉猎中华文明的历史,进一步增强文化自信。此外,还做了两方面的工作：一是调整、补充、变动了部分内容，不少地方重新作了改写；二是对文字作了进一步润色，力求简洁流畅，叙述深入浅出，试图将从来是枯燥难读、只为业内人士独自享用的"史学"，变成通俗的"讲历史"，将点滴菁华烩成众多人可以分享的精神食粮。当然，这些仅是我们的美好愿望，至于是否达到了目的，只能留待读者去评判了。

需要强调的是，本书的修订工作得到了不少人的帮助，蔡金平同志为本书的修订做了大量、细致的工作，从图片的遴选、拓展阅读的设计，到一些内容的修改、完善，他都倾心、倾力为之；我的老师杨国宜教授也对本书的修订十分关心，他毫无保留地向我提供了他近年来研究中华文明史的成果，在本书第八章第二节中我们引用了他的重要成果；华东师范大学出版社的领导和范耀华编辑，为本书的再版付出了许多心血。在此谨向他们致以诚挚的谢意！

庄华峰识于江城怡墨斋

2020 年 1 月 10 日

目录

第一章 绪论 ·1·
第一节 中华文明衍生发展的"生态环境" ·1·
一、相对封闭的大陆——海岸型地理环境 ·1·
二、以农业为主体、多种经济形态并存的社会经济环境 ·2·
三、以华夏(汉)民族为主体、多民族共存的人文环境 ·3·
四、家国同构的宗法——专制式的政治环境 ·4·

第二节 中华文明的主要特征 ·6·
一、起源的多元性与发展中的趋同性 ·6·
二、自成体系与极强的包容性 ·7·

第二章 科学技术 ·10·
第一节 农业技术 ·10·
一、农具、耕作及施肥技术 ·10·
二、土壤辨析与田地的整治 ·16·
三、播种最佳时间与节气 ·17·
四、粮食作物、经济作物与蔬果园艺 ·19·
五、渔业、畜牧业、林业与副业技术 ·22·
六、水利建设 ·26·
七、农学名著 ·27·

第二节 手工业技术 ·28·
一、纺织 ·28·
二、陶瓷 ·30·
三、冶金与金属制造 ·31·
四、漆器制造 ·33·
五、四大发明 ·34·

第三节　科学	·36·
一、数学	·36·
二、物理学、化学	·37·
三、地理学	·38·
四、天文学与历法	·40·
五、医学与药物学	·43·

第三章　生活方式 ·46·

第一节　饮食	·46·
一、主食与副食	·46·
二、菜肴与烹饪	·50·
三、饮酒与饮茶	·56·
第二节　服饰	·62·
一、服饰的历史渊源	·62·
二、冠、巾、帽	·64·
三、衣与裳	·69·
四、鞋与袜	·75·
第三节　居住	·79·
一、民居	·79·
二、宫殿	·82·
第四节　交通	·85·
一、交通工具	·85·
二、道路	·88·
第五节　娱乐与体育锻炼	·91·
一、杂技与武术	·91·
二、围棋与象棋	·94·
第六节　社会交往与岁时节庆	·97·
一、社会交往与礼仪	·97·
二、岁时节庆	·102·

第四章　制度文明　·106·

第一节　土地制度与赋税制度　·106·
一、土地制度的变迁　·106·
二、赋税制度的变化　·110·

第二节　政治制度　·114·
一、分封制与郡县制　·114·
二、帝制与共和制　·116·

第三节　法律制度　·119·
一、法规与法典　·119·
二、"法治"与"人治"　·124·

第四节　教育制度　·126·
一、官学与私学　·126·
二、教学内容与教材　·130·

第五节　官吏的选举与管理制度　·133·
一、选举制度的变革　·133·
二、官吏管理制度　·136·

第六节　货币与度量衡制度　·140·
一、货币制度　·140·
二、度量衡制度　·143·

第五章　学术文明　·146·

第一节　传承不息的儒家　·146·
一、孔子　·147·
二、孟子和荀子　·150·
三、汉唐经学　·154·
四、宋元明理学　·157·
五、清代的考据学和新今文经学　·160·

第二节　儒家以外的诸子百家　·164·
一、老子、庄子与道家　·164·

二、商鞅、韩非与法家　·166·
三、墨子与墨家　·168·
四、《孙子兵法》与兵家　·169·
五、惠施、公孙龙与名家　·172·
六、阴阳五行家　·174·

第三节　史学　·175·
一、史学的起源与流变　·175·
二、史家传统与史学名著　·179·

第四节　文字、语言与文献整理　·185·
一、汉字的起源与流变　·185·
二、文字学　·187·
三、音韵学与训诂学　·189·
四、文献整理　·192·

第六章　宗教文明　·196·
第一节　原始宗教　·196·
一、图腾崇拜　·196·
二、巫祀　·197·

第二节　佛教　·199·
一、佛教的传入及其中国化　·199·
二、佛教的经藏与仪轨　·203·

第三节　道教　·206·
一、道教的产生与演变　·206·
二、道教的典籍与仪轨　·209·

第四节　其他外来宗教与民间宗教　·212·
一、伊斯兰教在中国的传播与影响　·212·
二、基督教在中国的传播与影响　·214·
三、民间宗教　·216·

第七章　文学艺术

第一节　文学

一、诗歌 ·219·
二、赋 ·224·
三、散文 ·227·
四、词曲 ·230·
五、小说 ·234·
六、文学批评 ·236·

第二节　艺术"百花园" ·240·

一、音乐 ·240·
二、舞蹈 ·243·
三、绘画 ·246·
四、戏剧与其他说唱艺术 ·250·
五、书法与篆刻 ·253·
六、建筑、雕塑与园林 ·257·

第八章　中华文明与世界文明 ·264·

第一节　中华文明与世界上其他文明的相互作用与影响 ·264·

一、中华文明圈的形成与发展 ·264·
二、佛教与近世西方文明的传入 ·266·

第二节　中华文明前瞻 ·268·

一、中华民族的伟大复兴与中华文明的发扬光大 ·268·
二、构建新时代中国特色社会主义新文明 ·270·

参考文献 ·273·

第一章 绪 论

我们常说中国是一个具有悠久文明历史的古国,中华文明不仅源远流长,而且灿烂辉煌。那么,什么是文明?什么是中华文明?中华文明是怎样产生与发展的?中华文明的主要特征表现在哪些方面?这些是本书首先需要探讨与阐述的问题。

说起"文明",也许我们翻遍所有的百科全书和专家的论述也不能得到一个标准的、统一的定义。但是,这并不影响我们经常地、大量地在使用这一词汇。我们可以说某人是个文明的人也可以说某人是个不文明的人,还可以说某人的某种行为是文明的某种行为是不文明的,我们同样可以说某支军队是文明之师某支军队是不文明的军队。我们称中国、古印度、古埃及、古巴比伦是四大文明古国,但并不意味着其他的古老国家就不文明或没有文明。这是因为"文明"一词确实具有多重涵义,人们在不同的场合使用它就赋予了它不同的涵义。一般说来,"文明"与"文化"是同义词,是指一切经人类加工和创造而产生的东西,既包括物质的,也包括非物质的,也就是我们通常所说的物质文明、精神文明和制度文明三大部分。"文明"的另一层涵义是相对于"野蛮"而言的,是指人类进步的程度,既可以适用于全人类,也可以适用于人类的某一部分,还可以适用于某个具体的人,甚至某种特定的行为,但这些都必须以特定的时空范围的人类进步状况为比较基准。本书所使用的"中华文明"这一概念,就是指中国这一地域范围内的人所加工和创造出来的物质、精神和制度文明。以下我们力图揭示其产生和发展的过程,分析其产生原因,并归纳其主要的特征。

第一节 中华文明衍生发展的"生态环境"

"一方水土养一方人",这虽是一句俗语,但它却十分生动而深刻地揭示了人与自然、人类文明与其所处的生态环境之间的关系。我们知道,世界上的四大文明古国,都是在她们各自的母亲河孕育之下成长与发展起来的,这是她们的共性。但是,每一文明又都有其自身的特征,发展的道路与命运也各不相同。这是因为,除自然环境外,影响文明衍生发展的因素还有社会经济环境、人文环境与政治环境等,在这里,我们统称其为文明衍生发展的"生态环境"。中华文明的衍生发展,当然也离不开她所处的自然环境、社会经济环境、人文环境与政治环境。

一、相对封闭的大陆——海岸型地理环境

中华文明的衍生与发展,有一个得天独厚的自然环境。地理位置处于东半球的亚热带、温带地区,东南为太平洋所环抱,西南有青藏高原与帕米尔高原等天然屏障,北纬 50°以上基

本上都是高寒与荒漠化地区,这就形成了中华文明衍生发展相对独立与封闭的地理环境。在这一个相对独立与封闭的地理环境内,幅员辽阔,气候宜人,高原、丘陵、平原、盆地,各种地形地貌应有尽有,江河湖泊星罗棋布;不仅与人类共生的动植物资源十分丰富,而且自然界的矿物资源也十分丰富,这就为中华文明的衍生与发展提供了十分优厚的自然资源。自古以来,中华民族的儿女们就是生于斯、长于斯,不断创造与发展着中华文明。地理环境的相对独立与封闭,使得中华文明的发展较少受到其他文明的影响而自成体系,能够从不间断地延续发展至今,成为世界文明发展史上一个十分独特的现象。同时,由于中华文明衍生与发展的地理位置优越、资源丰富、空间辽阔,这就十分有利于内部各种文化的共生与发展,因此,中华文明尽管与外部其他文明的交流较少,但内部各种文化之间的交流、融合却持续不断,为中华文明的衍生与发展提供了不竭的内部动力。中华文明之所以能在较早与较长的时期内处于世界文明发展的先进行列,如此得天独厚的自然环境不能不算是一个主要的原因。

二、以农业为主体、多种经济形态并存的社会经济环境

中国自古以来就是一个农业大国,中华文明就是以农业文明为基础与主要特征的文明。这是因为中国有黄河、长江、珠江、黑龙江、雅鲁藏布江、塔里木河等大江大河,这些大江大河的流域所至,都是农业文明衍生与发展的理想的自然环境。特别是黄河流域,不仅水量充沛,而且土质松软,使创造中华文明的祖先们在仅仅使用木制或石制生产工具的情况下就能开发她、利用她,从而使黄河流域成为最早得到大面积开发与利用的经济区域,成为中华文明的摇篮。黄河流域迄今为止发现的最早、也是最具代表性的农业遗址是距今七八千年的裴李岗文化和磁山文化。在裴李岗文化和磁山文化遗址中不仅出土了成套的农业生产工具如石斧、石铲、石镰等,还出土了粮食的加工工具石磨盘和石磨棒。更为重要的是,磁山遗址中还发现了大量的窖存粮食——粟。这表明,至迟七八千年前,黄河流域就出现了旱作农业。长江流域在距今6700年—6900年的河姆渡遗址中发现了稻谷、稻草和稻壳的文化堆积。经鉴定,出土的稻谷为籼稻,这是迄今为止世界上所发现的最早的人工栽培的稻谷。这说明,我国的长江下游地区早在新石器时代的早期,就已经形成了水田农业。在原始的农业产生的同时,畜牧业、手工业也相继产生。无论是在裴李岗—磁山文化遗址还是在河姆渡文化遗址中,都发现了饲养猪、狗等家畜的证据,都发现了陶器;在河姆渡遗址中还发现了陶、石、木制的纺轮。此外,还发现了渔猎的工具,如骨制的镞、带有倒刺的鱼镖等,这说明渔猎

经济在原始的农业经济中仍然占有一定的份额。

由于我国幅员辽阔,各地区的生态环境不尽相同,不同地区的人们都是在其自然的生态环境下各自形成别具特色的经济形态,这就为商业的产生与发展提供了社会舞台。我们的祖先早就认识到了以农业为主体、多种经济成分并存共同发展的重要性与必要性。司马迁在《史记》中就曾引用《周书》言:"农不出,则乏其食;工不出,则乏其事;商不出,则三宝绝;虞不出,则财匮少,财匮少而山泽不辟矣。"[①]不仅如此,由于中国的幅员辽阔,不同区域都有着各具特色的经济形态。例如在黄河流域和长江流域,就是以农业为主要的经济形态,在北方的草原地区,就是以畜牧业为主要的经济形态。即使是同样的农业文明,也因为区域的不同而呈现出各自的特色,例如黄河流域的农业是旱作农业,而长江流域的农业是水田农业。因此,无论是从总体上还是从某个局部的地区看,中华文明在其初始的发展阶段,就处于以农业为主体、多种经济形态并存的经济环境之中。这种社会经济环境,既有利于各个区域文明的独立发展,也有利于各个区域的文明相互交流,更有利于各个区域的联合而形成一个共同的伟大的文明。

三、以华夏(汉)民族为主体、多民族共存的人文环境

由于中国幅员辽阔,生活在不同地区的人们,在长期的生产与生活中自然形成了自己的语言、宗教信仰、社会风俗等,也就形成了不同的民族。今天,在中华人民共和国境内,一共有56个民族,而汉族无论是从人口的数量还是从居住的地域范围看,都是居于主体地位。每一个民族的形成,都有其历史的渊源。汉民族的得名,当起源于刘邦于公元前206年建立的汉王朝,在此之前,则称为华夏。华夏人早就以中国人自居而将居住在其周围的其他民族称为蛮、夷、戎、狄。《左传·定公十年》载:"裔不谋夏,夷不乱华。"《春秋公羊传·僖公四年》载:"南夷与北狄交,中国不绝若线。"东汉时的许慎在其所著的《说文解字》中也说:"夏,中国之人也。"这里的"中国之人"这一概念,既包含了相对于东夷、西戎、南蛮、北狄而言华夏族在地理位置上居于中央,又包含了华夏族有别于蛮夷戎狄的特殊的文化这两方面的意义。华夏族的形成,经历了传说中的三皇五帝、历史上的夏商周三代王朝发展而来,再经历了春秋战国与秦的大一统,到汉代而有了汉人这一名称。华夏(汉)族就是这样在不断地与周围的夷戎蛮狄等民族相互交融的过程中而形成并发展壮大的。

从历史上看,汉民族在政治上长期处于统治地位,其文化也长期处于主流地位。尽管在

[①]《史记·货殖列传》,中华书局标点本,1982年版。

南北朝和五代时期有多个少数民族建立过地区性的政权,宋代也曾出现过辽、夏、金三个较大的少数民族建立的地区性政权,后来甚至还有蒙古族建立的元朝和满族建立的清朝,但无论是少数民族建立的地区性政权还是少数民族居于统治地位的大一统的全国政权,始终不能改变汉民族的文化处于主流文化地位这一基本态势。这是因为,汉民族的文化是相对比较先进和成熟的农耕文化,其他少数民族的文化与汉民族的文化相比较尚处于相对落后的游牧文化或农耕文化阶段,尽管他们在军事上能征服汉民族并取得政治上的统治地位,但在文化方面却不能不自觉或不自觉地接受汉民族文化的同化,同时他们的文化在融入汉民族文化的过程中也不断地丰富和发展了整个中华民族的文化。

正是由于中华民族的这种以汉民族为主体、多民族共存的人文环境,使得中华民族内的多民族能相互通婚而不断改善中国人的基因,使得中华民族的历史如此源远流长又绚丽多彩,中华民族的哲学如此的深邃,中华民族的文学得以不断地创新其形式和内容,中华民族的戏剧舞台精彩纷呈,才使得中华民族的书法、绘画、雕塑、建筑等艺术在世界上独树一帜;而五里不同风、十里不同俗的现象,又为世人展现出一幅幅从衣食住行到婚娶丧葬的生动活泼、和而不同的人文画卷。

正是由于中华民族的这种以汉民族为主体、多民族共存的人文环境,使得中华民族内部充满了无尽的活力与生机,历尽沧桑而青春常驻,不仅创造出了古代文明的辉煌,而且也能创造出现代文明的奇迹。

四、家国同构的宗法——专制式的政治环境

中国自原始社会解体后,就建立起了以一家一姓为最高统治者的王朝政治体系。在这种政治体系内部,以王室或皇室为核心,以效忠于王室或皇室的家族为骨干组成统治集团,统治其政治势力所能达到的范围内的臣民,这就是所谓的"家天下"的政治结构。因为在一个家庭中,父亲是家长,在家庭内部拥有绝对的生活与生产资料的支配权,妻子儿女均处于从属地位,必须绝对地遵从家长的支配,所以家庭关系就是国家政治关系的基础,国家的政治关系就是家庭关系的扩大与延伸,国君就是全体臣民的家长,他拥有对全国这个大家庭的所有的生产和生活资料的绝对的支配权。这种家国同构的政治模式经过"忠"、"孝"等意识形态化的处理后,成为中国人恪守的道德观念。

为维护君主的绝对的支配地位,王朝政治又建立起一种以继承权为核心、以祭祀权为其外部形式的宗法制度。君主始终是大宗的宗主,掌握着直系祖先的祭祀权。这样,就使得其

既拥有政治上绝对的支配权,又拥有宗法关系上对大宗直系祖先的祭祀权。"天无二日,民无二主"的观念就得到了双重的肯定与支持。

这样,中国历史上的君主就拥有了至高无上的、不容置疑的、绝对的支配权,这种支配权就成为中国实施君主专制独裁政治制度的依据和保证。君主完全可以将其统治范围内的一切作为其私有财产而任意处置,这就是所谓的"普天之下,莫非王土;率土之滨,莫非王臣"。在家国一体的政治结构中,君主个人及其家族的利益原本与国家的利益是一致的,君主作为政府的首脑,应该是国家利益的代表,应该尽量减少个人的主观意志,尽量体现国家的意志,其领导的政府也应该代表着整个社会占统治地位的阶级与阶层的利益,在经济上应该谋求全社会的物质资料的生产与再生产的不断扩大,在政治上应该起到平衡与调和全社会各阶级与阶层之间利益和矛盾的作用。但是,在君主专制独裁的政治制度下没有第二种力量或制度能够保证君主个人意志的正确性,这就使得国家政权应尽的职能与君主个人意志之间产生了分离与对立的危险,而这种分离与对立的危险几乎是必然的、不可避免的、时刻存在的。在这种君主独裁的政治制度下,君主一人所犯的错误,却要全体国民来承担其带来的灾难,要中止或纠正他的错误,只有另换君主。另换君主有三种途径:一是这个君主自然死亡,由其继承人接替;二是宫廷政变;三是内战。这三种更替君主的途径在中国古代都解决不了君主独裁的政治制度所固有的弊端。自然继承皇位的新君主是个未知数,秦始皇死后换了个秦二世,比秦始皇更糟。宫廷政变很难发起,即使能成功发起,更换上来的君主是好是坏、能不能挽救社会危机,还是个未知数,就如同王莽代汉那样。内战虽可改朝换代、更换君主,但社会要付出高昂的代价,更何况即使是通过内战更换了君主后,只要这种家国同构的宗法—专制的政治环境没有改变,一切悲剧又会重新上演。

在这种家国同构的宗法—专制的政治环境中,个人的财产实质上是没有任何保障的,因为个人的所有财产原则上都是君主的恩赐,君主可以随时随地不需要任何理由而将其剥夺。因此,中国自古以来非官方的民间财富就不可能集聚,更不可能集聚到与官方的财富相抗衡的水平,除非通过军事与官方抗衡以取得政治上的割据,但割据则意味着内战。

因此,中国历史上的这种家国同构的宗法—专制的政治环境,使中国的历史充满了太多的宫廷政变、军阀割据、内战和王朝更迭,不仅经济上新的生产方式难以成长壮大,而且政治上民主的理念与思想也很难突破传统的专制思想的控制,形成全新的思想体系而广泛传播,整个社会只能在不断地破坏与重建的过程中循环。

第二节 中华文明的主要特征

一、起源的多元性与发展中的趋同性

中华文明的起源是多元的,而不是单一的。从目前考古发现可知,我国境内发现的直立人就有元谋人、和县人、汤山人、北京人、蓝田人,其足迹遍布黄河、长江和珠江三大流域。进入到早期智人阶段的则有马坝人、长阳人、丁村人、许家窑人等。母系氏族公社阶段在中国的北方有仰韶文化,南方则有河姆渡文化;父系氏族公社阶段在中国的北方有大汶口文化,南方则以良渚文化为代表,这些文化都有着自己的显著特点,沿着自己的道路生息、发展。从目前所掌握的文献和考古资料分析,夏商周以前的中国就形成了以东夷族为主的齐、鲁文化区,以羌族为主的西戎文化区,以苗蛮族为主的长江中游文化区,以古越族为主的南方文化区,以巴族为主的巴蜀文化区,以猃狁族为主的北狄文化区,而中原地区的华夏文化区则是由以上的这些文化不断融合才形成的。《尚书·梓材》所说"皇天既付中国民"中的"中国",是相对于东夷、西戎、南蛮、北狄而言,既是一个地理的概念,也是一个文化的概念,却不是一个种族的概念。因为《礼记·王制篇》说:"中国、戎夷,五方之民皆有性也,不可推移:东方曰夷,被发纹身,有不火食者矣;南方曰蛮,雕题交趾,有不火食者矣;西方曰戎,被发衣皮,有不粒食者矣;北方曰狄,衣羽毛,穴居,有不粒食者矣。"正是由于这种衣食居住等习俗上的差异和居住区域的差异,才有了中原地区的华夏文化与其他周边地区的不同种族文化的区别。中原地区的华夏文化是在融合了周边地区文化的基础上形成而发展起来的较为先进的文化,她的形成与发展,又不断对周边地区的文化产生影响,使得周边地区的其他文化以其为中心,不断地向其集聚,使得华夏文化圈不断扩大,形成了中华文明起源的多元性与发展中的趋同性这一主要特征。

夏商周三代,华夏文化圈仅仅局限在今天的陕西、山西、河南、河北、山东一线,秦汉时就扩展到了甘肃、内蒙古、辽东、四川、云南、贵州、两湖、两广、越南北方、浙江、福建、江西、安徽、江苏等地。唐朝、元朝、清朝随着国家版图的扩大与政府控制力的增强,西藏、缅甸、台湾、新疆、东北三省及朝鲜半岛均成为华夏文化圈内的一部分。华夏文化圈中的人虽然也以中国或华夏作为自己种族的称谓以区别于其他种族,但绝不是从血缘的意义上,而是从文化或文明程度的意义上在使用这一概念。这正如战国时赵国公子成所云:"臣闻中国者,盖聪明徇智之所居也,万物财用之所聚也,贤圣之所教也,仁义之所施也,诗书礼乐之所用也,异敏技能之所试也,远方之所观赴也,蛮夷之所义行也。"①即使是血缘上属于同一种族但只要

---

① 《史记·赵世家》。

文化上不认同中原地区的华夏文化,也不会被认为是华夏人。例如,《史记·匈奴列传》记载:"其先祖夏后氏之苗裔也……居于北蛮。"这说明即使是夏后氏的后代,但是由于文化上的重大差别,匈奴就不可能认为自己是华夏人。而北魏时期的孝文帝虽是鲜卑族,但是他仰慕汉文化,大力推行汉化政策,使得许多鲜卑人成为了汉人。建立唐王朝的李氏,并不是纯粹的汉人,但是没有谁会不承认唐王朝是汉族人的政权。即使是元朝,民族意识极强的蒙古族统治者虽然建立了一套民族歧视的政策,但是元朝还是继承了许多汉民族的文化,而满族人建立的清朝则是比较自觉地学习汉民族的文化,因此才能维持近三个世纪的统治。

因为汉民族的文明无论是物质、精神还是制度层面都始终处于相对先进的状态,才能使同时代的其他民族向其学习,从而产生了文化上的认同感。这就是中华民族的文明起源尽管是多元的,但各种不同的区域文明的发展方向却具有高度趋同性而最终融合为一的根本原因。

二、自成体系与极强的包容性

与世界上的其他文化相比较,中华民族的文化是自成体系和极具特色的。中华民族的文化是建立在家族与社会的基础上并上升至哲学层面的文化,而不是建立在个人基础上并上升至宗教层面的文化。中华文化的核心是儒家文化与道家文化的混合体,其价值的趋向是追求人与自然、人与社会、人与人、人与自身的和谐统一,因此从本质上而言,中华文化是一种世俗的文化体系而不是宗教文化体系。在中华文化的体系中,宗教始终不可能成为支配社会的主流意识形态,这并不是说中华文化体系中容不得宗教,实际上世界范围内的基督教、佛教、伊斯兰教三大宗教都在中华文化体系中有其容身之地,不仅如此,其他各种宗教都能在中华文化体系中找到一席之地。但是,任何一种外来的或本土的宗教都必须在承认并适应中华文化的主流意识形态的前提下才能在中华大地上传播。例如佛教,其传入中国的时间是在汉代,魏晋南北朝和隋唐时达到其鼎盛期,"但自它传入中国的那一天起,一直是按照中国当时封建地主阶级社会的解释和需要来传播其宗教学说的。汉代的佛教在中国被理解为道术的一种,魏晋的佛教被理解为魏晋玄学的一派,隋唐时期佛教经典已有大量的翻译和介绍,应该不会被'误解'了,但是在中国广泛流布的不是生搬硬套印度经院哲学的法相宗,而是经过中国自己引申发挥,甚至在印度佛教学说中很少有根据的一些宗派(如天台、华严、特别是禅宗)"[①]。宗教如此,外来的政治思想也同样如此,都

---

① 任继愈:《汉唐佛教思想论集》,人民出版社1973年第二版,第19页。

必须经过中国化的改造过程后才能在中国得到真正的传播。近代西方的政治思想经过改造成为三民主义后,孙中山先生才能取得辛亥革命的胜利,建立中华民国;马列主义也只有中国化为毛泽东思想后才能指引中国共产党取得新民主主义革命的胜利,建立中华人民共和国。

中华文化是自成体系的,但是她却不是封闭的,而是有着极大的包容性,她乐意吸纳任何其他文化的精髓以不断地丰富自己,从而保持自己不竭的发展动力,这是中华文明的另一个显著特征,也是中华文明历经数千年而不衰的根本原因。

拓展阅读1 赵武灵王与"胡服骑射"

从服饰方面说,古代有赵武灵王胡服骑射的典故:为适应与北方少数民族的战争,赵武灵王发动了一场服饰的改革运动,不仅赢得了战争,还大大丰富了华夏族的服饰文化的内容。近代的孙中山先生也曾创制过中山服,在如今唐装、旗袍成为中国服饰的标志性样式而流行于世界的同时,中国人同样普遍穿着西装,这些都是典型的例证。

从饮食方面说,中国饮食文化的内容之所以如此丰富多彩,不正是它包容了南北东西、古今中外各种饮食文化的结果吗?尽管烹饪的原料都是相同的,但是中国人自有其独特的烹饪方式与方法。中国人还有自己独特的饮食器具,特别是使用筷子,这就使中华饮食文化自成体系。但是,中华的饮食文化同样具有极大的包容性,世界上任何的食品及其烹饪与饮食方式在中国都能找到接受的人群。这正是中华文化自成体系而又具有极强的包容性这一重要特征的又一典型例证。

从医学方面说,中医无论是理论还是临床实践都自成体系,从古至今在维护中国人的健康方面发挥着巨大的作用。但是当西医传入中国后,中医并不排斥西医,而是努力吸收西医科学的理论与方法,为我所用,积极开拓中西医结合的道路,形成了中国的新医学。

从音乐方面说,中国自有独特的乐器与演奏技巧和方法,自有独特的旋律与风格,而这些都是在历史的长河中融合了各民族音乐的精华而形成的,它同样并不排斥西洋音乐,同样以"洋为中用"的精神,不断充实与发展着自己。

绘画方面同样如此。中国画所使用的工具、材料、技法都是十分独特与自成体系的,当西方的绘画传入中国后,中国的画家们同样没有加以排斥,而是努力地学习、研究,吸收其精华融入自己的绘画中,大大丰富了中国绘画的理论与技法。

现代的中国人尽管可以西装革履,用刀叉吃西餐,住洋楼,驾汽车,甚至可以使用外语进行交际,但是,他们的思想、道德观念和行为方式却不可能不是中国式的,因为他们生长在中华文明的大地上,中华文明的基本特征已经注入了他们的血液之中。

思考题

1. 请概述中华文明的基本特征。
2. 你认为有哪些因素对中华文明的发展起着决定性的影响?

第二章 科学技术

科学技术是人类文明的重要组成部分。科学技术是第一生产力,是推动社会前进的核心动力。中国古代科学技术不仅在中华文明中占有重要的位置,而且对全人类的文明与发展也作出了重大贡献。中国的农业科学技术是中国农耕文明的重要基石,中国的粮食亩产量之所以能长期保持在世界的先进行列,除人力资源的投入长期处于高水平外,中国的农业科学技术同样处于高水平无疑也是重要的原因。中国的手工业制造水平同样长期处于世界的先进行列,特别是某些制品,即使是在现代科学技术的条件下,也很难达到其加工与工艺水平。中国古代的四大发明,不仅造福了中国人,而且对全世界文明程度的提高都产生了重要作用。中国古代的数学、物理学与同时代的其他各国相比同样处于相当高的水平。中国的医学与药物学更是在全世界独树一帜。只是到了近代,中国的科学技术才落后于资本主义国家,中国才处于落后挨打的境地,这一历史教训是深刻的。

第一节 农业技术

一、农具、耕作及施肥技术

中国自古以来是个农业国,中华文明是建立在农耕文明基础上的文明。早在原始社会的母系氏族公社阶段,中国就产生了原始的农业。当时使用的工具由石、木和蚌壳所制,有斧、铲、锛、镰等。在最初的阶段,只是将种子撒播在土地上,既不翻耕土地,也不除草施肥,就等到庄稼成熟后,将其收获而已。后来渐渐进入到点播阶段,用竹木制的尖头棒作为播种的工具在地上挖一个小洞,然后将种子放进洞内。点播是人类发明的原始农业的第一项生产技术,它改变了以往撒播种子裸露在地面容易被雨水冲走,被虫、鸟、鼠所食的状况,提高了种子的发芽率。

农业发展到了刀耕火种的生荒农作制阶段后,人们利用石刀、石斧等工具砍伐草木,然后放火焚烧,借助于火的力量来开辟成片的土地、除草并利用灰烬给土地施肥。由于土地中的杂草生长较快,一般用这种刀耕火种的方法开垦出来的土地只能播种收获一次就不得不将其抛荒,另外再用刀耕火种的方法开辟新的土地,人们也只能随开辟的土地而不断地迁徙,变更自己的居住地。《国语·鲁语》记载:"昔烈山氏之有天下也,其子曰柱,为稷,能殖百谷百蔬。"烈山氏的烈山,就是放火烧山,这是我国原始农业中采用刀耕火种生产技术在文献资料中的反映。其实,这种刀耕火种的农业生产技术一直到新中国成立前还为我国的一些少数民族地区所沿用。

由于刀耕火种的生荒制是对环境资源的掠夺性开发,它的发展必然受到环境资源的局限,于是取而代之的就是耕地与撂荒地定期轮换的熟荒农作制,这种耕作又称锄耕农业。锄耕农业技术与刀耕火种技术的主要区别是:其一,锄耕农业阶段发明了耕地的生产工具锄、耜、锸等;其二,锄耕农业改变了刀耕火种阶段年年抛荒的生荒农作制,变为在一块土地上可以连续种植数年再抛荒的熟荒农作制。熟荒农作制的产生,提高了土地的利用率,并为最终将荒地转变为人们可以长期、稳定地利用的农田提供了技术上的支持。

《周易·系辞下》记载:"神农氏作,斫木为耜,揉木为耒。耒耨之利,以教天下。"耒这种农具,其实就是在原来的竹木尖头棒的近尖头处加上一根短横木,有了这根短横木,人们就可以借助它用脚蹬翻土,这就将原来的播种工具改造成了耕地的工具。耒的发明,是人类利用了杠杆原理,使人力翻土耕地成为可能。耒有着直尖与斜尖、单齿与双齿的发展过程。为了增加翻土的面以提高工效,人们又在耒的基础上发明了耜,耜就是将耒的单齿或双齿部分改变为平面铲形。最初的耒和耜可能都是木质的,后来才有了石制的、骨制的以至金属制的,最终演变成为锨和锹。将竹木尖头棒的长度缩短,并将尖头部分改变成平铲状,就成为了锄,人们就可以利用它来翻土和除草。

有了耒、耜、锄这些翻土和除草工具,原始农业就由刀耕火种的生荒制阶段进入了锄耕的熟荒制阶段,这无疑是原始农业的一次技术革命。随着荒地逐步改造成为熟田,人们就由过去的迁徙无常的生活习惯改变为定居的生活方式,农业才有可能成为具有稳定保障性质的经济方式。在此基础上,才有可能产生更加先进的农业生产技术,社会分工也才成为可能。

在我国的原始社会氏族公社的遗址中,都曾发现过石耜、骨耜、石锄、骨锄,也曾发现过木耒和木耜的使用痕迹。在仰韶文化的西安半坡遗址中,就发现了石斧(图2-1-1)313件、石锛71件、石铲13件、石锄19件、石刀和陶刀217件,还出土了606件骨锥和角铲。长江流域的河姆渡文化遗址中两次发掘共出土了骨耜179件,这种骨耜系用大型偶蹄类哺乳动物的肩胛骨所制成,长约20厘米,肩臼处一般横凿方孔,骨板正面中部琢磨出浅平竖槽,浅槽下部两侧各凿一孔,以便安装木柄。河姆渡文化遗址中还出土了木质的耒耜。

在原始社会的末期,无论是在黄河流域还是在长江流域,都出现了犁耕农业的萌芽。在山西

图2-1-1　石斧

的闻喜、汾县，河南的镇平、临汝，河北的丰宁以及内蒙古巴林右旗、阿鲁科旗，辽宁的昭乌达盟等地都发现了扁平椭圆弧形刃石犁以及介于圆弧刃石犁和双刃三角形石犁之间的石铧和犁状器。在江浙地区的吴江、昆山、无锡、南京、吴兴、嘉兴、余姚、杭州、绍兴及上海等地都曾出土过单刃或双刃呈三角形的石犁。当然，这一时期的犁耕的动力还是人，犁耕还不普遍，占主流形态的还是锄耕。

夏、商、西周时期，除了极少量的青铜农具外，农业领域中所使用的工具仍然是以木、石、骨、蚌制为主，但器形增多，除了耒、耜外，还有钱、镈、铚等，钱是一种双歧耒，镈是一种短柄的锄草工具，铚是一种割取农作物禾穗的专用工具。

这一时期仍然继续着熟荒制的耕作方式，《诗经·周颂·臣工》有"嗟嗟保介，维莫之春，亦又何求？如何新畬"的发问；《诗经·小雅·采芑》有"薄言采芑，于彼新田，呈此菑亩"的记载。在这些诗句中，出现了新、畬、菑三种不同的土地的称谓，此外，在《周易》和《尚书》中也有畬、菑的记载。《尔雅·释地》："田，一岁曰菑，二岁曰新田，三岁曰畬。"菑，就是放火将土地上的草木烧除，这种土地，只能种一年就必须抛荒，可以连续耕种二年的土地就叫做新田，可以连续耕种三年的土地就是畬田。这说明刀耕火种的方式尚没有完全退出历史舞台。在甲骨文中有"協田"，《诗经》中有"耦耕"，有些学者将其解释为以人力犁耕。① 如果解释正确，则商和西周时期的犁耕已经成为主要的耕作方式了。

商代武丁时期的卜辞中有施用粪肥的记载，周代已经较为普遍地施用绿肥与人畜粪肥。《诗经·周颂·良耜》有"其镈斯赵，以薅荼蓼；荼蓼朽止，黍稷茂止"的诗句，意思是用锋利的锄头铲除田间的杂草，庄稼就会长得茂盛。因此周人还很重视"耘"，以去除田间杂草，一方面可以不让杂草与庄稼争夺生长的养分，另一方面又可以利用杂草作绿肥。

春秋战国年间，由于铁器的广泛使用与牛耕的出现，农业生产出现了前所未有的进步。牛耕的出现时间，学术界比较一致的认识是在春秋时期。《论语·雍也》记载："子谓仲弓曰：'犁牛之子骍且角，虽欲勿用，山川其舍诸？'"犁牛，就是用于耕田的牛。此外，《左传·昭公元年》载："伯牛有疾。"马融注："伯牛，弟子冉耕。"春秋时期人的名与字是有区别的，名是小时候父母起的，字是在举行成人典礼时由尊贵的客人所赐，除父母、长辈或具有特别亲密关系的人可以直呼其名外，均称字，名和字在意义上是相同或相近的。孔子的学生姓冉，名耕，字伯牛，这说明春秋时期牛与耕作已经有了十分紧密的关系，这也是牛耕在春秋时期出现的证据之一。

---

① 参见吴存浩：《中国农业史》，警官教育出版社1996年版，第155—159页。

《孟子·滕文公上》记载孟子曾问:"许子……以铁耕乎?"赵岐注:"以铁为犁用耕。"《管子·轻重乙篇》中也曾记载:"一农之事,必有一耜、一铫、一镰、一耨、一椎、一铚,然后成为农。"这说明在战国时期,铁农具和牛耕已经成为最主要的农业生产工具与耕地方式。铁农具的广泛使用和牛耕的出现,大大提高了农业生产效率,使得大量的荒地得到开垦,促进了农田水利的建设,也使得以一家一户为生产单位的小农经济成为农业经济领域内的主导生产方式。

春秋战国时期,人们已经普遍使用粪肥来改善土壤和增加肥力以增产增收,《老子·俭欲》中就有"天下有道,却走马以粪"的记载,《荀子·富国篇》也说:"多粪肥田,是农夫众庶之事也。"又说:"田肥以易,则出实百倍。"

由于铁农具与牛耕的普遍使用,以及对于施肥的重视,到战国时期,我国农业生产已达到"耕者之所获,一夫百亩,百亩之粪,上农夫食九人"[①]的水平,这个水平是相当高的。

秦汉时期,冶铁技术进一步提高,冶铸规模进一步扩大,农具更加多样化、专业化。铁农具成为农民生死攸关的重要生产工具,正如《盐铁论·农耕》所云:"铁器者,农夫之生死也。"

首先是犁的改进。最迟至西汉中期,能使松土和翻土同时完成的镵土和犁镜被发明出来。镵土呈马鞍形,与犁头配合就可以向两侧翻土,以便畦中播种和引水灌溉;犁镜则是向一侧翻土的犁壁。汉代的犁已有犁床、犁辕、犁箭、犁衡、犁梢等畜力犁的主体构件,汉代的犁虽为长辕犁,比较笨重且回转不便,但它却是轻便犁产生的一个不可或缺的过渡阶段。二牛抬杠是主要的牛耕形式。

这时农具最重要的发明创造就是耧车。耧车又称耧犁,是一种能同时完成开沟、下种、覆土三道工序,一次播种三行且播种均匀,行矩、深浅一致的畜力牵引播种机。东汉时的崔寔在其所著的《政论》中记载:"武帝以赵过为搜粟都尉,教民耕殖,其法三犁共一牛,一人将之,下种挽耧,皆取备焉。日种一顷,至今三辅犹赖其利。"

秦汉时期的施肥已出现基肥、种肥、追肥分期施肥技术。《氾胜之书》记载,种麻"春冻解,耕治其土。春草生,布粪田,复耕,平摩之"。"种芋法:宜择肥缓土近水处,和柔粪之。"这是目前所见我国关于施基肥最早的文字记载。《氾胜之书》还有种肥的记载:"薄田不能粪者,以原蚕矢杂禾种种之,则禾不虫。""取雪汁渍原蚕矢五、六日,待释,手授之,和谷种之,能御旱。"关于追肥,《氾胜之书》同样有记载:"麻生布叶,锄之,率九尺一树。树高一尺,以蚕矢粪之,树二升。无蚕矢,以溷中熟粪粪之亦善。"这说明秦汉时期的施肥无论是理性认识还是

---

① 《孟子·万章下》。

实践经验的积累,都已经达到一个新的水平。

秦汉时期的耕作技术集中体现在汉武帝时期赵过所创立的代田法上。其法是:将每块土地纵分为三圳(垄沟),圳宽一尺、深一尺,圳上为垄,同样是宽一尺、高一尺。种子播于圳内,禾苗长出后,推垄土培固苗根以抗风旱。圳、垄的位置每年轮换以调节地力。代田法"一岁之收,常过缦田亩一斛以上,善者倍之"①,增产效果十分明显。其次,便是《氾胜之书》记载的区田法。区田法就是将土地分区,集中使用人力、物力,在小面积的土地上加大投入,力求达到少种多收的目的。但是,由于这种分区的耕作方法所消耗的人力过多,因而没有得到普及与推广。

魏晋南北朝时期的犁具最重要的改进是出现了蔚犁。这是一种可在山涧之间和小块土地上耕作的轻便犁,但具体的形制由于文献没有记载而不能知其详。牛耕也从秦汉时期的二牛抬杠式为主改进为一牛一犁为主。整治土地的农具有铁齿㔌榛、耢、耙和碌轴等。耙是在耕翻土地后使其平整与疏松的专用农具,有人力耙和畜力耙两大类。畜力耙的形状有人字形和长方形两种,人字耙的阻力小且有向两侧分土的作用,长方形耙的阻力大,但不会向两侧分土,铁齿㔌榛就是一种人字形耙。耢是一种无齿耙。碌轴是一种带刺的辊耙,由畜力牵引专用于整治水田。用于灌溉的农具这时出现了翻车。

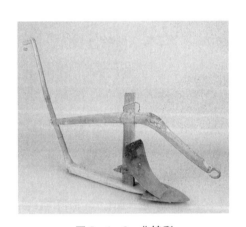

图 2-1-2　曲辕犁

隋唐五代时期北方的旱作农业技术尽管也在发展,但不如南方的水田农业生产技术发展的速度快。耕具的改进是江东犁的出现。江东犁是将原来的长直辕变为了短曲辕并有了犁盘、耕索、曲轭等传动部件,使整个犁重量变轻,犁辕末端与牛肩的角度变小,使牛耕地更省力。有了犁盘、耕索和曲轭,就使江东犁便于回转并且能够任意控制深浅。短曲辕犁(图 2-1-2)的出现是我国耕作农具成熟的标志。

随着江南水田稻作业的发展,对灌溉农具的需求被凸显出来,筒车、汲机、水轮、水车均被发明创造出来,最重要的是水车。《旧唐书·文宗纪》载:"太和二年(828 年)闰三月丙戌朔,内出水车样,令京兆府造水车散给郑、白渠百姓,以溉水田。"而《册府元龟》卷 497《邦计部·河渠》对同一件事的记载却是这样:"时郑、白渠既役,又命江南征造水军(应作车)匠,帝于禁中亲指准,乃

---

① 《汉书·食货志》。

分赐畿内诸县,令依样制造,以广溉种。"这说明这种水车的发明者是江南的水车匠,只不过是经过皇帝的认可而已。但这种水车的形制如何？由于没有文献记载则不得而知,但从《册府元龟》的记载分析,这应该是广泛应用于江南地区的灌溉工具,有学者推测它可能就是龙骨车。

宋元时期,农具更加多样化。北宋初,因为耕牛少而发明了一种木制踏犁,四五人用踏犁耕地,可比一犋牛犁。另外,犁的结构更加灵活轻便,出现了挂钩和软套,将犁身和服牛的器具分离。这样,牛耕不仅可以在大块的土地上进行,而且也可以在山间或小块的土地上进行。在水田劳动中,人们发明了秧马。苏轼所作《秧马歌》中说:"予昔游武昌,见农夫皆骑秧马,以榆枣为腹欲其滑,以楸梧为背欲其轻,腹如小舟,昂其首尾,背如覆瓦,以便两髀,雀跃于泥中。系束藁其首以缚秧,日行千畦,较之伛偻而作者,劳佚相绝矣。"这是一种专门用于起秧的农具,苏东坡曾在江西、江苏、浙江、广东等地大力推广。用于平整水田的农具则有耖耙、碌碡、平板、田荡等。耖是在一根横木上装三尺高的两根木柱,柱间再装一根横柄,横木下装有硬木齿或铁齿,由牛牵引,农夫立于横木之上,手扶横柄以保持身体平衡,随着牛的牵引,横木下的齿就会划碎并捣匀水田中的泥块。平板就是一块平滑的木板,上有两耳以系绳索,牛牵引着平板就可以使水田平整。田荡是在一根横木上装上一根有叉的木柄,农夫用它在水田中来回推动,就可以使水田平整如镜。用于中耕的农具旱田有耧锄,水田则有耘耥。耧锄是一种以畜力牵引的中耕农具,如果在耧锄上装上一个被称为"擗土木雁翅"的附件,就可以使耧锄成为中耕除草兼培土的农具。耘耥又称耘耙、耘荡,其形状就像一只木屐,长一尺,宽三寸左右,底面下有短钉二十余枚,上有五尺长的竹柄。农夫手执长柄,不必弯腰匍匐,就可以在稻行间来回耘耙,从而达到中耕除草的目的。灌溉农具中使用最广泛的是龙骨水车,它是利用人体的重量来踏动滚轴,滚轴带动各节龙骨就可以将水源源不断地从低处输送到高处。这是当时世界上最先进的灌溉机械,也是我国最主要的灌溉农具,至今在没有水泵的地区,我们仍然能够看到它在发挥作用。

宋元时期,我国的传统农具已经进入了鼎盛期,以后一直至明清时期,农具再也没有大的变化。宋元时期的农具已形成了我国传统农具自己的特色。特色之一是配套性,耕、种、锄、收割、脱粒、运输、灌溉的农具配套整齐。特色之二就是简便轻巧性,材料除钢铁外广泛使用竹、木,不仅取材与维修十分方便,成本也低,十分符合小农经济结构的需要。第三是通用性高,一物可以多用,同一架犁,不仅可以旱地用也可以水田用,不仅可以耕地,还可以起垄、培土、开沟;一把铁齿耙,在农民手中,既可以用作耕翻土地的农具,又可以当作碎土整地的农具。

明清时期农作物的施肥技术有了进一步的提高,人们不仅对基肥、追肥的认识更加深入,而且还提出了合理施肥的时宜、土宜、物宜的"三宜"理论,并要求在因时、因地、因具体的农作物施肥的基础上,无论是施基肥还是施追肥,都必须采取"看地施肥"与"看苗施肥"相结合的方法。同时,这一时期的人们还认识到并不是施肥越多就越好,适量施肥是合理施肥的重要内容。而肥源的开辟与肥料的制作,在这一时期也达到了前所未有的水平。清人孙宅揆在他的《教稼书》中谈及的肥料就有人粪、泥粪、苗粪、牲畜粪、草粪、火粪、骨蛤粪、渣粪、皮毛粪等近30种,而制造肥料的方法也有踏、窖、蒸、酿、煨、煮等多种。可以说,明清时期的施肥与造肥技术已经达到了中国传统农业的最高水平。

二、土壤辨析与田地的整治

中国人很早就有了土壤辨析的理性认识。《尚书·禹贡》中就有九州不同土壤的记载:冀州,"厥土惟白壤";兖州,"厥土黑坟";青州,"厥土白坟";徐州,"厥土赤埴坟";扬州、荆州,"厥土惟涂泥";豫州,"厥土惟壤,下土坟垆";梁州,"厥土青黎";雍州,"厥土惟黄壤"。《周礼·夏官·职方氏》中则进一步说明了各州因土壤不同而有着各不相同的适宜生长的庄稼:扬州、荆州,"其谷宜稻";并州、豫州,"其谷宜五种(黍、稷、菽、麦、稻)";青州,"其谷宜稻麦";兖州,"其谷宜四种(黍、稷、稻、麦)";幽州,"其谷宜三种(黍、稷、稻)";雍州、冀州,"其谷宜黍、稷"。这说明中国人较早就有了农业地理学的知识。及至春秋战国时期,以《管子·地员篇》为代表,中国人已经建立起较为成熟的土壤分类学的知识体系。《管子·地员篇》将平原地区的土壤分为渎田悉徙、赤垆、黄堂、赤埴、黑埴五种,并根据其适宜生长的物种而将它们定为最上、上、中、下、最下五个等级。得出植物的生长不仅与土壤的性质有关,而且还与地势的高低有关的结论,应该说,这在当时是十分难能可贵的。《管子·地员篇》还对全国各地的土壤性质作了更加详细的分析,它根据土壤的颜色、质地、结构、孔隙、有机质、碱性和肥力,结合地形、水文、植被等自然条件,将各地的土壤分为上、中、下三大等级,每一等级又分为6类,共18类。其中五粟、五沃、五位是肥力高、持水性好、含碱少的上等土中最好的三类土壤,最适宜于植物的生长,而五潟、五桀因为含碱量高、坚硬,是最不适宜农作物生长的土壤,因而被认为是最下等的土壤,这是具有相当科学依据的土壤分类方法。

宋元时期,人们对于土壤的认识又进入到一个新的阶段。无论是对大面积的区域性土壤的研究还是对小面积的地块性研究,都取得了新的突破。特别强调在对土壤性质正确认识的基础上,不是消极地顺其自然,而是要积极地"治之得宜"。南宋的陈旉在其所著的《陈旉农书·粪田之宜篇》中指出:"土壤气脉,其类不一,肥沃硗确,美恶不同,治之各有宜也……治之得宜,皆可成就。"元代的王祯也认为:"天气有阴阳寒燠之异,地势有高下燥湿之别,顺天之时,因地之宜,存乎其人。"①人再也不是自然的奴隶,而是要在正确认识自然的基础上,积极地顺应自然、改造自然,力求为农作物创造适宜的生长环境,这样的认识无疑是正确的。最典型的例证就是在《尚书·禹贡》中的扬州土壤,被定为下下,是最劣质的土壤,但是到宋代,这里一跃成为全国土地最肥沃的地区。其原因正如秦观所云:"今天下之田称沃衍者为吴越闽蜀,其亩所出视他州辄数倍……何哉?吴越闽蜀地狭人众,培粪灌溉之功也。"②

除了对土壤的辨析,中国人还十分重视对田地的整治。在原始社会阶段是谈不上什么田地整治的,到夏商周三代实施井田制后才有了田地的规划与整治。井田虽不可详考,但如孟子所说"方里而井,井九百亩,其中为公田,八家皆私百亩,同养公田",则在一平方里的范围内,划分为九个等面积的地块,每块为一百亩。《文物》1982年第一期刊载了四川青川县郝家坪出土的秦武王二年的《更修为田律》木牍的内容,则为我们了解战国时期田地整治的具体状况提供了极为宝贵的考古资料。根据木牍的内容,我们可知秦代的法律规定:田地必须整治成宽一步(秦六尺为一步,一尺等于23.3厘米)、长二百四十步的一个长条,这就是一亩;一亩田有二畛,要修一陌道,一百亩田为一顷,要修一阡道,阡道的宽为三步。结合《周礼·考工记》中有关五沟、五途内容的记载,我们可以知道,战国时期乃至更早实施井田制的西周时期,都是要将大片的土地进行总体的规划与整治,形成方整有序且田间道路沟渠纵横交错的形状,这是根据国家要平均给每家每户授田的土地制度要求而设计的田地整治规划。战国以后,由于土地的私有化,我们就再也看不到这种大面积整治田地的规划与场景了。汉代对田地的整治,主要是垄作制,代田法就是垄作制的反映。魏晋南北朝隋唐时期,北方的旱作地区对田地的整治,主要是在翻耕后特别重视耙耢。这是因为耙耢不仅可以耙碎土壤、匀平土地、便于播种,还可以防止土壤水分的蒸发。南方水田同样重视在翻耕后的耙,耙平水田后还有用碌碡滚压的水田整地步骤。宋元明清时期,对土地精耕细作的趋势越来越明显,对田地的整治,不仅强调要深耕,还特别强调耕后多次的耙耢,旱地则注意挖沟保墒。由于人口的增长,土地的相对不足,人们还在山上开辟了梯田,围垦水面形成了圩田、垛田。

三、播种最佳时间与节气

中国人早在原始社会时期就在观察天象物候与经营农业生产的过程中,积累了一些历

---

① 王祯:《农书·农桑通诀·垦耕篇》。
② 秦观:《淮海集》卷15《进策·财用下》。

法知识。据《尚书·尧典》记载，尧曾"命羲和，钦若昊天，历象日月星辰，敬授人时"。到了夏代，就有了较为科学的历法。夏代曾颁布一部《夏时》，它的主要内容是根据北斗星斗柄的旋转，将一年划分为12个月，并用10个天干来记日，10天为一旬。夏代还有一部历书，这就是《夏小正》，同样将一年分为12个月，但每一个月都有本月农事的安排。如正月"农率均田"、二月"往耰黍禅"、三月"摄桑委扬"、四月"取荼"、五月"种黍菽縻"等，这就形成了中国历法与农事紧密结合的农历体系。商代的历法在夏代历法的基础上又有进步，在记日方法上用十天干与十二地支相结合，组成六十日一循环的记日方法，仍然是十日为一旬，三十日为一月，已有大小月的分别，大月为三十日，小月为二十九日，一年为12个月，闰年则有13个月，这说明商代的历法已经成为一种阴阳合历。周代的历法则更加进步，已经采用圭表测影的方法来确定春分、秋分、夏至和冬至这四个对于农业生产最为重要的节气。春秋战国时期据《吕氏春秋·十二纪》所载，又有了立春、立夏、立秋、立冬四个节气。二十四节气的名称在文献中第一次完整地出现，是在《淮南子·天文训》中，其排列顺序与现在完全相同。这说明我国农历中特有的二十四节气，在秦汉时期已经完备。

二十四节气的产生，是中国人长期进行天文与物候观察的结果。太阳在黄道上每运行十五度就有一个节气与之相应，运行每一个十五度的时间大约为15天，这样就有了立春、雨水、惊蛰、春分、清明、谷雨、立夏、小满、芒种、夏至、小暑、大暑、立秋、处暑、白露、秋分、寒露、霜降、立冬、小雪、大雪、冬至、小寒、大寒24个节气。其中的春分、秋分、夏至、冬至、立春、立夏、立秋、立冬的准确时间必须依赖于精确的天文观测，而其他节气时间的确定当然也必须依赖于准确的天文观测，但名称如雨水、惊蛰、小雪、大雪等却都是黄河流域的物候现象。因此，二十四节气是我国的一种特殊的太阳历与物候历高度统一的结果。二十四节气在古代称为"气"，一个月中有两个"气"，在前的称"节气"，在后的称"中气"，后人将两者合称为节气。由于阳历与阴历之间存在着一个周期年份中时间长短不同的矛盾，二十四节气依据的是阳历，必然与阴历存在着矛盾。以前为调和阳历与阴历的矛盾，是采用阴历置闰的方法，每四年就得为阴历增加一个月，那么在这一年中就有了13个月，这多出来的一个月，究竟放在哪里？在二十四节气没有产生前，是可以任意设置的，如商代是放在十二月以后为十三月。但是由于二十四节气的产生，使四季的进入时间完全精确化，与季节相对应的月份也相对稳定，如果再任意地安排闰月，就会使节气与阴历的月份甚至与季节都产生严重的偏差。西汉武帝时的太初历规定，闰月只安排在没有中气的月份，这就使置闰有了正确的原则，更重要的是这种置闰原则使节气与月份的关系调整得十分合理，直至今日我们仍然遵循这一原则。

二十四节气的确定，成为指导中国的农民进行农业生产所必须遵循的时间表。什么时间该种什么庄稼、什么时间该收什么庄稼都有了依据，中国的历法也就成了与农业生产紧密相关的农历。各地均根据二十四节气探求最佳的播种时间。西汉的《氾胜之书》载："种麦得时无不善，夏至后七十日可种宿麦，早种则虫而节，晚种则穗小而少实。""冬至后一百一十日可种稻。"东汉的《四民月令》则说："凡种小麦，得白露节可种薄田，秋分种中田，后十日种美田。"北魏时期的贾思勰在《齐民要术》中则提出了播种的上、中、下三时理论，认为最佳的播种时间是上时并争取早种，"宁失于早，不失于晚"。从此以后，中国历代的农民都十分重视根据节气、土地和当地气候的实际状况，选择并确定农作物的最佳播种时间，这种代代相传并经过实践不断验证与完善的各种农作物的最佳播种时间，成为我国农业生产中极为重要的知识财富。

拓展阅读2

中华农耕智慧惊艳世界

四、粮食作物、经济作物与蔬果园艺

在原始社会的母系氏族公社阶段，我国黄河流域最早驯化栽培的禾谷类农作物主要有粟、黍两种，粟去壳后俗称小米，黍去壳后俗称大黄米。长江流域最早栽培的粮食作物是水稻。我国文献中一般都以"五谷"称指粮食作物，但"五谷"具体指哪五种粮食作物，学者们并无统一的认识。"五谷"一词最早见于《论语·微子》："四体不勤，五谷不分，孰为夫子？"东汉的郑玄认为"五谷"是：麻、黍、稷、麦、豆或黍、稷、菽、麦、稻。三国时的韦昭认为是：麦、黍、稷、粟、菽。对于麻是五谷之一，前人曾有所怀疑，但自从云梦睡虎地秦墓竹简出土后，人们终于看到了种麻的内容，麻确实是古代中国人普遍种植的一种粮食作物。我国是大麻和苎麻的原产地，大麻的种子是可以食用的。大麻和苎麻还是我国古代最为重要的纤维作物。菽就是豆，有大、小豆之分。大豆不仅是粮食作物，而且是重要的油料作物。小豆的品种较多，有豌豆、绿豆等。稷则是不具有粘性的黍。黍、稷是我国古代黄河流域最为重要也是栽培最多的粮食作物。这是因为黍、稷生长期短，耐干旱，对土壤的适应性极强，最适合黄河流域的土壤与气候条件。粟的祖先是狗尾草，它的生长期比黍、稷长，但同样耐旱，对土壤的要求不高，营养价值比黍、稷高，且粟只要不脱壳，就可以多年储藏。粟的这些特征，使其在春秋战国以后取代黍、稷成为我国北方最主要的粮食作物。麦有大麦、小麦、燕麦、荞麦之分，在我国的文献中，小麦被称为"来"，大麦被称为"牟"，它们同样是我国北方地区主要的粮食作物。燕麦被称为"雀麦"、"青稞"，因为它比较适宜生长在高寒地区，故我国的长城沿线和青藏高原种植较为普遍。荞麦则在唐宋时期种植较为普遍。除以上所列的"五谷"外,高粱也是我国自行栽培并普遍种植的粮食作物。芋头则是我国古代四川、广东、台湾等地普遍种植的粮食作物。《史记·货殖列传》记载:"汶山之下,沃野,下有蹲鸱,至死不饥。"蹲鸱,就是芋头。

我国在明嘉靖年间引进了玉米,而其得到大面积的种植并成为主要的粮食作物之一,是在清乾隆年间。明万历年间引进了甘薯。玉米和甘薯的引进和大面积的种植,是因为它们都是产量极高、适应性较强的粮食作物。一开始,它们都是作为度过荒年的补充性农作物而种植的,由于其自身的品质好,因此成为我国明代以后的主要粮食作物。

经济作物在秦汉时期主要有用于染料的蓝和茜,漆器的主要原料漆树,以及竹、果树等。正如司马迁在《史记·货殖列传》所说:"山居千章之材。安邑千树枣;燕、秦千树栗;蜀、汉、江陵千树桔;淮北、常山已南,河济之间千树楸;陈、夏千亩漆……渭川千亩竹……此其人皆与千户侯等。"魏晋南北朝隋唐时期主要的经济作物有桑、麻,这是为了得到蚕丝与麻纤维,将其用于纺织。油料作物则有大豆、油菜、芝麻,用于制糖的甘蔗也得到了大面积的种植。果树的主要品种有枣、桃、李、杏、梅、梨、柰、栗、林檎、柿、石榴、樱桃、葡萄、榛、柑桔、荔枝、龙眼、槟榔、枇杷、椰子、木瓜等。宋元时期,棉花被引进我国,很快就取代麻而成为最主要的经济作物被广泛种植。茶树的栽培兴于唐而盛于宋,一方面是国内的需求量大增,另一方面是因为茶成为宋代对外贸易的重要商品。花卉、药材作为新的经济作物也被种植。明清时期棉花的种植面积进一步扩大,桑树的种植则主要在江南和四川地区。烟草自明万历年间被引进我国后,由于经济效益高而被广泛种植。甘蔗种植的区域为福建、广东和台湾。由于纺织业的发达,蓝和红花等染料植物的种植也有一定的规模。花卉、药材以及桐、漆、柏、桕等经济林木也随着商品经济的发展而被大量栽培与种植。花生这种既可食用又可作为油料的作物,原本产于美洲,明代引进我国后,很快成为一种重要的经济作物而得到普遍种植。

在距今6 000多年的半坡氏族村落遗存中曾发现一个储藏着炭化了的蔬菜种子的陶罐,经鉴定,这些已经炭化了的种子是芥菜或白菜一类的种子。这说明我国有着悠久的种植芥菜或白菜的历史。白菜,古称"菘",是小白菜,而结球白菜就是大白菜,对大白菜的记载始见于唐代。萝卜,在《诗经》中被称为"菲"。芥菜是我国栽培较早的蔬菜品种之一,《左传》中就有记载。白菜类和萝卜类蔬菜的祖先,是野油菜,又称野萝卜、野芥菜。经过人工的栽培,芥辣味被加强的就是芥菜,芥辣味消失、地上枝叶部分发达的就是白菜,保存了芥辣味且地下的根茎部分发达的则是芜菁和萝卜。油菜,古称"芸苔",它是保存了较多原始状态的一个品种。

我国古代的蔬菜品种见于《诗经》的就有20余种,其中重要的有葵、茆、芹、韭、葱、菁、芥、藿、菲、葑、薤、莲、藕、瓜等。葵是我国古代最主要的蔬菜之一,并不是我们今天所认识的向日葵,当时食用其叶。茆,就是莼菜,水生,食用其嫩叶。芹,有水芹与旱芹之分,《诗经》中的芹,是水芹。菁,就是芜菁。藿,是豆类作物的叶子,可做羹。葑,是蔓菁、芥菜、菘类的蔬菜。瓜,有苦、甘甜之分。薤,是一种百合科植物,是中国古代较为重要的一种蔬菜。秦汉时期蔬菜的品种更多,增加的有姜、蒜、菱、蒲、荠、茭白等,胡豆、胡瓜、扁豆、蚕豆、甜菜、菠菜、胡萝卜、芫荽、茴香、莴苣等则是引进的外来品种。隋唐时期食用菌中的木耳、冬菇也作为蔬菜被栽培,西瓜也在这一时期被引进种植,葵因为口味不好而退出蔬菜栽培的领域。到宋元时期,中国的蔬菜品种几乎囊括了所有发源于欧亚大陆的品种。明清时期,随着资本主义在世界范围内的扩张,不少新的蔬菜品种被引进我国,其中有原产美洲的番茄、辣椒、马铃薯、四季豆、南瓜;原产地中海地区的甘蓝、花椰菜等,基本形成了我国近现代蔬菜品种的体系。

果树的栽培在我国有悠久的历史,商代考古发掘中就发现了桃、郁李、梅和樱桃。甲骨文中有杏、栗、芒果。西周则增加了枣、梨、柑桔、柚、榛、柿、核桃、棣、杞、蘡(野葡萄)、山楂、木瓜等。春秋战国时期果树的品种又增加了枇杷、苹果、葡萄等。秦汉时期,是我国果树品种大量增加的时期,司马相如的《上林赋》中就记载有卢桔、黄柑、橙、榛、枇杷、橪、柿、楟、奈、厚朴、樗、杨梅、樱桃、蒲桃、隐夫、郁棣、荅遝、荔枝共18种。其他文献资料记载另有甘蔗、石榴、核桃、龙眼、香蕉等。隋唐五代时期,我国野生的猕猴桃开始进行人工栽培,引进的品种有扁桃、无花果、阿月浑子、芒果、黄肉桃等。宋元时期,果树的品种增加不多,但南北品种的相互引种却比较普遍。如原产南方的荔枝,在北方的开封已有种植,银杏的种植则遍布黄河南北。明清时期引进的果树品种则有凤梨、草莓等。

中国的蔬菜与果树的栽培,与粮食作物的栽培是两个不同的技术系统,粮食栽培属于大田系统,而果蔬栽培属于园圃系统。园圃的面积相对较小,对土地整治的要求及管理要求均高于大田,因此其技术的要求也比大田高。但其产品主要供给统治者或市民,因此,无论官民,都愿意投资园圃。例如,我国早在周秦时期就有了栽培蔬菜的温室,明清时期温室则得到普遍的建造,不仅可以生产蔬菜,还可以生产鲜果。而食用菌的栽培不仅对环境的要求高,对管理的技术要求也很高。在果树的栽培技术方面,选种、施肥、整枝、压条、扦插、分株、嫁接等一系列的技术,在明清时期就很成熟。精耕细作、精心管理、技术上精益求精都将园圃业的生产提升到了艺术的层面。另外,观赏性的花木生产也是在园圃中进行的,这就为园圃业增添了更加浓郁的艺术成分。故我国的园圃业通常都称为园艺,这种称谓是恰如其分的。

五、 渔业、畜牧业、林业与副业技术

中国传统农业历来都是农、林、牧、副、渔五业并举。渔业包括捕鱼与人工养殖两部分。在河姆渡文化中就发现了捕鱼的工具,直到秦汉时期江南地区仍然保持着"饭稻羹鱼"的饮食习惯。即使在北方,鱼也是人们的美食。捕鱼的方法除了用手抓、用鱼钩钓外,还可以用鱼叉叉,用罩子罩,用网捕,人们还利用驯化了的鱼鹰来捕鱼。秦汉时期,已经出现了大面积的人工养鱼现象,《史记·货殖列传》中记载,水居千石鱼陂和拥有鲐鱼千斤、鲰千石、鲍千钧的人都是可以与千户侯收入相等的人,这千石的鱼陂当然是指人工养殖的鱼塘,而千斤、千石、千钧的鱼,当然只有通过人工的养殖才可能稳定地长期地拥有。如果以上还有一些推测的成分,那么《西京杂记》中记载:"武帝作昆明池,学水战法。后昭帝年少不能复征伐,于池中养鱼,以给诸陵祠,余付长安,市鱼乃贱。"这是汉代人工养鱼的实证。汉代不仅利用鱼池养鱼,而且还在稻田中养鱼,在东汉墓葬中发现的画像石中,就有稻田养鱼的画像。我国第一部养鱼的专著《陶朱公养鱼经》就是汉代人所著。这部著作比较系统地论述了鱼池的建造、自然孵化、鱼的饲养、密养轮捕等技术环节。隋唐五代时期,人工养殖的鱼种以草、青、鲢、鳙四大家鱼为主,鲤鱼因为与皇姓"李"同音而禁食,故鲤鱼的饲养实际上也就不复存在了。到宋元时期,绍兴地区出现了不少以凿池养鱼为生的专业养鱼户。明清时期,不仅江南地区的养鱼业繁盛,珠江地区的养鱼业也很有规模,甚至出现了"弃肥田以为基,以树果木,基下为池以畜鱼"的局面。明代徐光启在其所著的《农政全书》中,不仅辑录了前人养鱼的诸多文献,而且论述了养鱼的种种技术和经验。如将鱼池分为大、中、小三种以饲养不同成长阶段的鱼,不同种类的鱼的混养及其搭配的比例,饲料的栽种和制作方法等。他还指出,在塘岸上作圈喂羊,用羊粪喂草鱼,草鱼的粪又可饲鲢鱼,这样就形成了一条和谐的食物链,畜渔并举,省工省时。《农政全书》中还涉及鱼病的防治,例如鱼生虱后,"以松毛遍池中浮之则除"。总之,及至清代,我国传统的养鱼技术已经相当成熟了。

在我国许多原始社会文化遗址中发现了大量的猪的骨骸,这说明,猪是我国驯养最早的家畜,其次是狗、牛、羊和鸡。传统意义上所指的"六畜"是马、牛、羊、鸡、犬、豕,除此而外,还有鸭、驴、骆驼、鹿等。夏商周时期,不仅畜牧业与家庭饲养业的品种与规模扩大,技术也有了明显的进步,最突出的是阉割术的出现。阉割公马被称为"攻驹",它可使公马便于驾驭;

阉割猪则可使其膘肥体壮,改善肉质。我国的这项技术,要比西欧早千年之久。其次是有了专门为牲畜治病的兽医。《周礼·天官·兽医》载:"兽医掌疗兽病,疗兽疡。凡疗兽病,灌而行之,以节之,以动其气,观其所发而养之。凡疗兽疡,灌而刮之,以发其恶,然后药之、养之、食之。凡兽之有病者、有疡者,使疗之,死则计其数以进退之。"这说明当时已确定了针对牲畜的内科(病)和外科(疡)疾病采取不同的医治方法的原则。春秋战国时期相马、相牛术发展起来,出现了不少名闻天下的相马、相牛者。《吕氏春秋·观表》载:"古之善相马者,寒风相口齿,麻朝相颊,子女厉相目,卫忌相髭,许鄙相朘,投伐褐相胸胁,管青相膹肠,陈悲相股脚,秦牙相前,赞君相后。凡此十人者,皆天下之良工也。若赵之王良,秦之伯乐、九方堙,尤尽其妙矣。"相牛最著名的人为宁戚,他是春秋时卫国人,传说曾著有《相牛经》。这一时期我国的兽医学已经形成了自己的独特理论与诊治体系。中国兽医学的理论体系与中国的中医学完全一致,治疗的手段与技术也基本相同,特别重视针灸与汤药相结合的治疗方法。

秦汉时期,我国的家畜饲养和管理技术达到一个新的水平。在牲畜饲养方面,对于马的饲养,已经注意要将饲料切碎并在夜间加喂饲料,种植苜蓿作为马的专用青饲料。对于猪的饲养,已知用葫芦瓢来催肥。兽医的水平也有显著的提高。牛医、马医等专门的医生已经出现,对患病的牲畜实行隔离,以防止传染病蔓延,将以前通行的火骟阉割术,改进为水骟阉割术,提高了手术的成功率,减轻了牲畜的痛苦。对于马蹄的护理,已设有专门的人员,但护蹄物可能还不是铁,而是皮革。

由于战争,良马的需求量很大,北方少数民族地区的良种马被大量引入中原地区,也为杂交技术运用于改良马种提供了可能性。特别是马、驴杂交后所产的骡,既有马的善于奔跑特长,又有驴子的耐力与负重能力,且堪粗饲,寿命比马、驴长,可以说集中了马与驴的优点,避免了它们的缺点,从而产生了更加优良的性状。这是运用杂交技术改良畜种的最为典型的事例。

秦汉时期相畜术再也不是个别人所掌握的技术。《史记·货殖列传》载:"黄直,大夫也;陈君夫,妇人也;以相马立名天下。……留长孺以相彘立名,荥阳褚氏以相牛立名。能以技术立名者甚多,皆有高世绝人之风,何可胜言。"东汉的大将马援,也是相马的专家。此外,相畜术专著的问世,也对普及此术起到不可低估的重要作用。《汉书·艺文志》记载有"《相六畜》三十八卷",可惜此书已经失传。但是在长沙马王堆三号墓中发现了帛书《相马经》一部,在山东临沂银雀山汉墓中出土了《相犬经》竹简残片。汉代还将良种马用铜铸成标准的铜马式,以便鉴定马的优劣。

魏晋南北朝隋唐时期,畜牧业和家庭饲养业得到较快的发展,特别是唐代官方牲畜业的规模之大,空前未有。天宝年间,牲畜饲养的总数达到60多万,其中马有325 792匹,牛有75 115头,羊有204 134只,骆驼有563头。而民间则十分重视牛的饲养。基于此,相畜术比前代更为进步。据《隋书·经籍志》和《新唐书·艺文志》所载,就有《伯乐相马经》、诸葛颖的《相马经》、高唐隆的《相牛经》、赵父的《水牛经》、浮丘公的《相鸭经》、《相鸡经》、《相鹅经》等。《齐民要术》中也记载了不少相马、相牛的技术,唐人李石所著的《司牧安骥集》中还有《相良马论》的专文。兽医著作也有不少问世,仅《隋书·经籍志》列入的就有9种。由于官方畜牧业的规模庞大,唐代隶属于太仆寺的兽医就有600人,兽医博士4人,学生100多人。

宋元明清时期,官方的畜牧业规模大不如唐代,但民间的家庭饲养业的规模却比唐代有了更大的发展,特别是养羊、养猪和家禽的饲养方面尤为明显。由于商品经济的发展,家庭饲养业的目的在很大程度上是获得货币,因此家畜的短期催肥技术有了长足的进步。用精饲料、限制禽畜的运动和光照等技术手段被广泛使用。最典型的是填鸭法,在鸭子的催肥期间用高粱粉、玉米粉、黑豆粉和黑麸做成棒状条的"剂子",将鸭子的嘴撑开填入,一日填两次。初次宜少,然后逐日增加,最多时每日填20个左右。经2—4周催肥,成熟的鸭子可达9—12斤。

明清时期,最能体现家禽繁殖技术进步的是火抱法的发明,也就是我们常说的炕坊孵化法。除没有现代的自动控制技术外,现代禽类孵化的各项技术环节和要求,当时都能凭人工使其达到。

明清时期,我国已经培育出不少优良品种的家禽、家畜。猪的优良品种各地都有,羊的优良品种也很多,例如新疆哈密的大尾羊、甘肃临洮的洮羊、江南的吴羊以及陕西的绵羊等。鸡的优良品种则有北京的九斤黄、江苏南通的狼山鸡、浙江萧山的萧山鸡、广东的三黄鸡等。鸭的优良品种则有北京鸭、江西南安鸭、四川建昌鸭。鹅则有广东饶平的狮头鹅。以上所列,都是驰名中外的优良品种,特别是九斤黄和狼山鸡曾对世界现代鸡种的培育产生过重大影响。

在兽医学理论方面,明万历年间由俞本元、俞本亨所编写的《元亨疗马集》的问世,标志着我国传统的中兽医学达到了高峰。清代对于牛的重视程度已经超过马,出现了《牛经大全》、《养耕集》、《牛医金鉴》等多部牛医专著。乾隆年间问世的《鸡谱》是我国古代唯一的一部养鸡专著。

秦汉时期,山林川泽为政府所控制,但民间已经将林木的栽培作为重要的经济活动。司马迁在《史记·货殖列传》中说:"居之一岁,种之以谷,十岁,树之以木。"凡竹、枣、栗、漆、桔、楸等经济林木,只要有一定的规模,就可以获得稳定的经济收益。《氾胜之书》载:"种树以正月为上时,二月为中时,三月为下时。""考农之种树无时,雨过便栽,多留宿土,记取枝,是乃种树要法。凡栽一切树木,须记阴阳,勿令转易,大树秃枝,小树不秃。"这说明,秦汉时期,我国的植树造林已经积累了相当的经验。

魏晋南北朝隋唐时期,对于林业的重视前所未有,技术也有很大的进步。贾思勰在其所著的《齐民要术·收种第二》中说:"五木者,五谷之先。欲知五谷,但视五木。"可见林业在农业中的重要性。他还特别强调用材林木的栽培,认为种植榆树一类的用材林木,可以一劳永逸,这种林木,只需要很少的人力投入,就可以获得稳定的收入,比种植粮食作物效益更高。在育苗技术方面主要有扦插、移栽、压条和分株,在林木的管理方面则强调"岁岁科简剥治",也即是要防止林木过密和注意修剪整枝。这一时期种植的多为榆、杨、柳、槐、楸、竹等。宋元明清时期,用材林木的栽培品种主要是松、杉、柏、桧、榆、柳、柞、泡桐、竹等。由于可耕地的减少,植树造林只能向非可耕地和小面积的方向发展。植树造林的技术则已相当完备,嫁接和林粮间作技术已被广泛采用。

农业中的副业是一个很难界定其确切内涵的词汇。相对于种植业而言,是指与农业有关的所有经济活动,相对于粮食种植业而言,林、牧、渔皆为副业。我们这里仅涉及粮食种植业以外的桑麻种植与养蚕。因为传统农业的主要功能,是要解决人们的吃饭和穿衣的基本原料。粮食是吃饭的最基本的原料,麻与丝则是穿衣的最基本的原料。对于以种植粮食为主业的农民来说,最经常也是最普遍的副业就是种植桑麻和养蚕。在一般家庭内部,即以男耕女织这种分工方式最为典型。早在战国时期墨子就曾说过:"从事于五谷麻丝,以为民衣食之财。"孟子也曾说过:"五亩之宅,树之以桑,五十者可以衣帛矣。"中国古代丝织品是有钱人和达官贵人穿着的材料,麻布则是一般百姓的衣着材料,所以,平民百姓又称"布衣"。在隋唐以前,蚕桑业的中心地区在黄河流域,麻布业的中心地区也是在北方。隋唐以后,随着经济重心的南移,南方特别是江淮以南地区,蚕桑业和麻布业的生产规模已逐步超过北方。我国北方所养的蚕,是经过人工选育的一化春蚕,长江流域则较多养二化蚕。

对以桑麻种植和养蚕为副业的农民家庭来说,桑树一般都是种植在家前屋后或采取桑粮间作制,种麻则需要占用耕地。在魏晋中唐时期,由于政府向农民征收的赋税主要是粮食和绢、布,因此,每个农民家庭就不得不种桑养蚕织绢或种麻织布。中唐以后,这种状况虽有所改变,出现了不少以桑麻为主业的专业农户,但从总体上看,桑麻为粮食种植副业的状况并没有根本改变。

种桑的技术涉及育苗、移植、整枝、嫁接、施肥和防治病虫害等,养蚕的技术涉及育种、保温、饲养、防病、治病等,它们在宋元时期就已相当成熟。种桑已注重嫁接以改善桑树的品质,嫁接有身接、根接、皮接、枝接、压接、搭接等多种技术,养蚕也有了从浴蚕、催青、收蚁、小蚕饲养、大蚕饲养、上簇、选茧、剥茧,到缫丝、织造等一整套技术。唐代,南北各地仍以三眠蚕为主,北宋后南方已普遍饲养四眠蚕了。四眠蚕体型大,丝质优,但比三眠蚕难饲养,技术要求高。宋元时期,已经掌握了添加中药喂饲以提高丝产量和以裂叶苦苣菜代替桑叶饲蚕的技术。明清时期,由于中国生丝的出口量大增,桑蚕业有了快速的发展,四川、江南、广东都是桑蚕业十分发达的地区。为了满足桑树种植的需求,条桑栽培技术受到重视。桑树的品种也从以前的高大型过渡到以矮株荆桑为主。在培育优良蚕种方面已使用一化蚕与二化蚕杂交技术。此外,对蚕病也有了全面的认识,防治已向综合性的方向发展。

我国华北地区原本是桑蚕业的中心之一,隋唐后此中心地位失去而成为大麻的种植中心,南方则普遍种植苎麻。宋元时期,由于棉花的传入,华北地区已成为棉花种植的中心,但是由于苎麻生产的经济效益较高,棉花取代麻的过程在南方就很缓慢。直至今日,江西、湖南、福建、广东等省仍是苎麻的集中产地,我国仍然是世界上最大的苎麻生产国。

六、 水利建设

水利灌溉是农业生产的命脉,我国早在春秋战国时期就拉开了兴建大型水利工程的序幕。春秋时楚国在今安徽寿春地区修筑芍陂,使淮南地区成为古代经济较为发达的地区。秦国在四川成都平原修筑都江堰,使四川成为"天府之国",为其统一全国打下了坚实的基础。后又筑郑国渠,使关中地区成为千里沃野。汉代又是一个修建大型水利工程的高潮时期,仅汉武帝时修建的就有六辅渠、龙首渠、成国渠、灵轵渠、白渠、河东渠等,此外在河套、河西走廊、新疆、淮河、汶水流域等地都有筑渠引水灌溉的工程。民间则注重深井与陂塘的修建。魏晋南北朝时期,尽管战争连年不断,但小型农田水利工程的兴建还是不少。隋唐时期,由于测量学、制图学的进步,水利工程建设的技术水准大大提高。这时修堰、建斗门控制流水量的技术已相当成熟,利用竹笼木桩技术建造海塘获得成功。在水利工程的利用和管理方面,唐代颁布了《水部式》,这是我国现存第一部全国性的水利法规。这部法规不仅以法律的形式规定了政府的机构和人员设置,还规定了用水的"均普"与适时的原则,对于破坏水利设施的惩罚也作了十分严厉的规定,使水利建设步入法制的轨道。宋元明清时期,农田水利科学技术进一步提高,其显著的标志就是专门著作的大量出现。较为重要的有北宋单锷所著的《吴中水利书》、明归有光的《三吴水利录》、姚文灏的《浙西水利书》、金藻的《三江水利论》、清王太岳的《泾渠志》、康基田的《河渠纪闻》、黄士杰的《云南省城六河图说》、沈梦兰的

《五省沟洫图说》、吴邦庆的《畿辅河道水利丛书》、王庭芝的《通济堰志》、程鹤翥的《三江闸务全书》等。明代的徐光启还和传教士利玛窦一起翻译了《几何原本》、《测量法义》、《泰西水法》等西方科学著作,对提高我国古代水利科学技术水平起了重要作用。

明清时期,兴建的水利工程数量巨大。据统计,明太祖以前的历朝历代,共开塘堰40 987处,浚理河渠4 162条,修建陂塘、堤岸5 048处,而明代新建水利工程就达2 270处,清代为3 503处。明清两代对修建水利工程的重视,由此可见一斑。

七、农学名著

我国的农学名著产生的时间较早,夏商周三代就有《夏小正》问世,内容涉及历法、物候、气象等,且内容均与农业紧密相关。农业地理学方面则有《尚书》的《禹贡》篇。春秋战国时期则有《吕氏春秋》的《上农》、《任地》、《辨土》、《审时》等四篇论文。《管子》一书中有三分之一的内容是论述农业经济的。两汉时期则出现了农业的专著《氾胜之书》和崔实的《四民月令》,这两部农学专著全面总结了农业领域中前人的经验与技术。魏晋南北朝时期则有贾思勰的《齐民要术》,这是当时总结我国北方旱作农业生产经验之大成的著作,也是我国现存第一部完整的农书。全书共10卷29篇,内容涉及谷物、蔬菜、瓜果的种植方法和技术,家禽、家畜的饲养方法与技术,植树造林法、养鱼法以及食品的加工和储藏方法。宋代则有陈旉所著的《陈旉农书》,这是一部现存最早的系统论述南方水田农业区生产技术与经验的农学专著。元代王祯所著的《农书》是我国第一部从全国范围内对整个农业生产进行系统研究的科学巨著,全书分为《农桑通诀》、《百谷谱》、《农器图谱》三大部分,原书分为37卷,270目。今本是清初编《四库全书》时从《永乐大典》中辑出,编为22卷,有插图306幅。此外,还有畏兀人鲁明善所著《农桑衣食撮要》,这是一部按月令记述农事活动的专著,虽以中原地区农事活动为主,但对于西北少数民族地区的农牧业生产经验也多有论述,有显著的地方民族特色。《农桑辑要》则是元代司农司编纂的我国现存最早的官修农书。明清时期的大型综合性农书则有徐光启的《农政全书》和清代官修的《授时通考》。《农政全书》共60卷,12大门,这是徐光启穷毕生之力编写的我国第一部大型农业百科全书。《授时通考》则是一部从旧文献中辑录有关农业的资料汇编,共有78卷,虽卷帙浩繁,但在农学上并无什么新见解。除此而外,还有反映浙江水田农业生产技术的《沈氏农书》和《补农书》,《沈氏农书》的作者身份不详,后由清初的张履祥加以校订和增补,前半部分为上卷《沈氏农书》,后半部分为张氏所补,故称《补农书》。通俗性的农书则有明代邝璠所著的《便民通纂》,内容除涉及粮棉作物的种植、家畜的饲养以及加工、收藏等技术和经验外，还包括当时农家日常生活所需的知识，如家庭用具的制造与修理、疾病的治疗和医药方面的常识，图文并茂，通俗易懂。此书开中国农书通俗体例之先河，对后世影响颇大。

第二节　手工业技术

中国的传统手工业生产可分为官营和民营两大部分。春秋以前，在"工商食官"制度下，手工业生产是完全由政府经营和管理的，并不存在民营手工业。春秋战国时期，"工商食官"制度瓦解，才开始有了民营的手工业。但是一直到明代，政府对民营的手工业生产者的人身控制始终没有放松，民间的手工业工匠每年必须无偿地为政府服劳役若干月。一般说来，官营手工业都具有一定的规模，有较为严密的管理制度，几乎是不计成本地生产，因为生产的产品是直接供最高统治者及其政府机构享用的，质量、完美与创新是官营手工业对其产品永恒的追求。为满足这样的追求，只能依靠工匠们一代又一代经验的积累，一代又一代技术的改进。所以，中国传统官营手工业的产品均具有十分浓厚的艺术品倾向，往往一件官营的手工业产品，就是一件精美绝伦的艺术品，同时也是当时这一产品生产领域中最高技术水平的代表。而民营手工业的产品绝大部分是为了满足民间的广大消费者的需要，经济、实用是其追求的目标，产品的技术含量当然与官营的不可同日而语了。但是，这并不能说民营的手工业在我国传统的手工业生产技术领域不重要，正由于民间大量的能工巧匠才支撑起我国传统手工业技术的殿堂。这是因为朝廷总是将民间的顶尖的工匠网罗进为官方服务的队伍，他们在为官方服务的过程中可以不受原材料、资金等方面的限制而施展自己的才华，使自己的技术能够达到当时最高的水平。总体而论，在推进我国传统手工业的技术水平的过程中，官方起着主导的作用，而大量有名或无名的能工巧匠才是真正的技术与技能的掌握者、创新者。

一、纺织

在距今 18 000 年的山顶洞人的遗址中发现了一枚骨针，这说明山顶洞人已经有了缝纫技术。在母系氏族公社的仰韶文化和河姆渡文化的遗址中，都发现了纺织的工具纺轮、骨锥、骨针以及编织或纺织物的痕迹，特别是在河姆渡文化的遗址中曾出土了不少木机件，一般认为是踞织机的部件，有机刀、卷布轴、梭子和分经木等，这说明在距今 7 000 年前，我国江浙一带的原始人就已经发明了织机。吴兴钱山漾遗址发现有绢片和麻苎织物,后者的细密程度已与今天的细布相当。商周有麻、苎、葛、苘等织物,织技很高,丝织品的品种有缯、纱、绢、縠、绮、罗、锦等,织法有生织、熟织、素织、色织、彩织、平纹、斜纹、重经、重纬、提花等。秦汉时期,纺织业有了较快的发展。西汉政府在临淄设"三服官",在京城长安设"东西织室",专为政府生产丝织品,织工常在千人以上。1972年长沙马王堆汉

图 2-2-1 素纱襌衣

墓中出土大量的丝麻织品,有绢、纱、罗、绮、縠、锦等。其中最著名的就是一件素纱襌衣(图2-2-1),纱孔清晰方正,大小一致,并且利用拈回方向的不同,使纱面具有縠绉的感觉。衣长128厘米,袖长190厘米,仅重48克,真是薄如蝉翼,轻若烟雾。即使在纺织技术非常高超的今日,也很难织出如此精美的作品。马王堆汉墓中出土的还有一种起毛锦,织造起毛锦的织机除了必须有提花装置外,还必须用两个张力不同的经轴加起绒针才能织成,技术水平相当高超。东汉明帝时已制成织花机,这是我国纺织业的一大进步。隋唐时期,纺织业进一步发展,据《新唐书·地理志》所载,仅江南东道(今浙江、江苏)所产的丝织品就有水纹绫、方纹绫、鱼口绫、绣叶绫、花纹绫、乌眼绫、绯绫、白编绫、文绫、交梭绫、十样花纹绫、吴绫、绸绢、轻容、花纱、吴绢、衫罗、宝花罗、花纹罗等品种。特别名贵的丝绸花纹有盘龙、对凤、麒麟、狮子、天马、辟邪、孔雀、仙鹤、芝草、万字、双胜、透青等。近年来在新疆的吐鲁番和甘肃的敦煌出土了不少唐代前期的丝织物,其中有一件晕绚提花锦裙,原锦用黄、白、绿、粉红、茶褐五色经线,再于斜纹晕色彩条地上,用黄金色细纬线织出蒂形小团花。此锦突出地反映了当时丝织品的技术水平。毛织品在南朝已经出现,南齐的文惠太子曾以孔雀毛为裘。唐中宗女安乐公主有尚方(负责织造的官署名)用百鸟毛织的裙子两条,裙子正看是一色,侧看又是一色,倒着看又是一色;白昼看是一色,夜晚在灯下看又是一色。百鸟之状,并见裙中。尚方又有百兽毛织成的鞯面(垫马鞍物),能呈现百兽形状。宋代的著名丝织品,一为织锦,一为缂丝。宋锦加金,一是明金,一是拈金。缂丝又称"克丝"、"刻丝",是用许多特别的小梭子穿引各色丝线,根据画稿花纹色彩的轮廓边界,一小块、一小块盘织出来的。宋元时期,棉花得到了较为普遍的种植,棉纺织业也随之兴盛。黄道婆将海南黎族的棉纺织技术带到江南,并改进了纺织的工具和技术,对于我国棉纺织业的发展作出了很大的贡献。明清时期,纺织业的

发展更快，技术水平更高。提花织机的用途更广，构造更为复杂。当时的提花机的花楼高一丈五尺，织匠两人共同提织花样，织好了几寸就要换送到另一台提花机上，通过各机房的巧妙配合，才能织成具有不同花色的衣料。有一种妆花纱，是在透明的纱底上，织出五彩加金的花纹。织法有的是用一把大梭子织底纹，用十几把小梭子各穿不同颜色的丝绒和金银线织花，有的是用十几把大梭子同时织。上等的锦缎，色彩自然，晕色和用线都可以与工笔画媲美。这一时期纺织技术的进步还表现在妆花丝布和改机这两种丝织品上。妆花丝布是用棉纱为经、丝线为纬交织而成，由于丝纬显花，看起来有花明底暗之感。改机是明弘治年间福建漳州工匠林洪所创制的一种薄锦。他将五层经丝改为四层，花纹正反如一，但正面的花纹及地色正好与反面的相反，既可用作衣料，又可用于装饰，曾风行全国。棉纺织业在这一时期也有长足的发展，松江的棉纺织业最为发达，苏州、无锡的也都别具特色。

二、陶瓷

陶与瓷尽管都是取土烧制而成，但制陶的土是普通的黏土，制瓷的土却是高岭土，陶的烧制温度比瓷的烧制温度低得多。因此，陶器在原始社会就出现了，瓷器的出现则晚得多。我国的制陶历史相当久远，在江西万年县仙人洞发现的许多陶片，距今近万年。陶有泥质、夹砂、红、黑、印文、彩陶之分。制陶的方法是小器用手捏，大器先将土搓成条，盘叠成器。发明了陶轮后，就可在陶轮上任意造型，成型后就可用火烧制。一开始是在露天烧制，后来都入窑烧制。我国的仰韶文化遗址中陶器多红色，大汶口文化的陶器由红向黑过渡，龙山文化的陶器多黑色。各地都有薄如蛋壳的陶器出土，既有蛋壳黑陶，也有蛋壳彩陶，这说明当时制陶的技术水平已相当高超。东周开始制作陶俑殉葬，到秦始皇制作兵马俑时达到空前绝后的规模与水平。唐代则流行在陶坯的表面上彩色釉，烧成著名的"唐三彩"（图2-2-2）。后世的紫砂陶，则可以与瓷器媲美。江苏宜兴为其制造中心，所制的茶壶，由于加入了浓厚的文化内涵而成为艺术品，为文人雅士所钟爱。

商代中期，青铜器的铸造对陶范的强度和耐热要求提高，原始瓷应运而生。釉的发明是陶向瓷过渡的必备条件。我

图2-2-2 唐三彩（三彩腾空马）

国是瓷的故乡，所产瓷器品种繁多，大致可分为青、白、彩等几大类。青瓷（图2-2-3）之所以呈青色，是因为釉中含2%左右的铁质，在烧制的过程中经氧化还原而形成。古越州（今浙江、福建一带）是青瓷的原产地。从两汉到三国时期的吴，产品的品质得到较快提升，至北宋时已达"炉火纯青"、"青如天，明如镜，薄如纸，声如磬"的境地。南宋时的龙泉窑为青瓷的代表，历元、明、清，至今不衰。白瓷约兴起于北朝时期的东魏，隋的白瓷

图2-2-3 越窑青瓷双耳罐

已可与青瓷媲美，白瓷的釉的含铁量必须控制在1%左右。宋元时景德镇的白瓷以其质白、透光度好而著称。明代永乐窑的脱胎瓷，几乎见釉不见胎，影青则暗雕花纹，表里映现。清代的白瓷配料、烧制的温度和时间都已达到今天硬质瓷的水准。彩瓷是以白瓷为基础的单色或彩色瓷的总称。按施彩的方法又可分为釉上彩和釉下彩两类，花纹图案绘于坯上然后再上透明釉的称为釉下彩，绘于烧成的瓷上再烘烤的为釉上彩。著名的青花瓷属于釉下彩，明代在青花瓷上加其他色料再炼而成斗彩。清代有素三彩、五彩、粉彩、珐琅彩。一道釉是单色瓷，明代有鲜红、宝石红、霁红、翠青、回青、娇黄、孔雀蓝等名品，清代又增天蓝、碧青、天青、油绿、苹果绿、吹绿、吹红、吹紫、胭脂水等，而郎窑红、矾红、釉里红更有发展。

我国古代有许多烧制瓷器的名窑，唐代有邢窑，以出产"类雪"的白瓷闻名，古越窑则以"类玉"、"类冰"的青瓷著称。宋代的名窑最多，对后世的影响也最大。尤以北方四窑——定、磁、钧、耀和南方四窑——景、越、龙、建共八大窑系最著名。定窑又称北定，所产白瓷胎质细薄，白釉似粉；南渡后的景德镇为南定，所产影青或称月白的透光度空前绝后。磁窑以磁石泥为坯，白瓷多黑花。钧窑以胭脂红最佳，并以窑变著称。耀州窑的瓷，薄而花纹布满内外。越窑首推上虞窑，处州章氏兄弟各设一窑，哥窑以百圾碎著称，弟窑以梅子青闻名。建窑产黑瓷，亮如漆。元代德化窑的猪油白又称葱根白，能透见指影。明代的宣德窑则以青花瓷畅销。清代景德镇仅官窑就有300多座，乾隆时岁贡瓷色有50多种，仿古瓷皆能乱真。历史上的名窑无不有自己的特色产品，之所以能有特色产品，无一不是在长期经验积累的基础上技术创新的成果。

三、冶金与金属制造

冶金首先要采矿，我国夏商周三代除黄金可从水中淘取外，一般金属以及玉石都需要攻

山穿井。广州槎山就发现了属于新石器时代的矿坑。当时是采取先用火攻后用水浇的裂石方法。湖北大冶铜绿山的东周铜矿遗址中已有竖井、斜井、斜巷、平巷采矿体系,有辘轳提运、竖井相通的自然通风、排水及照明设施。春秋战国时期,铜、铁、铅、锡、银、煤、盐、天然气等都已被开采。

商代后期已有直径 1 米的熔铜炉,炉温可达 1 200 ℃。战国时的炼铁竖炉直径已达 1.44 米,炉壁已用耐火土。汉代的高炉直径达 3 米,已用煤炼铁。最迟在南宋已用焦炭炼铁。明代用萤石作熔剂,其熔点低,炉料能顺利下降。风力方面,战国时已用四橐鼓风囊鼓风,开始时用人力,西汉用牛、马,称为牛排、马排,东汉时又用水力,称水排。明末出现活塞式的鼓风机。

图 2-2-4 后母戊鼎

金属器具的铸造,首先是青铜器,商周时期颇为发达。著名的商代后母戊鼎(图 2-2-4),重 475 公斤,是当时青铜器铸造技术的代表。铸造青铜器首先要制造模范,古代称金曰镕、木曰模、土曰型、竹曰范。商至周初,分铸法已较成熟,范、芯达 20 多块,后母戊鼎就是先铸足、耳,然后再嵌入大范中与鼎体合铸而成。春秋战国时期集浑铸、分铸、失蜡、焊接、镶嵌等技术之大成,铸造出许多精美绝伦的青铜器,湖北随县擂鼓墩曾侯乙墓中所出的青铜器组件是其集中的反映。铁器出现后,雕镂、金银错、针刻等冷作技术发展,再加上鎏金工艺,使青铜器更加华丽。这可以西汉中山王刘胜墓中出土的博山炉和长信宫灯为代表。秦汉以后,青铜器的铸造主要是在镜、钱币、枢柱、仪器、翁仲方面。铜镜中有一种透花镜,在光线的折射作用下,可以透视出镜子反面的纹饰。唐代扬州出产的铜镜精美绝伦,其中的"方丈镜"铸铜为桂树,饰以金花银叶,唐中宗骑马自照,人马均在镜中。武则天时铸造的天枢,共用铜铁 200 万斤,高 105 尺,直径 12 尺,八面各径 5 尺,铸周长 170 尺的铁山为底座,并以铜为蟠龙、麒麟萦绕四周。宋初正定隆兴寺铜像重 10 万斤,是用铜铁分多次铸接而成。铁的范铸始于战国,至秦汉有较大发展。后周广顺三年(953 年)山东李云铸沧州大铁狮,长 2 丈余,估计有 10 万斤之重,足见当时造范、合铸技术之高超。

青铜器的铸造,必须根据器皿的用途确定铜、锡的比例。这种比例关系,古人早已掌握,并称之为"六齐",也就是"六剂"。《周礼·考工记·辀人》载:"金有六齐,六分其金而锡居一,谓之钟鼎之齐;五分其金而锡居一,谓之斧斤之齐;四分其金而锡居一,谓之戈戟之齐;三分其金而锡居一,谓之大刃之齐;五分其金而锡居二,谓之削杀矢之齐;金锡半,谓之鉴燧之齐。"这是世界上最早的合金比例的经验总结。

范铸后的金属件还必须经过再加工才能真正成为实用的器具,特别是兵器,一般都要经过煅打的过程以提高硬度。春秋战国时期,青铜剑的铸造水平极高,传说中的名剑有干将、莫邪、巨阙、纯钩。考古发现的越王勾践剑(图2-2-5)、吴王夫差剑,表面花纹清晰,锋利无比。经科学测定,其表面经过防锈处理。这种技术直到20世纪50年代,联邦德国、美国才拥有。

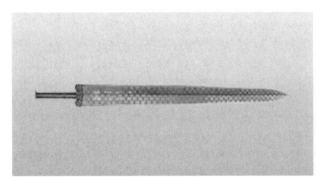

图2-2-5 越王勾践剑

由于我国古代拥有发达的青铜器铸造技术,在铁被人们发现后,铁器的冶炼与制造技术很快也达到当时世界的最高水平。商代就有了铁刃铜钺,江苏六合吴墓出土有铁丸和铁条,丸是白口铁(铸铁),条是块炼铁,而欧洲直到14世纪才有铸铁,比我国晚了2000年。战国初铸铁柔化技术的发明,是冶金史上具有划时代意义的进步。铸铁性脆,经脱碳处理后才能成为实用的生产工具与兵器,掌握了这一技术后,我国的冶金术就始终处于当时世界的先进水平。汉代的冶铁规模很大,技术更先进。考古发现的汉代球墨铸铁,其石墨球化率相当于今天的一级标准。春秋的晚期,钢已出现。炒钢是经过多次锤煅而使晶粒细密的技术,故称为"百炼钢"。汉魏之际又发明了灌钢法,北齐的綦母怀文造宿铁刀,明代又发明了新炒钢法和抹钢法,都是为了用最简便的方法获得质量稳定的钢材。

四、漆器制造

为了保护与装饰器具,用桐油等成膜物质涂刷于器物表面的技术,在我国称为髹漆术。我国是桐油与髹漆术的故乡。浙江余姚河姆渡文化遗址中就出土了朱漆木碗,微有光泽。

安阳出土的商代棺木,其漆皮的厚度达1.5厘米,系经多次成膜。战国时的漆器五彩兼备,颜料有丹砂、石黄、雄黄、雌黄、红土、白土、蓝靛等。胎型有木、竹、皮、夹纻多种。汉代的漆器,主要是取代青铜器成为社会上层人士的日常生活用品,因而生产的规模宏大,蜀郡、广汉和长安是当时漆器的主要产地。其产品种类很多,制作过程复杂。高级的漆器常沿边缘镶嵌金银铜作为装饰,称为扣器。史称"一杯棬用百人之力,一屏风犹万人之功"。长沙马王堆汉墓中曾出土了数百件精美的漆器,件件造型优美,工艺精湛。汉代以后,由于瓷器大量生产,逐渐取代了漆器,漆器生产的规模大不如前,但漆器制造的工艺和技术仍在发展。六朝时发明了先用泥作胎,髹漆后再用绳子将泥胎抽出,仅剩下纯漆部分的"脱胎"技术。唐代则有在漆器上刻深浅花纹的"剔红"和先在胎上胶贴金银箔,上漆后再磨光的"金银平脱"工艺。元代则有先在漆器上刻花纹,再填入金银粉的"创金"工艺等。

五、四大发明

造纸、指南针、印刷术与火药被称为中国古代的四大发明,不仅对中国古代社会产生过重大影响,更重要的是随着这四大发明传入欧洲,先是对欧洲社会然后是对全世界产生了更为巨大的影响。

作为书写文字的载体,我国曾有陶、甲骨、青铜器、石、木牍、竹简、绢帛等,世界上的其他国家或民族则有泥板、植物的叶、动物的皮等。但是,这些都不是理想的文字的载体。我国于西汉初年就用麻、苎造纸,在西安的灞桥曾出土过麻纸残片,甘肃居延金关西汉烽塞遗址发现的麻纸片,质薄匀细。东汉和帝时,蔡伦用树根、破布、废网等造纸,质地坚韧,造价便宜,从此"天下咸称蔡侯纸"。西晋时南方盛行藤纸,六朝使用帘床捞纸,并用黄檗染潢,雌黄治书,以防虫蛀。唐代麻纸产量日增,造纸原料逐渐被竹、檀、秸、稿取代。随着造纸中加矾、加胶、涂粉、洒金、染色等技术的不断提高,纸的品种也日渐增多。宋代的楮桑皮纸和自古就有的麻纸,至今仍是高级纸张,印钞用的就是麻纸。棉纸在唐初传入大食后,对世界文明的进步,产生了不可估量的影响。

拓展阅读3 中国"四大发明"这一说法究竟是怎么来的

我国的雕版印刷术的发明在隋唐之际,活字印刷在北宋,这是人类文明史上具有划时代意义的重大发明。这项发明产生于我国不是偶然的,因为在我国原始社会时期就有陶文,商代有甲骨文,春秋战国有印玺、封泥,秦襄公时有石鼓文,秦始皇曾在泰山等处刻石,汉代有三体石经,蔡邕曾命学生摹拓,这些都无不启发着人们进行印刷术的发明。而创制于东汉、发展于魏晋的松烟制墨技术的出现,则为印刷术的发明创造了另一个必备的条件。最迟至隋唐之际,印刷术已在民间出现,现存最早的印刷品是在韩国发现的《陀罗尼经》,印刷的时间为公元704年。唐懿宗咸通九年(公元868年)王玠出资刻印的《金刚经》则是世界上第一部标年版印刷品。中晚唐时佛经、韵书、诗歌均有印刷。宋代的雕版印刷规模最大,印刷的质量极高,宋版图书成为后世的珍本。明清时期,南北二京为雕版印刷的中心,分色套印、彩印、拱花凸印等技术均已出现,雕版印刷术已发展到极至。明初,雕版印刷术传入欧洲。

北宋庆历年间(1041年—1048年)毕昇发明了活字印刷术,其法采用胶泥刻字,火烧令坚,用铁范排字,大大减少了雕版印刷的成本与工时。这是印刷术的重大突破,可惜当时未得到推广,直到南宋末年才由姚枢教弟子杨古运用此法印刷了朱熹、吕祖谦的著作。元代活字印刷术得到推广,王祯创制了木活字且采用转轮排字架,大大提高了工效。明代出现了铅字、铜字,清代还出现了磁活字,清政府也采用活字印刷术来印刷典籍。

火药是我国古代伟大的四大发明之一。在宋代,随着采矿、冶金等手工业的发展和战争的需要,火药便从道家的炼丹炉中解放了出来,并逐渐运用到军事上。

宋太宗开宝三年(970年),兵部令史冯继升向朝廷进献火药箭法,开宝八年北宋攻打南唐时就用上了火箭和火炮。真宗时,神卫水军队长唐福献火箭、火蒺藜。仁宗时编写的《武经总要》一书,记载了许多火药武器的名称,还记载了以硫磺、焰硝、松脂以及其他物质按一定的比例和操作程序制成不同用途的火药,这是世界上最早的火药配方和工艺程序的记载。南宋时管状火器又有进一步发展,以竹筒为管,内置火药和子弹的"火枪"被制造出来,这是步枪的始祖。后来将竹筒改为铁管、铜管,叫做火铳。管形火器的出现,是兵器制造史上一个划时代的进步。可惜的是,中国人没有再进一步地研究和改进,率先结束冷兵器时代。火药制造术于12—13世纪先传入阿拉伯国家再传入希腊和欧洲,到19世纪40年代,英国人用我们发明的火药,轰开了我们的国门。

指南针又称司南(图2-2-6)。战国时就有用天然磁铁琢磨成的指南针。据北宋沈括的《梦溪笔谈》所载,当时有四种不同装置的针型指南针,即水浮法、缕悬法、指甲法、碗唇法,此时已能制造人工磁体。我国在11世纪末的海船上已配有指南针。宋人笔记《萍洲可谈》记载,水手行船时,夜里靠星斗定方位,白天靠太阳定方位。阴晦日子,则靠指南针定方位。南宋时将磁针与分

图2-2-6　汉代司南

方位的装置组装成一个整体,这种仪器叫"针盘"、"地罗"、"子午盘"、"定盘针"、"经盘"、"罗盘"等。明代海上航行全靠指南针定方向。指南针大约在 12 世纪后传到了阿拉伯国家和欧洲。

第三节 科学

我国自古就有独特的科学体系,这就是以代数学为主的数学体系,阴阳合历、具有精巧的天体位置推算方法的天文学体系,资料丰富的人文、自然地理学体系,十进制直交网络的地图学体系,完美独特的中医、中药学体系。这个体系奠基于春秋战国,形成于秦汉,发展于六朝隋唐,昌盛于宋元明清。以下分别作简要的论述。

一、数学

我国古代在未使用算盘前用算筹(图 2-3-1)进行数学的运算,故算术就是我国古代对数学的统称。算筹初为圆形小棒,因其容易滚动,后改为片状。每一位上有算筹 9 个,逢十则进一位,这说明我国一开始就采用的是十进位的先进记数方法。商代的甲骨文中就有了十、百、千、万的数字,加上一、二、三、四、五、六、七、八、九共 13 个数字,就可以表达十万以内的任何自然数。这比古埃及的积累法、罗马的减乘式构数法、美索不达米亚人的六十进位制、玛雅人的不固定进位制要优越得多。筹算方法也抛弃了那些不必要的位值表达符号,确立了位值制,但是由于在运算的过程中使用空位的方法来表达"零"的存在,而推迟了表达符号"零"的出现。但我国自有"零"的表达方法,这就是"有"或"又",如 10 903,就表述为"一万九百有三"。古代"筹"与"畴"通,周代设"畴人"专司筹算,故"畴人"成了对数学专家的称谓。

"数"也就是数学,乃是当时教育的重要内容。我国秦汉之际就有《许商算术》、《杜忠算术》等专著问世。上溯先秦,下逮汉初的《周髀算经》,则以记载勾股定理而著称。成书于西汉的《九章算术》,标志着我国数学体系的形成。魏晋南北朝时期,涌现出不少有成就的数学家,其中记载的圆周率、等积定理、不定分析、内插法等辉煌成就,

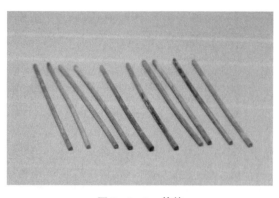

图 2-3-1 算筹

至今仍为中外人士所钦佩。唐高宗御定国子监教科书的"算经十书",包括汉代赵爽的《周髀注》,三国魏刘徽的《九章注》、《海岛算经》,西晋《孙子算经》,南朝宋《夏侯阳算经》、祖冲之的《缀术》,南朝齐《张邱建算经》,北周甄鸾《五曹算经》、《五经算术》、《数术记遗注》,并由当时的著名数学家李淳风、梁述详加校注。隋唐两代的国家最高学府都设算学,聚集了一批数学的专家与学子从事数学的教学与研究,唐代还设明算一科,开科取士,这对促进我国数学的发展产生了十分重大的影响。宋金与元初,我国的数学进入了一个繁荣昌盛期。北宋贾宪的七乘方图,刘益的正负开方,南宋秦九韶的大衍求一术,金末李冶的天元术、勾股容圆,宋末杨辉发展了增乘开方法和垛积术,元初朱世杰发展了招差术,创造了四元术。这些数学家及其杰出的成就,将我国古代的数学研究推向了世界的高峰。明代的商业数学兴盛,以吴敬《九章算法大全》和程大位的《直指算法统宗》为代表,但明代的成就仅在于推广珠算,理论上并无建树。明末,三角函数、欧氏几何传入我国,清同治、光绪间的董佑诚、项名达、戴煦、李善兰等研究函数展开、椭圆周长,卓有成效,特别是积分公式的创造,更为我国数学史增添了光彩。

二、物理学、化学

中国古代在物理学的领域早就对运动、力、光、声、电等物理现象有科学的认识,《墨子》一书中有各种运动的论述,还将时空统一于物质运动之中。汉代的《尚书纬·考灵曜》载:"地有四游,……地恒动不止,而人不知。譬如人在大舟中闭牖而坐,舟行而不觉也。"这是关于地球自转和相对运动的正确阐述。《墨子》关于力的阐述是:"力,形之所以奋也。""止,以久也。"这已是从动力和阻力相统一的观点对力所作出的正确的解释。对于力平衡、气体、液体、固体的力学知识,我国古代的人们也有不同程度的认识和应用。中国的秤杆称为衡,秤砣称为权,秤就是利用杠杆和力平衡原理而制作的。汉代已有人利用空气的浮力进行飞翔的试验,而曹冲在舟中称象的故事,则是古代中国人利用液体浮力的最好说明。对于比重的认识,《汉书·食货志》载:"黄金方寸,而重一斤"。这是我国最早的对黄金比重的记载。西晋时的《孙子算经》中明列每方寸之物的重量为:"金一斤,银十四两,玉十二两,铜七两半,铁六两,石三两,铅九两半。"其中金、银、铜的比重已与今日的标准相当接近。汉代的物理学成就还表现在张衡所造的候风地震仪上,利用这部仪器,距今1800多年前的东汉人就可以准确测定地震的方位,这不能不算作世界科技史上的杰出成就。我国的声学知识,最早见于乐律。西周初已有七声十二律,春秋用"三分损益法"定弦管长度。十二律之间的频程应该相等,这是明代朱载堉发现的,他首创十二平均律,比国外早了半个世纪。此外,对于声音的共

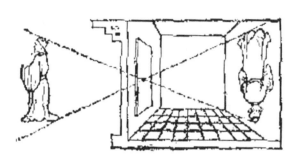

图 2-3-2 《墨子》小孔成像示意图

振、传播现象也有正确的认识。《墨子》对于光的直线传播、小孔成像、本影和半影以及影的本质均有论述(图 2-3-2)。中国人早就掌握了凸镜聚焦原理并用阳燧来取火。宋代的沈括还用阳燧进行了聚焦试验,提出了光束的概念,焦点的确定比英国人早了 200 年。西汉人还制造了潜望镜和可以折射出镜子反面花纹的透光镜。

我国古代的化学源于道家的炼丹术。炼丹术约起于战国中期,方士们旨在炼不死之药,秦始皇、汉武帝都热衷于用方士炼丹,魏晋南北朝时期更成为上流社会的风尚,直至明代。方士们在大量的炼丹过程中,发现了许多化学现象。丹就是硫化汞,丹砂炼汞,是化学上的还原反应。"九还金丹"就是经过多次氧化还原反应后而炼成。唐代已能够制造水银霜(氯化亚汞),所用原料为水银、食盐、白矾。除水银外,铅也是炼丹的重要原料,通过氧化还原反应而能获得不同形态与性状的新物质。汉代的方士还发现"曾青(硫酸铜)得铁则化铜"的化学置换反应现象。炼丹术在我国古代化学方面的最大贡献就是火药的发明。在溶解金属或矿物方面,也积累了大量的实验经验,这就是"三十六水法"。如用硝石(硝酸钾)和醋制成的混合液(弱硝酸)可溶解辰砂、雄黄等。晋代著名的方士葛洪在其所著的《抱朴子》一书中还记载了能够溶解黄金的"金液方"。我国古代虽无酸碱专名,但并不是没有酸碱的制造。如炼石胆取精华法,就是一种密封蒸馏硫酸铜制取硫酸的方法,此外,用蜃灰(氧化钙)吸湿而生成氢氧化钙,用白炭灰、荻灰煎制膏状氢氧化钾,这些方法古人早就掌握。唐代用五倍子经发酵制成"百药煎"(没食子酸),则是一种有机酸的制造方法了。

三、地理学

我国在春秋战国时期就出现了《山海经》《禹贡》这样的全国性的地理志,《山海经》中的《五藏山经》将全国的疆土分为南、西、北、东、中五个部分,记述各地的山脉,兼及水流、草木鸟兽和矿物等,第一次对我国广大地区的地理和蕴藏作了具体的记录。《禹贡》把全国分为九州，分别记述了各地的山脉、河流、土壤、草木、田赋和少数民族的分布情况。战国末年，邹衍又创立了"大九州"说，反映了当时中国人对世界地理的认识。根据文献记载和考古发现可知，当时已经有了地图。秦汉时期的地理学已经达到一个很高的水平，《史记》、《汉书》都有专篇记载山川地理和物产。当时绘制地图的水平也已相当高，这可以长沙马王堆三号汉墓中所出土的三幅地图为证：第一幅是西汉长沙国南部地形图（图2-3-3），绘有今湖南、广西、广东三省交界地区的主要河流、山脉和城市的方位，都与实际情况基本相符。据推算，此图的比例为十七万分之一至十九万分之一。第二幅是长沙国南部驻军图，主要绘及今湖南道县以南至广东连县以北地区。第三幅是一个县的平面图，绘有城垣、房舍等。这是我国，也是全世界现存的最古老的地图，绘制的水平很高，已有统一的图例，居民点采用两种符号，县治用方框，水道用上游细下游粗的曲线，道路用细直线。而对山体，则用较粗的闭合曲线勾画，又用细线画成鱼鳞状层层重迭以表现峰峦起伏的特征。魏晋南北朝时期，地理学又有进一步的发展，出现了《水经注》和《洛阳伽蓝记》两部高水平的地理学专著。《水经注》的作者是北魏的郦道元，他为前人所著的《水经》作注，广泛搜集文献资料，又进行实地考察，详细记述全国水道河流一千多条，并对其流经的山陵与城邑的地理沿革、风土人情、建筑名胜、历史掌故、民间传说等都进行了生动的叙述，不仅是一部水平很高的地理学专著，也是一部史学与文学价值极高的著作。《洛阳伽蓝记》是北魏杨衒之所著的一部城市地理专著，它详细

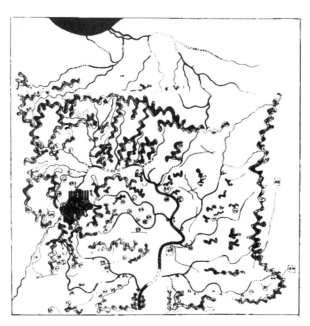

图2-3-3 马王堆三号汉墓出土地形图复原图

记载了北魏末年洛阳的寺庙佛塔,同时也涉及洛阳的里坊、衙司的布局等,也是一部有较高地理学、历史学与文学价值的专著。在绘制地图方面,西晋裴秀绘有《贡禹地域图》18篇,又将《天下大图》缩制为《方丈图》。他总结前人的经验并结合自己的体会,提出了绘制地图的六条原则,也称"制图六体"。这就是分率(比例)、准望(方位)、道里(距离)、高下、迂直、方邪六个方面,除经纬线及投影外,现代地图学上的主要问题他都扼要提出了。隋唐时期,政制规定地方必须定期将风俗、物产、地图报送中央政府,这就为这一时期地理学的发展起到了巨大的推动作用。隋贾耽的《海内华夷图》是一幅包括唐全境及部分域外地区的大地图,广三丈、纵三丈三尺,以一寸为百里,首创沿革地图的编绘体例。唐李吉甫的《元和郡县图志》,记述了当时天下诸州县的物产、道里贡赋、山川形势等,是我国现存最早的一部地方总志。除此以外,魏王李泰命其属官所写的《括地志》、樊绰的《蛮书》和玄奘的《大唐西域记》也是这一时期的地理学名著。宋元时期则有《太平寰宇记》、《元丰九域志》、《舆地广记》和《舆地纪胜》等几部全国州县地理的总志,还出现了许多专记一州、一县乃至一镇历史、物产、风土人情和地理的地方志。重要的有范成大的《吴郡志》、周应合的《景定建康志》、梁克家的《三山志》、罗愿的《新安志》、施宿的《嘉泰会稽志》、周淙的《乾道临安志》等,孟元老的《东京梦华录》、周密的《武林旧事》、吴自牧的《梦粱录》则是专记汴梁、临安繁华景象的城市志。明清时期重要的地理学著作是《徐霞客游记》,这部书记录了作者30年考察全国的所见所闻,有丰富的科学内容。

四、天文学与历法

中国早在夏代就有了天文现象的记录,在《夏书》中有我国最早的也是世界上最早的第一次日食的记录。商代更重视对天象的观察,甲骨文中记载了多次日食和月食,并已有鸟星和火星的名称,这两颗星是测定春分和夏至的重要标志。西周时《诗经》中已有了水、箕、斗、中、室、昴、毕等星宿的名称,说明当时对天文的观察已有很大的进步。春秋战国时期,我国已建立了二十八宿体系。这是将地球赤道附近的天空划分为28个不等的部分,每一部分为一宿,以斗、牛、女、虚等28个名称来称谓它们。最初划分二十八宿的意义仅在于标志月亮在一个恒星月中的运动位置,后来又用它们来标志日、五星、彗星等的运行位置和各恒星所在的位置,并用它们来划分季节、编制历法,指导农业生产。战国时又根据岁星(木星)运行的规律,将黄道周围平均分为十二分,创立了岁星纪年法。二十八宿体系和十二宫的创立,大大方便了对天文的观测。《春秋》中就非常详实地记载了日、月食、彗星和陨星出现的时间和状况,其中有世界上公认的最早关于哈雷彗星的记录。战国时期出现了一批专门观测星辰运行的占星家,如齐国人甘德著有《天文星占》,魏国人石申著有《天文》,他们精确地记录了120颗恒星的位置,这是世界上最早的恒星表;甘德还发现了木星的三号卫星,这比伽利略等人的发现早了近2 000年。秦汉时期,天文学取得了更大的成就,有了新星和太阳黑子的准确记录。长沙马王堆三号汉墓中出土的帛书《五星占》中有关水星等五大行星的记述长达6 000余字,其数值与现代观测的结果非常接近。马王堆三号汉墓中出土的彗星图以及南阳出土的白虎星图画像石,是我国古代十分珍贵的天文图像。东汉的张衡著有《灵宪》一书,解释了许多天文现象,还创制了浑天仪。浑天仪用铜铸造而成,以水力转动,球面上标有黄道、赤道和南北极,刻有二十八宿等星座。每日旋转一周,星宿的出没与设在洛阳的天象观测台上实际观察的结果完全一致。魏晋南北朝时期的虞喜在观测天文现象时发现太阳从本年的冬至运行到第二年的冬至,并没有回到原来的冬至点上,而是每隔50年(现代的精确值为71年8个月)向西移动一度,这就是岁差。这是世界天文史上最早的有关岁差的发现。隋代的刘焯用定朔法(根据月球的实际运动来修正朔望)取代以往的平朔法(根据月球的平均运动来推算朔望),这是我国古代天文和历法学史上的重大改进。他还研究了月亮每天运行的不均匀性和太阳的视运动的不均匀性,并结合定朔法制成了《皇极历》,虽未被采用,但对唐代的天文学和历法产生了重大影响,唐代的天文历算学家李淳风就是在《皇极历》的基础上,编制成了《麟德历》。唐代的另一位天文学家僧一行较正确地掌握了太阳在黄道上运行时速度变化的规律,制定了《大衍历》。他还和另一位天文学家梁令璞一起制造了黄道游仪,可以直接测量出日月星辰在轨道上的坐标位置,并利用这一仪器发现恒星是在缓慢移动的现象,从而提出了恒星运动的理论。这在世界天文学史上是一个了不起的成就,比英国天文学家哈雷提出同样的观点早了近1 000年。僧一行还主持了世界天文学史上的第一次子午线测量。南宋黄裳于1190年向皇太子献八图,其中有一幅天文图,后被刻于石碑并置于苏州文庙前。此图上半为圆形全天图,下半为说明文字,图上有恒星1 400余颗,是根据北宋时的一次恒星观察资料绘成,文字说明则概述了天文学基础知识。这是世界上现存较早的大型石刻实测星图,反映了当时我国的天文学水平。明清时期,西方的天文与历算知识传入我国,揭开了我国天文学和历算的新篇章。

中国古代早就有了观象授时的传统。观象就是观察日月星辰的运行,授时就是根据观象的结果以确定年、季、月、日,并颁布历法以指导人民的生产与生活活动。《世本·作篇》载:"黄帝使羲和占日,常仪占月,臾区占星气,伶伦造律吕,大挠作甲子,隶首作算数,容成综此六术,著调历。"这说明,在原始社会的父系氏族公社时期,我国就有了历法。商代的历法以干支纪日,以太阴纪月,以太阳纪年,用闰月来调整季节。这是一种阴阳合历,平年12个月,闰年13个月;大月30天,小月29天,差日以闰日补足。春秋战国时期创制了古四分历,以365.25天为一个回归年,29.53日为一个朔望月,以合朔为一个月的开始,以夜半为一日的开始,以冬至日为一年的开始。秦代颁行的《颛顼历》也是四分历,汉武帝时颁行了《太初历》。《太初历》仍以四分历为基础,但改变了秦《颛顼历》以十月为岁首而以正月为岁首,确定了无中气之月置闰的原则,将24个节气订入历法。《太初历》还记有日、月食的周期,为日、月食的预报打下了基础。它是我国历史上第一部比较完整的历法,也是历法史上一次重大改革。东汉末年刘洪又编《乾象历》,因为无论是四分历还是太初历,都是用月球的平均运动推算朔望,实际上月球围绕地球运行的轨道近于椭圆,因此运行的速度并不均匀,它在近地点最快,近地点的位置也不固定。《乾象历》第一次变更古历,不仅记有月道近地点移动,还以近地点为中心,详细记载每天的月球实际运行度数,定出比较精确的近点月为27.553 36日,还定出了交食食限的数值。南朝的祖冲之编有《大明历》,其贡献是将岁差计算在内,使冬至太阳所在的位置逐年变动,对提高历法推算的准确性有重要意义。《大明历》定一个回归年为365.242 8日,这是我国宋代《统天历》出现之前最精确的数字。它还将以往的19年7闰改为391年144闰,又定出精密的交点月为27.212 23日,和现代的数据只相差十万分之一日。唐代的僧一行编制的《大衍历》,将日行有盈缩的发现编入历法。《大衍历》还总结了历代历法的编算结构,归纳成7篇,包括平朔、平望和平气,七十二候,太阳和月球每天在天球上的位置和运动,每天看到的星象和昼夜时刻,日食、月食和金、木、水、火、土五大行星的位置。北齐的张子信曾在海岛上观测天象30多年,发现太阳的视运动并不均匀,而是冬至时日行最急,夏至时日行最缓,春分和秋分时最平,一行在此认识的基础上再经过精密测量,发明了根据太阳在黄道上的位置来区分节气的方法,这就叫做"定气",并且根据它来推算日、月食,这是对太阳视运动规律比较正确的认识。南宋的杨天辅编制的《统天历》确定一个回归年的长度为365.2425日,与现行公历(格里高利历)完全一致,但早了400年。《统天历》还认为回归年的长度并非固定不变,而是古长今短,这一发现同样比欧洲早得多。元代颁布的历法为《授时历》,由当时著名的天文学家郭守敬、王恂、许衡等编制。它完全废除了以前历法惯用的上元积年,而是以至元十八年(1281年)天正冬至日为历元,根据实际观测的结果,确定当年的气应(冬至距上个甲子日夜半的时间)、闰应(冬至距上个十一月朔的时间)、转应(冬至距月球过黄道和白道交点的时间)等数据。它还废除了用复杂的分数表示天文数据的传统方法,改用百进位制,将一天分成一百刻,每刻分为一百分,每分分为一百秒,秒以下也用百进制。《授时历》用弧矢割圆术来解决黄经和赤经、赤纬之间的换算,用招差法来推算太阳、月球和行星的运行度数,并将全年分为二十四分,以确定二十四节气,将没有中气的月份作为置闰的月份,这些都是中国历法史上的重大改进与提高,这部历法也成为我国古代最精确的历法。直到清代颁布吸收了西方天文学成果的《时宪历》,才对它进行了改进。

五、医学与药物学

中国的医学又称中医学,是我国独创的具有鲜明特色的一门医学,它以整体观念、辨证施治、防治结合而见长。而与其紧密相联的中医药物学同样是一门具有鲜明特色的我国独有的药物学科。西周时已有食医、疾医(内科)、疡医(外科)、兽医等科,有医师总司其政。春秋战国时期,私医大量出现。春秋时被称为神医扁鹊的秦越人精于内科外术,常作带下医(妇科)、小儿医、耳目痹医,随俗而变。战国时的《五十二病方》载有疾病52类,病名103种。东汉末的华佗各科皆擅,弟子众多。特别是他能用麻醉剂动外科手术,乃是世界首创。由《黄帝内经》、《神农本草》奠定的中医学,至汉代已初具规模。张仲景的《伤寒杂病论》为两汉治疗学的代表,晋王叔和的《脉经》、皇甫谧的《针灸甲乙经》、南朝宋雷敩的《炮炙论》、南朝梁陶弘景的《本草集注》都是承前启后的经典著作。隋巢元方的《诸病源候论》是病理学名著。唐代十分重视医学,医科分体疗(内科)、疮肿、少小、耳目口齿、角法(外治)、针科、按摩等科,皆开科举。唐代将医疗事故和卖假药列入刑罚,《新修本草》是世界上第一部国颁药典。著名的医生孙思邈医道精深,有"药王"之称,所著《千金二方》,简易实用。王焘的《外台秘要》收录了自上古以来的许多散佚方书。宋元时期,中医学进入全盛发展阶段。宋有9科,元有13科,分工愈细,钻研愈精。著名的金元四大家(刘元素、张从正、李杲、朱震亨)各擅所长,使内科、骨科、儿科、针灸术、解剖学等都取得了前所未有的成果。明清医学与药物学又有新突破,由王履、吴有性发端,叶桂所奠定的温病说,开中医传染病学的新学派。陈实功的《外科正宗》、王清任的《医林改错》、赵学敏的《医林集腋》为手术学、解剖学、方剂学的专著,李时珍的《本草纲目》则是药物学的光辉巨著。我国还是世界上免疫法、人工器官的创始国,也是世界上最早提制荷尔蒙的国家。

阴阳五运六气,是中医的基本理论和思想方法。《黄帝内经》提出"和于阴阳,调于四时","提挈天地,把握阴阳"的中医生理和病理、临床和治疗的总纲,以及肌体各脏腑间生理功能的对立统一、整体与局部之间的相互关系和治疗准则。强调以预防为主、早治为要的防病与治疗原则。《黄帝内经》开创的学说经后世的发展,称为运气说。所谓阴阳,是指事物的两个方面:脏与腑、营与卫、寒与热等等。五运也就是五行,木、火、土、金、水为地五行,风、热、湿、燥、寒为天五行。人体的心、肝、脾、肺、肾为五藏，并以目、舌、唇、鼻、耳分别为五藏之官，分属五行。天五行为致病原因，其作用于某一藏就使其生病，与其对应的器官就有表现，通过对这些器官的观察就可以诊断病因与病情，用五行相生相克的原理就可以实施治疗。春秋时秦国的一位名和的医生提出六气说，他认为阴、阳、风、雨、晦、明为六气，六气过则为灾，致人生病。运气说以天干定运，地支定气，五行生克，六气流转，预测季候变化，诊断疾病。

中医还有自己独特的诊病手段，这就是望气、闻声、问病、切脉。其中特别是切脉，更成为中医独特的有效无损的诊病方法。

中医还有自己独特的辨证施治理论。汉代的张仲景首先提出八法：邪在肌表用汗法，邪壅于上用吐法，邪实于里用下法，邪在半表半里用和法，寒证用温法，热症用清法，虚症用补法，积滞、肿块用消法。要旨在于三阳病"驱邪"，三阴病"扶正"。这些成为中医治疗学的基础，后人在此基础上发展成为中医完整的辨证施治理论。

中药药物总称本草，汉代就有《神农本草经》，后世的中药药物学专著几乎都以本草命名。《神农本草经》除收载植物、动物、矿物药物外，还一一指明药效。南朝梁陶弘景加以整理，进行集注，并以药物来源和属性分为玉石、草木、虫兽、米食、果、菜及有名未用等7类，奠定了唐以后本草的分类法则。他又将诸病通用药分别归入病症项下，共分为80多类。炼丹术发展后，化学药物增多，不少药物载入经方。唐官方编《新修本草》，是世界上第一部官颁药典。宋代又分别修了《开宝本草》、《嘉祐本草》、《图经本草》。元祐年间（1086年—1093年）唐慎微著《经史证类备急本草》，所录药物增至1 700余种，内容有百病主治药，药物之配伍禁忌等，使历代本草和单方得以保存。后经朝廷整理出版，称大观本，政和年间又重修，绍兴年间又加以校定，使其成为明李时珍《本草纲目》问世前宋、元、明本草的范本。明代的李时珍详研百家本草，走遍名山大川，穷毕生精力，经严谨考察验证，写成190万字的皇皇巨著《本草纲目》。全书共52卷，分16部62类，收录药物1 892种，均一一说明其产地、形态、采集方法和性味功用，并附方11 096则，插图1 160幅。《本草纲目》传入欧亚各国，一再被翻刻、传译，成为清初欧洲"中国热"的主要内容。

中药学中还有许多专攻一病或一类疾病的药物配方及其用法的方剂。药理有君臣佐使之说，君为主药，臣为辅药，皆攻主病；佐药治兼症或用以制约君药的副作用，使药用以引导诸药直达病灶。我国最早的方书为东周时的《五十二病方》。自汉至晋，各种方书繁多，晋葛洪搜集、整理古今药方，分别种类，选而集之，著为《玉函方》。又因古方多名贵药材，贫家野店难以措办，故另写《肘后卒急方》，多为价贱易得之药。后陶弘景加以整理补充，成《肘后百一方》，金杨用道又增补为《肘后务急方》。初唐孙思邈主张人人通医，著《千金方》，唐玄宗颁

《开元广济方》,唐德宗颁《贞元集要广利方》于天下州郡。清乾隆间赵学敏著方书《医林集腋》及各地屡验之单方书《素养园传信方》。中医服药的方法也有讲究,除口服外,还有沐浴、佩带、涂抹诸法。汉张仲景集前代之大成,定剂型为:汤、散、丸、酒、醋、膏、洗、浴、熏、滴耳、注鼻、灌肠、肛门栓、阴道栓等。中医药物学中还有专门的制药方法称为炮炙。汉张仲景在前人的基础上创造了再煎浓缩、入蜜矫味的汤药工艺及研磨、搅拌、筛法等散剂制作工艺。南朝宋雷敩的《炮炙论》是最早的炮炙专著,奠定了后世中药炮炙方法的基础。其书已佚,从散见于历代医书的内容可将其方法概括为17种,如炮、炙、煨、炒、煅、水飞等,内含对药物的具体制作、增加疗效、降低副作用以及保存方法等内容。

思 考 题

1. 有人说中国古代没有科学,对此你如何认识?并请说出理由。
2. 请概述中国古代科学技术的主要成就及其对中国与世界的影响。

第三章 生活方式

社会生活方式包括广义和狭义两方面。本章所要讨论的是狭义的社会生活方式。它是指社会物质生产活动、社会组织公共活动（诸如政治活动、经济活动、军事活动等等）以外的社会日常活动方式，是社会运行的外在表现形式，也是人类历史上最丰富多彩、有血有肉、生动活泼的部分。主要包括饮食、服饰、居住、交通、娱乐、体育锻炼、社会交往与岁时节庆等。

第一节 饮食

一、主食与副食

以谷类制成的食品为主食，是古代农业民族的共同饮食特征。我国自周代进入农业社会以后，汉民族就以粮食作物为主食。粮食作物的种类很多，主要以"五谷"为主。①《周礼·夏官·职方氏》："其谷宜五种。"郑玄注指黍、稷、菽、麦、稻。

稷，是黍的一个变种，一般指籽实不黏或黏性不及黍者为稷。北方人称为谷子，就是今天的小米。由于它抗旱能力极强，所以多栽培于古代的中原地区，成为北方地区一种最为普遍的粮食作物。正由于这样的原因，周人把自己的祖先称为后稷（谷神）。又由于我国是农耕文明，所以将帝王、诸侯祭祀的稷与社（土神）并称为社稷，用以作为国家政权的象征。《白虎通·社稷》中云："人非土不立，非谷不食……故对土立社示有土尊；稷，五谷之长，故立稷而祭之也。"

黍，古文献或称之为"穄"，今西北地区称之为黍子、糜子，籽实呈黄色，性黏，去皮后称黄米子。在古代，黍常与稷连读为黍稷，《诗经》中有很多例子，如《豳风·七月》"黍稷重穋"，《小雅·出车》"黍稷方华"。据先秦时期的文字资料记载，在商周时代，黍与稷并列为最重要的粮食作物。在殷墟卜辞中，卜黍之辞达106条，其出现率较其他粮食作物要高得多；②到春秋时代，黍的重要性仍然居于首位。③

---

① 关于中国传统的主食，除"五谷"之说外，尚有"六谷"、"九谷"二说。关于六谷，《周礼·天官·膳夫》："凡王之馈，食用六谷。"郑玄注曰："六谷，秫有稌、黍、稷、粱、麦、苽。"关于九谷，《周礼·天官·大宰》郑玄注曰："九谷，黍、稷、秫、稻、麻、大小豆、大小麦。"
② 参见于省吾：《商代的谷类作物》，《东北人民大学人文科学学报》1957年1期。
③ 参见齐思和：《中国史探究》中的《〈毛诗〉谷名考》，中华书局1981年版。

麦子在中国栽培很早,考古工作者在安徽亳县钓鱼台遗址中发现的碳化小麦粒,距今约有3 000年。麦子的种类很多,有大麦、小麦、燕麦、黑麦等。其中,小麦和大麦,上古时又称为来牟,种植最为普遍。

菽是豆类的总称,其栽培的历史十分悠久。周代的大豆产量很丰富,《诗经·小雅·采菽》中记载"采菽采菽,筐之筥之",描写大豆收成的时候,一筐筐一筥筥搬个不停。又据《山海经》记载,阴山产赤菽,"卑山……多累",赤菽就是红豆;累,晋人郭璞注,即虎豆,大约就是我们今天说的蚕豆。菽主要用作食粮,但豆子粒食,不易被消化吸收,浪费很大。汉代,石磨发明以后,人们就开始将它磨成浆来食用,这样便出现了豆腐。大约唐宋以后菽被开始用作油料。

图3-1-1 河姆渡水稻化石

稻,即水稻,古亦称稌,自古为我国主要粮食作物之一。据考古资料显示,在浙江余姚河姆渡遗址中发现的稻谷粒(图3-1-1),距今约有5 000年的历史。不过,水稻在全国粮食的比重中并不占主要地位。尤其在北方,水稻被视为珍品,所以《论语·阳货》有"食乎稻,衣乎锦,于汝安乎"之说,说明当时食稻是同衣锦一样珍贵的。

拓展阅读4
河姆渡:告别野生(农业篇)

先秦时期,除"五谷"作为粮食以外,还有苽、麻、芋艿、鸡谷等不少杂粮。苽,一名蒋,籽实为狭圆柱形,状如米粒,称苽米,也叫雕胡、安胡等。用以煮饭,香脆可口,被古人视作天下美食。李白《宿五松山下荀媪家》一诗中有"跪进雕胡饭,月光明素盘"之句,就是形容那洁白的苽米把盛饭的盘子都照亮了。麻是我国古老的农作物之一,因其籽可以充饥,所以被列为谷类。后来虽从主食领域中退出,但仍长期沿用为秋祭仪式上的祭品。芋艿在三代的杂粮中,占有重要地位,盛产于四川及两湖一带,当时川西方言称芋艿为"蹲鸱",川西一带曾以它为主食。楚国官职中有个"芋尹",就是专管种植芋艿的,可见芋艿在南方粮食生产中的重要位置了。鸡谷是一种草木杂粮,《山海经·中山经》载:"兔床之山,其草多鸡谷,其本(根茎)如鸡卵,其味酸甘,食者利于人。"这种根茎,可能就是今天的甘薯。

到两汉,我国粮食作物的品种进一步扩大,除先秦已有的品种以外,还有高粱、青稞、荞麦、穈子和多种豆类。至此,后世的粮食作物就基本具备了。

中国古代的饮食结构,一直遵循"五谷为养"的传统,以稻麦为主,兼吃杂粮。其食用方式则主要有以下几种。

粥:据宋人高承《事物纪原》卷九引言:"《周书》又曰:黄帝始烹谷为粥。"这说明我国上古时代已有粥。粥是把米煮烂而成的一种饭食。《三国志·管宁传》载:"饭鬻糊口,并日而食。"粥类食用十分普及,品种繁多。宋人周密《武林旧事》卷六就记载有七宝素粥、绿豆粥、馓子粥、五味粥、粟米粥、糖豆粥、糖粥、糕粥等品种。在古代,粥品除了一般食用外,或许还有三个方面的特殊作用。一则是为了节省粮食。在农闲季节,体力劳动强度不大,古人为了节约粮食,多吃粥以度日。这种情况在经济落后地区更是如此。宋代海南,"地多荒田,所产秔稌不足食,乃以藷芋作粥糜以取饱"①。二则是为了调养滋补身体。宋人陆游《食粥》诗有云:"世人个个学长年,不悟长年在目前。我得宛丘平易法,只将食粥致神仙。"自注:"张文潜有《食粥说》,谓食粥可以延年。予窃爱之。"②李时珍在《本草纲目》中列出近 60 种粥的名称,并记述了它们的制作方法与食疗功效。三则是为了救济饥民。这主要表现在灾荒之年,粥往往成为饥民们的救命之食。封建官吏、寺观僧道或开明富绅往往在饥荒时,设置粥棚,向无家可归的难民们施舍米粥,使他们赖以存活。这方面的记载比比皆是,可见粥在中国古代社会的地位与影响。

饭:古时泛指用各种谷物制熟的颗粒疏松干爽的食品。刘熙《释名·释饮食》云:"饭,分也,使其粒各自分也。"中国古代的饭大体上采用两种方式烹饪而成,一是甑蒸,二是釜煮,以前者为多见。而饭的品种名目则相当多,其中传统名饭有唐代徐坚《初学记》中的粟饭、九谷饭,宋代林洪《山家清供》中的蟠桃饭,陆游《老学庵笔记》中的团油饭,陶谷《清异录》中的清风饭,明代李时珍《本草纲目》中的寒食饭、荷叶饭,清代汪曰桢《湖雅》中的蒸谷饭、炒谷饭等。

由于蒸煮饭用粮要比煮粥多出两三倍,所以,在先秦时期,干饭大多为上层社会食用。一般贫困之家,粮食不足,不可能顿顿都能吃到干饭,只有逢年过节或婚丧祭祀之际,才能吃上几顿干饭。这种情况,直到汉晋时代才有明显改变,因为此时的生产力水平已大大提高,粮食相对充足,干饭也就成为最普通的食物了。魏晋以后,石磨普遍使用,由于将麦子、小米

---

① 赵适:《诸蕃志》下。
② 张文潜即宋张耒之字。晚年居陈州宛丘,因名集曰《宛丘集》。

加工成粉状能够做成各种各样的面食,且味道要比单纯地蒸煮米粒、麦粒好得多,因此食用面粉制品蔚成风气,尤其是在以种植小麦为主的北方,面食更为人们所青睐,从此面食取代了蒸饭的主导地位,成为北方人的主食,而南方则因为稻米磨成粉状并不比粒状好吃,所以食用蒸饭的习惯一直保留了下来。

饼:在我国古代,饼是各类面粉制品的总称。面是指用麦类或其他谷类磨成的细粉。饼在我国先秦时期已经食用,早在新石器时代的河南裴里岗遗址中就出土了磨盘、磨棒,说明我国加工面粉的技术已有悠久的历史。最晚到战国时已有关于饼的明确记载,《墨子·耕柱篇》说:"见人之作饼,则还然而窃之。"到了汉初,食饼之事已较为多见。相传汉高祖的父亲刘太公不习惯过宫廷生活,刘邦便按照家乡的格局为他建了一个新丰邑,不但街道、房屋、鸡犬一仍其旧,就连当地的酒肆、饼铺也都照样搬来。由此可见当地吃饼的习俗已蔚然成风。魏晋以后,饼的花样层出不穷,其中最为普遍的、经常食用的主要有以下几种。

一是蒸饼。也叫炊饼,是用笼屉蒸制而成的食品。宋代吴处厚《青箱杂记》中记载:"仁宗庙讳贞(应作祯),语讹近蒸,今内庭上下皆呼蒸饼为炊饼。"就是说,因为宋仁宗名叫赵祯,"祯"与"蒸"音近,时人为了避讳,便把蒸饼改称为炊饼。这种饼相当于后世所说的馒头,其名最早见于《晋书·何曾传》:"蒸饼上不坼十字不食。"意即蒸饼上不蒸出十字裂纹就不吃。这种裂纹蒸饼,实际就是经过发酵后,蒸出来很松软适口的"开花馒头"。后赵石虎"好食蒸饼",并且吃法更为讲究,"常以干枣、胡核瓤为心蒸之,使坼裂方食"[①]。石虎吃的这种夹入果肉的蒸饼,实际上已是包子的雏形。不过包子是到宋代才普遍流行的。

二是汤饼。就是在汤水中煮熟的面食。汤饼还有"索饼"、"煮饼"、"水引饼"、"水溲饼"、"飥"、"馎飥"等名称。汉代已有汤饼。汉代掌管皇帝后勤的长官少府,其属官有"汤官",专门负责汤饼等面食供应。[②] 东汉质帝就是被外戚梁冀"令左右进鸩加煮饼"而毒死的。[③] 晋朝束皙《饼赋》说:"玄冬猛寒,清晨之会。涕冻鼻中,霜成口外。充虚解战,汤饼为最。"说明汤饼在当时是人们最为喜食的面食之一。其做法极为简单,用一只手托面,另一只手往锅里撕片。"飥"即手托之意。后来有了擀面杖,不再用手托了,所以叫"不托",讹为"馎飥"。到唐宋元明时期,原始形态的汤饼已不复见,而衍化成更加可口易食的面条、挂面、馄饨、水饺等等。所以,古代的汤饼就是今日各种水煮面食的前身。

三是胡饼。根据刘熙《释名·释饮食》的解释,胡饼乃是由于其表面撒有一层胡麻(即芝

---

① 《太平御览》卷860引《赵录》。
② 《汉书》卷19《百官公卿表》。
③ 《后汉书》卷34《梁冀传》。

麻,原产于西域,中原人称之为胡麻)而得名。但似乎也与其制法出于"胡"地有关。① 胡饼是在专门的炉中烤制而成的,咸香酥脆,一经传入内地,便深受各界的欢迎,而且经久不衰。东汉时,"灵帝好胡饼,京师皆食胡饼"。② 魏晋之际,中原多胡人,因而食胡饼之风大为流行,只是因为后赵皇帝石勒忌讳"胡"字,民间遂改称胡饼为"麻饼"。当时的南方也普遍吃胡饼。西晋时人王长文,"于成都市中蹲踞啮胡饼"③。这是西南地区在吃胡饼。东晋人王羲之少时曾"坦腹东床啮胡饼"④。这是江东在吃胡饼。迄唐代,胡饼更可谓声名大噪,尤其是长安一带的胡饼,因其香脆可口而名播天下,以至外地的人们都要仿照京师的式样和制法。诗人白居易《寄胡饼与杨万州》一诗云:"胡麻饼样学京都,面脆油香新出炉。寄与饥馋杨大使,尝看得似辅兴无?"⑤正反映了这一情况。

此外,还有油炸的油饼、薄脆以及烙饼、煎饼、春饼、月饼、桂花饼等,都是由来已久的。

点心:原意指正餐以前稍进食物以使饥肠略安。唐人孙頠《幻异志·板桥三娘子》中云:"置新作烧饼与食床上,与诸客点心。"宋人庄季裕《鸡肋篇》也云:"上微觉馁,孙见之,即出怀中蒸饼云:'可以点心'。"这些记载都说明"点心"本是动词,本义是略进食物以安慰饥肠的意思。后来点心则成了一切小食的代称。宋人吴自牧在《梦粱录·天晓诸人出市》中说:"有卖烧饼、蒸饼、糍糕、雪糕等点心者,以赶早市,直至饭前方罢。"这里的"点心"就成了名词,乃各种小吃食品的总称。点心的花色在六朝以前还很少,但到了唐宋,花样就极其丰富了。吴自牧在《梦粱录》中记下当时杭州市上的点心就有包儿、夹儿、馒头、糕、饼、团等十几大种,80多小种,琳琅满目,十分诱人。

二、菜肴与烹饪

在古代,菜肴又称肴羞、肴核。肴是指鱼肉等荤菜,羞是指美味食品,核是指蔬菜果核食品,所以,菜肴即是经过烹饪调制而成与主食搭配摄用的荤素菜的总称。

中国古代菜肴的原料十分丰富,大致有如下几类。

1. 肉食

肉类来自畜牧业、狩猎和渔业。畜牧业从新石器时代就开始发展,到商周时已初具规

---

① 释慧琳《一切经音义》卷37《陀罗尼集卷十二音义》说:"胡食者,即毕罗、烧饼、胡饼、搭纳等是。"显然他认为胡饼传自国外。
② 《太平御览》卷860引。
③ 《晋书》卷82《王长文传》。
④ 《太平御览》卷860引。
⑤ 《全唐诗》卷441《白居易十八》。

模。《周礼·天官冢宰·膳夫》中有"凡王之馈,……膳用六牲"之说。六牲,指牛、羊、豕、马、犬、鸡。这六牲在《诗经》中也多次被提到。六牲之中除了马以外,其余五种再加上鱼,就构成了我国古代肉食的主要部分。中国是一个以农业种植为主的国家,在饮食生活中食肉的比重一直要比粮食小得多。所以能经常吃上肉的仅为社会上层,而广大下层人民一般只能在年节或庆典之日才能吃上肉。《盐铁论·散不足》中"古者……非乡饮酒、䐉祭、祭祀无酒肉。故诸侯无故不杀牛羊,大夫无故不杀犬豕"所说就是这种情况的写照。肉食中除牛、羊、猪外,狗也是主要的来源之一。羊、猪是最普通的肉食,牛则因为是农业生产的重要工具,饲养周期长,所以平时不轻易吃牛肉,只在祭祀时才杀牛,牛肉也因此比较珍贵。《左传·僖公三十三年》载:秦国军队偷袭郑国,郑国商人弦高路遇秦军,遂以"牛十二犒师"。给几万秦国军队只送12头牛,这在今天看来实在微不足道,但在当时,12头牛就是一大笔厚礼了。在中国古代狗在狩猎和守护方面发挥着重要作用,狗又可以自己觅食,因此,狗被大量喂养。狗肉成为人们很喜欢吃的佳肴,屠狗也因此成为一个专门的职业,历史上不少有名的人物如大侠聂政、刘邦的大将樊哙都以屠狗为事。

在中国,烧烤肉食的历史非常悠久。据考古发现证明,大约在距今60万年前,北京周口店人就已经学会用柴火烧烤肉食品了。商周以降,烧烤肉食品的饮食习俗更为普遍,其常见的方法有炙、脍、醢、脯等。炙就是烤肉,方法有三,或直接放入火中烧,或用器物串起来架在火上烧烤,或将肉用泥巴封起来置于火上烧熟。《孟子·尽心上》说:"公孙丑问曰:'脍炙与羊枣孰美?'孟子曰:'脍炙哉!'"可见脍炙是当时人们所青睐的肉食,后来遂形成了"脍炙人口"的成语。典籍中有关描述脍炙好吃的记载比比皆是,但写得言简意赅、生动形象的莫过于《礼记·曲礼上》"毋嘬炙"三个字。嘬,原意为吮吸,这里指一口吞下。《礼记》意在告诉人们食用脍炙时须细嚼慢咽,方合礼法。如狼吞虎咽,显出贪婪之相,既丧廉耻,也是对同席的不敬。炙的味道之美,由此可见一斑。脍是指将鱼肉或牛、羊、鹿、麋等新鲜细嫩的肉切成薄片,调入调料生食的食品。脍品早在先秦时期就已经出现了。《礼记》、《仪礼》中详细地记载了脍品的选料、调味和食用的情况。进入汉魏以后,食脍蔚成风气。当时脍的原料大多是鱼,而且要用鲜鱼、活鱼。由于鱼是脍的主要原料,因而当时人们对鱼的品类要求也就十分讲究,鲈鱼、鲻鱼、鲫鱼等被认为是脍的优质原料。从汉代到唐代,脍品便由生食改为熟食了。醢是以肉类为主料制成的酱,滥觞于夏商时代。周代至春秋战国时期,制法大大改进。即先将肉制成干,然后铡碎,用粱米制成的酒曲和盐搅拌,再用好酒渍,密封于瓶子中,经过百日而成。脯即干肉,是我国古代对肉类加工、保藏的最古老方法之一,也是古代最常用的一种肉食。《说文》解释为:"脯,干肉也。"《汉书·东方朔传》中也说:"生肉为脍,干肉为脯。"

这都指出了其为干肉的特征。先秦时期,脯品是祭祀和宴会上必备的食品之一。《礼记·内则》记载天子、诸侯的宴会上的脯腊食品中就有牛脩、鹿脯、麇脯、田豕脯等。后代制脯的原料日益增加,现在腌咸肉、云南作牛干巴都是脯的简化。脯又叫"脩",这是因为脯为条状。古书里常说的"束脩"就是成捆的脯。

2. 蔬果

蔬菜和水果是中国古代饮食结构中的重要内容。中国以农立国,蔬果具有悠久的历史与传统,几与主食相辅相成。蔬果是人体必需的多种维生素和矿物质的主要来源,因此,食用一定量的蔬菜水果对于抵抗疾病,维持体液酸碱平衡和消化机能的正常运转,保证和增进机体健康,是必不可少的。《黄帝内经·太素》卷二说:"五谷为养,五果为助,五畜为益,五菜为充,……以养精益气。"这说明古人很早就认识到了果与菜在饮食生活中的重要性。

中国蔬菜的栽培早在先秦时期就开始了,不过还处于初始阶段,因此人们吃的蔬菜主要还是来自采集,人工栽培的不多,而且品种较少。《诗经》中有不少诗歌提到当时人们吃的蔬菜。《豳风·七月》:"六月食郁及薁,七月亨葵及菽。""七月食瓜,八月断壶,九月叔苴。采荼薪樗,食我农夫。"诗中的郁及薁,是属于李的不同品种;葵是当时的重要蔬菜;菽是豆叶,可作蔬菜食用;壶即葫芦;苴是一种青麻,捣成羹汁可食;荼,苦菜;樗,臭椿,可作为燃料。《小雅·采薇》:"采薇采薇,薇亦作止。"薇,即豌豆苗,被视为蔬菜中的上品。《小雅·瓠叶》:"幡幡瓠叶,采之亨之。"瓠叶,就是葫芦叶,可作为蔬菜食用。《邶风·谷风》:"谁谓荼苦,其甘如荠。""采葑采菲,无以下体。"荠,就是荠菜;葑,即芜菁,又名蔓菁,就是今人所说的大头菜;菲,亦名芴,是一种可供食用的观赏作物,形似芜菁、萝卜。先秦时期的蔬菜,除了《诗经》中提到的上述几种以外,还有瓜、芸、韭、姜、葱、蒜等。总的看来,这一时期蔬菜的种类是很少的。

汉唐时期随着蔬菜栽培技术的提高,疆域的扩大,周边少数民族进入中原和对外交通的开辟,蔬菜的品种大大增多。其来源大致有四:①野生植物由采集逐渐走向驯化、栽培,马芹子(野茴香)等即是。②异地品种不断传入。如苜蓿、胡瓜、胡葱、胡蒜、胡荽等由西域传入,菠菜来自泥波罗国(今尼泊尔),莴苣原产于西亚,隋代由呙国使者引入我国。③培植新品种。如蕹菜、茄子、黄瓜等都是新培育的蔬菜,甚至还培植出了像番茄这样的浆果蔬菜。以前一直认为番茄是近百年来由外国传入我国的,所以在它的前面加了个"蕃"字。近年在四川成都凤凰山的一座汉墓中发现了番茄种子,经过培育,这些在地下沉睡了2000多年的种子,居然还能萌芽苗株,证明确为番茄。不断的栽培选育还产生了许多新的蔬菜变种,如越瓜就是由甜瓜演变而来,菘(白菜)是"葑"的后代变种。④开辟了新的蔬菜生产领域。这主要表现在两方面,一是水生种类,这一时期有不少品种由野生走向人工栽培,如莲藕、鸡头、菱、莼菜等等即是。二是食用菌(即俗称的蘑菇)的培养,《四时纂要》详尽地记载了食用菌的培育过程,这是我国食用菌培育的最早记载,在蔬菜栽培史以及中国饮食史上具有划时代的意义。① 汉唐以后,我国蔬菜的品种已大体稳定。

水果在古人饮食中也具有重要的地位。我国的果树已有数千年的栽培历史。浙江余姚河姆渡遗址出土有成堆的橡子、菱角、酸枣、桃子、薏仁米、菌类、藻类、葫芦等遗物,上海青浦崧泽遗址也出土有甜瓜、毛桃核、酸枣核、葫芦等水果种子。这些事实告诉我们,早在新石器时代的中后期,我国的先民就已经掌握了人工培植某些果树的技术。从先秦开始,水果的品种更为丰富了。据《山海经》载,先秦时期的果品有柿子、猕猴桃、桃、李、杏、海棠、梨、沙果、梅、枣、橘等品种。《礼记·内则》除记有桃、李、杏、枣、柿、梅、梨以外,还有菱、椇(俗称"鸡距子",味甜)、栗、榛、瓜、山楂等品种。宋玉《楚辞·招魂》提到"柘浆",即甘蔗汁。《吕氏春秋·本味篇》还提到有甘栌、橘子、柚子等。《诗经》中提到的水果,除上述品种外,还有木瓜、桑葚等等。当时,已经有了水果加工技术,如"煮梅"、"煮桃"、"蒸梨"等,可视为现代水果罐头的先河。

到了西汉,随着大一统局面的形成,各民族农业文化交流的加强和果树栽培技术的提高,加之"丝绸之路"开辟后南亚、中亚、西域果品的传入,中国的果树种类和品种显著增多。《史记·货殖列传》载:"安邑千树枣,燕、秦千树栗,蜀汉、江陵千树橘……此其人皆与千户侯等。"由此可见,西汉中期已经出现一批专业化水平较高的大规模果园,其收益想必十分可观。汉人扬雄《蜀都赋》提到许多水果,除上述外,又有青苹、木瓜、黄甘、棠梨、离支(荔枝)、樱桃、梗橙等等。

唐宋时代,水果的功用开始丰富起来,有的水果被当作茶余酒后的助兴佳品。据《旧唐书·中宗纪》载:中宗景龙四年(710年),"上游樱桃园,引中书门下五品以上诸司长官学士等人入芳林园尝樱桃。便令马上口摘,置酒为乐"。有些被用于食疗,如《食疗本草》、《千金要方》等唐代医著中大量采用果品用于食疗药膳。有的作为缺粮时的充饥物,如五代时,"晋王尝穷追汴师,粮运不继,蒸栗以食,军中遂呼栗为'河东饭'"②。宋以降,水果与饮食生活的关系更为密切。北宋开封的饮食店铺,果品的食用更非一般。除了酒饭肉蔬,有干果子、河北

---

① 参见梁家勉主编:《中国农业科学技术史稿》,农业出版社1989年版。
② 陶谷:《清异录》。

鸭梨、旋乌李、橄榄、龙眼、肉芽枣、甘蔗、枝头干、榛子、榧子等数十种果品供选用，①其种类之广，南北诸果皆全；形式之多，包括生果、干果、熟果。宋代果食之盛由此可见一斑。南宋临安的上层社会还设有四司六局，专门筹办筵席，宴会宾客。其中专门设有"果子局"，负责"装簇、盘钉、看果、时果，准备劝酒"②。它表明在当时果食入馔已为常事，标志着水果食品在饮食结构中的地位进一步确立与定型。

3. 调料

我国调料讲究色香味，强调"五味调和"，是中国传统饮食文化的精髓。自古以来中国人就很注意烹饪的调味，在《周礼》等书中就已经有了关于酸甜苦辣咸"五味"的记载。《周礼·天官冢宰·食医》规定：春天时应多加一分酸味，夏天时应多加一分苦味，秋天时应多加一分辣味，冬天时应多加一分咸味。这表明在先秦时代人们就已经懂得了调味品的搭配。从先秦时期的文献看，当时的调味品已相当丰富，除了最早的盐以外，天然的调味品有椒、苓（甘草）、芧（紫苏）、桂皮、茱萸、姜、韭、葱、蒜、薤、蓼等。人工制作的调味品主要有酱、醋、豉、糖、油等。

酱在中国古代烹饪中拥有重要的地位。《急就篇》颜注曰："酱之为言将也，食之有酱，如军之须将，取其率领进导之也。"可见酱被看作是调味的统帅，所以孔子说"不得其酱不食"③。醋，本字作"醯"或"酢"，亦称"苦酒"，直到汉代才出现"醋"字。我国烹饪的酸味最初取自于梅果，大约从周代起开始制醋。《周礼》中的"醯人"就是专门负责酿醋和腌菜的官员。当时的醋还只是供统治阶级享用的珍贵调味品。汉代以后，醋的生产与应用才日益普及，并逐渐取代梅而成为我国最主要的酸味调料。到南北朝时期，我国的酿醋技术已十分发达，所用原料也十分广泛，几乎与现代制醋所用原料相差无几。北魏贾思勰《齐民要术》一书中专门介绍了23种醋的酿造方法，令人赞叹，其中有些方法至今仍被沿用。豉是一种咸味调味品。与酱、醋相比，豉的出现似乎较晚，先秦文献中未见记载。但在汉代豉的酿造和使用已比较普遍，当时已有人以此为业并且成为巨富。④ 及至南北朝时代，豉的种类和制法已多种多样，这在《齐民要术·作豉法》中有详细记载。豉从诞生以来，就备受人们青睐，其生命力在于它能调和五味，使菜肴增鲜生香。所以，《释名·释饮食》说："豉，嗜也。五味调和，须之而成，乃

---

① 孟元老：《东京梦华录》卷2。
② 灌园耐德翁：《都城纪胜》。
③ 《论语·乡党》。
④ 《史记》卷129《货殖列传》。

可甘嗜也。"把令人喜吃不厌作为这个字的含义来加以解释,可见豉是一种多么令人喜食的调味品。在砂糖加工兴起之前,古代的甜味除了以枣、柿代替外,主要来自蜂蜜和饴饧(即麦芽糖)。中国种植甘蔗,熬制"柘(蔗)浆",至晚始于战国。三国时,中原仍制作这种"甘蔗饧"。^①及至唐初,由于唐太宗的关注,引进了印度的蔗糖加工技术,从此中国的蔗糖生产逐步发展起来。油是重要的烹饪原料和调味品,我国是世界上最早使用食用油和食用油品种最齐全的国家之一。据文献记载,早在2 000多年前的西周时期,食油即已用于烹饪。最早的食用油是动物油,称作"脂"(凝结状)或"膏"(融解状)。《礼记·内则》中云:"膏脂以膏之。"孔颖达疏曰:"凝者为脂,释者为膏。"当时常见的动物油有膏香(牛油)、膏臊(狗油)、膏腥(猪油,一说鸡油)、膏膻(羊油)等,其中不少至今仍是我国动物性食油的主要品种。将植物油用于饮食的最早记载见于晋代张华的《博物志》,当时使用的是麻油。降及唐宋,麻油已成为极普通的食油品种,其中以在北方地区最为流行。宋人沈括《梦溪笔谈》中有"北方人,喜用麻油煎物,不论何物皆用油煎"之语。此外,庄季裕《鸡肋编》中还提到了山东、陕西一带常食用以苍耳籽、红蓝花籽、杏仁、蔓菁籽等油料植物榨制的植物油。大约在16世纪中叶,花生从南洋群岛传入,并迅速普及全国,花生油很快成为颇受人们欢迎的食用油。至此,麻油、豆油、花生油、菜籽油、棉籽油等成为我国主要的食用油类。

在菜肴方面,中国还有一种特殊的副食——豆腐值得一提。豆腐是中国古代最为独特的饮食文化发明之一,因其营养极其丰富,不但受到我国各族人民喜爱,而且已风靡世界,为世界众多国家和地区的人民所共享,其意义是不可估量的。然而,我国究竟何时开始加工和食用豆腐,却是一个长期争论不休的话题。早在古代,关于豆腐的起源,就有不同的说法:一种意见认为,孔子的时代就已经有了豆腐^②;另一种意见认为,豆腐为西汉淮南王刘安所发明^③。前一种说法支持者甚少,对于后一种说法,由于豆腐之名直至到宋代才出现,因而人们也一直有所怀疑。1961年,河南密县打虎亭出土了汉代的做豆腐的画像石(图3-1-2),才为这个问题提供了考古学上的证据。这幅画像石上的做豆腐图,包括磨豆子、滤豆渣、压豆腐等工艺流程,与今天民间的传统做法极为相似。这一事实表明,我国的豆腐在汉代确已发明了。

豆腐的发明,开创了一条利用大豆植物蛋白质的新途径,同时也弥补了我国食物结构中动物蛋白不足的缺陷,这对2 000年来中华民族的繁衍,起了重大作用。

---

① 《三国志》卷48《孙亮传》。
② 清代汪汲《事物会原》云:"腐乃豆之魂,故称鬼食,孔子不食。"
③ 李时珍《本草纲目·谷部》第二十五云:"豆腐之法,始于汉淮南王刘安。"

图 3-1-2 （豆腐制作）打虎亭画像石

三、饮酒与饮茶

酒和茶是中国人自古以来最喜爱的饮料，尤其是用传统方法，通过制曲酿成的酒，更是风格别具，美不胜收。

1. 饮酒

中国古代酒的种类很多，其中最具代表性的应该说是用酒曲酿造的谷物酒。

火药、指南针、造纸和印刷术，被誉为中国古代的"四大发明"。日本学者研究了中国人用酒曲酿造的谷物酒后，指出其方法之独特、影响之深远、波及面之广阔，堪与"四大发明"并列，成为"第五大发明"。

关于酒的起源，在我国古代文献中曾经留下过许多记载。《战国策·魏策二》载："昔者帝女令仪狄作酒而美，进之禹，禹饮而甘之，遂疏仪狄，绝旨酒，曰：'后世必有以酒亡其国者'。"《书·酒诰》孔颖达疏引《世本》云："杜康造酒。"这两个传说，都被严肃地写入了史书，而且被《说文解字·巾部》正式认可，以至于杜康被称为"酒神"。实际上，正如晋代江统在《酒诰》中所说："酒之所兴，乃自上皇。或云仪狄，一曰杜康。有饭不尽，委余空桑。……本出于此，不由奇方。"犹如古代文字被认为是仓颉所造一样，酒的出现也不可能是由于某个人的发明，而只能是在人类从游牧走向定居过程中，发展了农业生产，大量储存了粮食，粮食得以自然发酵后造出来的。大约在原始社会中后期，人们已懂得利用酒曲来酿酒，使酒能定向生产，考古材料为我们提供了这方面的信息。1983年，在陕西眉县马家镇杨家村的仰韶文化遗址中，出土了一组陶制酒器，包括 5 个小杯，4 个大杯和 1 个葫芦瓶，这是迄今为止我国出土最早的一组酒器，距今大约 6 000 年。大汶口后期和龙山时代出土的酒器，则不胜枚举。成套酒器的出现，说明当时已具备了固定生产酒的能力，酒已成为日常饮料。殷周时代饮酒蔚成风气,历史上有"商人重饮,周人重食"的说法,即反映了商民嗜酒这一特点。商纣王"以酒为池,悬肉为林","为长夜之饮",殷商由此失国。20 世纪 70 年代在河北藁城商代前中期遗址中以及 1987 年在河南信阳的商代墓葬中出土的大量青铜及陶制酒具,也是商人好饮的佐证。至周代,朝廷设置了专管酿酒的职官,说明酿酒已发展成为独立的手工业部门,酒曲的种类也增多了。特别是周代还较科学地总结了用曲酿酒的六个要领:"秫稻必齐,曲蘖必时,湛炽必洁,水泉必香,陶器必良,火齐必得,兼用六物,大酋监之,毋有差贷。"①就是要求每酿一次酒,用米粮的数量要合适;制造的酒曲要不失时效;浸米和蒸米要保持清洁(不沾油腻,不沾异物);泉水要清洌,没有异味;陶甑要没有隙漏;蒸的米饭要恰到好处(不夹生,不过烂)。宫廷酿酒,都有大酋(酒官)监督,不许马虎。及至秦汉魏晋时期,酒的品种日益增多,酒的名称五花八门,异彩纷呈。这一方面是由于我国传统的酿造技术有了长足发展,从而不断增加了新的品种。另一方面是由于这个时期各民族之间、中外之间的经济文化交流空前频繁,从而引进了许多新品种,使内地酒类品种大大丰富。

唐以前的酒,大都是自然发酵酿成的米酒或果酒,酒精的含量很低,其味香甜稍带辛辣,即使不胜酒力的人多饮几杯也不会醉。所以,古人喝酒,豪饮者甚众,而烂醉者罕见。如战国淳于髡、东汉卢植饮酒一石而不在话下。到了唐代,人们在长期的生产实践过程中,认识到了酒精与水的沸点不同,于是就在发酵酒的基础上通过蒸馏的方法,使酒精与水分离,从而发明了一种酒度高、香味浓、质量比较好的蒸馏酒。因这种酒的酒精含量高,有的甚至触火即燃,所以民间又称之为"烧酒"。又因其质地透亮、洁净、无色,还称之为"白酒"。它的香、味和风格,在世界上独树一帜,是酿酒史上的一个划时代的进步。由于烧酒的浓度很高,刺激性又强,所以此时人们饮酒已经不是单纯的饮食行为,而大都是为了获得感官的刺激和精神上的满足,使这一社会生活现象蕴含了浓浓的人文色彩。因此,隋唐以后,众多的文人墨客、骚人名艺、哲人雅士等都与美酒结下了不解之缘。他们或以酒会友,或借酒浇愁,或即杯抒怀,或醉而挥毫,从而留下了诸如李白斗酒诗百篇、张旭嗜饮书狂草、

拓展阅读5
汉字之中蕴酒礼

裴旻醉舞剑犹龙等无数脍炙人口的趣闻轶话。宋元以后,有关蒸馏酒的记载已较为普遍。13—14 世纪,我国的蒸馏酒技术还通过丝绸之路,经阿拉伯传入欧洲。此后,西欧诸国开始出现了白兰地、威士忌等蒸馏酒。明清时期,酿酒业的规模日渐扩大。陕西凤翔县境内"烧坊遍地,满城飘香"。据该县县志记载,仅杨林镇一带的酿酒作坊即达 48 家之多。湖南衡阳

---

① 《礼记·月令》。

一带，明代以酿酒为业的达万家，其中"籍于官者四千七百"。诗人袁宏道更用"家家开酒店"的诗句描述了绍兴酿酒业的繁荣景象。由于古人认为"酒以辛醇为上"，"以色清味洌为圣"，所以，在中国封建社会后期，蒸馏酒逐渐成为我国人民爱不释手的主要饮料，并以其神奇的力量，巧妙地影响着人们的思想、观念、感情、心态、行为、人际关系，从而创造出一种颇具神秘色彩的人为的生活环境和生活方式，成为社会精神文明的有机组成部分。

中国人还会酿造果酒。葡萄酒是我国古代最主要的果酒，它是一种低度、富有营养的发酵饮料。我国最早酿制葡萄酒的是今新疆地区的古代各族人民。《史记·大宛列传》载："宛左右以葡萄为酒，富人藏酒至万余石，久者数十岁不败。"内地虽早在周代便有人工栽培葡萄的记载，但这些原生葡萄品种多果小味酸，所以很少食用和用来酿酒。直到西汉张骞出使西域之后，带回了优良品种，招来了酿酒艺人，以后内地才大量种植葡萄并用以酿酒，所以西汉可谓葡萄酿酒的发明期。魏晋以降，直至唐代，葡萄酒的酿造技术达到了更高水平。史载："太宗破高昌，收马乳薄桃，种于苑。并得酒法，仍自损益，造酒成绿色，芳香酷烈，味兼醍醐。"[①]可知唐代葡萄酒的酿制方法已有所改进，其酒质也更为优异。唐宋诗中，葡萄酒之咏不绝于耳。"田野生葡萄，缠绕一枝高。……种此如种玉，酿之成美酒。令人饮不足，为君持一斗，往取凉州牧。"[②]"洗君鹦鹉杯，酌我葡萄醅。"[③]宋元以后，葡萄酒更日趋大众化。在宋代还创造了用葡萄和米混合酿酒的方法。元代，葡萄酒已成为一种重要的商品，广泛进入各地市场。清代末年，我国已采用机械化大规模生产葡萄酒。光绪十八年（1892年），我国第一家葡萄酒生产企业——张裕葡萄酒公司成立。1914年正式出酒，受到孙中山先生的赞赏，他亲自为该厂题词"品重醴泉"。中国的果酒，可以说不胜枚举。除葡萄酒外，还有荔枝酒、椰子酒、石榴酒、梨酒、枣酒、槟榔酒、甘蔗酒、桃子酒、黄柑酒、梅子酒等。尤其是中国人还善于用一些花草来酿制许多具有特殊风味的酒，在世界上产生了一定的影响。早在甲骨文中，就有关于用黑黍和郁金草酿制的"鬯"酒的记载。根据古文献记载，人们还曾用椒花、桂花、菊花、莲花、蔷薇花、茉莉花甚或苏合香、龙脑香、薄荷等来酿酒，其风味之独特，可以想见。

从古代的匈奴、东胡、乌桓、鲜卑到今日的蒙古族、柯尔克孜族、哈萨克族、鄂温克族等少数民族，还擅长用马、牛、羊、骆驼的奶来酿制奶酒。奶酒也是我国较古老的酒了。《周礼》中

---

① 钱易：《南部新书》丙卷。
② 《全唐诗》卷354刘禹锡《葡萄歌》。
③ 陆游：《剑南诗稿》卷5。

已提到"醴酪",就是用乳酿制的酒。由于奶酒具有驱寒活血、消食健胃等功能,因而颇得人们青睐。如元代的马奶酒,"味似融甘露,香疑酿醴泉",是蒙古"八珍"之一,为元朝宫廷和蒙古贵族府第的重要饮料,忽必烈经常把它盛在珍贵的金碗里犒赏有功之臣。清朝时马奶酒也被列为"御用品"。

中国的药酒也值得一提。早在殷商时期,我国就已经能制造药酒。春秋以后,酒在医学上的使用更加广泛了。1973年在长沙马王堆三号汉墓出土的医学方书《五十二病方》中,就曾多次提到酒的效用。《神农本草经》中已明确记载了用酒浸泡药材的方式。东汉张仲景在《伤寒杂病论》中,已应用"红兰花酒"治疗妇科疾病。隋唐以降,药酒开始成为中医临床治疗的常用剂型。数千年来中国人究竟创制了多少种药酒,实难以统计。仅《本草纲目》中就记载了79种药酒,单是用蛇泡制的就有广西蛇酒、乌蛇酒、蚺蛇酒、蝮蛇酒、花蛇酒等多种。

2. 饮茶

我国饮茶的历史也十分悠久。根据唐代陆羽《茶经》一书的记载,在传说中的三皇时代,我国就已有饮茶的习俗了。不过,"茶"这个字是在唐代才出现的,在此之前"茶"被写作"槚"或"荼",俗称"苦荼"。如汉初的《尔雅》有"荼,苦荼"的解释。王褒的《僮约》有"武都买茶,杨氏担荷","烹荼已具,已而盖藏"的记载。直到东汉许慎的《说文解字》,"茶"仍被写作"荼"。只是到了唐代,人们才把"荼"字减去一划,把这种植物正式叫做"茶"。如白居易所作《琵琶行》中有"商人重利轻别离,前月浮梁买茶去"的诗句,这"茶"就不再写作"荼"或"槚"了。茶有许多别称,陆羽《茶经》云:"其名一曰茶,二曰槚,三曰蔎,四曰茗,五曰荈。"

茶和酒一样,是深受中国古代人喜爱的饮料。但茶的采摘最初是为药用。《神农本草》中说:"神农尝草,日遇七十二毒得荼而解之。"这一传说故事说明,茶最早是被先民们作为药物来使用的。在长期的医药实践中,人们认识到茶不仅可以治病,而且清热解渴,清香宜人,是一种很好的饮料。因此,至晚在三国时期,人们便开始大量种植、采制,逐渐养成了饮茶的习惯。如《三国志·韦曜传》说,吴国主孙皓纵酒狂饮,宫廷中的酒宴常常从早到晚,赴宴的人至少须喝七升酒,否则就要受到处罚。大臣韦曜不胜酒力,只能喝三升,孙皓便"密赐茶荈以当酒"。这是史书中作为饮料的茶的最早记录。由此可知,在汉代已经开始出现了饮茶之风。

至魏晋南北朝时期,饮茶之风稍盛。《本草衍义》中说:"晋温峤上表,贡茶千斤,茗三百斤。"茶和茗均为茶叶的嫩芽,温峤一次就给皇帝贡献了1 300斤,这一方面说明其贡礼之重,另一方面也可见其时宫廷饮茶已蔚成风气。其实,当时饮茶之风不仅流行于宫廷,而且在社会上也已流行开来。特别是一些清谈家,他们终日流连于青山秀水之间,高谈阔论,便把茶作为助兴之物。《世说新语》载:清谈家王濛好茶,也以清茶待客。有人不习惯于茶的苦味,每欲往王濛家便自嘲:"今日有水厄",把饮茶看作遭受水灾之苦。后来,"水厄"便成了南方茶人常用的戏语。《洛阳伽蓝记》说,梁武帝之子萧正德降魏,魏人元义欲为其设茶,先问:"卿于水厄多少?"就是说你能喝多少茶。谁料,萧正德不懂茶,便说:"下官虽生在水乡,却并未遭受过什么水害之灾。"引得周围人捧腹大笑。当时,魏定都洛阳,为奖励南人归魏,于洛阳城南伊洛二水之滨设归正里,又称"吴人里"。于是,南方的饮茶之风也传到中州之地。本来,南人重茗饮,北人贵酪浆。但南方士大夫品茗清谈的风流潇洒,却使北方士大夫羡慕不已,因此他们也开始学习南方士大夫的品茗。《洛阳伽蓝记·正觉寺》载,北魏有位叫刘镐的人,效仿南人饮茶风气,专习茗饮。彭城人王肃对他说:"卿好苍头之厄,是逐臭之夫、效颦之妇也。"说他是附庸风雅,东施效颦。当时的朝贵虽设茗茶而众人都不愿意饮用。可见当时的饮茶之风仍是南方文人的好尚,北朝尚未形成习惯。有意思的是,饮茶风习传入中原后,往往被当成一种显示身份、朱门斗富的珍品,这种风气在汉魏时期尤为盛行。而从东晋以降,茶的作用发生了根本变化,成为达官贵人标榜自己清廉俭朴的雅物,许多位高权重的人在宴请宾客时,不置酒肉,而专以茗饮相待,桓温、陆纳之流都以此装饰门面,以期为自己博得俭约惜民的好名声。①

唐宋时期饮茶之风大盛。在唐代,幼年托身佛寺,壮年浪迹江湖,介于文人和僧道之间的陆羽,把深刻的学理融于茶这种物质之中,著成《茶经》一书,提出了一整套茶学、茶艺、茶道思想,创造了茶文化。陆氏撰著该书旨在使饮茶者在从煎到饮的过程中,达到澄心静虑、畅心怡情的境界,以得到茶"禅"中至精至微的"三昧"。陆羽所阐述的制茶煎茶的理论和方法,受到历代人们的称赞和效法,是我国也是世界上第一部关于茶的学术著作。在书中,陆羽还设计和制造了一套专用于烹茶和饮茶的茶具。唐人封演《封氏闻见录》载:"楚人陆鸿渐(羽)为《茶论》,说茶之功效并煎茶炙茶之法,造茶具二十四事,以都统笼贮之。远近倾慕,好事者家藏一幅。"陆羽的《茶经》标志着中国茶道文化的正式形成。"自从陆羽生人间,人间相学事春茶。"宋人梅尧臣的这两句诗表明,正是陆羽的《茶经》打开了中国茶文化的大门,一时震动朝野。据说当时的德宗皇帝李适将陆羽召进宫去煎茶,饮后称赞不已。饮茶风尚因此在社会上大为兴盛。

到了宋代,饮茶之风更盛,"上自官府,下至闾里,莫之或废"②。斗茶就是随着当时的饮

---

① 参见《晋书》卷98《桓温传》、《晋书》卷77《陆纳传》。
② 《南窗纪谈》。又,王安石《王文公文集》卷31《杂著·议茶法》云:"茶之为民用,等于米、盐,不可一日以无。"

茶风尚而产生的。斗茶,又称"茗战",是古人集体品评茶的优劣的一种茶事活动,它极大地促进了茶艺的发展。唐人饮茶时,直接将茶置于釜中煎煮,通过救沸、育华产生饽沫以观其形态变化。宋人改用点茶法,即将团茶碾碎,置碗中,再以不老不嫩的开水冲进去,用茶筅充分打击、搅拌,使茶与水均匀地混合,成为乳状茶液。此时,茶液极浓,击拂越有力,茶汤便如胶乳一般"咬盏",这便是最好的茶汤。斗茶时便以此评定胜负。由于斗茶具有比较浓厚的审美情趣,因此,它从产生以来便成为人们(尤其是文人士大夫)一种高雅的文化活动,被称为"盛世之清尚"①。在宋代,一般城镇都有专以茶叶交易的茶叶市场,有专供人们品茶的茶肆。如当时杭州的大街小巷,茶肆随处可见。其中,有专供士大夫辈期朋约友、谈心品茗的茶肆;有供太学生聚会的茶肆;有供行会聚集、议论市场行情的茶肆;有挂茶肆招牌、实为妓院的"茶肆",这种茶肆人们称之为"花茶坊";还有一种和游乐场相结合的茶肆。此外,"夜市于大街有车担设浮铺,点茶汤以便游观之人"②。这大概就像今天茶摊卖的"大碗茶"。总之,在宋代,无论是统治者,还是文人士大夫,甚或一般市民,都嗜茶成风。

明代饮茶出现了一些新变化,新的茶品不断问世。受元代蒙古贵族崇尚厚重尊贵食风的影响,在北方地区,人们往往在茶中加入榛、松、新笋、鸡豆、莲实及诸般果仁。据明代小说《金瓶梅词话》描述,有时一种茶竟要添入十余品这样的果实:"火边茶烹玉蕊……点了一盏浓浓艳艳,芝麻、盐笋、栗丝、瓜仁、核桃仁夹春不老海青拿天鹅,木樨玫瑰泼卤,六安雀舌芽茶。"③这里的木樨、玫瑰是熏制茶叶的香料,其余都是茶水煎好后冲泡的干鲜果品,海青似指橄榄,天鹅当系白果(银杏)。这种以茶杂以他物的茶风,反映了北方饮茶的特点。而此时期的知识群体,仍奉行清纯本味的饮茶习惯,他们对于茶艺、茶韵的追求,是宋元时期的文人所无法比拟的。这从明代众多的茶诗中可见一斑。如《茶疏·饮啜》:"一壶之茶,只堪再巡。初巡鲜美,再则甘醇,三巡意欲尽矣。""所以茶注欲小,小则再巡已终。宁使余芬剩馥,尚留叶中,犹堪饭后供啜漱之用,未遂弃之可也。若巨器屡巡,满中泻饮,待停少温,或求浓苦,何异农匠作劳,但需涓滴,何论品赏,何知风味乎?"④又《茗笈》引《茶啜》云:"茶注宜小不宜大。小则香气氤氲,大则易于散漫。若自斟酌,愈小愈佳。容水半升者,量投茶五分,其余以是增减。"⑤用小壶泡茶,饮用两次,以享清纯本味,剩下的用作饭后漱口,这种饮法科学而又经济,同时又尽显儒雅风韵。明代的饮茶方法也有革新,主要是改煎茶为泡茶,使得饮茶的普及找

---

① 赵佶:《大观茶论》。
② 吴自牧:《梦粱录》。
③ 《金瓶梅词话》第72回。
④ 许次纾:《茶疏·饮啜》,《丛书集成初编·茶录》,商务印书馆1937年版。
⑤ 无名氏:《茗笈》引《茶啜》,《中国茶叶历史资料选辑》,农业出版社1981年版。

到了更好、更便捷的方式,茶艺也因此有了一些新的表现形式。

到了清代,乡村市肆茶馆林立,饮茶之风较明代为盛,茶叶成为珍品,流行于官场士大夫和文人之间,大量名茶应时而生。清道光年间,还先后发明了半发酵的乌龙茶和经过发酵的红茶,并出现了白茶,传统的紧压茶也得到了进一步的发展,从而在制茶方法上形成了我国茶叶结构的六个大类——绿、红、花、白、乌龙、紧压茶。这时在茶中加入香花佳果的茶风继续盛行。如无名氏《调鼎集》卷八在列了当时的名茶之后,又专述了包括莲花茶、清茶、泡茶、三友茶、冰杏茶、橄榄茶、芝麻茶、奶子茶、香水茶、暗香茶等在内的多种花茶果茶的制作方法。这时期文人的个性茶艺进一步张扬,而整个茶文化则呈现纤弱的风格。这种局面的出现,是与当时文化界出现的"文必秦汉,诗必盛唐"新复古主义互为表里的,但实际上,这时的文人群体既无秦汉的质朴雄浑,也没有盛唐的宏大超迈了。面对满族的统治,他们既不愿归附,又对时局无可奈何,乃以风流文事送日月、耗心志,更有甚者甚至皓首穷茶,一生泡在茶壶里,茶人的高洁志向已消失殆尽。清末民初,国家动乱,大多数有志文人忧国忧民,已无心茶事,于是导致自唐宋以来文人引领茶文化的局面宣告终结。

中国古代人民爱好饮茶的习惯,历数千年而不衰,它与酒一样,在古代人的生活中有着双重的功效。一是它们都是作为解渴健身、佐餐助饭的饮料进入人们的日常生活,满足人们生理上的物质需求;二是它们都在漫长的历史演化中,被赋予了复杂微妙的文化内涵,满足人们的精神愉悦。后一种功效使中国产生了独具民族特色的茶文化,在中国文明史上写下了精彩的一笔。

第二节 服饰

一、服饰的历史渊源

服饰是人类生活的要素,又是人类文明的一个标志。它除了满足人类物质生活的需要外,还代表着一定时期的精神生活的水准。它是各族人民生活方式、社会制度、风俗习惯、审美观念和精神风貌的外在反映。

素有"衣冠王国"称誉的中国,服饰的发展有着悠久的历史渊源。在远古时期,人们穴居山崖,过着非常原始的生活。在原始社会初期,尚未发明纺织技术,人们大多以树叶草葛遮身,后来逐渐知道"搴木茹皮以御风霜,绚发冒首以去灵雨",才开始用狩猎所得的兽皮、羽毛来包裹身体。《礼记·礼运》云:"昔者先王未有宫室,冬则居营窟,夏则居橧巢。未有火化,食草木之实,鸟兽之肉,饮其血,茹其毛。未有麻丝,衣其羽皮。"可见当时人们用以蔽身的,不过是羽皮而已。

在旧石器时代晚期的北京周口店山顶洞人、山西翔县峙峪人和河北阳原虎头梁人生活过的遗址中,曾发现各种用兽骨制成的骨针。如1933年,考古工作者在1.8万多年前山顶洞人生活过的遗穴中,发现了一枚残断的骨针:针长82毫米,直径约3.1—3.3毫米;针身制作得非常圆滑,针头也很尖锐,惟针眼部分有所残缺。从残存的孔眼分析,原来的孔径约1毫米。这枚骨针的发现,在中国服装史上有着重要的意义,它表明早在旧石器时代晚期,生活在中国土地上的居民就已告别赤身裸体的时代,并且掌握了初步的缝纫技术,能利用骨针来穿引线缕,缝制衣服。考古工作者还发现不少穿孔的砾石、兽齿、鱼骨、介壳及海蚶等饰物,还有用赤铁矿染红的石珠等,可知当时人们已有爱美的观念,并能利用一些天然物质装扮自己。

到了新石器时代,我们的祖先已经掌握了葛麻布的纺织技术,这是服装发展史上的关键一步。当时,人们能够根据自己的意愿,制造出疏密兼备、厚薄相宜的制衣材料,缝制出舒适合体的服装。中国现存最早的麻布服装,出土于新疆楼兰孔雀河古墓,整件服装全部用麻布制成,缝线也以麻缕为之,麻布的质地略有粗细,出土时尚穿在女性死者身上,距今约有4 000多年的历史。在这一时期,我们的祖先还发明了养蚕治丝,并通过不断实践,逐步掌握了缫丝、索绪、络丝、加捻等丝纺技术,成功地制造出柔软轻薄、光滑细密的丝绢织物。1958年,考古工作者在对浙江钱山漾文化遗址进行清理时,发现了4 700多年前的丝绢残片和丝带,后者虽已碳化,但至今仍有韧性。经科学鉴定,丝绢为平纹组织,每平方厘米中有经丝52根、纬丝48根。从它的细密程度和丝缕长度可以看出,当时的缫丝织造技术已达到较高水准。

随着社会生产力的不断提高,殷商时期的纺织工业有了较大发展,这个时期的人们已经能够熟练地掌握丝织技术;人们改进了织机,发明了提花装置,并且能够在丝织品的表面上织造出许多精美瑰丽的纹样,为我国以后几千年丝织工艺的发展奠定了坚实的基础。虽然到目前为止,还未见商代服装实物出土,但从这一时期的玉、石、陶、铜人像上,仍可以看到当时衣着的情况。仅安阳所出人俑上的服装,就有多种形制,如首服有头巾、高冠、尖帽等;衣服有直领衣、交领衣、织纹衣等;下裳有蔽膝、围裳、行縢等;此外尚有腰带、鞋履等。根据人像的动作、仪态及衣着情况来看,当时似乎已存在以衣服别贵贱的社会现象。如1937年河南安阳小屯第15次发掘出土的带枷男女奴隶陶俑,他们头部皆不加饰物,且衣服短小,全身上下不具纹彩;而王室贵族则衣着华丽,纹饰精美。

至周代，中国奴隶社会进入最高阶段。随着土地所有制的变化及分封制的确立，阶级观念逐步形成。此后则在这一基础上建立了封建制度，与之相适应，又形成了一整套冠服制度。《周礼·春官·典瑞》中云："辨其名物，与其用事，设其服饰。"唐贾公彦疏："设其服饰者，谓……人之衣服之设也。"从此，衣冠服饰便被纳入"礼制"的轨道，成为统治阶级用来"昭名分，辨等威"的一种标识。上自帝王后妃，下及百官命妇，以至平民百姓，服饰形制各有等差，服饰制度逐渐形成。后来，这一套冠服制度一直延续到宋明。

几千年来，中国人民在长期的生产劳动和社会实践中，发明创造了无数具有民族特色的衣冠服饰，给中华文明增添了灿烂的光辉。遗憾的是，由于年代的久远，加上纺织物品本身难以保存，致使许多服饰形制湮没失传。特别是平民百姓的服装，由于条件的限制，流传于后世者更是寥若晨星。历代史籍虽记录有不少服制方面的内容，但大多是有关帝王公卿、百官命妇服饰的描述，至于黎民百姓的服饰则鲜有涉及。其实，平民服装在中国服饰文明史上拥有举足轻重的地位，它比贵族服装更贴近生活，更能反映民情民俗和社会风尚的变化。随着时间的推移，绝大多数的贵族服装伴随着封建制度的瓦解而退出了历史舞台，而一般平民的服装则以其特有的生命力传承、续延到今天。

二、冠、巾、帽

在中国古代，用于饰首的服饰，称首服。其中主要包括冠、巾、帽等。

图3-2-1　束冠俑

冠：古代贵族男子所用的一种特殊头饰（图3-2-1）。戴冠前把头发束在一起，在头顶上盘成髻，用缁包住。然后将冠套在髻上，冠圈上有窄长的冠梁，从前到后覆在头上。冠圈的两旁有两根小丝带，称作冠缨，可以在颔下打结。相传早在夏代，中国就已形成礼冠制度。《周礼·王制》中云："有虞氏皇而祭，深衣而养老；夏后氏收而祭，燕衣而养老；殷人冔而祭，缟衣而养老；周人冕而祭，玄衣而养老。"其中的皇、收、冔、冕，都是冠名。冠的主要功能不是实用，而是礼仪。冠产生以后，没有身份的人不准戴冠。早期的冠，只是加在发髻上的一个罩子，形制很小，不能覆盖住整个头顶，其样式和用途与后世的帽子大相径庭。秦代以后，冠梁逐渐加宽，但也不能罩住全部头发。所以，《淮南子·人间训》说,冠"寒不能暖,风不能障,暴不能蔽"。

汉代之冠,在形制上都作前高后低、倾斜向前形,其名目有十多种,供不同身份的人在不同场合下使用。其中有供文官戴的进贤冠,供武官戴的武弁大冠,供诸侯戴的远游冠,供御史一类的法官戴的獬豸冠,供宦官近臣戴的貂蝉冠。此外还有刘氏冠、却敌冠、建华冠、樊哙冠、方山冠等诸多冠式。① 冠的制作材料亦有多种。明屠隆《起居器服笺》中载:"冠,有铁者、玉者、竹箨者、犀者、琥珀者、沉香者、瓢者、白螺者。"

晋代以降,通常以冠梁的多寡来区别官阶的高低。《晋书·舆服志》中云:"进贤冠……有五梁、三梁、二梁。人主元服,始加缁布,则冠五梁进贤。"隋唐以后,梁数增多。明朝一品官用加笼巾七梁冠。二品官六梁,三品五梁,四品四梁,五品三梁,六品七品二梁,八品九品一梁。二品以下不加笼巾。②

古代妇女也有戴冠者,但多为花冠。如秦汉时宫女戴芙蓉冠,唐时戴莲花冠,宋时戴花冠等;但这些均为美饰装扮需要,惟有凤冠(图3-2-2)才被作为礼服的标志,表明后妃命妇的身份。凤冠被正式定为礼服,并将其纳入"冠服制度"的范畴,是从宋代才开始的。据载,北宋后妃在受册、朝谒景灵宫等隆重场合,头上都必须戴凤冠。凤冠上饰以九翚四凤,四周还缀有各种花饰。③ 爰及南宋,凤冠形制有所变易,除原来的凤翚花饰外,还增添了龙的形象,叫做"龙凤花钗冠"。明代后妃在接受册封、参加祭祀或重大朝会时,亦戴凤冠。不过凤冠形制较宋考究。从1956年在北京定陵出土的凤冠实物看,其制以竹丝为骨,编为圆框,宽内外各糊一层罗纱,然后在外表

图3-2-2　凤冠

缀以金丝、翠羽做成的龙凤,周围镶嵌各式珠花。在冠顶正中的龙口,还衔有一颗宝珠。清代后妃所戴礼冠,虽亦饰有凤凰,但已不称凤冠,而名朝冠。

因为冠一般都是在严肃性的场合使用,所以古代男子20岁开始戴冠,戴冠时,要举行"冠礼",以示成人。古代男子不戴冠者主要有庶人、小孩、夷人、罪犯等。由于罪犯不冠,古人往往以"免冠"表示谢罪。当今社会的脱帽致意,就是源于这一习俗。

---

① 《后汉书》志第三十《舆服志下》。
② 参见《三才图会·群臣冠服》。
③ 《宋史》卷151《舆服志三》。

巾:亦称"头巾",即裹头用的布帕。古人"以尺布裹头为巾,后世以纱罗布葛缝合,方者曰巾,圆者曰帽"①。巾的主要功能是为了保暖和防护。秦汉时期,平民戴头巾十分普遍。因为冠冕只有贵族官员才能享用,一般百姓也就只好戴简易的头巾。汉刘熙《释名·释首饰》中云:"二十成人,士冠,庶人巾。"战国时一些国家甚至把用帛包头作为罪犯的特征。如魏国规定犯轻罪的人用丹布包头,秦国规定罪人用墨布包头,所以秦国的奴隶、犯人又称作"黔首"。汉代以后,贵贱均可使用头巾。到了东汉末年,头巾的地位发生了明显变化,由普通庶民服饰一变为时髦的装饰。据记载,当时的名人如袁绍、孔融、郑玄等人都爱戴幅巾。三国鼎立之际,手持羽扇、头戴纶巾(一种用丝带编织成的幅巾)的诸葛亮以其潇洒、自信的风度,征服了无数人的心,于是纶巾也成了一种典雅之饰,上起王侯,下至庶民纷纷弃冠着巾。这种厌弃冠冕公服而以幅巾束首的风气,在整个魏晋时代十分流行。它与士族名士们不遵礼教,以戴冠为累赘,追求自由的心态是互为表里的。江苏南京西善桥出土的《竹林七贤与荣启期》砖印壁画,共绘8人,其中1人散发,3人梳髻,另外4人皆扎头巾,无一戴冠,就是一个明显的例证。上述头巾,大多是一副布帛,使用时须覆在头部,临时扎系。此外,还有一些头巾,须事先被折叠成型,用时直接戴在头上,无须扎系。颇受人们青睐的"菱角巾"就属于这种头巾。还有用黑色纱罗制成的"乌纱巾"以及用葛布制成的"葛巾"等,也都属于这一类。北周武帝时,对巾作了改进,裁出四脚,裹发后两脚系缚在头顶,另两脚则垂于胪后,名为"幞头"(图3-2-3)。幞头是隋唐时男子的主要首饰。由宋及元400年间,扎巾的习俗历久不衰,但其形制变化很大,名目也很多。有的根据款式定名,如圆顶巾、方顶巾、秦顶巾等;有的以人名命名,如东坡巾、程子巾、山谷巾等;有的则以质料定名,如绸巾、纱巾等。不同身份的人物,其使用的头巾往往不同。正如宋人吴自牧《梦粱录》中所说:"士农工商,诸行百户,衣巾装著,皆有等差,……街市买卖人,各有服色头巾,各科辨认是何名目人。"此种风习到了明代更为盛行,明代男子对头巾的崇尚程度,超过以往任何时代。这一时期先后出现的头巾款式,多达30余种,其中以网巾、方巾使用最为普遍。网巾为明代道士首创,相传朱元璋在召见神乐观道士时,见其以网巾

图3-2-3 幞头

---

① 《本草纲目·服器部》。

裹头,问是何式,道士答:"此网巾也,用以裹头,则万发俱齐。"即位不久的朱元璋对"万发俱齐"之语非常满意,立刻给这个道士封官,并颁式于天下,令满朝文武、全国百姓都用此巾来裹发。明代士子则喜用方巾,其形状方平正直,四楞,每一面都上宽下窄,呈倒梯形。创始人为明初士子杨维桢。朱元璋喜其名称寓有四方政治统一、天下安定之意,遂令照样制用,全国通行。入清以后,由于发型的变化,很少有人再戴头巾。从实际情况看,近代男子剪掉了辫子,皆作短发,也不需用头巾,头巾便从此退出历史舞台。

中国古代的女性,也喜扎头巾。三国时期女子所戴的头巾,其系扎方法大抵由后向前,然后在额上交叉系结。唐代妇女头巾的扎法较为奇特,通常只将头顶上的发髻包住,而额发、鬓发则散露于外,这从现存的唐画《双陆图》、《调琴啜茗图》中可见一斑。宋代妇女中间流行一种额巾,叫做"额子"。宋米芾《画史》中云:"唐人软裹,盖礼乐阙,则士习贱服,以不违俗为美。……又其后方见用紫罗为无顶头巾,谓之额子。"其形式为用一块帕巾,折成条状,绕额一周,系结于前。明清妇女曾一度流行用帕巾包头的习俗,这实际上也是一种头巾。入清以后,由于实施了薙发令,头巾这种首服在男子中便逐渐销声匿迹,但在妇女中间仍然长盛不衰。

帽:又称"冒"或"帽子"。"冒"是帽的古字,它是一个象形文字:四周像缝缀而成的兜,下部开口,以便套在头上。考古发掘证明,帽在我国已有6 000年以上的历史。① 它是在巾的基础上演变而成的,因为戴帽子要比扎头巾来得方便,遂取而代之。远古时期的帽子主要用作保暖和防护,故一直为北方人民所戴。直到秦朝,帽子仍以西域少数民族所戴为多,汉族则多用于孩童,一般人很少使用。汉代的帽子是一种软性圆帽,用布帛制成,一般先用头巾把发扎好,然后再戴帽子。汉乐府《日出东南隅行》中云:"少年见罗敷,脱帽著帩头。"说的就是这种情况。此后帽被用作服饰的标志,以显示各式人等的品秩身份,这样便产生了冠。三国时期,帽子已经在中原地区普及开来。东晋南朝时,戴帽者更多。南朝时期,帝王百官以戴白纱帽为尚。由于白纱帽的形状比较高,以白色纱縠为面料,所以又称"白帽"、"白纱高屋帽"、"高屋白纱帽"、"白高帽"、"高屋帽"等等,通常用于宴见朝会。《梁书·侯景传》中记载:"(景)自纂立后,时着白纱帽,而尚披青袍,或以牙梳插髻。"《资治通鉴》载南朝宋明帝即位时,"于时事起仓猝,王失履,跣至西堂,犹着乌帽。坐定,休仁呼主衣以白帽代之"②。元胡三省注:"江南,天子宴居着白纱帽。"皇帝登基时亦多戴此帽,是为南朝官制的一大特点。与白

---

① 考古工作者在陕西临潼邓家庄新石器时代遗址中,曾出土一件6 000年前的陶俑,其上绘有戴帽人物:帽式呈圆形,前高后低,顶部微尖,从外形看,所用质料较为厚实,可能是用野兽的皮毛制成。
② 《资治通鉴》卷130"宋明帝泰始元年"条。

纱帽相对,此时的士庶阶层则戴乌纱帽。同时,在民间,由于这一时期战争频仍,民心思安,祈求合欢团圆,故出现了"合欢帽"。这是一种为一般百姓所喜戴的便帽,由两块面料合缝于中央,顶为圆状,与北方少数民族戴的"突骑帽"有相似之处,区别在于突骑帽之下有垂帽为颈,而合欢帽下方只有两根带子结于颈下。此外,这一时期人们常戴的还有风帽、破后帽等。风帽是一种附有下裙的暖帽,原先也以北族之人所戴为多,由于便于武士使用,所以渐为中原人民采用,但多在出行时使用。南朝齐永明年间,有人对其进行了改制,把风帽的后裙缚起,垂结于后,俗称"破后帽"。隋唐承袭六朝遗风,仍普遍戴纱帽。史载:"开皇初,高祖常著乌纱帽,自朝贵以下,至于冗吏,通著入朝。今复制白纱高屋帽,……宴接宾客则服之。"①到了唐代,仍将纱帽用于礼服。此外,胡帽在唐代也十分流行。所谓胡帽,是中原汉族人民对西域少数民族所戴之帽的总称,它包括锦帽、珠帽、搭耳帽、浑脱帽、卷檐虚帽等等,多以貂皮、羊皮、毡类为之,具有浓郁的草原民族特色。胡帽不仅为汉族男子所喜戴,女子戴胡帽也成为一种时尚。史载,中宗以后,宫人从驾者皆戴胡帽乘马。唐代妇女喜着男装和胡服,戴胡帽,跃马扬鞭,显示出一种开朗、奔放、健康向上的精神风貌。

宋代是一个崇尚礼制的社会,因而服冠制度等级差别十分明显。有职之人服制繁缛,朝会有朝会之冠,祭祀有祭祀之服,只有赋闲在家,穿着才可随便一些。此时期的士人中间十分流行戴帽风气,且别出心裁,自创新样,有京纱帽、尖檐帽、笔帽、翠纱帽等款式。唐代时兴的胡帽,此时戴者已很少见。纱帽依旧流行,尤其在士大夫阶层更是受到普遍青睐。纱帽的形制也多种多样,其中有一种高顶纱帽最为流行,它以乌纱制成,顶高檐短,状似高桶,所以称"高桶帽"。相传这种帽为苏东坡所创,苏东坡在被贬之前经常戴此帽,后来的士大夫为了表示对他的尊敬,纷纷戴起了这种帽子,并易其名为"东坡帽"(图3-2-4)、"子瞻帽"("子瞻"为苏东坡字)。不过,此时"帽"和"巾"的概念常常被混为一谈。巾可叫做"帽",帽也可叫做"巾",两者虽然名称不同,实际上却是同一种首服。帽从质料分有布帽、纱帽、毡帽、草帽、竹皮帽等;从用途分有暖帽、凉帽、雨帽、风帽、破后帽、突骑帽等;从形制分有大帽、小帽、圆帽、方帽、高桶帽、尖檐帽等;此外

图3-2-4 东坡帽

① 《隋书》卷20《礼仪志七》。

还可从使用的礼节、场合以及品评等秩等不同功能分为官帽、便帽、礼帽等。

三、衣与裳

中国传统的服装不外乎上衣下裳制和衣裳连体制两种主要的形制。上衣下裳制,指上身着衣,下身着裳。凡穿在上身的衣服,统称"上衣",包括襦、袄、裲裆、半臂等。上衣下裳的服制,相传始于黄帝时代。衣裳连体制,指上衣下裳合而为一,制造成一件服装,其中包括深衣、袍、衫、褂、褙子、直裰、褶子等。衣裳连体制,古称"深衣",其雏形也见于原始社会时期。

深衣:产生于春秋战国时期,是一种连接上衣和下裳的服装。"衣裳相连,被体深邃,故谓之深衣。"①制作深衣的质料,最初多用本色麻布,袖、襟、领、裾等部位镶以彩缘。及至战国,则用丝织物为衣,彩锦为缘。其形制,交领,缘边,袖口和下摆宽,下摆不开衩口,长度在足踝间,以不沾地为宜。深衣缝制容易,穿着方便,既利于活动,又能严密地包裹住身体,还可以充分利用布料。因此,在长裤形制还不完备的古代,深衣可以严谨有效地遮掩躯体,无论从御寒护身还是从美学角度看都有相当的优势。所以,深衣在战国时已十分风行,无论文人、武夫、官员,还是一般平民,全都把它作为日常服装,甚至作为礼服穿用。在儒家理论中,深衣的袖圆似规,领方是矩,背后垂直如绳,下摆平衡似权,符合规、矩、绳、权、衡五种原理,所以深衣是比朝服次一等的服装。庶人则用它当作"吉服"来穿。深衣在秦汉时期仍十分盛行,此时的士庶男女都穿深衣。陕西临潼始皇陵出土的秦俑,即穿着曲裾深衣。湖北云梦等地汉墓也出土有穿着深衣的木俑。尤为难得的是,在湖南长沙马王堆西汉墓中,还出土有多件深衣实物,虽然在地下沉睡了2 000多年,但保存完好,形制、特点反映得十分清楚。东汉以后深衣多用于妇女。魏晋以降,深衣之服渐不流行,但对后世服饰影响甚大,以后的长衫、旗袍乃至今世的连衣裙等,都可以说是深衣的遗制。

裘:是一种贵重的毛皮大衣。古代凡用野兽的毛皮所做成的衣服统称"裘",有狐白裘、羊羔裘、狐青裘、犬羊裘等。裘服滥觞于殷商时期,历代沿用不衰。古代的裘服之所以选取羔羊皮和狐狸皮为之,除为保暖之外,还有其象征意义。因为狐狸死后头仍挺立着,故取其象征君子不忘本的含义;而羔羊则取其温顺和谦逊的象征之义。古代天子均着狐白裘,诸侯穿狐黄裘,卿大夫穿狐青裘,士人穿羔羊裘,庶人穿犬羊之裘等。按照规定,除天子穿用大裘外,一般官员除拜会天子时着裘,平日必须在裘外罩上缯衣(丝织衣),也称"裼衣"。古代裘衣十分贵重,其中最为珍贵的要属狐白裘,它是用许多狐狸的白腋毛拼接而成。所以古代有

---

① 《礼记·深衣》。

"千羊之皮不如一狐之腋"和"士不衣狐白"之说。据《史记·孟尝君传》载,战国孟尝君入秦被囚,派人向秦昭王的幸姬求情。幸姬说:"愿得君狐白裘。"原来孟尝有一狐白裘,天下无双,可已献给了秦昭王。多亏一个会"狗盗"的门客入宫偷了出来,献给秦昭王的幸姬,孟尝君才得以被释放。裘的珍贵程度由此可见一斑。裘除在宫廷中作为正式官服之用外,也是男子外出打猎的常服,这在唐代尤为兴盛。

图 3-2-5 黄纱地印花敷彩丝锦袍

袍:是继深衣之后出现的又一种上衣和下裳连成一体的长衣,产生于周代,男女均可穿着。在周代,袍是一种生活便装,而不作为礼服穿着。军队战士也穿袍,《诗·秦风·无衣》中云:"岂曰无衣,与子同袍。"这是描写秦国军队在供应困难的冬天,共同合披袍服克服寒冷的诗篇。袍最初多被用做内衣,穿时在外另加罩衣。《礼记·丧大记》中云:"袍必有表。"说的就是此意。袍有夹层,夹层内装有御寒的棉絮。如果夹层所装的是新棉(绵),称为"茧";如装的是败絮(缊),则称之为"缊"。所以袍有绵袍和缊袍两种形制,缊袍比绵袍低劣。孔子说:"衣敝缊袍,与衣狐貉者立而不耻者,其由(子路)也与?"①这里的"缊袍",就是指纳有败絮的冬衣。绵袍也是一种冬衣。说起绵袍,还有一段感人的故事。战国政治家范雎遭到魏大夫须贾陷害,逃亡到秦国当了宰相。须贾出使秦国,范雎装扮成原来的样子拜访他。须贾见范雎贫寒,送给他一件绵袍。后来,范雎对须贾说,我之所以不杀你,是因为"绵袍恋恋,有故人意"②。后人又以绵袍表示不忘旧情。唐人高适《咏史》诗中就有"尚有绵袍赠,应怜范叔寒。不知天下士,尤作布衣看"的吟咏。

及至汉代,袍被当作一种普通服装,人们居家时,可将其单独穿着在外,无须再加罩衣。妇女在婚嫁之日,无论贵贱,皆可穿着,只是在颜色、装饰上稍有区别,以示等差。唐朝时,袍成了最常见的衣着。此时的袍服,与标榜正统汉族礼仪文化的官员礼服不同,吸收了比较多的北方游牧民族服装因素。日常穿用的袍装,袖子较细窄,襟裾也较短,仅及踝部,甚至有些短袍仅过膝部。衣身较紧凑,采用圆领或大翻领。这样的袍装节省原料,也便于活动,因此受到人们的普遍欢迎,甚至连帝王、官员都在平时穿用长袍,称作常服。此时各种式样的袍

---

① 《论语·子罕》。
② 《史记》卷79《范雎蔡泽列传》。

服,我们从河南、陕西、山西等地出土的大量唐代陶俑,敦煌、龙门等石窟中的壁画、造像,陕西永泰公主墓、章怀太子墓、杨思勖墓等处出土的壁画、石刻等众多艺术作品上可窥见一斑。这种形制的袍延续到明代发生了变化。明清时期的袍与明以前的袍虽同是一个名称,但外形结构却截然不同。明代以前的袍为颌领、交领、对领和圆领,袍身肥大,袖身舒展,衣身用带结。明清的袍服则是立领,袍身稍窄,袖身也较短窄,衣身用盘纽。清代的袍名为"旗袍",它比古老的袍式改进了一大步。旗袍除可独立穿着外,还可外着坎肩(即背心)或外套,外出时还可以加上敞衣(官衣)。清代旗袍还有前中缝、后中缝和左右边缝,这叫四面开衩旗袍,是王公贵族骑射时的装束。

衫:是一种大袖单衣,是长衣中的一种。一般以轻薄较软的纱罗缝制,仅用单层,不用衬里。一般多做成对襟,两襟之间用襟带相连,也可不用襟带,一任衣襟敞开。衫初现于东汉,由于其形制十分便捷,魏晋时期开始流行,其中江南地区的士人穿着者尤多。江苏南京西善桥出土的《竹林七贤和荣启期》砖印壁画,所绘8位士人全部穿衫,还有袒胸露怀者,应是当时风俗的写照。南北朝时,由于受胡服的影响,穿衫者逐渐减少。晚唐五代时,衫则再度流行,形制也不断改变,出现了襕衫、凉衫、桂布衫、缺骻衫和团衫等款式。宋代因袭五代遗制,也以着衫为尚。宋衫质薄,大部分绣有花纹。此时的妇女穿衫也十分普遍,宋徽宗《宫词》中就有"女儿妆束效男儿,峭窄罗衫称玉肌"的形容。在福建福州及江西德安的宋代女性墓中,还出土有大袖宽衫实物。到了明代,衫甚至被用做妇女礼服。《明史·舆服志三》中载:"(洪武)二十四年(1391年)定制,命妇朝见君后,在家见舅姑并夫及祭祀则服礼服。公侯伯夫人与一品同,大袖衫,真红色。"其他命妇之衫也与此相同,只是所用原料及颜色有所不同而已。

襦:是一种比衫短小的衣着。《急就篇》注云:"短衣曰襦,自膝以上,一曰短而施腰者襦。"《说文》也说:"短衣也,长度在膝上。"襦的袖子较长,衣身较窄。其形制最早出现在汉代。汉高祖刘邦是楚人,好楚服,而楚服多短制。叔孙通衣儒服,褒衣大袍,刘邦看了十分反感。叔孙通见势不妙,顺风转舵,改着短衣楚制,刘邦遂转怒为喜。因此汉代宫廷中崇尚短衣,襦自然也成为贵族子弟中最受欢迎的便服。《汉书·叙传》中载:"班伯为奉车都尉,与王、许子弟为群,在于绮襦纨袴之间,非其好也。"襦所用原料除布、帛以外,大多采用罗縠纱或锦,罗縠纱取其轻,锦取其厚挺,并可绣以图案装饰,通常用紫、黄、红色为之。襦在东汉以前男女通用,既可当外衣穿,也可作衬衣使用。东汉以降则几为妇女所专用,其形制分为单襦、复襦、要襦、反闭襦等。单襦又称"汗襦"。《方言》卷四中云:"汗襦,……或谓之禅襦。"主要在夏季穿着。居延汉简和连云港西汉墓遣策分别有"白布单襦"和"练单襦"的简文,是指用麻布和丝制成的襦。有里有絮的襦被称作"复襦",故《释名·释衣服》中云:"襦,暖也,言温暖也"。甘肃武威磨嘴子汉墓中即出土有这种服装,衣面为浅蓝色平纹绢,内纳丝绵,大襟,窄袖,齐腰长,出土时尚穿在女尸身上,下配丝绵长裙。要襦的形制较为特殊,《释名·释衣服》云:"要襦,形如襦,其要上翘下齐要也"。即颜师古所说"短而施要者"。反闭襦系"襦之小者也,却向著之,领含于项,反于背后,闭其襟也"。由此可知,反闭襦是反穿的襦,形制较小。襦的形制在魏晋南北朝时仍流行,一般采用大襟,衣襟右掩,衣袖有宽有窄。降及隋唐,其形制稍有变化,出现了对襟之襦,穿时将衣襟敞开,不用纽扣,下摆部分则束在裙内。到北宋年间,襦的形制又稍有变化,有的袖口极小,衣身也短了许多,取名"旋袄",是一种杂技演员的表演服。清代以降,由于短袄的流行,妇女穿襦者已不多见,及至清代中叶,襦的使命基本宣告结束。

袄:是一种比襦长比袍短的上衣,由襦演变而来,有时可代替袍外用。冬季所用者,多纳有棉絮,俗云"棉袄";也有以厚实的织物为之,内衬缎里,俗云"夹袄"。夹袄多用于春秋两季,棉袄则用于冬季。无论夹袄、棉袄,一般多穿在长衣之内,男女均可着之。其制约出现在魏晋南北朝,隋唐沿用,宋时较为流行,各色人等均可服之。史载:"熙宁中,鲁直入宫教余兄弟,伯父五开府,酒余,脱浅色番罗袄衣之。"①又据记载,有一位专为贵族家做菜羹的厨娘,她初到贵族家时犹着红衫翠裙,当入厨工作时便更换团袄围裙的装束,足见袄是一种很普通的衣着。明清时期继续沿用,不过多用作内衣,外面须罩以袍、褂之类的外衣。妇女则直接用于外衣,穿时和裙、裤相配。及至晚清,袄的形制开始有了变化,除短袄外,又出现了一种长袄,其长盖膝。民国妇女受西洋"曲线美"的影响,为了表现柔美的身姿,又把袄的长度恢复到胯部以上位置,并沿用至今。

半臂:一种无领(或翻领)、对襟(或套头)的短外衣,套在长袖衣衫外面,一般和上衣一起束在裤腰里。因衣袖之长,为长袖衣的一半,所以又称"半袖";又因衣袖之长仅覆于上臂,故又有"半臂"之谓。其制最早出现于汉代,三国时魏明帝曾因着"缥绮半袖",受到直臣杨阜的指斥,认为这种服饰不合礼法,弄得明帝极为尴尬。半臂直到唐代才风行起来。起初仅为内官及女史供奉之服,着之以便劳役,后来才流传到民间,成为一种男女皆喜穿着的常服。据记载,武则天时,来子珣为羽林中郎将,"常衣锦半臂,言笑自若",受到朝士的讥笑。② 在唐玄宗李隆基继位前,王皇后的父亲王仁皎曾脱下身上穿的"紫半臂",换来面粉,做汤饼替李隆基过生日。终唐之后,其制不衰,并一直递嬗到明清。

在中国古代,男女穿着的下身服装有裳、裙、裤等。

---

① 赵德麟:《侯鲭录》卷2。
②《旧唐书》卷186上《酷吏传·来子珣传》。

裳：读作 cháng，又写作"常"，一种专用于遮蔽下体的服装，男女尊卑，均可穿着。其制滥觞于远古时期。史载："黄帝尧舜，垂衣裳而天下治。"①关于裳的形制，《礼记·内则》郑玄注说："凡裳，前三幅，后四幅也。"可知古代的裳由前三幅、后四幅的衣料连接而成。其款式与后世的裙子有些类似，但裙子多被做成一片，穿时由前围后，将下体全部遮住；而裳则制成两片，一片遮前，一片遮后，左右两侧各有一条缝隙，以便开合。穿着这种裳，在日常生活中必须十分小心，稍不留意，就会有暴露下体之虞。进入汉代以后，人们的下体之服得到了改进，一是出现了有裆之裤；二是裳被裙子取代，裳的前片和后片被连成一体，就变成了裙。裙子出现以后，裳的使命便告终结，惟礼服中仍保留此遗制。

裙：又称为下裳，是我国古代女子的一种主要着装。裙装从古至今，在我国已有3 000年的历史，但作为较正规的裙式却始于周文王时期。其形制滥觞于原始人的围草。用布帛制裙是周文王时期的一大发明创造，不过此时的裙尚未被普遍接受，而只是以命令形式要求在宫廷内部先行穿着。

到了秦朝，裙的穿着范围有所扩大，不过仍采取命令方式，命宫女穿五色花罗裙。到了汉代，女子着裙已较为普遍。此时的裙通常加有裙缘，所用质料有丝、布等。丝裙为社会上层或中层女子所穿。《玉台新咏·定情诗》云："何以答欢欣？纨素三条裙。"长沙马王堆一号汉墓出土的裙子，上窄下宽，由四幅素绢拼成。布裙则在一般百姓中流行。河南密县打虎亭汉墓壁画所绘女子上着短襦下穿长裙的形象，提供了相关实物资料。唐代安乐公主的"百鸟裙"（图3-2-6），其制作工艺之精，在服饰史上十分罕见。这种珍贵的服饰，虽然不在广大

图3-2-6　百鸟裙

---

① 《易·系辞下》。

妇女中流行，但在社会中上层妇女中间，却有一定的普遍性。至于小家碧玉，则以颜色和式样取胜，其中最为典型的，当属石榴裙。唐人小说中的李娃、霍小玉等，即常穿这种裙子。《红楼梦》里也有关于石榴裙的大段描写。所谓"拜倒石榴裙下"，则成为一句成语，可见这种裙子是一直流传了下来。此外，唐时的罗裙也颇受欢迎，是以质地取名；郁金裙是以郁金芳草染色，取其香气而得名。古诗中有不少关于唐裙的描写，如白居易的"移舟木兰棹，行酒石榴裙"；杜甫的"蔓草见罗裙"；李商隐的"折腰多舞郁金裙"等，都是以夸张的手法对裙式的形象记载。唐裙取色多以红、紫、黄、蓝为主。从长安、洛阳出土的陶俑中，仍可依稀看到当时妇女裙上红色、蓝色的痕迹。

宋代的裙式基本上延续唐代，仍以石榴裙最为有名，罗裙、百褶裙、花边裙、生绢裙、单纱裙等也很普遍。从文献记载看，宋代妇女裙子的颜色以郁金香根染的黄色最为贵重，为贵妇所穿；红色的裙子为歌舞伎乐所穿，年老者和村妇大多则喜穿绿色或青色的裙子，而在西南少数民族地区，妇女们则流行穿婆裙（或称莎裙）、花裙、仡老裙等。南宋时期还出现过一种"赶上裙"，前后不开衩，下曳于地，是宫廷中嫔妃们穿着的新颖别致的裙式，但由于穿着不普遍，故人称"妖服"。明代的女裙仍保持着唐宋时的特色。曾风靡于唐代的红裙，至明代再度流行；宋代的百褶裙，在此时也没有偏废。裙子的色彩、纹饰以质朴与清淡为主。至明末，则一改此风，追求起华丽的格调，诸如凤尾裙、月华裙、百花裙等裙式，装饰都十分考究。清代的裙子有凤尾裙、月华裙、张墨裙、鱼鳞百褶裙等式样，其形制随时有变，有在裙上缀以各种飘带的；有在裙幅下装上若干小铃，走动时会叮当叮当作响的；也有在裙幅下绣满水纹的，随着人体的走动，一折一闪的，异常美观。

裤：原写作"绔"、"袴"，为人们下身所穿的主要服饰。裤子的出现，可追溯到春秋时期。不过，当时的裤子不分男女，都只有两只裤管，名叫"胫衣"，与后世的套裤相似，无腰无裆，仅施两胫，上端缀以细带，穿时系结于腰。《说文·系部》中云："绔，胫衣也。"段注："今所谓套袴也。左右各一，分衣两胫。"我们从居延汉简上所看到有关袴的记录往往和鞋袜一样，也以"两"字计数，就是出于这个原因。古人穿着绔的目的是为了遮护胫部，尤其在冬天，可以起到保暖的作用。这种裤子平时多穿在下裳之内，所以常用质地较次的布制成，富贵之家也有用丝织品为之者，但在社会上被公认为奢侈之服。我们今天称衣着华丽、不学无术的年轻人为"纨绔子弟"，典出于此。纨绔，就是用丝绢制成的裤。

由于绔的长度仅能遮护胫部，膝盖以上则完全赤裸，以长衣遮护，故古人行、跪、卧、坐时，很注意规矩。《礼记·曲礼》中云："暑无褰裳。"《内则》也说："不涉不撅。"意谓暑热天不可提起衣裳，不趟水过河不可提衣。否则，露出身体会被认为"不敬"。大约战国以后，中国古人的裤子才得到改善,其款式也多了起来。概而言之,主要有两种类型:其一,是无裆之裤,即《释名·衣服》所云"绔,跨也,两股各跨别也",也就是《说文》"系部"所说"绔,胫衣也"。江陵马山战国中晚期楚墓出土的这种类型的棉绔小有收口,上有分裆,两绔腿由绔腰连成一个整体,是一件"开裆绔"。当时的汉族人为什么要穿无裆裤?这是因为外衣穿裳,不利于上厕所。人们必须要解开一层又一层的带,才能方便。其二,是连裆裤,名为"穷绔"。其制上大于股,下覆于胫,在两股之间施以裤裆,可以用带系起来。《汉书·上宫皇后传》载,西汉名将霍去病之弟霍光,受汉武帝遗诏,辅助昭帝即位,并将自己的外孙女嫁给昭帝做皇后。为了让皇后"擅宠有子",他特以皇帝身体不安为由,提出"禁内",令宫中宫女皆穿穷绔,"多其带"。颜师古注引服虔曰:"穷绔,有前后裆,不得交通也。"颜师古进一步解释道:"即今之绲裆绔也。"这种裤型汉以前已经出现。如河南信阳春秋战国之际楚墓出土漆瑟上所绘猎人着紧身裤,当为连裆裤;始皇陵秦俑所着的裤子也均为连裆裤。不过这种形制的裤子在西汉前期并未广泛流行,到了西汉中期,穷绔才与无裆绔并行于世。当时之所以在穷绔的裆上缚带,而不将其制成满裆式,仍是为了便溺的方便。所以穷绔又有"溺绔"之谓,这种裤子男女均可穿着。大约是由于脱穿不自如,所以没有普及开来。

贴身穿的内绔称"裈",犹今之短裤。它十分短小,只是一块三尺长的布帛围在腰胯间,形如牛鼻子,所以称为"犊鼻裈"。之所以称此名,是由于它与西汉著名文人司马相如有一段关系。四川富豪卓王孙的女儿卓文君对司马相如一见钟情,便逃出家门与司马相如私奔。但是司马相如家徒四壁,无以谋生。他们只好到临邛卖酒。司马相如遂让卓文君当炉卖货,自己则穿着犊鼻裈洗餐具,故意出老丈人卓王孙的丑。卓王孙见到后无地自容,不得不承认既成事实,成全了他和卓文君的婚事。可见犊鼻裈在贵族富翁们眼中是一种低贱之服。

四、鞋与袜

鞋:早在商周时期就有了鞋,这一时期的鞋主要有舄、屦、履、扉等。舄为行礼时穿用,它是一种双层底鞋,木制涂蜡,以防潮保暖,是专为贵族穿用的鞋具。屦是一种单层鞋,用草编制的称"草屦",用葛藤加工的叫"葛屦",质量较草屦好些。草屦又称"扉",是穷人、罪徒穿着之物,也是社会各阶层的丧服。履,多用皮制成,称革履。《诗·魏风·葛屦》中云:"纠纠葛屦,可以履霜。"唐孔颖达注:"凡履,多皮,夏葛,无用丝之时。"后来则出现了丝履、麻履,有头部向上翻卷者,也有平头者。履的制作要比屦来得复杂、精细,所以一般多用于礼仪场合。扉,是屦的一种,齐人以皮制屦。

汉代鞋的式样没有严格区别，男子多方头，女子多圆头，但又可通用。在日常生活中贵族着丝履，可不随衣色。北方因天气寒冷，多穿皮靴；而南方气温高，湿润，多穿草鞋。值得一提的是，秦汉时已有进门脱鞋的习俗。在室内，多穿袜行于席上。不仅平日燕居如此，上殿朝会也一样。能跣履上殿，则为殊荣，有汉一代，仅萧何、曹操等少数人曾享受过这一待遇。

魏晋南北朝时期，丝履大为盛行，其形制繁多，除原来的素履外，还增加了文采。高允《罗敷行》中有"脚着花文履"之句，"花文履"即饰有花纹的丝履。这一时期，木屐也十分流行。屐是一种木底之鞋。史游《急就章》颜师古注："屐者，以木为之，而施两齿，可以践泥。"在屐的底部，通常装有两个齿，一前一后，这种齿是活动的，可以随时拆装，构造十分巧妙。木屐很轻便，尤其在雨天的泥地或长有青苔的道路上行走更优于布履、丝履，不至陷足泥中或滑跌。早在2 000多年前，我国就有了屐。据载，孔子当年外出游说，就穿着这种木屐。汉代以后，其制不衰。东晋南北朝隋唐时，木屐的流行达到鼎盛，上自天子，下至士庶都喜穿着。南朝刘宋时，诗人谢灵运上山去木屐的前齿，下山去后齿，以使身体始终处于平衡状态。人们把这种屐称为"谢公屐"。① 由于隋唐文化对日本的影响，木屐至今仍保留在日本民众的生活中。男女木屐的区别在它的外形上，《搜神记》中讲，男子木屐大多是长方形，而妇女的木屐两端都做成圆形。

隋唐两代，由于南北朝风习的影响，同时由于世风开放和尚武精神，这一时期男女、士庶、胡汉均以穿靴为尚。靴在我国起源甚古，早在新石器时代的遗址中，就已出现了短靴型的陶器；在商周时代的考古遗址中，也曾发现过靴或与靴有关的文物。其传入中原的历史也十分悠久，自战国赵武灵王时就已成为赵国军士的戎服。传入中原后，形制有所变化，直至唐朝初年，中书令还对其形制加以改变，并对靴面加以精巧的装饰。此时靴的形制除长勒和短勒两类外，还有圆头、尖头、平头、翘头之分，有软底、硬底、薄底、厚底之别。长勒靴为朝服。唐玄宗时，高力士为醉酒的李白脱靴，自然是长勒靴，所以才那么费劲。李光弼在河北作战时，将刀藏于靴内，随时准备自杀，以免被俘受辱。可见，无论朝服、军服，各类官员都穿长勒靴。总的看来，男子穿靴十分流行，一般妇女则穿得不多，只在宫女或歌舞伎中较流行。在靴的颜色上，男靴崇尚黑色，女靴则时兴红锦色。鞋在隋唐时期也较为流行，不过此时的官服是靴，所以鞋只是作为官员闲暇或黎民百姓的便服而出现。从五代开始，中国妇女中出现了缠足的习俗。缠足妇女所穿之鞋，一直以纤小为尚，俗称"三寸金莲"。弓鞋就是当时妇女所穿的一种小头鞋。这种鞋一般都由穿者本人根据自己小脚的宽窄长短制作，鞋面通常

---

① 《南史》卷19《谢灵运传》。

绣有梅枝、桃花、蝴蝶、蝙蝠等精美的图案。与这种鞋相配套的，是一块长长的裹脚布，缠足妇女用长布将脚裹得紧紧的，末端用针线缝牢固定，数天才拆洗一次，外面套上袜子，最后穿弓鞋。缠足实际上是一种摧残妇女肢体的行为，幼年缠足时备受苦楚，长大成人后，双足犹如钉上脚镣，终身步履蹒跚，行走不便，成了一个残废人。缠足这种恶习从五代开始兴起，直到近代西方宗教文化和生活习俗传入我国以后，才被逐步革除。

宋代鞋的品种甚多，从其材料来说，有布鞋、皮鞋、草鞋、棕鞋、丝鞋、藤鞋、木鞋、麻鞋、芒鞋、珠鞋等；从其形状来看，有方履、弓鞋、金莲、鸟舄、平头鞋、小头鞋、系鞋、宫鞋、金缕鞋等；从其功能来看，又有凉鞋、暖鞋、雨鞋、睡鞋、拖鞋等。宋代男子的鞋，鞋帮前部有一条捏缝而成的竖梗，也有捏二梗的，鞋头或尖、或方、或圆；女子的鞋制作得更为精巧，鞋头样式也富有变化，并饰以精美的图案，艺术效果很好。元代衣冠制度不甚严格，履制更为宽松，人们可以根据爱好、季节和场合，穿着不同的靴、鞋、履等。其中最为流行的是各式革靴。元代靴形制较为简单，一般不加装饰，质朴实用。这是与蒙古族的文明程度相适应的。

明清时期，出于加强中央集权的需要，各项制度完备而严密，履制也不例外。各类官员上朝时一律穿朝靴，不得穿履、鞋。此时期的朝靴制作也颇为讲究，多用质地厚实、表面富有光泽的缎子制成，在靴头和靴根部分镶嵌有各种形状的皮革，既美观又牢固。靴头为方形，所以称为"朝方靴"（图3-2-7）。因为古人认为天是圆的，地是方的，靴头代表天，为圆形；靴底代表地，为方形。一般百姓则不许穿靴，而只能穿一种有筒的皮履。边塞地区的人们则可穿用牛皮制作的直缝靴。绅士中比较流行的是"福之履"，式样端庄肥阔，古朴大方。妇女所穿之鞋多以彩缎制成，色彩较为鲜艳，鞋帮两侧多绣有各式花样。缠足妇女所穿的弓鞋，发展到明清时期，有了一些新的变

图3-2-7 朝方靴

化，其中最明显的特征是普遍采用高底，有平跟和高跟两种形式。平跟鞋以黄色回纹锦为面，其上施以彩绣，鞋底成平面形，以多层粗布缝纳而成；高跟鞋则在后跟部分衬以木块。弓鞋所以制成高跟，旨在展示自己双足的纤小。与汉族妇女的弓鞋相比，满族妇女由于保持着健康自然的天足，其鞋显得特别宽大。她们平时穿各式平跟的鞋，盛装时则穿一种高跟的花盆底鞋。由于穿这种鞋不易保持身体平衡，所以走路时速度较慢，比较适合中青年妇女穿着。

袜：人类最初是赤足行走，后来人们为了防御风寒，避免沙石、荆棘的摩擦伤害，保护脚掌，便以一块兽皮或树皮包裹在脚上，以后演化成包脚布，并进而发展成为袜子。据尚秉和《历代社会风俗考》研究，从先秦至魏晋，人们很少穿袜，登堂脱履后即徒跣。《左传·哀公二

十五年》中说,春秋褚师(官名)声子未脱履而登席,卫出公大为不满。声子反复解释说,我脚上长有脓疮,你见了就会呕吐。由此可见,春秋时期人们是不穿袜子的。现在能见到的布帛之袜,最早出现在西汉,其中包括丝绢袜和麻布袜等。这个时期的布帛之袜,形制较为简单,一般多为平头,有根,袜统较短,后有开口,并缀有袜带,穿着后系于踝部以防脱落。整个袜子用一块布剪成对称形状,缝合即成。到了东汉,袜子在选料、制作方面比以前讲究,此时出现了用彩锦制成的袜,如新疆民丰汉墓出土的一双女袜,用黄、白、绛紫三色丝线交织成菱文"阳"字,质地柔软而轻薄;袜的造型上下直通,没有后跟,袜头呈圆形。同墓出土的男袜则以红色织金锦织成,其上饰有各种图案和用宝蓝、白色、绛色及浅橙等彩丝织成的"延年益寿大宜子孙"等汉字铭文。在造型上也与女袜有所不同,除袜头为圆形外,还制有后跟;袜筒的上端饰有一道用织锦制成的金边。

　　隋唐五代士庶男女所穿的袜子,以绫罗制成者为多。宫娥、舞伎所穿之袜,则以彩锦制成,并饰有精美的图案。《中华古今注》云:"隋炀帝宫人,织成五色立凤朱锦袜勒。"可见被誉为"百鸟之王"的凤凰图案,不仅被用于宫娥的衣裳,还被用在了她们的袜筒之上。据载,杨贵妃死时,曾遗下一只这样的彩锦之袜,被当地一个开店的老妪拾到,她颇有点"经营意识",便利用人们的猎奇心理,借助于贵妃的传奇色彩,做起了这只锦袜生意,凡过客借玩一次,须付百钱,店妪因此而成了暴发户。① 这一时期的锦袜实物也有发现。如1968年新疆吐鲁番阿斯塔那唐墓出土的一件锦袜,用花鸟纹锦织成,上用橘红、黄、白、宝蓝、绛紫、秋香等八种颜色的彩线构成图案。这是迄今中国考古发现年代最早的一件表现中原风格的斜纹纬锦实物,其年代为大历十三年(778年)。

　　入宋以后,民风淳朴,穿锦袜者日趋减少。即便是贵族阶层,也是偶有为之。因为在人们心目中,锦是一种珍贵之物,纺织者千丝万缕辛勤织造颇为不易,踩在脚下非常可惜。因而在当时,穿锦袜被视为奢侈之举。宋初名将曹翰曾因穿着一双锦袜和一双丝袜而遭到人们的讥讽。宋陶谷《清异录》卷下载:"曹翰事世宗,为枢密承旨。性贪侈,常着锦袜、金钱丝鞋。朝士有托无名子嘲之者。诗曰:'不作锦衣裳,裁为十指仓。千金包汗脚,惭愧络丝娘。'"宋代缠足之风盛行,因而妇女之袜多被做成尖头,头部朝上弯曲,呈翘突式。如元人刘庭信《戒嫖荡》词云:"身子纤,话儿甜,曲弓弓半弯罗袜尖。"此时期的缠足妇女除了穿有袜底之袜外,还流行穿无底之袜的习俗。这种袜子没有袜底,只有袜筒,因为足部已有缠脚布系裹,无需重复;使用时包裹在小脚的下部,最长也不过膝盖,因称"膝袜"或"半袜"。

---

① 事见唐李肇《国史补》、冯贽《记事株》及宋乐史《杨太真外传》等。

明清时期的女袜,其形制与宋元时期大致相同。冬天除穿半袜之外,还有在缠脚布之外加罩上袜底的,俗称"套袜",也有称"袜套"的。这一时期的男袜,质料多种多样,根据季节的不同来选用。春秋之际以穿布袜为多,所用颜色以白色为主,通常称为"净袜";深秋以后以穿毡袜、绒袜为主,这些袜子都以柔软的羊毛织成,也用白色;寒冬腊月时分,则主要穿皮袜;至于夏季,一般多穿暑袜,以棉麻织物为之,质地轻薄而疏朗,透气效果好,因只在夏天穿着,俗谓"暑袜"。①

第三节　居住

一、民居

居住是人类获取生存空间、解决安全问题的必然需要。我国各族人民在长期的生产和生活实践中,有效利用自然条件,按照不同的民族传统和生活方式,彼此交融,互相影响,创造出无数经济适用、风貌各异的民居建筑,充分展现了我国古代劳动人民的智慧和才能。目前我国城乡仍保存大量明清两代住宅,如江浙、皖南等地均有完整的实例。但更早的住宅则无实物遗留,只能借助文献记载、考古发现和古代图画中的形象资料,来了解其发展的大致情况。

原始社会之初,民智未启,人们不会建造住所,只能在大自然中寻找天然形成的岩洞暂作栖身之用。后来,为了躲避森林内陆地区的瘴气、猛兽和潮湿地带毒虫的侵扰,以进一步促进狩猎和集居,原始人类便利用树干、树枝、树叶和杂草,在树冠上搭建一种类似鸟巢的住所,这便是人类最早的建筑物之一——巢居。对于这种巢居生活方式,《庄子·盗跖篇》曾有生动的描述:"古者禽兽多而人少,于是民皆巢居以避之。昼拾橡栗,暮栖木上,故命之曰'有巢氏'之民。"

巢居大多筑在低洼潮湿之地,而在干燥高峻之处,古人创造了另一种形式的住所——穴居,此即《孟子·滕文公》中所谓"下者为巢,上者为营穴"。晋人张华《博物志》中云:"南越巢居,北朔穴居,避寒暑也。"这证明巢居和穴居几乎是同时并存的两种居住形式。关于原始穴居的材料,考古发掘也有很多,如北京周口店遗址就属典型的穴居事例。原始巢居、穴居的共同点在于它们是人类"利用天然空间,经过适当加工,作为避风雨、避群害的栖息之所"。② 它们揭开了人类建筑活动的序幕,也是原始建筑发生的两大渊源。

---

① 本节参考高春明:《中国古代的平民服装》,商务印书馆国际有限公司 1997 年版;周汛、高春明:《中国古代服饰大观》,重庆出版社 1995 年版。
② 钟敬文主编:《民俗学概论》,上海文艺出版社 1998 年版,第 93 页。

到新石器时代晚期,人类逐渐由森林内陆迁徙至平原湖泊地带,由于巢居有赖于树林方能建成,已不能满足人类的居住要求,于是人们便以木桩代替树干插入地下,创造了干栏式房屋,从而使人类摆脱了对天然空间的依赖,可以较为自由地选择建筑地点,或傍山而筑,或临水而居。如云、贵、粤一带,地势多有起伏,古史载窦州民俗"悉以高栏为舍,号曰'干栏'"①。再如浙江余姚河姆渡发掘出的干栏式建筑遗迹,柱桩布于地下,上铺木板,既能就近汲水,又能防潮防湿。从遗址中残存的排桩推测,这些早期的干栏式房屋长度在25米以上,其结构和梁、柱等构件交接的榫卯构造已相当复杂,和近代民居基本相同。直至今日,我国南方,尤其是华南和西南地区的民间建筑仍大量采用的穿斗式结构,其雏形就是河姆渡干栏式建筑梁、柱穿插的构架。

由于缺乏实物遗留,对于明清以前的古民居的考察,除了文献和考古发掘以外,主要通过古代图画中的形象资料。如清人张惠言的《仪礼图》中,绘有一座春秋士大夫的住宅,南北向,大门三间,中央明间为门道,左右各有一次间,为东塾、西塾;门内有宽敞的庭院,上方为堂,是生活起居、接待宾客和举行仪式的地方;堂的左右为东厢、西厢,堂后为寝。这种由门、塾、堂、厢、寝等组成的住宅,一直相沿至汉代无大变化。

汉代以后,留存下来的民居形象资料较为丰富。川、陕、甘等地汉墓中出土的画像砖、石刻和陶制明器房屋,形象地再现了当时城乡民居的诸多形态。这些房屋多数使用木结构,南方的干栏结构也有发现;窗有方、圆、长方形,且有多种窗棂;屋顶多用囤顶或悬山式;有的以围墙形成庭院,还有的用房屋组成三合院、四合院。东汉明器中的住宅陶楼,已经有了用于防卫的"望楼"或谷仓,因为东汉末年的豪族在战乱中纷纷筑起寨堡,拥兵自卫。如有个叫樊宏的,"与宗家亲属做营堑自守,老弱归之者千余家","其所起庐舍皆有重堂高阁,陂渠灌注"。② 汉代民居的形制与技艺对后世影响甚大,近代以来的关陇平原上仍可见寨堡式的乡土民居,围墙高耸,布局方整,俨然汉代寨堡的遗风。

南北朝时期,北方贵族住宅在石刻中有所反映。大门为庑殿式顶,且饰以鸱尾(后世只有宫殿饰之);围墙上有连排直棂窗,内侧有廊,环绕庭院;一宅之中可有几组回廊环绕的庭院及厅堂,以作不同用途。

隋唐五代民居的形象资料主要来自敦煌壁画和其他绘画。贵族宅第用乌头门作为其地位标识,庭院仍用直棂窗回廊环绕而成。值得注意的是,唐到五代是中国家具形式大变革的重要时期。由于高座式的各类家具逐渐问世,垂足坐渐成普遍的习惯。至此,南北朝尚保持

---

① 《太平寰宇记》卷163。窦州,约今广东信宜县境。
② 《后汉书》卷32《樊宏传》。

的席地危坐方式基本绝迹。

宋元以来绘画形象资料更为丰富，《清明上河图》即向后人展现了从农村草舍到城市瓦屋的多种民居形式。其中城市住宅有门屋、厅堂、廊、庑，呈四合院布局。屋顶基本形式为歇山和悬山式，并附加引檐、出厦，增设天窗、梁架、栏杆，静中有动，美观实用。时人还重视绿化和美化环境，于院内院外莳花植柳。这种住宅庭院的园林化，对后世有深远影响，在江南地区及东南沿海一带保存的明清住宅中明显表现了这种宋代遗风。元代是一个承前启后的阶段。永乐宫壁画和北京后英房遗址的考古发现表明，由金宋对峙形成的南北民居在风格上的差异，至元代已无大的区别。

中国是一个宗法社会，因而其民居建筑中始终存在着等级制，并且随着封建中央集权的不断强化而强化。自商周始，就以宗法制度来约束和规范居住建筑的形制和起居方式。在《周礼》《仪礼》《礼记》等阐明宗法关系的文献中，有不少关于周天子、诸侯和公卿士大夫的建筑等级规定的内容。如对建筑基座的高度就有规定："天子之堂九尺，诸侯七尺，大夫五尺，士三尺。"①秦汉至唐朝以前的居住等级制虽鲜见于文献记载，但从画像和明器上可以推断，这期间建筑的屋顶样式、结构构件和装饰色彩等方面也存在着社会阶层上的差别。从唐朝起，官方对这种等级制有了详细的规定。《唐会要·舆服制》和《营缮令》载：王公以下的屋舍不得建重拱藻井，三品以上不能超过五间九架，四至五品五间七架，六至七品三间五架。还规定庶民百姓的房屋不得超过三间四架，不得任意装饰。到宋代，规定更为具体："私居执政亲王曰府，余官曰宅，庶民曰家……六品以上宅舍许作乌头门。"②并规定非品官不得建门屋，庶民的"家"仍不得施重拱藻井、五彩文饰等。明清时对住宅等级的规定更严格。据《明会典》载，洪武廿六年（1393年）规定，官邸按等级建造，一、二品，厅堂五间九架，青绿彩画，而至六、九品，厅堂规格降至三间七架，一般的庶民限制在三间五架，且不得用斗拱彩画。清朝对亲王、世子、贝勒、公侯等的府邸建造均须分等，庶民百姓则大致依明制而定。从目前保留下来的民居来看，百姓住房的高度普遍低于官府，这就是这种建筑等级制的生动写照。

我国古代人民长期以来对居住环境的选择非常慎重。住所一般坐北朝南，最初是为生存的需要，有很强的实用性，因为这样便于充分利用阳光。但到后来，人们发现"室大则多阴，台高则多阳，多阴则蹶，多阳则痿，此阴阳不适之患也"③。故托身立命的住宅只能建在阴阳平衡的场所。将这种观念用术数的形式表达和操作，即风水术。明万历年间的《鲁班经匠

---

① 《礼记·礼器》。
② 《宋史》卷102《舆服志》。
③ 《吕氏春秋·重己篇》。

家镜》钞本中就有将罗盘用于风水定位的记载。风水理论认为,凡是理想的居住环境必含有一种依山傍水、藏风纳气的风水图式,即中有朝向吉祥的山峰——龙脉,两侧以一大一小两座山头拱抱,称为"上砂"和"下砂";山前必有水流经过,即"水界",近为案山,远为朝山,均与"龙脉"成遥相呼应之势,住宅基址便选在山水之间。正如《葬书》所云:"生气随支垅体质流行,滔滔而去,非水界则莫之能至。及其止也,必得城郭完密,前后左右环围,然后能藏风,而不致有荡散之患。"人们把自己和后世子孙的命运、愿望以及一定的视觉和心理上的平衡感,均寄托在这一风水图式之中,它历经千年而大体不变,成为中国神秘文化的组成部分之一,并固化在中国传统居住文化之中,至今也未消散。

二、宫殿

作为供人们居住的场所,上古巢居、穴居时代,"宫"之于"室"并无特殊意义。根据《尔雅·释宫》的注疏,此二字"皆所以通古今之异语,同实而两名。宫穹也,言屋见于垣上,穹崇然也。室实也,言人物实满于中也。古者,贵贱所居皆得称宫。《礼记》曰:由命士以上,父子皆异宫,又丧服传继,夫为其妻前夫之子筑宫庙。是士庶人皆有宫称也。至秦汉以来,乃定为至尊之所居之称"。可见,随着社会阶级的分化,宫殿才逐渐远离普通人群,成为王权政治的象征。它们耗费了大量的人力、物力和财力,集中体现了古代人民高超的建筑技术和创造力,也代表了一定历史时期建筑文化的最高水平。

关于夏商时期的宫室建筑,古文献有"夏后氏世室"的记载。"世"当作"太"字解,意为"大"。所谓"世室"就是大房屋,即一座大屋内部又建有堂、室、旁、夹等各具功能的房间,基本上是"前堂后室"的格局,后来便发展成为帝王宫殿"前朝后寝"的格局制度。商朝奴隶制度有了很大发展,宫室建筑比较普遍。据《史记·殷本纪》载,殷纣王曾多次下令修建宫殿,朝歌至邯郸沿途数百里都有纣王的离宫别馆。从考古发现来看,迄今所知最古老的宫室建筑遗址是河南偃师二里头遗址。[①]宫殿建于方形夯土台之上,四周有廊庑环绕,构造极其简单。虽然殷墟遗址表明商代宫室较之于夏代有一定发展,但无论文献记载还是遗址发现,都与传说中的夏桀璇室、殷纣倾宫的华美壮丽大相径庭。

由于上古三代直至秦汉时期木构技术并不发达,帝王们对宫殿建筑在崇高和"大壮"方面的要求,只能通过对台榭的营造来满足。《周书·泰誓》孔传上曰:"土高曰台,有木曰榭。"

---

① 关于二里头宫殿遗址的所属问题,目前国内外学者持两种观点:一说基本属于夏朝,另一说则认为其晚期应为商初成汤的亳都。

商周宫室已有高台建筑,但尚不普遍。一般认为,东周至秦汉是高台建筑发展的兴盛期。传说楚有九重之台,正如《老子》中所言:"九层之台,起于累土。"在《楚辞·招魂》中,屈原对楚怀王时的台榭建筑就有过描写:"高堂邃宇,槛层轩兮。层台累榭,临高山兮。"在北方,赵武灵王的丛台和燕昭王的黄金台等,都是当时著名的台榭建筑。"升彼虚矣,以望楚矣,望楚与堂,景山与京。"这是《诗·鄘风》中描写卫文公复国时触景生情的诗句,其中"虚"、"堂"、"京"指的就是卫国的高台建筑。此外,根据实物资料显示,斗拱技术在春秋战国时期基本成型,如战国中山墓葬出土的铜案支架和山东淄博郎家园一号出土的春秋末期漆器上,都可见实物形象。而且,从战国铜器上的台榭建筑图像可以推断,战国时代的宫室已经具备了后世殿堂楼阁建筑艺术的基本特征。商周是中国宫殿建筑发展史上的重要时期,不仅在于技术上的承先启后,还因为历代王室遵循的朝寝之制即宫室制度,其基础就是在西周奠定的,后世大朝、常朝、日朝"三朝"排列方式的演变,反映的就是对西周宫室制度的演绎和附会。

台榭建筑不仅在秦汉宫殿中继续盛行,而且在尺度与规模上都有超过前代的迹象。史书载:"秦起咸阳,而西至雍,离宫三百,钟鼓帷帐不移而具。又为阿房前殿,殿高数十仞,东西五里,南北千步。从车罗骑,四马鹜驰,旌旗不桡,为宫室之丽至于此,使其后世曾不得聚庐而托处焉。"①阿房宫始建于秦惠王,始皇扩建,其前殿遗址位于西安阿房村西南,是巨大的长方形夯土台。对这座巨大的高台建筑,史书如是描述:"东西五百步,南北五十丈,上可以坐万人,下可以建五丈旗。周驰为阁道,自阿房渡渭,属之咸阳,以象天极阁道绝抵营室也。"②秦咸阳宫的遗址中,最大的一座夯土台长120米,宽50米,其规模堪称商周以来最大的台榭建筑。

汉代宫殿大致如秦宫,即张衡《西京赋》所言"览秦制,跨周法",但与前代相比,更崇尚外观的华丽壮美。西汉刘向《说苑·反质》载:"宫墙文画,雕琢刻镂。锦绣被堂,金玉珍玮。"再如班固《西都赋》对长安宫传神的描述:"体象天地,经纬阴阳,据坤灵之正位,仿太紫之圆方。植中天之华阙,丰冠山之朱堂。因瓌材而究奇,抗应龙之虹梁。"其奢靡可见一斑。东汉时起,由于社会稳定程度和财力均不及西汉,宫殿的数量和规模逊于西汉,而且宫殿的高台形制也由此发生变化,表现为台的高度有所降低,不再固守以往台榭式宫殿的尺度与比例。

东汉末年,曹魏建都邺城,将宫城分为两部分,西部为朝廷所在,东部是曹魏内朝听政殿的前部,也即魏晋以后的宰相衙门所在。③ 黄初元年(220年),曹丕接受汉献帝禅让,自邺迁

---

① 《汉书》卷51《贾山传》。
② 《史记》卷6《秦始皇本纪》。
③ 这种体现宰相分权的宫城制度,是滥觞于汉代,还是始于魏晋,目前尚无定论。

都洛阳，依东汉北宫旧址，初营洛阳宫。至明帝时开始大兴土木，起前朝太极殿。青龙三年（235年），又在东西两侧建东西堂，以作日朝和常朝之用，前部两侧各有钟楼和鼓楼，魏晋南北朝宫室建筑的"东西堂制"由此开端。自曹魏洛阳至南朝建康，虽然其间难免增损变化，但整个宫廷建筑的格局实为一脉相承。北魏孝文帝为适应汉化的需要，甚至于太和十六年（492年）拆毁平成宫的太华殿，仿魏晋太极殿重建。

隋唐倾全国之力，在长安城内营造了壮观的宫殿建筑群。隋文帝开皇二年（582年）始建大兴宫，唐朝时更名为太极宫，位置居中。贞观八年（634年）修筑大明宫，位居东北。开元二年（714年）建兴庆宫，置于东南。此三座皇宫，合称"三大内"。除了兴庆宫没有统一的中轴线，为不规则布局以外，其他二宫均为纵列的宫殿建筑组群。太极宫（又称西大内）位于长安城中轴线北端，中心部分根据中轴对称原则，纵列承天门、太极殿、两仪殿等数十座门殿建筑。大明宫也沿南北中轴线纵列大朝含元殿、日朝宣政殿和常朝紫宸殿。其中含元殿堪称唐代最雄伟壮丽的宫殿建筑，它利用龙首山作殿基，平面铺展，居高临下，左右两侧建翔鸾、栖凤两座门阙式楼阁，并有曲廊与大殿相连，气势恢弘，蔚为壮观，王维的诗句"九天阊阖开宫殿，万国衣冠拜冕旒"，生动描述了含元殿的盛况。此外，对于含元殿的文献记载还有很多。如唐人李华《含元殿赋》、宋人程大昌《雍录》中提到的"龙尾道"，经考古发掘初步证实，就是沿着翔鸾、栖凤两阁边墙蜿蜒而上的。① 值得注意的是，唐朝"三朝"纵列的宫廷格局，改变了魏晋南北朝以来的"东西堂制"，也对后代宫殿布局产生了深远的影响。

至宋朝，宫殿制度上承隋唐，下启元明清，东京汴梁和西京洛阳的宫殿均刻意模仿前制，被称为"复古的宋宫"。而元大都宫殿制度则是北宋汴梁与金中都制度的延续与发展，并且折中与拼合了多民族建筑风格。元人陶宗仪《辍耕录》以及《马可·波罗游记》对元大都的富丽堂皇都有所描述。至今保存较为完整的明清两代的宫殿（现称故宫），位于北京城中轴线的中心位置，向后人显示了至高无上的皇权和"唯我独尊"的思想，其规划设计集历代宫室制度之大全，全面复兴和发展了《周礼》的朝寝制度。目前可见的故宫分为中、东、西三路宫殿建筑组群，还有各种服务性的房屋建筑分布其间。整个故宫雄伟壮丽而又不失精致与秀美。

我国古代宫殿建筑体现的是皇权的尊贵，因此它们的建筑艺术风格都有一个鲜明的特点，那就是尽力表现其外观上的雄壮与华丽。如汉初萧何为汉高祖营造长安宫时便说"天子以四海为家，非壮丽亡以重威"。在表现手法上注重"高"、"深"结合，辅以彩绘、雕饰，使宫殿

---

① 中国社会科学院考古所西安唐城工作队：《唐大明宫含元殿1995—1996年发掘报告》，《考古学报》1997年第3期。

金碧辉煌。此外,宫殿建筑与园林结合,是古代宫殿建筑的又一鲜明特点。为满足封建帝王享乐之需,宫中常有园林建筑,或另建离宫别苑,其规模与豪华程度甚至不亚于皇宫。

第四节 交通

一、交通工具

中国古代的交通工具随着时代的进步而不断演进,同时由于交通地理条件的差异和乘坐者身份的不同,交通工具又表现出多样化的特征。它是各个历史时期政治、经济和社会习俗的生动体现。

在相当长的时期内,古人行旅生活的主体形式是步行,神话中夸父逐日的形象便是早期人们徒步而行的反映。即使在较为先进的交通工具普及之后,步行仍然为日常交通方式之一,并且成为一定阶级地位的象征。如西汉名相蔡义初任莫府大将军时,因"家贫,常步行"①。崔林被曹操任命为邬县行政长官,他赴任时"贫无车马,单步之官"。② 对于上流社会而言,步行代表身份低下,如《盐铁论·取下》所言,"乘坚策良,列骑成行者,不知负担步行者之劳也",指出了乘车者和步行者社会地位上的差别。

徒步的艰辛在车辆的发明之后得到改善,这是交通史上的一大进步。根据远古传说,车的发明是在夏朝。"车,舆轮之总名也,夏后时奚仲所造。"③另据考古发现,在商代约公元前1 200年前,车的结构已经非常完备。战国时期由于诸侯争霸的需要,栈车使用频繁,其数量多寡也成为国家强弱的标志之一,正所谓"千乘之国"、"万乘之君"。

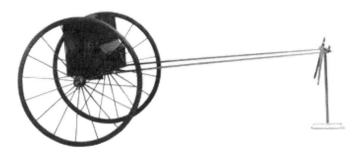

图 3-4-1 栈车

---

① 《汉书》卷66《蔡义传》。
② 《二国志》卷24《崔林传》。
③ 《说文解字·车部》

至隋唐,车在战争中的作用逐渐缩小,而在人们生活中的作用则日益突出。此时车的种类大大增加,除了轮径大、车舆高的栈车(图3-4-1),还有皇室贵族出行用的礼仪车和交通、货运车以及其他一些有专门用途的车。礼仪车自西周起就有严格的等级规定,车属不同,名称也不同。皇帝出游有"大驾"和"法驾"之分,朝廷显官乘坐"轩车",普通官吏为"召车"。宋朝以后礼仪车的发展趋于停滞,取而代之的是需要多人肩扛的轿子。至于交通货运车,宋代盛行五至七头牛拉的太平车,专门用于中长途载货,清代多用简易、快捷的马拉轿车。在北方平原地带,马、驴、骡等畜力拉曳的四轮大车普遍使用,而南方的独轮车则是最具中国特色的古代车型。独轮车古时称"辘车",今四川称鸡公车,江南一带称羊角车,只有一轮,一人推动即可前进,载货、载人皆可,尤其是在狭窄崎岖的小径上更能体现其小巧灵活的特点,因而沿用至今。

在古代,牛、马、驴等牲畜既是拖曳车辆行驶的动力,同时也是重要的交通工具。战国时期便开始骑马作战,汉以后骑乘在民间更为普遍,"众庶街巷有马,阡陌之间成群"。[①] 骡和驴作为交通工具的历史也相当悠久。《太平御览》引《三国典略》载,早在魏晋时期已有人"乘骡游于公卿门,略无惭色"。李贺《马诗》也留下"少君骑海上,人见是青骡"的名句。关于古人骑驴的记载,最早见于汉代。[②] 魏晋时代,驴的使用更为普遍,远在洛阳的阮籍到山东赴东平相时,就是"骑驴到郡"的。[③] 由此可以推断,驴在当时已经被用于长途行程。在西北沙漠地带,骆驼则很早就为丝路行旅者所骑用。唐墓葬出土的唐三彩"骑驼"俑,便为骆驼这一交通工具在西北荒漠中的重要地位提供了实证。

除了车和畜力在陆路交通中发挥作用之外,轿子和滑竿也是古代社会普遍使用的交通工具,特别是在行车不便的崎岖小道上,它们的优势更为突出。轿在古代又称作"肩舆",起源于何时,目前尚无定论。今日所见最早的实物,是河南固始侯古堆1号墓出土的春秋晚期至战国早期时的"肩舆三乘",而且"舆身、舆顶以及舆杆、抬杠都很完整,造型大方,结构复杂",考虑到乘坐者的舒适度,舆底铺以竹席,"顶盖和四周可能有帷幔设施"。[④] 到了唐朝,都市贵族妇女已盛行乘轿。自南宋起,轿在官场和民间都较普及,并且在一定程度上象征着乘坐者的地位、权势和财富,轿夫人数、轿的规格式样都有详细的规定。官轿依官位高低有八人抬、四人抬、二人抬不等,平民坐轿多是二人抬。滑竿是用两根竹竿制成的舆具,中间架以

[①] 《史记》卷30《平准书》。
[②] 《后汉书》卷81《独行列传·向栩》载,河内人向栩曾"骑驴入市"。
[③] 《晋书》卷49《阮籍传》。
[④] 固始侯古堆1号墓发掘组:《河南固始侯古堆1号墓发掘简报》,《文物》1981年第1期。

卧具或坐具,由前后两人抬着走。由于它的轻便灵活,一度成为各阶层广泛使用的交通工具。直到近代,我国西南山区、丘陵地带仍在使用。

除了陆路交通工具以外,古代人还使用船只作为水上行旅的交通工具。从《易经·系辞》"刳木为舟,剡木为楫"的记载可以推测,人类造船的历史肇始于远古的独木舟。近年浙江余姚出土的独木舟表明中国造船业至少有7 000多年的历史。早在春秋战国时期,越国就已设有专门的造船厂——船宫,至汉代,已经能造出各类官船、海船和战船。唐以来,世代经营造船业的船厂分布于江海运河两岸。据考,我国最早的船当为三板船(今称舢板),是由一块底板和两块舷板组合而成(图3-4-2)。后来又出现了将两只船并在一起,或两只船中间留有一定间隔的舫船。"秦西有巴蜀,大船积粟,……舫船载卒,一舫载五十人与三月之食,下水而浮,一日行三百余里。里数虽多,然而不费牛马之力,不至十日而距捍关。"①今日的双体船便保留了这种舫船的基本结构。为了增强抗冲性能,汉代开始在较大的船舶中建造横梁和隔舱板,这是造船技术的一大进步。宋元以后,龙骨被装在大型海船之上。为了减小水流阻力,船底的形状也逐渐由平底演变成尖底和圆底,并出现了多桅帆船。数千年来,中国古代船舶演化出各种不同的类型:若按动力划分,有以风能为主要动力的帆船和以人力驱动的桨船、轮桨船;按行船的地域特点分,有适于运河和渤海近海航行的沙船和适于南方江河和东海、南海水域航行的福船和广船;按功能分,有渔船、客货运输船及用于水上作战的战舰等。无论哪一种类型的船,都是古人水路交通运输不可或缺的工具。同时,中国古代船舶工艺的发展,也为世界造船技术的进步作出了卓越的贡献。

拓展阅读6

我国古代海运事业的形成

图3-4-2 三板船

---

① 《史记》卷70《张仪传》。

二、道路

早在远古时代，人们为了加强彼此之间的联系，不断往来行走，足迹所到之处逐渐形成了道路。夏、商至西周，是中国古代道路开拓和初期发展阶段。春秋战国时期，社会经济较为发达，诸侯争霸盛行车战，道路建设得到进一步发展。秦统一中国后，修建驰道和直道，打通了横亘中原腹地与北方边疆的隔阂，搭建起了横贯中国古代东西南北陆路交通的最早骨架。当然，每一次道路工程的实施，都是古代劳动人民勤劳与智慧的结晶。如秦朝直道的修建用了两年多时间，工程艰巨，人力死伤无数。所以，后来司马迁指责主持施工的秦将蒙恬"堑山湮谷，通直道，固轻百姓力矣"。①

汉代特别是武帝时(公元前140—公元前87年)，道路建设向西南和西北延伸，建成连接云、贵、川的夜郎道和沟通川陕的褒斜道，后来经过各朝改造修缮，这两条道路成为出入西南的主干道。汉代对道路交通的突出贡献当推中原至西域道路的开拓。汉武帝建元二年(公元前139年)，汉使张骞出使大月氏，之后开通西域道路，中国生产的丝绸由此向西亚和欧洲输出，故19世纪德国探险家、地理学者里希托赫芬称之为"丝绸之路"。东汉甘英出使大秦，唐僧玄奘游历天竺，循的都是这条路。丝绸之路在世界交通史和文化史上占有相当重要的地位，它使中西经济、文化交流获得极大便利，中国古代文化通过这条道路源源不断地传播到了西方。从东汉末年到隋，除了短暂的统一，全国都处于分裂割据的状态。各个封建政权实行道路分治，但出于军事和政治的需要，修筑了若干条新路，以保证地区之间互相沟通。建安十二年(207年)，曹操率军打击袁绍残部，修通了从卢龙塞(今河北喜峰口)至柳城(今辽宁朝阳)的道路，这条道路至今仍在使用。

隋唐是中国古代社会经济繁荣发展时期，道路建设也进入振兴发展阶段。隋代修建的主要有龙门(今山西河津)至上洛(今陕西商县)、洛阳至并州(今山西太原)等国防道路以及大运河沿岸道路。唐代则构筑了以长安为中心的道路交通网，贞观四年(630年)曾出现"东至于海，南至于岭，皆外户不闭，行旅不赍粮"②的交通形势。除了重点线路的建设以外，隋唐两代通过"丝绸之路"，与亚洲各国进行频繁的经济文化交流。贞观十九年(645年)，玄奘从西域返回长安，撰写《大唐西域记》一书，对西域的道路山川、人口风俗等均有记述，这部书成为中国古代重要的中西交通史名著。盛唐和吐蕃修好，藏王朝晋唐王、文成公主远嫁松赞干布以及金城公主入藏成婚，均由唐代著名古道——唐蕃道入藏。它起于首都长安，至吐蕃首

---

① 《史记》卷88《蒙恬列传》。
② 《旧唐书》卷3《太宗纪》。

府逻些城(今西藏拉萨),全长 2 895 公里,是汉藏两族友好交往的历史见证。隋唐之后,各政权互相争夺势力范围,无暇顾及道路的建设。宋、辽、夏、金各国道路都依前代体制,除维持旧路以应驿传和商旅之需外,也在局部新修了若干道路,但与隋唐相比要逊色得多。

历时 600 余年的元、明、清三代,结束了宋、辽、金长期对峙局面,重新统一了全国,封建社会经济进一步发展,道路交通的需求随之扩大,使得全国道路交通得到整顿和畅通,道路总里程较前大有增长,中国古代道路建设进入鼎盛时期。元代为了巩固政权,于至顺三年(1332 年)颁布命令,"罢诸建设工役,惟城廓、河渠、桥道、仓库勿禁"①,把兴建道路视为一项重要措施。明代先后形成了以南京和北京为中心的全国道路交通网。清代以北京为统治中心,道路通达全国 27 个省的首府,包括台湾、青海、西藏、蒙古等地。清光绪三年(1877 年)至宣统三年(1911 年),铁路在直隶、山东、山西、河南、湖南、湖北、浙江、广东、江苏、台湾及东北三省境内建成,中国古代的交通状况由此发生重大变化。

中国古代的道路除了为商旅交通提供便利之外,还有一项功能——邮传,即在道路上设驿站,而担负运输和通讯使命的道路便是驿道。《孟子·公孙丑》中曾说:"德之流行,速于置邮而传命。"这个对比说明早在战国时代驿站的设置已经初具规模,而且邮传速度很快。秦汉在前代基础上,建成以都城长安和洛阳为中心的通信网,但有些道路只供帝王传令使者专用。汉代以降,道路和驿道基本已无区别,道路即驿道。唐宋以后驿道建设渐趋完善,沿途多设馆驿。至清末,全国主要城市开设了电话和电报业务,光绪三十年(1904 年)正式设立邮传部,中国几千年古老的驿道逐渐丧失了原有的地位,而被铁路和电信等近代化的交通工具取而代之。值得一提的是,古人修建驿道的同时,也注重对道路的养护。如《史记·秦始皇本纪》记载秦驰道"道广五十步,三丈而树,后筑其外,隐以金椎,树以青松",既绿化了环境,又为往来信使和行旅提供了天然的休憩场所。

古代人民不仅重视陆路的建设和维护,而且利用天然河道和人工开凿的运河进行航行,形成了一条条"水上道路"。我国还有 18 000 多公里漫长的海岸线,人们利用优越的海上交通条件,不断改进水上交通工具,在近海以及与邻国甚至远及阿拉伯和非洲沿岸国家之间开辟航线,更大范围地扩展了地区间的交通。中国古代从内河航行到穿越印度洋的远洋航海,对世界文明的传播与发展作出了卓越贡献。在《中国科学技术史》一书中,英国科学史学者李约瑟说:"(中国人)在航海技术上的发明,随时可见。……而中国的海上舰队,在1100—1450 年间肯定是世界上最伟大的。"

---

① 《续资治通鉴》卷 183—220《元纪》。

利用舟楫，人们把道路从陆地扩展到水域；而把陆地和水域联系在一起的，则是中国古代的渡口和桥梁。在古代，渡口又称"关津"、"津渡"，往往是兵家必争的要塞，所以渡口的修建和管理，很早以来便被纳入地方政府的行政事务范围之内。据考证，黄河沿岸著名的古渡口有30余处，有的至今仍在使用。[1]

中国古代的桥梁建设是中华文化的重要象征之一，在一定程度上，标志着中国古代物质文明和精神文明的进步。若按其结构分，古代桥梁主要有梁桥、悬桥和拱桥三类，建桥的材料主要是木材和石料。梁桥是其中最简单、最常见，也是古代数量最多的结构形式，著名的木梁桥有汉代渭桥、宋代熟溪桥，石梁桥中著名的有汉代灞桥、北宋万安桥和南宋安平桥。与梁桥相比，拱桥在桥梁发展史中更具重要地位。拱桥是弧形建筑物，因此跨度大于梁桥，结构形式、施工工艺要求也较高。如始建于隋代的赵州桥（图3-4-3），是现存历史最长的大跨度敞肩式石拱桥，最大跨度达37米以上。古代悬桥多建在急流险滩之上，跨度很大，且造价低廉，有绳桥、藤桥、铁索桥等形式。目前尚存著名的悬桥有云南澜沧江上的霁虹桥、四川岷江上的安澜桥（珠浦桥）和大渡河上的泸定桥。中国古代悬桥建筑处于世界领先地位，现代的斜拉桥便起源于古老的藤桥，"现代斜拉桥结构形式，是古代藤桥的发展，藤桥可称为原始的斜拉桥"。[2]

图3-4-3 赵州桥

---

[1] 王子今：《秦汉黄河津渡考》，《中国地理历史论丛》1989年第三辑。
[2] 村濑左太美：《藤桥考》，《桥梁》1980年第6期。

除了以上三种桥梁结构形式,中国古代的桥梁工程还包括在险峻的山崖上傍山修筑的栈道。史料记载,最早的栈道修于战国时的秦,《战国策·秦策》中云:"栈道千里于蜀汉。"古代许多栈道与水路交通互为补充,如沿黄河的三门峡栈道、长江三峡栈道,均与水路并行,是重要的交通路线。

随着科学技术的发展,中国古代桥梁工程建筑技术逐步完善,其重要标志之一就是产生了一批介绍桥梁营造经验的技术专著。除了北魏郦道元所著《水经注》中有关桥梁技术的记载之外,现存史料中,成书于北宋的《营造法式》、清代的《灞桥图说》和近人王璧文于20世纪30年代编写的《清官式石桥做法》等较为有名。这些著作总结了古代桥梁的建造规范,它们和古代桥梁一起,共同成为中国古代文明遗产的组成部分,在世界桥梁史上也占有重要的地位。

第五节 娱乐与体育锻炼

一、杂技与武术

中国古代体育运动源远流长,其内容也十分丰富,这里仅就杂技与武术作一介绍。

1. 杂技

我国的杂技,滥觞于先秦时期。当时已形成一些竞技性较强的杂技项目,其中较常见的有跑狗、技击、踢球、轻功、爬杆、球上累珠等。在杂技表演中,丑角表演颇具特色,如楚人优孟、齐人淳于髡,都堪称滑稽表演的鼻祖;又有乌获、孟说能举鼎,熊宜僚善弄丸,狄虒弥善舞车轮,朱亥能伏虎,羊由基善射;还有幻术亦很突出,像燕太子丹能使乌头白、马生角,钟离春通遁术;而孔子门人公冶长善鸟语,则是开后世口技之先河。

秦朝的杂技,以角抵最具特色,无论在宫廷还是民间,都十分流行。《史记·李斯列传》中载:"是时二世在甘泉,方作觳抵优俳之观。"裴骃《史记集解》引应劭语:"战国之时,稍增讲武之礼,以为戏乐,用相夸示,而秦更名曰角抵(图3-5-1)。角者,角材也;抵者,相抵触也。"这一时期的角抵,主要是两人相抵的角力,它既是力量的抗衡,又是技艺的较量。角抵

图3-5-1 角抵

活动一方面使从事者强身健体,另一方面也能使观赏者通过观看激烈的对抗赛,达到振奋精神、愉悦身心的目的,这是当时这一活动普遍流行的原因所在。1975 年,湖北江陵凤凰山秦墓出土有一件大篦,其上绘有角抵的彩色漆画,画面共有 3 位男子,都是上身赤裸,下着短裤,脚穿翘头鞋,腰间系带,右边两人正在进行角抵赛,左边一人平伸双手,似为比赛之裁判,比赛气氛紧张而热烈。

爰及汉代,"百戏"兴起,杂技在百戏中占有重要的地位,并专由乐府职掌。汉代的杂技项目颇多,其中在当时较为流行的有冲狭燕濯、弄丸跳剑、叠案倒立、舞轮、弄球、舞盘、戏车、都卢缘橦、走索、象人表演、高跷、绳上担水、绳上走装神鬼、飞刀、风车、气功等。当时的杂技在技巧和惊险程度方面都已达到了相当高的水准。如《绳伎图》上的杂技就十分惊人,画面上,横空拉一绳索,绳索下置剑数把,剑锋向上,绳索上三人表演,左右二人舞弄器械,中间一人表演倒立,摇晃不定的绳索加上地上锋利的剑刃,其表演难度之大,技艺之精湛,均令人叹为观止。值得一提的是,此时从罗马、西域等地传来的"吞刀吐火"、"自敷自解"、"屠人杀马"、"鱼龙曼衍"等也在中国流行起来,从而有力地促进了中外文化的交流。

魏晋南北朝时期的杂技,节目丰富,娱乐性和表演性也很强。据《宋书·乐志一》和葛洪《抱朴子内篇·辨问》等书记载,这一时期有夏育扛鼎、巨象行乳、神龟抃舞、背负灵岳、桂树白雪、画地成川、跳丸弄剑、履絙登橦等杂技项目。除有专业演员演出外,民间喜爱杂技的人也不在少数,且技艺不亚于专业演员的水平。如南齐东昏侯萧宝卷虽昏于政事,却是个杂技高手,他擅长"担橦",即用头顶竿,乐此不疲,甚至还自创用牙齿顶数丈高橦的绝技,"折齿不倦"。① 这一时期也有一些外来节目,其中北方主要有边境民族的马术、五兵角抵、辟邪狮子、顶竿等豪放粗犷的杂技节目在中原地区安家落户;在江南地区则主要有西域传来的幻术等,这类节目细腻而柔美,恰与北方雄浑的风格形成鲜明的对比。

勾栏瓦舍:宋代繁荣的娱乐业

隋唐是宫廷杂技的极盛时代,出现了许多杂技表演家,耍剑器的公孙大娘就是其中的一位。书法家张旭看了她的剑舞,颇受启发,书艺因此大进。宋代宫廷杂技日趋衰落,转向民间发展,如《梦粱录》云:"又有村落百戏之人,托儿带女,就街坊桥巷,呈百戏使艺。"宋时艺人多在勾栏表演,许多无法在勾栏表演的艺人,终年四处流浪,挣扎在贫困线上,却对技艺精益求精,许多优秀节目,都是由他们开发创造出来的。

明清时期的杂技基本上保持了宋代的风格,流浪艺人成为杂技表演的主力军,他们发明

---

① 《南史》卷 5《齐东昏侯本记》。

了许多小型多样的新节目,其中如明代盛行的杂技"钻地圈"、"踢毽子"、"绳技"、"蹬技"等,都是在世界上有影响的节目。清代的一些艺人还流浪出国演出,并带回来许多外国的优秀节目,如"西洋魔术"、"车技"等都颇受中国百姓的欢迎。到明清时期,中国杂技经过几千年的发展,门类齐全,技艺精湛,从而为中国现代杂技的形成奠定了坚实的基础。

2. 武术

武术萌芽于远古时期先民徒手或手持原始武器的攻防格斗技能。商周时期仍保留着原始社会搏兽的遗风,如《诗·小雅·车攻》中载,"搏兽于敖"。"敖"是地名,就是在敖这个地方"田猎搏兽"。除搏兽外,亦有搏人的记载。《周礼·夏官·环人》中载:"(环人)搏谍贼。""搏"在这里是拘捕之意,拘捕之法应包括"手搏"之技。《礼记·月令》中载:"孟秋之月,……禁止奸慎罪邪,务搏执。"这是两周奴隶主贵族为防止奴隶的反抗暴动,让其司法人员进行搏执的练习。当时人们还往往把战斗中克敌制胜的技术经验用舞蹈的形式进行表演,出现了干戚舞、弓矢舞、赤手舞等近于实战的武舞,这对后世的武术套路产生了很大的影响。

春秋战国时期,战事频仍,武术的格斗技能在民间和军队中得到重视和发展,如《管子·小匡》载:民间有拳勇而不报告者按"蔽才"问罪。《荀子》中也云:"齐人隆技击。"当时的社会结构日趋复杂,阶层众多,其中就有以武技等营生的阶层,他们凭借自己的武技糊口于四方,正如顾颉刚先生所说:"彼辈自成一集团,不与文士溷。"① 这些人大致可分为两类,一类是广收门徒,传授武艺者及受聘于军之教者。司马迁在《史记·太史公自序》中说他祖上的一支"在赵者,以传剑论显",大概就是私家传授武艺者。《吴越春秋》中所说的受越王勾践之聘而成为越军之教习的越女,也是民间武术家。另一类是依靠其勇力与武技依附贵族、富户为生的人。《庄子·说剑》提到的投依赵文王的众多剑士,就是以其剑道为生的人。

到了汉代,已形成用拳术比赛来选拔勇士的制度,并开始出现"武艺"一词。武艺指斗剑、手捕和角抵等多种兵器的用法。汉代武术的套路技术已相当成熟,有单练、双练和将动作拆开来活用的"散招",还有空手对刃的对练套路等。这个时期有关武术的著作也明显增多,仅《汉书·艺文志》就收有《剑道》38篇,《手搏》6篇。

唐宋时期,武术已着重在功力上下功夫,尤其是拳术,当时少林拳名播天下,擅长硬功。宋代的武术已从武艺的混合中分离出来,其标志有三:一是武术作为社会的娱乐活动,已经独立存在;二是社会上已经有了以武术为业的专业艺人,并出现了民间习武组织,如角抵社、

---

① 顾颉刚:《史林杂识·武士与文士之脱化》。

英略社等;三是武术已形成了明确的规格和套路。"十八般武艺"一词也始见于宋代。宋华岳《翠微北征录》中提及:"军器三十有六而弓为称首,武艺一十有八而弓为第一。"

明清时期是中国武术发展的极盛时期,产生了各种武术流派,有"内家"、"外家"之说,有"长江流域"、"黄河流域"之分,有"南派"、"北派"之别,以及按门类划分的"少林门"、"太极门"、"八卦门"、"形意门"、"地蹚门"等不同风格的派别。这一时期的武术不仅门派化,而且理论化、套路化。如仅太极拳就有7种拳套,在其产生发展中,其拳谱、拳论也都发展起来,有陈王廷的《拳经总歌》,王宗岳的《太极拳论》,武禹襄的《打手要言》、《身法十要》、《四字不传密诀》,佚名氏的《十三势行工歌诀》等等,它们吸收了古代哲学中的阴阳学说,以及经络学说、导引吐纳等内容,使太极拳法在技法上、疗病保健上都有一定成效,因而得到广泛传播。

二、围棋与象棋

古代具有益智赛巧功能的娱乐主要是游戏。民间游戏项目很多,仅就棋类而言,即有围棋、象棋、双陆、弹棋、行棋、樗蒲、打马等多种。限于篇幅,以下仅介绍围棋和象棋两种。

1. 围棋

围棋又称弈,春秋战国时期已经流行。《论语·阳货》中云:"饱食终日,无所用心,难矣哉!不有博弈者乎?为之,犹贤乎已。"《孟子·离娄章句下》中亦云:"博弈好饮酒,不顾父母之养,二不孝也。"孔孟所说的"博"即六博棋,"弈"即下围棋。从两人言语中反映出当时喜欢下围棋的人不少。由于围棋活动的广泛开展,下棋的规律也被慢慢总结出来了。《尹文子》中说:"以智力求者,譬如弈棋,进退取与,攻劫放舍,在我者也。"① 孟子亦说:"夫弈之为数,小数也。不专心致志,则不得也。"② 在这里孟子指出,围棋是一门技能,非专心致志而学不成。当时出现了许多精通棋艺的名家,如被孟子称为"通国之善弈者"的弈秋就是其中的一位。

两汉时期围棋的发展较为缓慢,形成了比较固定的游戏群。在空间上,城市中的围棋活动似乎比乡村普遍;在社会阶层上,围棋活动则主要流行在文人和贵族中。魏晋南北朝时期,由于玄学清谈之风盛行,围棋成了文人雅士的消遣工具,围棋运动蓬勃发展,纵贯各朝各代,遍及大江南北。因围棋活动格调高雅,奥妙无穷,代表着一种静谧玄妙的境界,因而被雅

---

① 《艺文类聚》卷76引《尹文子》。
② 《孟子·告子章句上》。

称为"坐隐"或"手谈"。这一时期,涌现出一批优秀的棋手。"建安七子"之一的王粲"观人围棋,局坏,粲为覆之。棋者不信,以帕盖局,使更以他局为之。用相比校,不误一道"①。南朝梁武帝萧衍,"六艺备闲,棋登逸品"②。他下围棋兴致甚高,常常通宵达旦,弄得手下都困倦而睡,"惟(陈)庆之不寐,闻呼即至,甚见亲赏"③。这一时期还出现了不少神童棋手。刘宋褚胤,年仅7岁,便获得了围棋高品。萧梁司马申14岁,棋艺就达到了较高水准,博得到溉、阳子春、朱异等围棋高手的赏识。魏晋南北朝时期已有棋品制(相当于今天的段位制),即根据棋艺高低对棋手分品定级。南齐时,在高帝萧道成的组织下,进行了一次全国规模的围棋比赛。他自己不仅参加比赛,而且亲任裁判。梁柳恽喜弈棋,梁武帝让他在全国范围内品定棋手,结果登格入品者多达278人。将棋手分品定级,是围棋发展史上的一件大事,有力地推动了围棋向高水平发展。围棋定九品显然受九品官人法的影响,这种九品制后来传到日本,成为日本九段制的根据。围棋在魏晋南北朝时期获得很大发展,这与它的普及不无关系。曹魏时期棋盘纵横17道,共289道,黑白棋子各150枚。大约在十六国后期、北魏前期,在北方出现了纵横各19道的棋盘,比原来的棋盘多了72个放棋子的点。这种新式棋盘的出现,改变了围棋的战略战术,增强了围棋的激烈程度,是围棋发展史上的一大进步。

唐宋时期的统治者都酷爱围棋,所以对围棋都非常重视。两朝均在宫廷内设棋博士和棋待诏两种官职,推动了围棋的发展。这一时期,民间围棋活动亦颇为活跃,像唐代的刘禹锡、孟郊、张籍、元稹、杜牧、温庭筠、张乔、杜荀鹤等,宋代的范仲淹、欧阳修、王安石、苏轼、文天祥、陆九渊等,都嗜好围棋。除帝王和官僚士大夫、文人学士外,一些女子也钟情于围棋,新疆阿斯塔那唐墓出土的仕女围棋绢画和山西襄汾县曲里村金元墓出土的"二女弈棋"砖雕都是明证。唐宋时期围棋的盛行,使围棋技艺和理论的研究进一步深化。如唐代皮日休的《原弈》、徐弦的《围棋义例》、王积薪的《金谷园九局图》、韦珽的《棋图》等,宋代刘仲甫的《棋诀》、张拟(一说张靖)的《棋经》、李逸民的《忘忧清乐集》、严德甫主编的《玄玄集》等,都是对围棋经验的总结和整理,它表明我国围棋至唐宋时已相当成熟。

明清之际,中国古代围棋开始出现一大飞跃,棋艺形成各种流派,有关围棋的著述大量涌现,各家对弈的局谱在棋手之间广为流传,将我国古代棋艺推到了最高峰。清朝末年,政治腐败,经济落后,围棋也呈现出衰落之趋势。

---

① 《三国志》卷21《王粲传》。
② 《梁书》卷3《武帝纪下》。
③ 《梁书》卷32《陈庆之传》。

2. 象棋

象棋,古称"六博"棋,是现代象棋的前身。《楚辞·招魂》中有一段关于象棋形制和比赛的描述:"菎蔽象棋,有陆簙些。分曹并进,遒相迫些。成枭而牟,呼五白些。""菎蔽象棋,有陆簙些"是当时的棋制。当时的博具通常是用一种菎簵的竹子制成,由箸、棋、局组成。棋子为 12 颗,其种类有二:一为大小完全相同的 6 白 6 黑;一为 1 大 5 小,大者称"枭棋",小者称"散棋"。"分曹并进,遒相迫些"是行棋比赛的方法,双方投箸行棋,依棋局的曲道而行,相互逼迫。"成枭而牟,呼五白些"是指取胜的情况,"枭"犹如现今象棋中的"将"或"帅",枭被吃,则负;如投箸成"五白",即获得最后胜利。这是指没有"枭棋"和"散棋"区别的 6 白 6 黑的竞赛情况。1975 年底到 1976 年春,考古工作者在湖北云梦睡虎地 11 号和 13 号秦墓中发掘了战国末期的棋局,这个棋局可以与《楚辞·招魂》互为补充,使我们对春秋战国时期的象棋有更为完整的认识。

滥觞于先秦时期的中国象棋,至唐代仍处于演变过程之中。唐朝初年流传的象棋类图书有王褒注《象经》一卷,王裕注《象经》三卷,何妥注《象经》一卷,佚名《象经发题义》一卷等,此外尚有北周武帝亲自撰著的《象经》一卷。唐初象棋在士大夫中不甚流行,这主要是隋文帝杨坚对周武帝著《象经》颇有微词,认为"人主之所为也,感天地,动鬼神,而《象经》多乱法,何以致人"①。所以象棋在隋朝乃至唐朝初年并不流行。但到盛唐以后,象棋则开始发展起来。据牛僧孺《玄怪录》载,汝南人岑顺精于武略,但因贫寒而借人山宅居住。一次,梦见金象将军遣人邀己助军阵,与天那国交战。两军部署既定,军师进称:"天马斜飞度三止,上将横行系四方,辎重直入无回翔,六甲次第不乖行。"于是鼓而战,"两军具有一马,斜去三尺止。又鼓之,各有一步卒,横行一尺。又鼓之,车进"。天那军大败。醒来后才发现室内有古墓,墓内有许多明器,"甲胄数百,前有金床戏局,列马满枰"。此时才领悟到,"军师之词,乃象戏行马之势也"②。此则故事中所称象棋戏法,与现代象棋已有几分相似之处。另外,唐人将"樗蒲、双陆、弹棋、象博之属"统称为"杂戏"。"象博"即为象棋,可知象棋甚至可与樗蒲等游戏相提并论,由此可见象棋在盛唐以后是颇为发达的了。

宋代是我国象棋史上的大革新时代。著名史学家司马光撰有《七国象戏》一书,该书是我国现存最早的象棋专著,它对当时通行的象戏进行了改革。主要是采用 19 路围棋局,将两人对弈改为七人厮杀,象征七国纷争。同时,舍去以往通行的车、象两子,增加偏、裨两子,相

---

① 《北史》卷 55《郎基传附子茂传》。
② 《太平广记》卷 369"岑顺"条引。

当于士和象。经过改革，象棋成为一种完全以军事战争命名的棋子，趣味性更强。但由于这种象棋的赏罚规则过于繁琐，因而没有流行开来。晁补之对宋代象棋的发展也作出了一定的贡献。他将棋局设纵横19路，棋子98枚，没有河界、九宫，其棋子的位置也与过去不同，称为"广象戏"。此外，当时民间还创造出纵10路、横9路的棋局，有将、士、象、马、车、炮、卒等32枚棋子，不设河界。经过北宋司马光、晁补之等人对象棋的改革，象棋在南宋初期已基本定型，从而推动了象棋的发展。南宋时，象棋家喻户晓，已成为当时群众文娱活动不可或缺的内容。1973年，我国考古工作者在福建泉州湾的后诸港发现一艘沉没在港道边缘的宋代古船。在这艘古船出土的文物中，有木制圆形象棋20枚，其中墨书将、士、车、象、炮、兵等10枚，这说明当时船员和乘客们普遍爱好象棋。

明清时期象棋获得蓬勃发展，特别是明中期以后，由于经济文化的发展，象棋也进入了新的发展阶段。正如唐寅《谱双·书后》中说："独象棋、双陆盛行。"明代象棋谱很多，大致有《梦入神机》、《金鹏十八变》、《适情雅趣》、《自出洞来无敌手》、《橘中秘》、《象棋》、《象棋势谱》、《金縢七着》、《金鹏秘诀》、《破金鹏谱》、《象棋秘诀》等17种。它们大部分已经亡佚，现尚存者（包括残本）约为前5种。其中既有全局谱和残局谱，也有全局、残局兼收之谱，多者达上千个棋局。明代象棋谱数量之众，前所未有，它反映了这一时期象棋技艺的高度发达。清代康熙以后，随着社会经济的恢复和发展，象棋也兴盛起来，不仅涌现出了一批著名棋手和理论家，而且像《梅花谱》、《韬略元机》等著名棋谱也相继问世。乾隆年间，象棋更是盛极一时，当时民间涌现出毗陵派、吴中派、武林派、洪都派、江夏派、彝陵派、顺天派、大同派、中洲派等九大象棋流派；构思巧妙、变化复杂的残局研究专著《心武残编》、《百局》、《竹香斋》等也陆续行世。到了清朝后期尤其是道光以后，社会动荡，朝廷腐败，象棋活动便由盛转衰了。

第六节 社会交往与岁时节庆

一、社会交往与礼仪

在中国古代社会生活方式中，人们很重视具有突出意义的人与人之间的交往关系，形成了独特的交际礼仪和习俗。礼仪，是人们社会交往行为的准则，包括了待人、接物、处世等各个方面的行为规范，体现了人们的审美情趣和道德观念，也影响着民俗、社会风气的形成及发展。

古人在社会交往中,形成了一些特定的交际语言,大体包括尊称语、自谦语和礼貌语等。

尊称是指带有尊重色彩的称谓,最早使用的是"父",它是对男子的尊称,大约至周代,"父"才成为父亲的别称。此外,还有"公"、"子"、"长者"、"先生"、"卿"、"阁下"、"君"、"陛下"、"殿下"、"执事"、"足下"、"您"等尊称。

与尊称相反,古人自称往往用自谦语。人们可以按照自己的社会地位谦称自己为"臣"、"在下"、"仆"、"小人"等。在古人的自称中,使用较多的尚有"不才"、"不肖"、"不佞"、"不敏"等。此外,老百姓在官吏面前称"小人"、"小民"等;年轻者在年长者面前称"后学"、"晚生"、"学生"、"小子"等;下级在上级面前称"下官"、"卑职"等;妇女在人面前称"奴"、"奴家"、"婢"、"妾"等,这些都是谦词。封建帝王称"寡"、"孤",也是谦词,但这种谦称一般人是不能用的。以上这些谦称在我国一些传统戏剧和古文献中都有表现,在今天的口语中大多已经消失,只有个别的(如"在下")还在某些场合使用。

在古人的社会交往中还有很多礼貌称呼,如称父母为"高堂"、"双亲"、"膝下";称别人的父亲为"令尊",母亲为"令堂";称别人的兄弟姐妹为"令兄"、"令姊"、"令弟"、"令妹";称别人的儿女为"令郎"、"令媛";称自己的父母兄弟姐妹为"家父"、"家严"、"家母"、"家慈"、"家兄"、"家姊"、"舍弟"、"舍妹";称妻父为"岳父"、"泰山";兄弟称"昆仲"、"棠棣"、"手足";夫妻称"伉俪"、"配偶"、"伴侣";妇女称"巾帼",男子称"须眉";称别人家庭为"府上"、"尊府",称自己家庭为"寒舍"、"舍下"、"草堂";老师称"恩师"、"夫子";学生称"门生"、"受业";同学称"同窗",等等,不一而足。

在古代,礼尚往来、礼宾待客是人们普遍崇尚奉行的一种重要的社会行为规范和道德准则,这可以从人们在迎送客人、款待宾客以及造访他人等诸多实际过程中得到颇为有力的说明。

根据文献记载,古代在迎客时有"拥彗"之礼。彗就是扫帚。宾客到来,家中仆人双手拿扫帚躬身门前迎接,意思是说家中已打扫干净,欢迎客人光临。古人为表示对尊贵客人的敬重之情,一般要到郊外迎接,称"郊迎"。在等级制森严的封建社会里,主人的迎客礼仪,往往还因客人官职爵位的高低、身份的尊卑贵贱以及与客人关系的疏密等而有所不同。各地各民族都有自己的迎客礼仪和风俗。以隋唐时期为例。当时南方人见有宾客来,不出门迎接,相见时捧手而不行揖礼;而北方人迎送客人则并至门,相见时作揖行礼。如在广西隆安县民间,有宾客来,主人须"趋迎交拜",表示欢迎。在河南淮阳县民间,遇有远宾来访时,主人要设筵席盛情款待,并邀亲朋作陪,名曰"欢迎"光临。河北徐水县民间在迎客时,主人要迎于门,双方各自脱帽行鞠躬礼。贵州安顺地区民间,迎客的礼仪较为讲究。宾客来到时,主人要出门迎接,彼此点头示礼。升堂时,首次光顾的宾客或作揖,或跪拜行礼;常来的客人点头招呼一声即可。如首次来的客人与主人的关系较为亲密而行辈低、年龄小的话,要向主人多行一跪一拜之礼,而主人向来客作揖行礼答拜。在江西、湖北、湖南等地还有燃放鞭炮迎客的礼仪习俗,贵客光临时,主人必定早候于门外,翘首而望。在客人步入大门的一刹那,就燃放鞭炮,以示敬意和欢迎。

与迎客一样,送客也是社会礼仪交往中的一个重要环节。尽管在古代人们的送客礼仪与迎客、宴客礼仪相比,稍显简单,但宾客与主人的亲近程度、疏密关系、社交处事原则以及文明程度等,都可从待宾送客的过程中反映出来。各地的送客之礼不尽相同,如在江西、湖南、湖北等地,客人告别辞行时,要燃放鞭炮以示敬意。而较为普遍的送客礼俗则是,客人告别时,主人出门相送,亲切道别。若是年迈的客人,则应远程相送,以示尊重。如在河南信阳地区的光州县民间,凡有尊长远行外出,幼者、卑者都须前来送别,远至出郊。按照传统的礼俗习惯,为表示送客的礼貌,通常应注意两点:一是在客人告别时,应婉言相留,客人执意要走,也要待客人起身告辞时才站起来相送。二是如果来者不是常客,一定要把客人送到门口,亲切道别,邀请客人赋闲时再来。此外,古人在长期礼尚往来、送客辞行的过程中,针对不同的送客告别仪式,也使用相应的话别语,以表示彼此间的尊重和依依不舍的情意。如分手辞行,称"告别";拱手辞别,称"揖别";临别赠礼,称"赠别";设宴送行,称"饯别";前往送行,称"送别";不愿分别,称"惜别";握手告辞,称"握别";挥手告别,称"挥别";离别留言,称"留别";长久分别,称"阔别"。由此可见,无论哪一种话别词语,都有其特定的含义和礼仪文化氛围,它通过简练的言语表达,使礼仪行为仪式表现得具体、生动、形象,并使外在礼仪行为与内在精神世界在"言行"上得以和谐、统一。

中国人向来把宾朋来访看作是家中的喜事,称尊朋宾客为来宾、嘉宾、贵宾、贵客;并且在长期的历史发展中,也形成了较为完备的待客礼仪习俗,它主要渗透在迎客、敬奉茶烟酒、宴饮、送客四个环节。但就礼宾待客的具体礼仪活动而言,主人给来宾敬奉茶烟酒、宴饮的礼仪过程,最能表现出主人对客人的真诚与热情,因而也最具说服力和典型意义。所谓敬茶烟酒,是待客人进家坐定后,主人所必施的礼节。在古代,各地各民族都有捧茶待客的习俗,不过其敬茶的方式不尽一致,而且还有诸多讲究和禁忌习俗。在江南,无论来客与主人的关系如何,主人都会泡上一杯茶,以示礼貌和热情。江南人沏茶待客忌满杯。凡真心待客的主人,绝不端上满杯茶,而只斟到杯深的三分之二处,俗谓之"茶七酒八"。客人喝茶通常以留少许为礼貌。从礼仪角度讲,应该为客人勤斟茶,一般是客人杯中的茶水喝了几口就要斟一次,决不能等到杯中茶叶"见天"再斟。而在主人添加茶水时,客人要欠欠身或用弯曲的食指和中指轻轻地敲打桌面,既表示有礼,又表示足够了。在湖南地区,客人新至,必献茶于前。茶中除茶叶外,还泡有炒熟了的黄豆、芝麻和生姜片。喝干茶水后亦必嚼食其中的豆子、芝麻和茶叶。吃这些食物忌用筷子等食具,多以手拍杯口,利用气流将其吸出食之。湖北阳新一带有敬米泡茶待客的习俗。其地乡民多不饮茶,素以白开水解渴。有客人至,即捧一小碗开水冲爆米花献上,谓之"喝茶"。若加入麦芽糖或金果数枚,敬意尤重。在东乡族,客人来访,主人必请其上炕平坐,随即献上一只盖碗,碗内有茶叶、白糖和冰糖,主人提来"牡丹花"水(即沸腾如花的水)为客人冲茶。主人站立在地下,不时为客人冲茶,十分热情。鄂西土家族待客的礼俗很特别。贵客光临,主人即筛一碗鸡蛋(荷包蛋)茶敬之。按土家族的习惯,鸡蛋茶中的荷包蛋不少于3个,多不超过4个,才算对客人最敬重。土家族认为,吃1个为独吞,吃2个为骂人,吃5个是销五谷,吃6个是赏禄,吃7个8个9个则应了"七死八亡九埋"之不吉利俗语。所以主人以有三四个鸡蛋的鸡蛋茶敬客人。[①] 蒙古人招待客人,是先敬上一碗奶茶,这是蒙古族人尊敬客人的礼节。客人喝下奶茶后,家庭主妇还会端上清香扑鼻的奶酒。用奶酒待客也是蒙古族牧民的传统礼节。有的人家没有备茶,便以酒代茶招待客人。土家族家中来客,主人边热情寒暄,边斟三杯酒敬之,意为祝客人吉祥如意。佤族人多以水酒代客。水酒是以小米、麦子、谷子、红薯等酿成。敬客时主人多先饮一口,以打消客人的各种顾虑,然后递给客人自饮。客人应尽力多饮,否则主人以为客人看不起自己而不快。除用茶酒招待客人外,尚有递烟敬客的礼仪。汉族以及许多少数民族中都流行这一待客礼俗。如傣、景颇、阿昌、傈僳、爱尼、佤、拉祜等民族,每逢有待客、聚会、串门等社交活动时,无论男女都有互相敬送嚼烟的习尚,以表示友好和尊敬。

在古代的社会交往中,以宴饮方式款待客人是常见的形式。所谓宴饮就是摆设酒菜款待客人。古人设宴,用于款待远来的客人,称为"洗尘",亦称"接风";用来送亲友远出,称为"饯行",亦称"饯别"。这一礼俗,上古时即已流行。宴饮时,有"祝酒"的礼节。《诗经·大雅·既醉》中云:"尔酒既清,尔肴既馨,公尸燕饮,福禄来成。"这就是祝酒辞。还有陪饮、献报酬等风俗。陪饮就是主人请亲邻作陪饮酒;献报酬的"献"是主人先敬酒于客人,"报"是客人饮毕回敬主人,"酬"是主人为劝客人多饮,先做出示范动作来,而且口称"先干为敬",以表达对客人的尊重和欢迎。

从古代民间的宴客礼仪看,对宴客的座次方位也颇为讲究。凡多人宴享聚饮,必论资排辈,以别尊卑长幼。一席(一桌)通常设有八座,每边两座。就座时,必待上座者入席,余者方

[①] 郑传寅主编:《中国民俗词典》,湖北辞书出版社1987年版,第206页。

可入席落座,否则为失礼。关于坐处的尊卑,由于民族不同、时代不同、地域不同而有一些差别。一般可分为北方和南方两种通行类型(如下图。图中的序号代表坐位的尊卑程度,如1号代表最尊贵,以此类推)。今一些地区仍保留此礼俗。

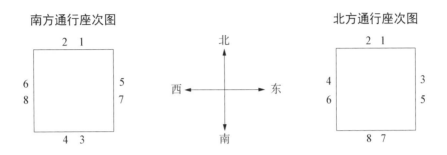

造访之礼也是古人在社会交往中所特别讲究的。造访礼就是拜访礼,古称"拜谒"。拜谒一般用于下对上、幼对长的请见。拜谒还有几种区别,请托求见,叫做"请谒";有所求而请见,叫"干谒";古人求见或代为拜贺,须投名片(帖),因名片最早以木片削制而成,故称为"名刺",所以投名片就叫做"投刺"。后纸张问世,多以一方红纸代之,故又称"名帖"、"名片"。清朝赵翼著《陔余丛考》卷三十云:"古者削木以书姓名,故谓之刺;后世以纸书,谓之名帖。"其上除书有姓名外,亦有书衔名者。官场中拜谒时必先投刺于门,候门人通报,获允后方可入。民间贫者交往多无此举。士绅间每逢节日喜庆,贺而不亲临其门,而以名帖书"某某率某某顿首拜"等字样,贴于对方大门之上,亦谓之投刺。有的则将红色硬纸片制成的名刺放入锦盒中送给对方,以示礼节隆重。由于投寄名帖(名刺)之风盛行,所以许多人都在门上贴上红纸袋,上书姓氏,号为"门簿",以便于接受名帖。这种贴于门上的红袋颇似现代家庭门口的信箱。

访问礼节,则须敲门而后入。见面之后,要作"寒暄",问候对方起居冷暖。若是初见,还要请教对方姓名、字号。见面礼通常有作揖、打躬和鞠躬。客人造访时,必定要带见面礼物,即所谓的"执贽"。

跪拜礼是古代特有的向对方表示崇高敬意的礼节。古代席地而坐,臀部紧挨脚后跟。两膝着地,腰杆伸直则为跪;跪而行礼是为跪拜。跪拜礼有稽首、顿首(即叩头)、空首等多种形式,它能够造就尊卑贵贱俨然不可僭越的特殊的庄严气氛,对于维护封建制度具有极为重要的意义。辛亥革命后,孙中山宣布取消跪拜礼而代之以鞠躬。

在古代的社会交往中,亲友邻里间讲究礼品赠答,平日有之,节日更盛。他人有馈赠,来日回赠一定要比原赠丰厚。若来而不往,则为失礼。古人馈赠活动的类型大致有四:一为岁时、年节馈赠;二为人生贺仪馈赠;三为社交性馈赠;四为文人馈赠。其中,岁时、年节馈赠活动源于传统的农业文明;人生贺仪馈赠活动是传统的宗法社会和血缘文化的产物;社交性馈赠活动则有着深刻的传统地域文化背景;文人馈赠活动则有着传统的社会伦理文化的强烈色彩。①

中国古代的交友方式有"结同年"等。同年即同庚,指年龄相同。同年所生而姓氏不同的男性青年交往,志趣相投者常自愿结为"同年"。他们以同年互称,节日必互为贺节,遇事必尽力相助,有似同胞兄弟。此外,结交还不限于结同年兄弟,著名的三国英雄刘、关、张桃园结义,就是结"不能同年同月同日生,只求同年同月同日死"的义兄义弟。

二、岁时节庆

中国古代文明的博大精深化育出众多的传统节日。这些节日是我们的祖先在长期的社会实践活动中适应生产、生活的各种需要和欲求而创造出来的,是在每年特定的时间或季节举行的仪式或庆典。随着社会的发展,这些节日被不断地修增和传承,越发丰富多姿。

中国古代社会是一个农业社会,古代节日也源于农事。农历一年有二十四节气,在这些节气中,有的是标志四季交替的"交节",在时令中特别重要,所以就被称为"节日"。中国古代农事节日,最早设立的有立春、春分、立夏、夏至、立秋、秋分、立冬、冬至,称为"四时八节"。古代的这些农事节日对于安排农业生产活动,促进农业生产发展发挥着重要作用,因此民间用四句话来记述二十四节气:"春雨惊春清谷天,夏满芒夏暑相连,秋处露秋寒霜降,冬雪雪冬小大寒"。除了农事节日,中国传统节日主要还有春节、上元、春社、花朝、寒食、清明、上巳、浴佛、端午、七夕、中元、秋社、中秋、重阳、腊日、除夕等,其中有些和农事节日复合,兹择其要者介绍如下。

春节:古称元旦,即农历正月初一。是时人们披红挂绿、敲锣打鼓、燃放鞭炮以示庆祝。后相沿成俗,形成节日。相传在尧舜时已有此俗,但称呼不尽一致。《尔雅·释天》中云:"夏曰岁,商曰祀,周曰年,唐虞曰载。"古时,岁首的时间亦不同。夏朝岁首与今相同,商朝在农历十二月,周朝改在农历十一月,秦和汉初则在农历十月。汉武帝太初元年采用《太初历》,规定以孟春正月为岁首。此后,农历绵延2 000多年。辛亥革命后,因为改用世界通用的公历纪年,公历元月一日为岁首,遂将农历正月初一改称春节。在几千年形成的春节习俗中,诸如接神、敬天等带有迷信色彩的活动,随着人们文化水平的提高,已经逐渐被淘汰,而其他

---

① 本节参见钟敬文主编:《中国礼仪全书》,安徽科学技术出版社2000年版。

像贴春联、挂年画、贴剪纸等习俗则延续至今,为节日增添了浓郁的气息。年初一,各地还有许多特有的饮食习俗。北方家家户户吃饺子,为了讨吉利,往往把钱币、糖、花生仁、枣子和栗子等和肉馅一起包进新年的饺子里。吃到钱币的人,象征新年发财;吃到糖的人,表示来年日子更甜美;吃到花生仁的,象征健康长寿等。在南方,苏州一带在沏茶时,要往茶壶中放两枚橄榄,叫"橄榄茶";无锡地区家家早上吃炸元宵;湖南长沙早上吃辣味鱼肉;浙江宁波早上喝豆粥;福建漳州早上喜食生蒜;广东海丰一带吃素食,潮州一带吃特有的"腐圆",即大米粉和萝卜末加盐用花生油炸成;贵州赤水家家吃糯米粑粑。从初二开始,亲友相邀吃年酒,直到过了上元节才停止。初五为财神诞辰,家家户户都虔诚恭迎财神,要先接以夺利市,往往于初四子夜就具牲醴糕果香烛,鸣锣击鼓礼拜出接,叫做"抢路头"。这一夜,各店东肆主请伙友吃财神酒,并有于酒席上决定伙友去留的俗例。春节又有舞狮、踩高跷等游艺竞技活动。

元宵节:又称"灯节"、"上元节",每年农历正月十五举行。据考,元宵节俗起源于汉朝。西汉文帝在戡平诸吕后登基,平诸吕的那一天正好是正月十五日,为示纪念,文帝在每年的这一天都要出宫,与民同乐,此后便沿袭而成为民间独具特色的一个传统节日。这一天还是一年中的第一个月圆日,相传是天官祭日,故又称上元节。人们习惯于在这一天吃元宵。元宵形圆音圆,表示团圆之意,象征一家团圆和睦。这一天除吃元宵外,还有观花灯、耍社火、猜灯谜等习俗。放灯时间,汉代为一晚,唐代为三晚,北宋延长至五天,明代朱元璋规定从正月初八晚开始张灯,至十七日晚落灯。唐代放灯时出现了杂耍技艺,宋时有猜灯谜、角抵、歌舞和其他杂技活动,明代又增设戏曲表演。元宵节还有迎紫姑神的习俗,这原为小孩、女子的活动,卜问休咎,比较随便。

寒食与清明:清明节又称踏青节,时间在每年公历 4 月 5 日前后。《岁时百问》中说:"万物竞长此时,皆清洁而明净,故谓之清明。"这一天有扫墓、踏青之俗。凡坟茔都在这一天拜扫,剪除荆草,供上祭品,焚烧纸钱。都市人出郊踏青,四野如市,每每就芳树之下,或园囿之间,罗列杯盘,互相劝酬,至暮而归。祭墓之俗始于秦以前,唐时盛行开来。此外,是日还有折柳插门、打球、荡秋千、放风筝、斗鸡等游艺活动。在清明节前,还有一个节日叫寒食节。寒食这一天禁火,只吃冷食,所以叫做"寒食"。《荆楚岁时记》中载:"去冬节一百五日即有疾风甚雨,谓之寒食,禁火三日。"即从冬至到寒食,中间相隔 105 天。禁火之俗,相传起于纪念介子推。春秋时,晋文公重耳与介子推等流亡列国,子推割股肉供文公充饥。文公复国后,介子推不愿邀宠图赏,与母归隐绵山,文公焚山以求之,子推坚不肯出,抱木而死。文公下令在子推烧死之日禁烟火,只准吃冷食。最初吃冷食一月,至汉改为三天。魏晋时期,寒食节固定在清明前二日；到了唐宋时代，寒食、清明合二为一；爰及清代，寒食已不像前代那样受人重视了。

端午：农历五月初五为端午节，又称"端阳"、"重午"、"午节"、"天中节"或"浴兰节"。传统观点认为，端午节起源于纪念屈原。南朝梁人吴均《续齐谐记》载："屈原五月五日自投汨罗江而死，楚人哀之，每至此日，以竹筒贮米，投水祭之。"闻一多先生认为端午原是吴越民族举行龙图腾祭祀的节日，它的起源远在屈原之前。[①] 近年来，又有人认为端午节起源于恶日[②]，还有人认为端午节起源于夏至。以上诸说中，纪念屈原一说流传最广，影响最深。端午有吃粽子、龙舟竞渡、饮雄黄酒、浴兰及插艾等习俗。据《康熙大兴县志》载，端午节这一天，少女须佩灵符，簪榴花，已嫁子女亦各归宁，故又称"女儿节"。这给端午节的民俗活动增添了新的内容。

中秋节：又称"仲秋节"、"团圆节"，时间在农历八月十五日。根据我国古代历法，农历八月十五日是在一年秋季的中旬，故称"中秋"。中秋一词，最早见于《周礼·夏官》："中秋，教治兵。"我国是一个农业社会，秋季正是农业收获的季节，《说文解字》释"秋"为"禾谷熟也"。此时家家拜祀土地神，答谢神的保佑，于是出现了一系列的风俗活动。降及隋唐，中秋节已成为我国人民普遍重视的传统节日。中秋之夜，明月当空，清辉洒满大地，人们把月圆当作人间团圆的象征，把八月十五日视作亲人团聚的日子。人们之所以把中秋作为团圆的象征，一是古代战火连绵，人民妻离子散，渴望阖家团聚，就常常以月寄情，思乡思亲。二是因为古代对自然现象缺乏科学认识，常把月圆月缺作为悲欢离合的象征。出于对美好生活的向往和征服自然的强烈愿望，人们编织出诸如"嫦娥奔月"、"玉兔捣药"等许多美妙的神话故事。宋代吴自牧的《梦粱录》中就有古人全家团圆赏月的描述："……至如铺席之家，亦登小小月台，安排家宴，团圆子女，以酬佳节。"古人中秋还有观潮、吃月饼风俗，明清时还以月饼互相赠送。中秋和春节、端午并称为中国民间三大节日，历来受到人们的重视。

重阳：在农历九月九日，又称"重九节"、"茱萸节"。我国古代把九定为阳数，农历九月九日，月日并阳，两阳相重，两九相叠，故名"重阳"，又名"重九"。汉末曹丕在《九月与钟繇书》中说："岁往月来，忽复九月九日。九为阳数，而日月并应，俗嘉其名。"战国时即有此节，屈原《远游》中已有"集重阳入帝宫兮"句。到汉代，逐渐盛行。唐代则正式由朝廷批准民间以中和、上巳、重阳为节令。重阳节有出游登高、赏菊、插茱萸、放风筝等习俗。酒和糕是重阳节必不可少的食品。"酒"谐音"九"，"糕"谐音"高"，这都是有讲究的。《帝京岁时纪胜》中说：

---

① 《闻一多全集》之《端午考》。
② 张心勤：《端午节非因屈原考》，《齐鲁学刊》1982年第1期。

"京师重阳节花糕极盛。……市人争买,供家堂,馈亲友。"可见重阳糕不仅自家食用,也被用于馈赠,颇具礼俗意义。

思 考 题

1. 说说中国古代的生活方式与现代中国人的生活方式的异同。
2. 中国人的生活方式与生产方式有何关系?请举例加以说明。

第四章 制度文明

根据学术界比较一致的看法,所谓"制度文明",又称"制度文化",是指人类在社会生活中所创建的具有各种规范作用的制度,包括政治制度、经济制度、军事制度、法律制度、教育制度、婚姻制度,涉及家族、民族、国家、政治、经济、科技、教育、宗教社团、艺术组织等。它直接反映了人与人之间的社会关系,是人类为了满足其特有的社会生活的需要而创建的,也是人类之所以不同于动物界并高于动物界的一个最集中的体现。这些文明或文化现象虽然并不直接与自然界发生关系,但是它们的内容、性质和发育水平归根结底要由人们的物质生产的一定方式来决定,实际上也还是间接地表现了人与自然的关系。

中国的制度文明内容丰富,独具特色。本章择要介绍中国自古以来灿烂、辉煌的制度文明。

第一节 土地制度与赋税制度

一、土地制度的变迁

一般来说,中国最早的土地制度乃是原始社会向奴隶社会过渡时期所形成的农村公社。这种农村公社往往都是平均分配土地,耕种者拥有土地的使用权而没有所有权,即具有公有和私有并存的两重性特点。但目前尚没有足够的史料可以详细论述。

在农村公社的基础上进一步发展的土地制度是井田制。井田制于何时兴起今已不详,至少在殷商时期已经比较多地出现,到西周时即成为最主要的土地制度。关于井田制名称的由来,一般认为是由于把耕地划分成整齐的一块块土地,其四周有疆界,中间有所谓"阡陌"(小路)和沟洫,纵横像"井"字。也有的学者认为"井"的原意是井水,引申为同饮一井之水,故井田也就是同井者所耕之田。

根据学术界目前通行的看法,井田制大致可分为八家为井而有公田、九夫为井而无公田两个系统。[①] 关于前者,其论述最为完整的见于《孟子·滕文公上》:"方里而井,井九百里。其中为公田,八家皆私百亩,同养公田。公事毕,然后敢治私田。"也就是说,在井田制下,国家把每一块井田都平均分成九份,每份九百亩,其中八小块土地被分给劳动者耕种,而剩下的一小块土地则作为公田,由劳动者共同耕种,实际就是劳役地租。就后者而言,则主要是《周礼》的记载。例如《地官·小司徒》说:"乃经土地而井牧其田野,九夫为井,四井为邑,四

[①] 曲英杰:《中国大百科全书·中国历史·井田》。

邑为丘,四丘为甸,四甸为县,四县为都,以任地事而令贡赋,凡税敛之事。"(图4-1-1)这是认为国家把井田上的每一小块土地都分给劳动者耕种,然后从他们的收获中征收赋税,而不是采用耕种公田的方式。应该说,这两种记载都可能带有理想化的成分,不一定完全符合当时井田制的实际,但他们都从某些方面揭示了井田制的内涵,并证明井田制在古代确曾存在,这是毫无疑问的。

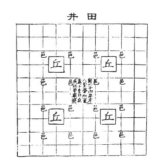

图4-1-1 井田示意图

井田制既保留着较多的公有制成分,也含有一定的私有制因素。它的基本特点是实际耕作者对土地没有所有权,而只有使用权,土地在一定范围内定期平均分配。对井田制的性质问题,目前有不少学者赞同郭沫若先生的看法,认为是榨取奴隶劳动的工作单位和赏赐管理者的报酬单位,有些则认为应是封建领主经济下的份地制度。

井田制在春秋时期开始瓦解。随着封建生产关系的逐步确立,新的土地制度也开始形成,出现了如"辕田"制、"授田"制等形式。

辕田制又叫"爰田"制,最早见于春秋中期的晋国,是一种按轮流休耕需要而定期分配的土地制度。《国语·晋语三》说,秦晋发生战争,在晋惠公被俘后,为振兴国家,晋国改革土地制度,"作辕田"。东汉贾逵《国语注》的解释是:"辕,易也。为易田之法,赏众以田。易者,易疆也。"据此可以看出,这是用休耕的名义赏赐群臣土地,以调动他们的积极性。以后,辕田制遂被逐渐推广,成为当时居于主导地位的土地制度。

一般来说,辕田制的休耕方式是每三年要重新分配土地,其目的既是让地力得到一定的恢复,也是要使耕种者的土地做到好坏轮换。《汉书·地理志》注引张晏说:"周制三年一易,以同美恶。"由于生产力的提高,大致到战国时期,辕田制逐渐消失。

战国时期盛行的是授田制。所谓授田制,就是一种按户籍授田的土地制度。这种制度以往在文献中也有记载,但是并没有被作为当时最主要的土地制度。随着1975年湖北云梦睡虎地秦墓竹简的出土,由于竹简上载有这方面的有关法令,学术界对这一问题开始重新认识。根据《秦简·魏户律》的规定,当时除了商贾、赘婿、经营旅馆的店主和同样具有赘婿性质的继父不能被授田外,魏国的百姓都可以按户籍得到国家授予的某些土地与宅田。不仅魏国,秦国在商鞅变法后,也同样实行了授田制,规定"百亩给一夫"。而农民在授田后,则必须按授田百亩每年上交规定数额的赋税,有禾稼(粮食)和刍稿(饲料和禾秆)等。如《秦简·田律》规定:"入顷刍稿,以其受田之数,无垦不垦,顷入刍三石、稿二石。"由于目前尚没有发现国家对已授之田予以收回的规定(特殊情况除外),因而农民在获得所授之田的使用权后,实际上就意味着他们多少拥有了所授土地和宅田的所有权。这样一来，随着授田制的推行，许多小农即自耕农就在各国大量出现，从而成为各国赋税、徭役的来源和支柱。

在实行授田制的同时，有些国家还实行了所谓的"名田"制。这种制度是从军功赐田即赏田发展而来的。据《左传》哀公二年记载，早在春秋末年，晋国就已实行了军功赏田。公元前493年赵简子为讨伐范氏、中行氏，曾誓师说："克敌者上大夫受县，下大夫受郡，士田十万。"秦国商鞅变法，也规定军功赐田，"有军功者各以率受上爵"，"更以差次名田宅"。① 所谓"名田宅"，就是准许接受赏田者可以个人名义占有田宅。从相关史料看，这些田宅在很大程度上已具有私有性质，可以传给他们的子孙。《史记·王翦列传》称，秦将王翦在出征楚国前，多次向秦始皇请赏"田宅为子孙业"。这显然就是西汉名田制度的开端。

秦汉时期的土地制度主要有官田与民田之分。在官田之中，有官府直接控制的公田，如牧场、屯田、荒地等，也有官府间接控制的土地，如封赐高爵和官宦人家的田。而民田之中，则主要有授田、名田、赐田、继承的遗产和来自买卖或兼并的土地。

一般认为，屯田制开始于汉武帝时期，是一种由官府组织人力垦荒种粮的土地制度，可分为军屯和民屯两类。屯田开始都在边疆地区，后来发展到内地。《汉书·食货志》载："元鼎二年（公元前115年），初置张掖、酒泉郡，而上郡、朔方、西河、河西开田官，斥塞卒六十万戍田之。"宣帝时，在大将赵充国的建议下，也进行了大规模的军屯。至东汉末年，曹操更大力推行屯田，由典农官募民耕种，官府给耕牛、粮种的，收获的粮食按六四分成；自有耕牛的，则对半分成。蜀、吴也分别举办军屯、民屯。屯田在后世仍比较多见，唐代以后亦称"营田"，明代还出现了由盐商举办的商屯。

"假民公田"作为一种土地制度就是把官田租佃给无地或少地的农民耕种，实际上就是一种比较特殊的授田制。由于以后这些被租佃的土地往往都会被正式赐予贫苦的农民，因而它的性质也由官田而逐渐向私有转化。

需要特别注意的是，秦汉时期的土地私有现象已经相当普遍，它导致了土地兼并的急剧蔓延和猖獗。对这种现象，汉人董仲舒曾经形象地描绘说："富者田连阡陌，贫者无立锥之地。"② 因此，为了保障赋税、徭役的来源，以稳固封建国家的统治，自汉武帝开始，汉王朝就采取了诸如"限田"、"度田"等等措施，但由于地主阶级的反对，往往都难以为继。

除了屯田，魏晋时期最具有代表性的土地制度是"占田"制。占田制始于西晋初年，它规定凡诸王、公侯在京城郊外占田，大国15顷，次国10顷，小国7顷，公侯依次递减；职官第一

---

① 《史记·商君列传》。
② 《汉书·食货志》。

品占田 50 顷,每低一品,减田 5 顷;农民占田男子一人 70 亩,女子 30 亩。其目的主要是规定贵族、官僚占田的数额,以限制土地兼并,但实际上并没有起到多大作用。而且,农民的占田数额实际上往往也没有真正能够兑现。

从北魏直到唐朝中期,在土地制度上主要是实行"均田"制。均田制始于北魏孝文帝太和九年(485 年),按均田令规定,其分配土地的数量为:男十五岁以上授露田(主要用来种植谷物)40 亩,女 20 亩,奴婢同样授田,有耕牛的每头加给 30 亩,但每户不得超过 4 头。为了休耕,所授土地一般加倍,轮作土地加两倍,都不许买卖,年老或死亡时须把土地交还。在初次分给土地时,男子另给桑田 20 亩,不必交还,也不许买卖,但不足可买,如超过 20 亩可卖。在不种桑的地方,则另给麻田男 10 亩,女 5 亩。均田制是在北方经过长期战争,土地荒芜,户口散乱,严重影响朝廷赋役征收的情况下实行的,它所分配的只是无主的荒地,未曾触动地主的原有土地,在纳税上也是有利于地主的。北齐、北周、隋、唐都沿用了均田制,但办法略有不同。如北齐授田为男十八岁开始,名目、数量也不同。唐代女子不授田,男子授永业田 20 亩,口分田 80 亩,狭乡减半,所授田不许买卖,但特殊情况例外。官户的口分减半,王公以下还有永业田,官吏又按级别给职分田和公廨田。唐代中期以后,因为人口滋长和土地兼并,均田制遂趋于瓦解。

唐朝后期,大地主土地制快速发展,出现了许多大地主田庄。这些田庄有属于皇室的皇庄(苑田、宫庄),也有属于官府的官庄(公田庄、屯田庄),还有属于贵族、官僚的私庄(义庄、别墅、别业、别庄)等,并一直延续到明清时期。此外,从魏晋开始,还出现了由寺庙院观占有大量土地的庙田。

北宋立国后,实行"不抑兼并"的土地政策,使土地占有出现了严重的两极分化。为了适应这种状况,宋朝规定把全国的户籍分为主户和客户,凡是有土地的人家称为主户,而没有土地的佃客即称为客户。宋代主户分为五等,第一、二、三等户合称为上户,是占有不同数量土地的大小地主。上户中做官的和有权势的地主,称为官户、形势户,享有免役特权,占有的土地最多,有的甚至多达数百顷。主户中的第四、五等户称下户,主要是占有小块耕地的自耕农或半自耕农,他们承担着沉重的赋税和徭役。随着土地兼并的严重,他们越来越多地失去土地。仅仅到北宋中期,其下户所占有的土地已不到全国土地的 20%,而人口不到 20% 的上户,却占有 80% 的土地。

元朝土地制度的最大特点是国有土地的发展。作为全国最大的地主,元朝的皇帝圈占了全国最好的土地,拥有许多庄园。这些土地除了采取屯田的方式耕种外,还赏赐给贵族、官僚和僧侣。元朝的土地兼并也非常严重,大批失去土地的农民沦为所受剥削极重的佃农,实际上就是农奴。

明朝封建大庄园更加兴盛。仅就皇庄而言，全国竟设有300多处，其数量之多，发展之快，规模之大，可以说触目惊心，成为明朝中期以后的一大弊政。另外，明朝的王府（亲王、郡王）庄田和勋贵（武将功臣、外戚等）庄田的数量及规模也十分惊人。据统计，在北京和河北一带，1489年有王公勋贵占据的庄田33 000余顷，到1521年即已超过200 000顷。

清代土地制度基本继承明朝。值得注意的有两点：一是"圈地"，二是"更名田"。清代的圈地从顺治元年（1644年）开始，前后持续了几十年，共圈占163 480顷，占全国耕地面积的三十分之一。被圈土地主要分配给皇室（皇庄）、王公（王庄）、八旗官员和旗人，统称为"旗地"。更名田，又称"更名地"，是清代的一次土地改革。为了改革明朝分封的大量王府庄田和勋贵庄田遗留下来的弊政，康熙八年（1669年）决定将这些庄田编入州县，分配给农民耕种，史称"更名田"。

二、赋税制度的变化

赋税是国家形成的产物。由于史载阙如，夏商时期的赋税制度内容已不可详考。一般认为，这一时期主要是实行贡赋制度，即"土贡"制度和劳役地租制度。至西周时期，赋税制度逐渐完善，《周礼》记载有"九赋"和"九贡"，《孟子》中也有"贡"、"助"、"彻"的记载，但其内容已很难确知。

春秋战国时期，随着井田制的瓦解，赋税制度也发生了很大变化。赋、税的含义原本有着比较明显的差异。《汉书·刑法志》说，殷周之时"有税有赋。税以足食，赋以足兵"。可见赋、税的本义乃指军赋和田租。但是在这一时期，赋、税的概念却出现了逐渐混同乃至合一的现象，无论什么赋税一般都按照田亩来征收。就具体形式而言，则大致有田租、刍稿、军赋、口赋、市租及杂赋等。

田租，即土地税，在当时被称为"田野之税"或"粟米之征"。据《左传》宣公十五年（公元前594年）记载，鲁国曾进行"初税亩"的改革，这显然就是对占有土地者征收田租。在秦简公七年（公元前408年），《史记·秦本纪》中也有"初租禾"的记载，可见当时各个诸侯国都已征收田租。至于田租的税率，各国则并不统一。有的采用分成租，如什一之税、什二之税，等等；而更多的是采用定额租，内容今已很难详考。与田租相关的，还有一些土地上的附加税，如刍稿税等。

军赋，亦称"兵赋"，是一种征发兵役和军用品的赋税制度。这种征敛原本有着明确的限定,就是征发兵役和征收兵车、武器、衣甲等物品。如《左传》昭公四年(公元前538年)记载:"郑子产作丘赋。"晋人杜预注释说:"丘,十六井,当出马一匹,牛三头。"但后来兵役的征发从军赋中独立出来,且军赋的征收也并不仅仅限于军用品,它的范围明显扩大,实际上已成为一种征收各种物品特别是布帛的赋税形式,即所谓"布缕之征"或"刀布之敛"。至战国后期,随着商品经济的发展,这种军赋的征敛往往又改为征收货币。如秦国具有军赋性质的"算赋",据《汉书·南蛮传注》记载,当时就已经允许百姓交钱。①

口赋,就是人口税或人头税。这种赋敛形式的出现,最早见于战国时期的秦国。一般认为,口赋是商鞅在秦国变法的产物。《汉书·食货志》载董仲舒上书说:"秦则不然,用商鞅之法,……田租、口赋、盐铁之利,二十倍于古。"从此之后,口赋和田租就成为封建国家不可或缺的两大组成部分。

市租,即商业税。市租的兴起大致是在春秋时期。据刘向《新序·杂事一》记载,在晋平公时,晋国就已经开始征收市租,所谓"朝食不足,暮收市租;暮食不足,朝收市租"。另据《晏子春秋》记载,齐景公时也收有市租。说明当时在一些大国都有市租,到了战国时期,即成为一项相当重要的税收。例如赵国,史载其市租就曾被用于战争。《史记·廉颇蔺相如列传》中云:"李牧者,赵之北边良将也。常居代雁门备匈奴,以便宜置吏,市租皆输入莫府,为士卒费。"

杂赋,即其他杂项税收。目前所能看到的,有秦国的"蛮夷赋"、盐铁税,齐国的盐税,魏国的"赋鸠"等,此不详述。

秦汉时期的赋税制度基本上是继承战国,但是也有新的变化。其中比较具有代表性的是田租、算赋、口赋、更赋、訾算和算缗等。

田租,秦的田租史载不详,估计征收较重。汉高祖时轻徭薄赋,田租定为"什五税一",但由于战争不久又加重田租。惠帝即位后,恢复"什五税一"。文帝时曾减收田租,至景帝二年(公元前155年)即正式规定三十税一。此后,除了在某些特殊时期,三十税一的税率始终未变。直到东汉献帝建安九年(204年)曹操平邺(今河北临彰西南),才改为亩税四升。一般认为,秦汉的田租皆实行"挍数岁之中以为常"的定额租制。

算赋,秦代仍作为军赋,估计也征收很重。汉代予以改革,减轻剥削,成为对成年人征收的人口税。一般是每人每年一百二十钱。《汉书·高帝纪》中载:"(四年)八月,初为算赋。"注引如淳曰:"民年十五以上至五十六出赋钱,人百二十为一算,为治库兵车马。"对于商贾和奴婢,算赋则加倍。算赋的数额有时因特殊情况也会有所减免。

---

① 晋文:《关于商鞅变法赋税改革的若干考辨》,《中国农史》2001年第4期。

口赋，秦代口赋不详，汉代口赋是未成年人的人口税，亦称"口钱"，并往往同算赋一起被合称为"口算"，一般是每人每年二十三钱。《汉书·昭帝纪》载元凤四年（公元前77年）诏："毋收四年、五年口赋。"注引如淳曰："民年七岁至十四出口赋，人二十三。二十钱以供天子，其三钱者，武帝加口钱以补车骑马。"从西汉后期始，关于口赋的起征年龄和征收钱数屡有变更。东汉末年，有的地区竟规定一岁起征。

更赋，是一种以钱代役的赋税。汉承秦制，凡二十三至五十六岁的成年男子必须为地方官府服役一年，叫"卒更"或"更卒"，因为役人是轮番服役，所以叫"更"。有不愿或不能亲身服役者，可出钱三百（一说两千）交官府雇人代替，称为"过更"，而所出之钱即称为"更赋"。又每人每年应戍边三日，不愿或不能戍边的，亦可以出钱三百代役。实际上，所谓更赋后来已逐渐演变成一种人丁税，即成年男子的人口税。

訾算，是汉代普通吏民的资产税。根据学术界比较一致的看法，汉代訾算通常是规定资产万钱为一算，纳税一百二十钱。

算缗，亦称"缗钱"，是汉武帝时所征收的工商资产税。这种算缗的征收开始于武帝元狩四年（公元前119年），"缗"是穿铜钱的丝线，一般是一千钱穿成一串。当时规定：商人和高利贷者每两千缗钱为一算，征税一百二十钱；手工业者每四千缗钱征一算，商车征二算，非商车为一算，船五丈以上为一算。算缗的征收对商品经济的发展起到了抑制作用，大致在武帝末年，算缗即被取消。

魏晋南北朝时期，赋税制度的主要内容是租调。这种赋税形式最早始于曹操平邺后所颁布的《收田租令》："其收田租亩四升，户出绢二匹、绵二斤而已，他不得擅兴发。"①就其渊源而言，实际是继承了东汉的做法，东汉已有不少调缣、调素的记载，只不过田租的定额略高而已。西晋实行户调式，规定"收租四斛，绢三匹、绵三斤"，其税率大致比曹魏时期提高了50%。南朝的租调基本沿袭晋代。北朝的租调在均田制实施前，大体沿用魏晋制度，户调为帛二匹，絮二斤，丝一斤，但田租很重，每户竟要交租二十石。在实行均田制后，则大为减轻，一夫一妇只交调帛（布）一匹，租粟二石。北齐的租调基本上沿袭北魏，主要是增加了"义租"五斗、绵八两。北周的租调与北齐略同，但田租比北齐要提高一些。

隋唐赋税制度仍然是租调制，惟唐代又把丁赋与租调进一步结合起来，制订了租庸调制度。按租庸调制规定：凡受田的成年男子，每年交粟二石，称为租；每年纳绢二丈、绵三两，称为调；每年服役20天，若不去服役可以按一天交纳三尺绢的办法代役，称为庸（实际上就是代

---

① 《全三国文》卷2。

役的实物,即丁赋);其服役超期,15 天免调,30 天则租调全免。所谓"有田则有租,有家则有调,有身则有庸",于是就形成了一整套封建国家对农民实行的相当严密的赋税(役)制度。

租庸调制是以均田制为基础的。随着均田制的破坏,租庸调制也无法再继续实行,因而政府收入日益减少。为了解决财政危机,唐朝于780年接受宰相杨炎的建议,废除租庸调制,实行两税法。两税法的主要内容是:①以户为征收单位,不论主户、客户,一律在当时居住的地区登记,编入户籍;②各户按财产多少分几等纳税,分夏秋两次交纳,租庸调及其他杂税一律并入两税;③除"田亩之税"交纳实物外,其余部分一律用钱币(按税制改革时的价格)交纳。两税法的实行使政府的收入成倍地增加,是唐朝后期中央政府赖以存在的财政基础,但后来又重重另加新税,给人民带来了新的灾难。

宋代仍沿用两税法,但田租改名为"田赋",又分为"官田之赋"和"民田之赋"。宋代以每亩地纳税一斗作为天下的通法,各地一般都根据田地的肥瘠,将两税分成若干等级。总的来看,除个别地区外,宋代的两税并不算重。但是官府却往往会用各种名义进行加税,如沿纳(即沿袭唐末五代临时加派而后逐渐固定下来的各项税目)、支移(按照所谓"以有余补不足"的原则,改变纳税地点的加派费用)、折变(从原征的米麦、绢帛等改征其他财物)、脚钱(运输费)、加耗(以税物损耗为名的加税)、预借(即预征)、重催(纳税后重叠催税)、义仓、大斗、大斛、斗面、斛面(纳税时,税粮高出斗面、斛面的堆尖部分)、呈样(以官员检查税物样品为名的加税)等等,使两税成为农民沉重的负担。

金循宋制,民田征收两税(惟猛安谋克只征牛头税,开始是每三头牛纳粟一石,后减为五斗,再减为三斗)。夏税每亩三合(gě,十合等于一升),秋税每亩五升,又纳秸一束(15 斤)。元代江南地区沿用宋制征收两税,北方税粮则分为丁税和地税,因户而异。

明代赋税在万历前皆通行两税。由于两税的征收出现了种种弊端,至万历九年(1581年),张居正在丈量土地的基础上推行了"一条鞭法"的改革。一条鞭法,又称"一条辫法",就是把各州县的田赋、徭役和各项杂税,统统合并为一条,按照田亩和人丁的多少分摊到各户,折成银两向官府交纳。一条鞭法简化了赋税征收的形式,从而减少了官吏与地主勾结对农民的勒索,对发展农业生产有一定的作用。一条鞭法也是中国古代赋税制度由实物税向货币税转变的一次重大改革。但由于官僚、地主的阻挠,加之统治者又不断加派赋税,一条鞭法的施行并不彻底。

明朝后期,统治腐败,对农民的赋税盘剥更为严重。其中一个非常突出的表现,就是臭名昭著的"三饷"加派。从 1618 年到 1620 年,在三年之中明政府三次以辽东战争为名增加田赋,称"辽饷"。后来,明政府又以镇压农民起义为借口,先后增加了所谓"剿饷"和"练饷"。

这几项加派共计1 670万银两,竟超过明政府的正赋收入一倍以上。

拓展阅读8
诗歌中的税制变革

清朝赋税制度的特点是摊丁入亩。所谓摊丁入亩,亦称"摊丁入地"、"地丁合一",是一种将历代相沿的丁银并入田赋征收的制度,也是中国封建社会后期赋税制度的又一次重要改革。明代推行一条鞭法后,代役丁银被逐渐摊入田亩征收,但只是部分摊入田赋。清朝建立初期,仍沿袭明朝制度,造成了许多弊端。为保证赋税收入并缓和社会矛盾,清政府于康熙五十一年(1712年)规定:以康熙五十年的人丁数(24 621 324人)作为以后征收丁银的标准,把350多万两丁银固定下来,以后"滋生人丁,永不加赋"。从康熙五十五年开始,广东、四川等省即将丁银并入田赋,雍正以后各省相继归并,到乾隆时通行全国。摊丁入亩后,地丁合一,丁银和田赋统以田亩为征税对象,延续几千年的人口税不再单独征收,农民对封建国家的人身依附关系得到进一步削弱。

第二节 政治制度

一、分封制与郡县制

所谓"分封制",就是中国古代分封诸侯的制度,史称"封建"。一般认为,中国古代具有比较完备意义的分封制开始于西周时期。据文献记载,西周灭商和东征后,曾两次大规模地分封同姓和功臣,所谓"武王克商,成王定之。选建明德,以藩屏周"①。当时分封的诸侯国大致有200多个,其中新分封的有71个,如鲁国、齐国、燕国、宋国、晋国等。西周前期对诸侯严加控制,规定除对周天子必须尽"藩屏"的义务外,还必须对周王室纳贡、服役和提供军赋,所辖军队也必须服从王室的调遣。但这些诸侯也享有很大的独立性,他们在自己的封国里均享有世袭的统治权,并可以仿照中央机构设官,因而当周王室的力量衰落后,他们就逐渐成为分裂割据势力的代表。

西周分封制主要有三等,即天子为第一等,诸侯为第二等,卿大夫为第三等。具体而言,按照其功勋的大小和受封土地的多少,诸侯又可以分成公、侯、伯、子、男五等不同的爵位,如宋国被封为公爵,鲁国、齐国被封为侯爵,郑国被封为伯爵,楚国被封为子爵等。卿大夫则分为天子卿大夫、大国卿大夫、列国卿大夫和小国卿大夫四等。诸侯、卿大夫又统分为九等,史称"九命",即上公伯九命,王三公八命,侯伯七命,王卿六命,子男五命,王大夫四命,公国卿

---

① 《左传》定公四年。

三命,侯伯国大夫二命,士一命。这些爵命等级的划分同政治、经济利益是紧密结合的。西周规定:凡四命以上者,都有"国家、宫室、车旗、衣服、礼仪",而三命以下则没有"国家",仅有其"宫室、车旗、衣服、礼仪"。①

春秋战国时期,适应中央集权需要的郡县制逐渐兴起,分封制开始衰落。至秦始皇统一全国,即废除了分封制,而普遍推行郡县制。秦汉以后,历代王朝虽然也都有分封诸侯王的制度,但性质已发生很大的变化。

郡县制是从春秋、战国到秦代所逐渐形成的地方政权组织。早在春秋前期,楚、秦、晋等国就曾经在国内一些地区设县。春秋末期,各国开始在边地设郡。郡的面积虽比县大,但由于地处偏远,其行政建制一般要比县为低。战国时战争频仍,为了更有效地控制边界地区,各国都不断提高边郡的权力和地位,并在郡的建制下设县,于是就逐渐形成了县统于郡的两级地方行政机构。

由于实行郡县制有利于加强中央集权,防止地方割据,因而在秦代它得到了全面的推广。关于郡县制的推广,当时还引起很大的争议。据《史记·秦始皇本纪》记载,为便于统治,丞相王绾曾建议秦始皇仿效西周,把新占领的燕、齐、楚等国的土地分封给他的儿子,得到了许多大臣的赞同。但李斯表示反对。他说:"周文武所封子弟同姓甚众,然后属疏远,相攻击如仇雠,诸侯更相诛伐,周天子弗能禁止。今海内赖陛下神灵一统,皆为郡县,诸子功臣以公赋税重赏赐之,甚足易制。天下无异意,则安宁之术也。置诸侯不便。"秦始皇完全同意李斯的意见,所以就决定在全国普遍实行郡县制。

秦代开始是把全国划分为36郡,后又增至40余郡。每郡设郡守掌管行政,郡尉掌管军事,监御史掌管监察。郡下设县,万户以上的大县设县令,不满万户的小县设县长,主管全县行政;还有县尉管军事,县丞管司法并协助县令(长)管行政。县以下设乡,由"三老"掌教化、"啬夫"掌诉讼和赋税、游徼掌治安。乡下设里,是最基层的行政单位,里设里典。此外,还有专门掌管治安的机构——亭,大致十里一亭,亭设亭长。郡县所有的主要官员均由朝廷直接任免,而且必须绝对服从和执行皇帝的命令。

汉承秦制,且制度更为完善。汉代改郡守为太守,并不断增设郡县。据记载,西汉平帝时全国已设有郡、国103个,县、邑、道、侯国1587个。东汉时略为调整,顺帝时,全国共有105个郡、国,1 180个县、邑、道、侯国。其中"国"指诸侯王,自武帝以后,其地位基本相当于郡;"邑"即"汤沐邑",是皇后或公主的食县;"道"是有少数民族居住的县;而"侯国"则是列

---

① 韦庆远主编:《中国政治制度史》,中国人民大学出版社1989年版,第59页。

侯的食县。东汉末年,原为监察区的州转变为郡以上的行政区划,地方行政制度始成为州、郡、县三级。隋唐时期恢复两级制,或称州县,或称郡县。此后,郡已极少设置。至元朝时期,郡制即完全废弃。

郡县制确立后,中央通过考课和监察来加强对地方政权的控制。秦汉之制,郡守每年都要在秋冬向朝廷"上计",朝廷就在这时对他们进行考核,并根据其政绩而评定为"殿"、"最"。有功者可得到奖励或升迁,而有过者则降级或免职,甚至于服刑。朝廷还通过派遣郡监或刺史来监察郡县,以保证政令的统一和贯彻。秦汉的郡县制为后世中国近 2 000 年的地方行政体制奠定了坚实的基础。

二、帝制与共和制

1. 帝制

帝制,即皇帝制度,是中国封建社会所特有的一种君主专制政体。它的特点是,国家的最高权力完全属于皇帝,宫廷是国家政治生活的中心,皇帝的意志就是国家的法律,所有臣民必须绝对服从。简言之,皇帝制度就是皇帝独揽大权的政权组织形式。

(1) 皇帝制度的创立与发展

"皇帝"制度创始于秦始皇。据《史记·秦始皇本纪》记载,秦王嬴政在统一全国(公元前221年)后,认为"王"的称号已经不足以显示其平定六国的巨大功绩,便要求群臣改议一个"帝"的称号——"寡人以眇眇之身,兴兵诛暴乱,赖宗庙之灵,六王威伏其辜,天下大定。今名号不更,无以称成功,传后世。其议帝号"。丞相王绾等大臣说:陛下"平定天下,海内为郡县,法令由一统,自上古以来未尝有,五帝所不及。臣等谨与博士议曰:古有天皇,有地皇,有泰皇,泰皇最贵。臣等昧死上尊号,王为泰皇。命为制,令为诏,天子自称曰朕"。最后秦王嬴政决定把"三皇五帝"的尊称合起来,称号"皇帝",皇帝制度即由此而创立。

由于秦王朝二世而亡,秦的皇帝制度在许多方面都处于草创阶段。汉朝建立后,仍沿用秦制,并在两汉 400 多年的统治中对皇帝制度又作出了一些重要的修订和补充。主要有以下几个方面:一是名号制度。汉代规定:"汉天子正号曰皇帝,自称曰朕。臣民称之曰陛下。其言曰制诏,史官记事曰上。车马衣服器械百物曰乘舆。所在曰行在所,所居曰禁中,后曰省中。印曰玺,所至曰幸,所进曰御。其命令一曰策书,二曰制书,三曰诏书,四曰戒书。"[①]同时

---

① 蔡邕:《独断》(上),《汉魏丛书》本。

皇帝的家人也都有了特定的名号,如皇帝父母称"太上皇"、"皇太后",祖母称"太皇太后",妻、妾称"皇后"、"夫人"、"妃嫔",子称"皇太子"、"皇子",姑称"大长公主",姐妹称"长公主",女称"公主",孙称"皇孙"等,形成了一整套专用的名号,并长期固定下来。汉代皇帝的名号制度还包括死后的谥号、庙号和陵寝号等。二是承传制度。汉代承传制度主要有奏事、诏敕、朝议、刺察等内容。奏事有面奏和书奏之分。诏敕有谕、旨、策、制、诏、令、戒等形式,其中谕、旨是口头下达的命令,而其他则是以文书形式下达的命令。朝议有集议和廷议之别。前者是由百官议论政事,然后上奏;后者是由皇帝直接主持百官议论政事。至于刺察,则是皇帝通过监察系统对百官的工作和行为以及整个社会的情况进行监督和审查。三是皇位继承制度。汉代确立了预立皇太子的制度,并以嫡长子作为选立太子的法定标准。四是后宫制度。汉代增设了嫔妃等级和以皇后为首的女官官属。五是外戚和宦官制度。汉代外戚和宦官制度得到了高度发展,外戚和宦官不仅可以参政,还多次形成了专权局面。

(2) 皇帝制度的进一步完善

秦汉以后,皇帝制度又得到了进一步的发展。首先是皇位制度的完善。例如尊号制度的确立。在隋朝以前,皇帝的正式名号就是皇帝,但是到了唐朝又出现了所谓尊号。史载唐高宗李治时,群臣为了表示他比一般皇帝更加尊贵,给他上"天皇"的尊号,这可以说是开了皇帝上尊号的先河。从此之后,就逐渐确立了在皇帝生前上尊号的制度。据载,唐玄宗在位时期群臣曾六次给他上尊号,最后竟尊号为"开元天地大宝圣文神武孝德证道皇帝"。又如庙号制度的确立。从唐代开始也最终确立了开国之君称"祖"、以后所有皇帝称"宗"的庙号制度。另外,在宋元明清时期皇帝还进一步强化了集权。为了强化和维护皇权,明代设置了许多特务机构。

其次,在继承制度上,隋唐时期逐渐加强和完善了皇嗣的建置和管理。隋唐时期专门营建太子宫殿,因位于皇宫之东,故称"东宫"。直到南宋时期,才不再别建东宫。这一时期还为太子配备了规模很大的东宫官属,基本上是仿照朝廷设官。宋代以后,又逐渐限制太子的权力。到清朝时期,由于满族的特殊历史环境,废除了预立太子制度。

第三,关于后宫制度的规定也臻于完备。魏晋以后,嫔妃和女官制度进一步发展,所谓"拟外百官,备位内职"①。至隋唐时期,即更加完备。一则皇太后、皇后的地位在以往的基础上进一步提高,在宋辽夏金元时期甚至出现皇太后长期听政和皇后预政现象;二则确立了三夫人(后为四夫人)、九嫔、二十七世妇、八十一女御的嫔妃制度;三则建立了仿照六部二十四

---

① 《唐六典·内官》注。

司的女官制度,即尚官、尚仪、尚服、尚食、尚寝、尚功六局二十四司制度。

(3) 皇帝制度的衰落与废除

随着封建社会的衰落,皇帝制度也开始衰落。早在明末清初,著名的思想家黄宗羲就曾对君主专制进行过猛烈抨击。鸦片战争之后,西方民主思想传入,以君主专制为特征的皇帝制度更是受到严峻的挑战。如梁启超就明确提出,三代之后,其"君权日益尊,民权日益衰",乃中国致弱之源。今日欲求变法,则"必自天子降尊始"。① 资产阶级革命派更是大声疾呼要推翻封建帝制,并以实际行动向封建帝制发起了一次又一次的冲击。到1911年辛亥革命爆发,终于给封建帝制以致命的打击。随着1912年2月12日清廷宣布退位,在中国延续了2 000多年的皇帝制度也就寿终正寝了。

2. 共和制

共和,即民主共和制度,通常是指国家最高权力机关和国家元首由选举产生并有一定任期的政体形式。这种政体最早形成于西欧奴隶社会,如古希腊和古罗马的民主共和国,在近代资产阶级革命成功后,则被欧美各国普遍采用,而无产阶级革命取得胜利后,也普遍采用了共和制。

一般来说,资本主义国家行使国家最高权力的国家元首(总统)和议会,都是由选举产生的,然而这两个机构产生的程序、任期、拥有的职权以及相互关系,各国都有所不同。从总统、议会和政府三者关系上看,资本主义国家的共和制主要可分为议会制和总统制两种形式。凡是政府(内阁)由拥有多数议席的政党组成并对议会负责的国家,称为议会制共和国。凡是由总统直接领导政府,政府不对议会负责的国家,则称为总统制共和国。

由于封建社会的长期延续,中国古代根本不可能实行共和制。鸦片战争后,随着西方民主思想的传播,中国逐渐开始了资产阶级共和国的探索。但直到1912年1月1日,在孙中山先生为代表的资产阶级革命派的领导下,中国才建立起第一个具有真正意义的资产阶级共和国,这就是中华民国南京临时政府。

根据《中华民国临时政府组织大纲》,南京临时政府采用了总统制。它基本上是按照美国的总统制模式来建立中央政权的,临时大总统在国家政权中负有实际的政治责任,权力很大。对于若干职权的行使,诸如行政权、覆议权、统军权、宣战权、媾和权和缔约权等,虽然规定临时大总统要取得临时参议院的同意,但在原则上并不对其负责。同时,根据《组织大纲》第六条规定:"临时大总统得参议院同意,有设立临时中央审判所之权。"临时大总统既具有

---

① 梁启超:《西学书目后序》,《饮冰室全集》第一册,第128页。

国家行政首脑的地位,还兼有设立司法机关的权力。从这一点来看,南京临时政府所实行的制度带有很明显的中国特色,并非完全按照西方"三权分立"的原则而设计。临时大总统的直辖机关分为两类:一是总统府的秘书处,下设总务、文牍、军事、财政、民政、英文、电报等七科;一是各事务局,包括法制局、印铸局、铨叙局、公报局以及参谋部等机关,这些部门都是协助大总统办理政务的机构。总统所领导的行政机构是行政各部,当时共设有9个部,即陆军、海军、外交、司法、财政、内务、教育、实业和交通等部。

南京临时政府的体制大体上采用了"三权分立"的原则。除上述总统下辖的行政系统外,根据《组织大纲》的规定,由临时参议院行使国家的立法权。1912年1月28日,参议院正式成立。参议院有立法权、财政权、任免权、外交权和顾问权,凡参议院的决议须有到会议员三分之二以上同意方可通过。为了制约和防止大总统的专权,也为了完善民主共和体制,在北洋军阀袁世凯即将就任中华民国大总统之前,参议院制订并由临时政府公布了中国历史上第一部具有宪法性质的《中华民国临时约法》。它规定设立国务总理,把总统制改成了责任内阁制,使国家的行政权力从大总统转移到由总理及各部部长组成的内阁手中。对参议院的职权,也作出了一些重要的补充,如规定参议院对大总统有弹劾权等。《临时约法》还专门增加了"法院"一章,并赋以独立的权力和地位。这就使临时政府"三权分立"的政权组织原则更加得到了体现。但随着辛亥革命的胜利成果为袁世凯所窃取,上述资产阶级民主共和制的种种规定都被破坏和抛弃,中国第一个资产阶级共和国最后还是夭折了。

第三节 法律制度

一、法规与法典

中国古代法律制度具有中华民族的独特品格,它源远流长,内容丰富,在世界五大法律体系中被称为"中华法系"。以下即从七个历史时期简介中国古代的法规和法典的演变。

1. 夏商西周

法律和国家是相互依存的。伴随着夏王朝奴隶制国家的形成,也就产生了中国最早的奴隶制法律——《禹刑》。

"夏有乱政,而作《禹刑》。"[①]《禹刑》是指以禹命名的夏朝法律的总称,用禹的名字来命名

---

① 《左传》昭公六年。

法律表明了夏朝统治者对于这个伟大先王的崇拜和怀念。这种命名形式也被后世统治者所效法。据有关史书记载，《禹刑》的内容有3 000条之多。一般认为，五刑是《禹刑》的一项重要内容。所谓五刑，即大辟（死刑）、膑刑（砍脚）、宫刑（破坏生殖器官）、劓刑（割鼻）和墨刑（刺脸）。自《禹刑》确立五刑的刑罚制度后，以后历代王朝均沿袭了五刑的名称，并把它作为刑罚的基本制度，只不过在具体内容上有所改动而已。传说夏朝的法官皋陶还曾作过"昏、墨、贼，杀"的规定，①也就是凡劣迹斑斑却又掠人美名者、贪污者和故意杀人者都要被处死。夏朝还实行了赎刑制度。

商朝法律已初具规模，史称《汤刑》，也就是商朝法律的总称。《左传》昭公六年说："商有乱政，而作《汤刑》。"《竹书纪年》记载："祖甲二十五年，重作《汤刑》。"为了整顿吏治，提高统治机构的效能，商朝初年还专门制订了关于惩治官吏"三风十愆"（即巫风、淫风、乱风及其10种罪过）的单行法规——《官刑》。

西周的法律包括礼、刑两个部分。礼和刑都是西周法律的形式，二者之间的关系主要表现为礼、刑互用和适用有别两个方面。西周的刑主要有《九刑》和《吕刑》。《九刑》是西周刑书的统称。《左传》昭公六年记载："周有乱政，而作《九刑》。"所谓"九刑"，实际上就是五刑再加上流刑、赎刑、鞭刑和扑刑的简称。《吕刑》，亦称《甫刑》，据史书记载是周穆王时吕侯建议并主持制订的。其内容主要是根据夏朝的赎刑而制订的赎刑之法，规定赎刑适用于证据不充分的疑罪。《周礼》是西周礼法的主要内容，相传为周公所制订。《左传》文公十八年说："先君周公制《周礼》。"《周礼》是西周涉及范围广泛的根本大法，举凡社会生活的各个方面一般都要受到它的规范。关于《周礼》的内容，主要有吉、凶、军、宾、嘉"五礼"，涉及冠礼、婚礼、朝礼、聘礼、丧礼、祭礼、宾主礼、乡饮酒礼及军礼等。

2. 春秋战国

春秋是我国奴隶制瓦解、封建制形成的时期。在这一时期，各个诸侯国的立法都呈现出由奴隶制向封建制过渡的特点。概言之，就是各国的法律都既有大量奴隶制法律的内容，又有一些反映新的封建社会的内容；特别是成文法的公布，更是体现了新兴地主阶级的朝气及其"明法"、"任法"的立法原则。

春秋各国的立法主要有楚国的《仆区法》（楚成王制订）、《茆门法》（楚庄王制订），晋国的《被庐法》（晋文公制订）、《常法》（赵宣子制订）和《刑书》（范宣子制订）。至于所颁布的成文法，则有公元前536年郑国子产的"铸刑书"、公元前501年郑国大夫邓析的"制竹刑"和公元

---

① 《左传》昭公十四年转引《夏书》。

前513年晋国大夫赵简子的"铸刑鼎"。

战国时期,新兴地主阶级纷纷变法,各国都逐渐制订了代表地主阶级利益的成文法典,如齐国有《七法》、韩国有《刑符》、赵国有《国律》、魏国有《法经》、楚国有《宪令》、秦国有《秦律》等。其中《法经》是最具有代表性的法典,以后商鞅变法所制订的《秦律》就是以《法经》为蓝本的。《法经》,又称《六法》,是魏文侯时国相李悝在总结各国立法经验的基础上制订的。全文共分6篇,即《盗法》、《贼法》、《囚法》、《捕法》、《杂法》和《具法》。其中前四篇是关于盗罪、贼罪以及如何逮捕并惩治盗贼的规定;第五篇是关于盗、贼以外的其他犯罪和刑罚的规定,如"淫禁"、"狡禁"、"城禁"、"嬉禁"、"徒禁"、"金禁"和"逾制"等;而最后一篇则是关于刑罚加重或减轻的原则和规定,类似于当今法典中的总则。《法经》是中国封建法典的滥觞,但原文久已失散,现在保留其内容最多的就是西汉末年桓谭所撰的《新论》。

3. 秦汉

秦代立法主要分为秦始皇时期和二世时期。前者在将《秦律》推广到全国的基础上由丞相李斯主持修订法令,后者则是由宦官赵高建议重新制订律令,二者都使得秦法更为严苛。秦代的法律形式有七种:制诏,律,程,课,式,廷行事,法律答问。

汉代立法大致可分为三个时期:一是西汉初期。刘邦初入关,即与秦父老"约法三章"——"杀人者死,伤人及盗抵罪"①。后因三章法"不足以御奸",又命相国萧何参酌秦法,制定《九章律》(增加户、兴、厩3篇)。叔孙通又作《傍章》18章,韩信、张苍则分别制定"军法"和"章程"等。二是西汉中后期。武帝时,张汤制定《越宫律》27篇,赵禹制订《朝律》6篇,与《九章律》、《傍章》,合称《汉律》,共60篇。这一时期还制定了《沉命法》、《通行饮食法》、《酎金律》、《左官律》以及《阿党附益法》等。三是东汉时期。光武帝废除王莽"新法",强调"还汉世之轻法"。汉代法律主要有律、令、科、比等形式。

4. 魏晋南北朝

这一时期律学兴盛,各朝都积极编纂与修订法律,对后世影响很大。

曹魏时,明帝依据《九章律》制定《魏律》18篇,将原来的《具律》改称《刑名》冠于篇首,后这一形式即一直为历代封建法典所沿用。蜀汉诸葛亮辅政时,制订了颇具特色的《汉科》,内容比较简约。东吴孙权则在《汉律》的基础上一再修订律令,故《文献通考》称:"吴之律令,多依汉制。"

---

① 《史记·高祖本纪》。

西晋立国之初,在汉、魏律令的基础上,制定了《晋律》20篇,共620条。体例较前严谨,内容亦颇简约。晋武帝泰始四年(268年)正式颁行,故又称《泰始律》。律学家张斐、杜预为《晋律》作的注解,经晋武帝诏颁天下,内容与《晋律》具有同等法律效力,史称《张杜律》。东晋时沿袭未变。

南北朝时期,刘宋完全沿用《晋律》。萧齐曾拟定新法典,但未能施行。至梁武帝时,乃增损《晋律》作《梁律》20篇,除将赎刑定为制度,并将死刑分为弃市、枭首外,其他多未变动。陈朝修律,"轻重繁简,一本梁法",仅条文增加三分之一而已。北魏统治者入主中原后,对法律非常重视。根据《汉律》、《魏律》及《晋律》等制订《北魏律》,并不断修订。《北魏律》亦称《后魏律》,共20篇,于孝文帝太和十九年(495年)由律学博士常景等人撰写。北魏分裂后,东魏法典有《麟趾格》,系权臣高欢与众臣于麟趾殿所议定;西魏法典有《大统式》,为权臣宇文泰于大统年间"命有司斟酌今古,参考变动"而制。"格"、"式"的出现是汉代以来法律形式的一大变化。北齐武成帝高湛于河清三年(564年)制定《北齐律》12篇,共949条,对于北魏以及南朝以来的立法经验作了比较全面的吸收和总结。《北齐律》"法令明审,科条简要"①,并首创"重罪十条"之制,为后代律家所称道,成为隋唐著名法典的蓝本。北周取代西魏后,周武帝于保定五年(563年)制成《大律》,即《北周律》,共25篇,"比之齐法,烦而不要"。

5. 隋唐

隋唐法律特别是唐代法律堪称中华法系的杰出代表,它不仅承上启下,有着极其重要的历史地位,而且对亚洲国家的法制建设起了关键性的示范作用。

隋代主要有《开皇律》和《大业律》。《开皇律》始修于文帝开皇元年(581年),至开皇三年又因"律尚严密,人多陷死",更定新律,删去死罪、流罪、徒、杖等千余条,定留500条,即后世所著称的《开皇律》。其篇目与《北齐律》基本相同,共有12篇。在内容上亦多有修订,如废除前代鞭刑、枭首、车裂等酷刑,定笞、杖、徒、流、死五刑之制;又规定"八议"之制,并将"重罪十条"发展为"十恶"大罪,对《唐律》产生了深刻影响。《大业律》于炀帝大业三年(607年)颁行。其篇目扩大为18篇,内容上则标榜"宽刑","除十恶之条","其五刑之内降从轻典者,二百余条。其枷杖决罚讯囚之制,并轻于旧"。② 但由于统治残暴,不久就滥用刑罚,而"不复用律"。隋代还有《开皇令》、《大业令》各30卷。

唐代重要的法典有五部。①《武德律》。唐高祖武德四年(621年)诏以《开皇律》为准,制

---

① 《隋书·刑法志》。
② 《隋书·刑法志》。

定《武德律》12篇，500条，武德七年颁行。同时还制订《武德令》30卷、《武德式》14卷。②《贞观律》。太宗贞观元年开始修订，至贞观十一年(637年)完成，仍为12篇，500条。同时编写《贞观令》30卷、《贞观格》18卷和《贞观式》。这次修订律令仍以开皇律令为蓝本，但内容有了较大改动，从而奠定了《唐律》的基本面貌。③《永徽律》。高宗永徽二年(651年)，在《贞观律》的基础上，命长孙无忌等人编定《永徽律》，仍为12篇，500条。此外也制订了永徽令、格、式。永徽四年，为阐明《永徽律》精义，又复命长孙无忌等作《永徽律疏》，与律文具有同等法律效力。元以后合称《唐律疏议》，为我国现在完整保存的最早法典。④《开元律》。玄宗开元二十五年(737年)重新颁布了律令格式。开元期间还制订《唐六典》30卷，是中国现存最早的一部行政法典。⑤《大中刑统》。宣宗大中三年(849年)，由律学家张戣将律文按性质分为121门，并把同类的令、格、式分别附于律文之后，编成一部《大中刑律统类》。这种混编在一起的刑统，改变了秦汉以来律令的传统体系，成为五代、两宋法典的主要形式。

关于唐代的律、令、格、式，《新唐书·刑法志》有一段概述性的解释。其云："唐之刑书有四，曰：律、令、格、式。令者，尊卑贵贱之等数，国家之制度也；格者，百官有司之所常行之事也；式者，其所常守之法也。凡邦国之政，必从事于此三者，其有所违，及人之为恶而入于罪戾者，一断于律。"

6. 宋辽金元

宋朝建立之初，主要沿用唐代的律、令、格、式，并参酌后唐、后周的法典。太祖建隆四年(963年)编写《宋建隆重详定刑统》，简称《宋刑统》，在全国颁行。这是我国历史上第一部公开印行的封建法典，其篇目和内容基本上沿袭《唐律》，共30卷，213门，502条。由于宋代诏书、敕令也具有法律的效力，故更重要的立法活动是所谓"编敕"，在司法实践中也往往是重敕不重律，甚至还出现以敕代律的问题。

辽国曾两次制订法律。首先是辽兴宗(耶律宗真)于重熙五年(1036年)编定《重熙新定条制》，共有547条。然后道宗(耶律洪基)于咸雍六年(1071年)又颁布《咸雍重修条制》，条目繁多。今二律均已佚失。

据《金史·刑法志》记载："金初法制简易，无轻重贵贱之别。"以后陆续制定了一些律令，其中以章宗(完颜璟)泰和元年(1201年)所编《泰和律》较为著名，篇目一依《唐律》，仅条款略有增减而已。

蒙古立国之初，无成文法典，成吉思汗曾制订所谓"札撒"，后主要沿用金的《泰和律》。元世祖统一中国后，受汉文化影响，于至元二十八年(1291年)编定《至元新格》，内容分10个方面。仁宗(孛儿只斤爱育黎拔力八达)时曾制订《风宪宏纲》,是一部关于整顿纲纪和吏治的法典。后英宗(孛儿只斤硕德八剌)至治三年(1323年)又颁行更为完备的《大元通制》,是元朝最为完整、系统的一部法典。全书共分三个部分:诏制、条格和断例,共21类,2 539条。与《大元通制》几乎同时编定的,还有《大元圣政国朝典章》60卷,简称《元典章》。另有顺帝(孛儿只斤妥懽帖睦尔)至正六年(1346年)颁布的《至正条格》,对《大元通制》作了新的删改和修订。

7. 明清

明清法典皆以唐宋法典为蓝本,并加以发展和补充。明律主要有三部法典:一部是《大明律》,洪武七年(1374年)颁行,后经三次修订,于洪武三十年再次颁行。全书共分名例、吏、户、礼、兵、刑、工七篇,30卷,460条,改变了传统的法典体系。由于明太祖留下祖训《大明律》不得更改,后代皇帝即以"例"补律条之不足。经不断积累,至神宗万历十三年(1585年)遂编成382条《问刑条例》附于《大明律》之后,形成《大明律附例》一书。另一部是《明大诰》(四编),乃明太祖从洪武十八年起用严刑峻法镇压吏民而颁布的特别刑法,共236条。还有一部是《明会典》,经过几朝编修,于万历十五年成书,共228卷。这主要是一部关于各行政机构的职掌、事例规定的行政法规。

清承明制,也主要有三部法典:一部是《大清律集解附例》,顺治三年(1646年)根据明律并参酌满汉条例编成。另一部是《大清律例》,经康熙、雍正、乾隆三朝不断修订而成,简称《大清律》。其结构与《大明律》完全相同,共47卷,律文436条,附例1 049条。清代重"例"轻"律",后果往往是"有例不用律,律既多成空文,而例遂愈滋繁碎"①。还有一部是《清会典》。此书经康熙、雍正、乾隆、嘉庆及光绪等朝迭加修订而成,是我国封建王朝中最完整的一部行政法典,具有重要的史料价值。清代还制订了一些关于少数民族的单行法规。

二、"法治"与"人治"

"法治"的概念具有悠久的历史,但在不同的历史时期和法律文化中,其含义完全不同。在中国历史上,一般都将法治理解为维护君主专制制度的一种统治方式。这种统治方式主张以法治国,并将法治视为维护君主专制的主要手段。如管仲说:"法者,天下之至道也。"②韩非说:

---

① 《清史稿·刑法志》。
② 《管子·明法》。

"明主之国,官不敢枉法,吏不敢为私,货赂不行,是境内之事尽如衡石也。"①但由于在中国古代法刑往往不分,所谓"法者,刑也",因而法家所主张的法治,实际上即意味着严刑峻法。这与西方将法治理解为同君主专制根本对立的一种政治制度有着本质的区别。

对法家的法治主张,儒家则坚决予以反对。他们强调选贤举能,强调道德修养,实际上是主张国家应主要由圣明的君主通过道德手段来治理。孔子就曾将道德手段同刑罚手段比较说:"道之以政,齐之以刑,民免而无耻;道之以德,齐之以礼,有耻且格。"②儒家的这种统治方法被称为"礼治"、"德治",也就是"人治"。尽管儒家反对实行法治,主张人治,但是双方在政治制度上都维护君主专制,并且都将法治理解为通过严刑峻法维护君主专制制度的手段。只不过在如何使用这些手段的问题上,儒家强调"德主刑辅",即人治为主、法治为辅。儒家关于法治和礼治的解释后来被历代统治者接受,从而成为中国封建法律文化的主要特征之一。

所谓"人治",简言之,就是由一个人来决定国家和社会的命运,他手中掌握着至高无上的权力,对整个国家和社会进行管理。他依靠绝对的个人权威,把自己的意志贯彻到全社会并使之得到全面的执行。故严格说来,无论是东方,还是西方,在资产阶级革命胜利之前的社会基本上都是人治社会,在人治社会中起主导作用的都完全是个人权威。也正因为人治社会的整个政治体制都是以君主为核心设计的,所以在人治社会中,君主个人权威的存在和强化就成为维系整个社会稳定与国家统一的前提和保障。

根据现代政治学和法学理论解释,人治与法治的区别并不在于国家有没有法律,也不在于国家治理是否需要人来完成,更不在于法律是否需要有人来实施,它们的根本区别乃在于国家权力的运作是否严格地依照法律。③ 人类社会自国家产生以后就有法律,如何行使和控制国家权力,如何处理国家权力和法律的关系,一直是人们长期讨论和试图解决的问题。奴隶制国家和封建制国家,或者说在整个农业文明时代,尽管都制订了各种法律,但是国家权力尤其是最高国家权力却不可能严格地依照法律来运作,法律仅仅是维护国家权力的工具,而不可能控制和约束国家权力的运作。只有当人类社会由农业文明进入工业文明时代,政治制度形态由君主专制转变为民主政治时,才为国家权力严格依照法律规范运作创造了前提条件,国家权力的运作方式才逐渐由人治形态转向法治形态。

实行人治的最大弊端,就是国家权力的运作和社会秩序的维系缺乏相应的制度和程序

---

① 《韩非子・八说》。
② 《论语・为政》。
③ 《"依法治国"与"以德治国"学习问答》,中共中央党校出版社2001年版,第28页。

控制,往往导致人亡政息和社会动荡。因此,要建立一个高度民主的社会主义法治国家,其核心问题就是要做到"依法治国",也就是说要进一步实施和保障国家权力的依法运作。

第四节　教育制度

一、官学与私学

中国是世界上最重视教育的国家之一,远在四五千年以前就开始了有组织的教育活动。传说中的伏羲、神农、黄帝、尧、舜等,可以说是我国最早的教育家。原始社会末期,随着社会生产水平的提高、脑力劳动与体力劳动的分离、文字的创造以及国家机器的产生,开始出现了学校。

步入奴隶社会后,奴隶主贵族为了培养自己的子弟,设立了正式的学校,教育的内容包括宗教、伦理、军事和一般文化知识。《孟子·滕文公上》中云:"设为庠、序、学、校以教之。庠者,养也;校者,教也;序者,射也。夏曰校,殷曰序,周曰庠,学则三代共之,皆所以明人伦也。"可以认为,这就是中国最早的官学雏形。

据《礼记》《周礼》等文献记载,西周官学已有"国学"与"乡学"之分。国学设在王城和诸侯国都,分小学与大学两级:王城的大学称为"辟雍",诸侯国的大学称为"泮宫"。辟雍和泮宫亦如宫廷,贵族们常在这里举行祭礼、宴会,选拔武士,议定作战计划。乡学则按地方行政系统,州设序,党设庠,闾里设塾或校。乡学的优秀生可以升入国学。

西周末年,政教合一的奴隶制官学已经形同虚设,昔日庄严神圣的官学出现了学生无心读书、整天游荡嬉戏的局面,奴隶主贵族垄断的"学在官府"日趋衰落。随之而来的则是春秋时期士阶层的形成和私学的兴起。

"士"是春秋时期新出现的社会阶层。当时,奴隶主贵族或新兴地主阶级统治者为了巩固自己的统治地位,争先"招贤纳士"。士在行动上有较大的自由,"士无定主",因而成了统治者竞相争取的对象。春秋初期即出现了"养士"之风,到了战国时期,"养士"之风更为盛行。士阶层的产生、发展和分化的过程,也就是春秋战国时期私学产生、发展的过程。

据史料记载,春秋中期已经有了私学。《吕氏春秋·离谓》中记载了郑国邓析创办私学的事迹。他的私学不讲诗书礼乐这套旧课程,讲的是自著的《竹刑》,专门教人"学讼"打官司。《列子·仲尼》中,记有郑国伯丰子和邓析同时开办私学的情形。孔子亦创办私学。到了春秋末期,私学日愈兴盛,形成了儒家、墨家、道家、法家等不同学派。

儒家学派在春秋、战国时期是一个在政治上、教育上都影响颇大的学派,它的代表人物主要有孔子(丘)、孟子(轲)、荀子(况)等。孔子大约在30岁时开始讲学,创办了儒家学派的第一所私学。他的学生多数是平民,这显然顺应了当时士阶层的兴起和文化下移的历史潮流。孔子私学的教育目的是"学而优则仕",培养从政的人才。他以"六艺"作为教育内容,通过办私学,把奴隶主贵族垄断的"六艺"推广到平民中去。在春秋末期,孔子私学的规模最大,弟子曾多达3 000余人。孔子死后,儒家分为八派,在教育上影响最大的是思孟学派和荀子学派。

春秋、战国时期私学的发展,在中国古代教育史上占有很重要的地位。私学冲破了"学在官府"的旧传统,学校从宫廷移到民间,教育对象由贵族扩大到平民,教师可以随处讲学,学生可以自由择师,教学内容与社会现实生活也有了较广泛的联系。由于各家各派相互抗衡,又相互补充,于是形成了百家争鸣的盛况。这既培养出了大批的人才,使得各家各派的大师辈出,同时又促进了先秦时期学术思想的发展。

另一方面,养士之风的兴起也推动了公室养士制度的发展。公室养士属于官办教育,存在于战国中、晚期的稷下学宫,就是公室养士的著名场所。稷下学宫创立于公元前四世纪,是齐国在稷下设立的高等学府,历经150余年。"稷下"即齐国都城临淄的稷门,最初由"齐桓公立稷下之官,设大夫之号,招致贤人而尊宠之"①。至齐宣王时,稷下之学达到了最高潮,所养学士达"数百千人"。稷下学宫虽为官办,师生"皆赐列第为上大夫",但不任吏治,是"不治而议论"者,专门从事学术研究与教授,与"学在官府"完全不同。教师是择优聘请,其首席不由官方任命,而由众人公推,称为"祭酒",任期不定。荀子因其"最为老师",曾"三为祭酒"。师生在行动上是自由的,"合则留,不合则去"。稷下学宫的创设,促进了诸子学派的形成、分化、争鸣和交流。

秦汉时期是中国封建社会统一国家教育制度的探索和奠基时期。秦王朝主要是以法家思想为指导,实行"学吏"制度,后来发展到禁止私学,甚至于"焚书坑儒"。汉王朝则以秦为鉴,在儒家思想指导下,一方面鼓励和倡导私学;另一方面,重视对官学的创建和充实,并把这些学校都作为其推行教化的重要工具。

汉初承袭战国遗风,诸侯王多招客养士,被招养之士不限于儒家。自武帝开始,采董仲舒之议,独尊儒经。经学的昌盛,推动了学校教育的发展。至东汉,"学校如林,庠序盈门"。这些学校可归纳为官学和私学两类,其中官学又有中央官学和地方官学之分。中央官学称

---

① 徐幹:《中论·亡国》。

太学，其教师皆由博士充任，学生最多时，有30 000余人，是当时世界上规模最大的大学。地方官学即郡国学，首创者为西汉景帝时蜀郡太守文翁。私学则有"精舍"或"书馆"之分，不仅遍布全国，规模亦相当宏大。

魏晋南北朝时期是封建军阀割据混战时期，长期的动乱影响了学校的正常秩序，玄学清谈的风气和自然放任的教育思潮也阻碍了教育事业的发展。这一时期创立的"九品中正"选拔官吏的制度使士族有了做官特权，不再需要认真读书。因此，当时的教育特点是中央官学衰微，呈现出时兴时废的状态。而私学的发展仍继续呈现繁荣的局面，起到了继汉开唐的作用。

隋唐时期，中国古代教育进入了一个新的历史发展阶段。特别是在持续290年之久的唐朝时期，它继承和发展了隋朝所创立的政治、经济、文化教育的新制度，形成了封建文化教育高度繁荣发展的局面。隋唐统治者主要实行了崇儒兴学的文化教育政策。隋初，隋文帝注意搜罗人才，用重礼聘请，以高官厚禄引诱，把著名的儒士都集中于京都。同时兴学，自京都至州县均设学校。隋文帝还奖励国子生，考选国子生为官。唐贞观年间（627—649年），唐太宗李世民在"偃武修文"的治国方针指导下，积极推行崇儒兴学的文化教育政策，其主要表现在：以儒学作为统一的中央集权国家的指导思想，选用儒生为各级官吏；科举考试和学校教育都以儒家经典为主要内容，读经成为知识分子的基本功课；兴办儒学，首先是扩大中央官学，使之成为全国文化教育中心，州县也仿效办理；统一经学，命令考定五经文字，撰写《五经正义》，以适应其思想统一的要求。

早在隋初，为革新政治，扭转风俗，国家重视统治人才的培养，即注意学校的发展。作为重点加以发展的，首先是京都的国子寺，其中有国子学、太学、四门学、书学、算学这五学。到开皇十三年（593年），由于规模逐渐扩大，事务繁多，国子寺从太常寺中分出，改称国子学（后又改称国子监），成为独立的教育领导机构。到了唐代，学校教育又有了新的发展。武德元年（618年），唐政府下令京都设国子学、太学、四门学，州县也设置学校，按州县大小规模分三等。至贞观年代，即大量兴办学校，京都弘文馆、崇文馆均于此时创建，国子监也增置书学、算学，后又加置律学，学生数量猛增，加上邻国派遣的留学生，六学二馆共计有8 000余人。

此外，隋唐时期产生的科举制度对中国古代教育的发展也具有深远的影响。隋朝废除九品中正制，逐渐形成科举考试制度。开皇十八年（598年）下令以"志行修谨，清平干济"二科举人，以德才为选士标准。大业三年（607年）实行十科举人，其中"学业优敏"科当即明经科，"文才美秀"科当即进士科。学校的职能只是培养人才，以备国家使用，而科举的职能则在于用考试来选拔人才，特别是允许普通读书人通过自愿报名来参加考试，以吸收各阶层的人才参加国家管理。所以学校的学生要从政为官,只有走科举的道路。学校与科举产生紧密的联系,学校的制度、教育内容和方法、考试等,都适应科举的需要,成为科举的附庸。唐朝的科举制度大体可分两类:一类是常科,有秀才、明经、进士、明法、明书、明算等基本科目,每年定时举行;另一类是制科,根据需要而开科选拔人才。参加科举的人来自两方面,由学馆选送的称"生徒",由州县选送的称"乡贡"。唐初科举与学校并举,科举对学校发展起过较大的促进作用。因生徒经过专门学习,应试及第的比例相当大,故争取入学的人多,成为学校发展的推动力。后来统治者重科举轻学校,生徒及第的比例小,乡贡及第的比例大,参加科举不一定要进学校,故学校开始衰落。

宋元明清时期在中国历史上属于封建社会后期,这一时期各种不同派别的教育思想形成了自己的体系,学校设立更为普遍,学校种类增多,出现了新的学校形式——书院。但由于整个封建制度已渐趋没落,教育上的弊端也日益增多。

中国封建社会后期的官学,就建制而言,从中央到地方堪称完备。从中央官学的发展及其演变来看,宋在国子监下设置国子学和太学等。辽在国子监下曾设置五京国子学,金国和元朝也仿宋在国子监辖下设立国子学。明朝至清朝中叶,中央官学仅存国子监一种形式。地方官学仍照唐制按地方行政区域设立。宋地方行政分路、州(府、军、监)及县三级,州以下设置教授儒经的学校。辽、金均仿效宋制。元地方行政分路、府、州、县四级,各级均设置教授四书、五经的儒学,内附设小学。此外,路一级建立医学、蒙古字学、阴阳学(天文学)等专科学校。明地方行政分省、府、州、县四级,边疆置边、卫(所)二级,府以下各行政区域设立儒学。明洪武八年(1375年)下诏推行社学。此外,各边远地区的行政机构所在地亦设学,如都司儒学、宣慰司儒学、诸土司儒学等。清地方行政区域划分为省、道、府(直隶州、直隶所)、县(州、所)四级,设儒学则在府、县二级。边疆尚有卫学、土司学等特殊学校,乃沿袭明制。

"书院"的名称可以追溯到唐代,原为藏书与修书之所。南唐升元四年(940年)建立的庐山白鹿洞国庠,是含有教育性质的书院之始。北宋初年,著名书院有四所:石鼓书院、白鹿洞书院、应天府书院和岳麓书院。南宋书院兴盛,著名的亦有四所:白鹿洞书院、岳麓书院、丽泽书院与茅山书院。这四大书院都是私人设置,或是地方郡守修建,均不纳于官学系统之

拓展阅读9

书院千年
文脉相传

中,是南宋著名理学家、心学家讲学和学术研究的基地。南宋书院重开自由讲学之风,形成了自己独特的教学风格,明显有别于传统的官学。明清时代书院仍在发展,但由于书院自由讲学和议论政治的风气以及不同学派的自成体系,对封建专制统治明显不利,所以屡遭禁限。书院在长期的发展过程中形成了许多显著的特点:书院既是教育教学机关,又是学术研

究机关,实行教育教学与学术研究相结合的原则;书院盛行"讲会"制度,允许不同学派进行会讲,开展辩论,在一定程度上体现了"百家争鸣"的精神;书院的教学实行"门户开放",不受地域限制;书院以学生个人读书钻研为主,均注重培养学生的自学能力,发展学生的学习兴趣;书院内的师生关系亦比较融洽。雍正十一年(1733年),清政府下令各省于省会设一书院,并拨银一千两作为办学费用,以学习八股文为业,为科举做准备。但这样的书院已变为省立学校了,和宋明的书院名同而实异,完全是两回事。

宋元明清的官学系统中都设有小学或社学,对儿童进行启蒙教育。但官立小学兴废无常,实际上承担教育儿童的组织多是私人设立的学塾。学塾在明清时期遍及城乡,其种类有:坐馆或教馆(地主、士绅、豪富聘请教师在家进行教学)、家塾或私塾(教师在自己住所设学教学)、义学或义塾(地方或个人出钱资助设立的小学,招收贫寒子弟入学,带有慈善性质)等。

二、 教学内容与教材

夏商时期的教学内容今已不详。但从相关的零散资料看,当时肯定已经有了礼乐教育、文字读写、艺术欣赏、军事训练以及初步的数学知识,可以说后世的"六艺"教育都已初露端倪。

西周"官学"的教育内容主要是包括礼、乐、射、御、书、数在内的"六艺"教育。其中,礼、乐、射、御为"大艺",主要在大学阶段学习;书、数为"小艺",主要在小学阶段学习。射是射箭的训练,御是驾驭战车的训练,射、御是当时武士所必备的条件。在德行和其他技能基本相同的情况下,即以射箭技术的高低作为选拔人才的依据。礼的教育担负着灌输道德观念和培养行为习惯的任务。乐在西周是综合性的艺术教育,诗、歌、舞等文学和艺术教育都包括在其中。书是习字练习,数主要是数学知识的传授和计算练习。西周的"六艺"教育,是文武兼备的教育,它包含德、智、体、美诸方面的教育内容,目的是使学生得到比较全面的发展。

春秋战国是私学的兴盛时期。当时私学的教学内容号称"百家"之学,尤其是孔子,他的教学以培养德行为中心,以学习古代文化典籍为内容,同时还订正《诗》、《书》、《礼》、《乐》、《易》、《春秋》等"六经"作为学生的教材。而战国时的稷下学宫则可以说是荟萃各家私学教育精华,进行相互争鸣与交流的场所。

由于"独尊儒术",汉代官学建立后,其教学内容一般都是儒家的经典和经说。汉代官学有中央太学、地方郡国学两个系统。太学里设"五经"博士,郡国学设文学、经师、《孝经》师、文学校官、学官祭酒与"五经"百石卒史等,而主要职责就是传授关于儒经的学问。如博士,汉武帝时设7人,宣帝时增为12人,元帝时又增为15人,东汉则定为"五经十四博士"。他们分别教授《施氏易》《孟氏易》《梁丘易》《京氏易》《欧阳书》《大夏侯书》《小夏侯书》《齐诗》《鲁诗》《韩诗》《大戴礼》《小戴礼》《严氏春秋》与《颜氏春秋》,完全是传授经学。所以成帝诏选博士,即声称:"古之立太学,将以传先王之业,流化于天下也。儒林之官,四海渊原,皆宜明于古今,温故知新,通达国体,故谓之博士。"①私学同样如此。汉代私学固然也有传授其他学说的,如律学、天文、历算、黄老之学等,但大多还是传授经学。为了更好地传授经学,到东汉末年还特别统一了教学内容,这就是由蔡邕所主持镌刻的熹平石经,共有46枚,约20余万字,对中国古代文化教育事业的发展作出了重大贡献。东汉末年的著名经学家郑玄综合今、古文经,更为我国古代的儒学教育提供了一批比较完善的教材。

作为文化基础,汉代小学特别是蒙学的教学内容主要是学习识字和算术。当时的识字教材被通称为"史书",有《苍颉篇》《凡将篇》《训纂篇》《急就篇》《滂喜篇》《说文解字》等。它们大致有两种体裁:一种便于记忆和背诵,如《凡将篇》《训纂篇》之类;另一种详于解说,如《说文解字》。而关于算术的教材,最著名的就是《九章算术》。

魏晋南北朝时期,私学大体沿袭汉代,比较突出的变化是玄学和佛学的传授。

唐代官学有国子学、太学、四门学等,专修儒经。儒经分正经和旁经两类,正经又分大经(《礼记》《左传》),各学3年;中经(《诗经》《周礼》《仪礼》),各学2年,小经(《易经》《尚书》《公羊》《谷梁》),各学一年半。旁经为《孝经》和《论语》,共学1年。各经不要求全通,通五经者,大经必须全通,外加任通一经。旁经为公共必修课。专科学校及专业训练,除学本专业外,也要求学儒经。例如书学,每日要求习字二幅,读《国语》《说文》《字林》《三苍》(即《苍颉篇》《训纂篇》《滂喜篇》)、《尔雅》等书。《石经》三种字体限学3年,《说文》2年,《字林》1年。闲暇还要练习时务策。专修儒学的地方官学,要求研习"九经",但只要通一经就可以"俊士"身份升入四门学或参加科举考试。为了适应政治统一和思想统一的要求,也为了适应科举考试,唐代还统一经学,命令孔颖达等人考定"五经"文字,撰写了《五经正义》,这可以说是我国古代学校最早的统编教材。总之,在唐代官学教学中,儒学占主要地位,体现了唐代重振儒术的文教政策。

唐代以后,官学的教学内容不断增加。南宋至清代,"四书"已成为重要的教材,"五经"则增为"十三经"。为提高吏治水平,史学和文学的内容也有所增加。宋代读史,要求看《通

---

① 《汉书·成帝纪》。

鉴》、《史记》、《汉书》,并参考《通鉴纲目》、《唐鉴》等书。文学则规定读韩(愈)文与《楚辞》。金代除规定学经书外,还要求读子书、史书。据统计,明代国子学要开设近30门课程,有"十三经"、"四书"、"三史"、子书、习字、时文等等,汉人刘向的《新序》、《说苑》也被列为学生的阅读书目。明代地方官学最初规定学生除专治一经外,礼、乐、射、御、书、数还设科分教。习"礼"时要学习国家颁发的经、史、律、诏、礼仪各书。每日都有习字课。数学则要求精通《九章算术》。清代学校除学四书、五经、性理、习字诸科外,乾隆曾下诏"仿宋儒胡瑗"之法,设治事斋,要求学生研究历代典礼、赋役、律令、边防、水利、天官、河渠、算法等知识。尽管上述种种规定,在追逐利禄的冲击下,并未严格地付诸实践,特别是明中叶以后,只读时文,不问经义的现象十分普遍。但是应当看到,我国封建社会的官学,不论是官方的规定,还是施教的实际状况,就教学内容的广度、深度与实用性而论,都远远胜于欧洲中世纪的宗教教育。

此外,宋代在国子监下还设有传授各种专门知识和技艺的武学、律学、医学、算学、书学和画学等。金国和元代还设立以本民族语言进行教学的学校,如女真国子学、蒙古国子学等,亦分别称国子监。其目的在于保存和发展本民族的语言文字,保持本民族的文化特征与传统。清代统治者则为本民族及宗族子弟设立八旗官学、宗学、觉罗学等多种学校,此类学校多注意满文习写及骑射技能的训练。

宋代以后,在私学领域中最具特色的蒙学,不仅内容丰富,而且优秀的教材也层出不穷。这些教材按内容可分为五类:一是综合各种常识的识字课本,以《三字经》、《百家姓》、《千字文》等为代表。《三字经》为宋代学者王应麟(一说区适子)所作,全书356句,分段论列了教育之要、幼学之序、读书次第、为学之效等内容。它以三字一句的韵文,在宣扬封建纲常名教的同时概括了非常广泛的内容,且形式活泼,便于儿童记忆,是我国古代识字课本中流传最广的一种。《百家姓》成书于宋初,全书为四字韵句,约四百余字,虽无文理,仅供识字之用,但颇有情趣,开各类"杂字"之先例。后人王石农曾仿效编纂《百家姓鉴编》,清康熙皇帝亦曾御制《百家姓》。《千字文》一书在唐代已十分盛行,包括天文、博物、历史、人伦、教育、生活等方面的内容,四字一句,共250句。自唐以来,历宋元明清皆为蒙学之通用教材。二是诗文教学的课本,以《千家诗》、《唐诗三百首》、《古文观止》、《唐宋八大家文钞》以及《笠翁对韵》等最为著名。三是历史知识的教材,最著名者有唐人李翰编纂的《蒙求》。该书以四言韵语分类列举古人及其事迹,开历代"蒙求"之滥觞。这些历史教材,大多宣扬封建正统思想、忠君思想、古代爱国主义思想,并对理学多加肯定。四是博物常识教材,最著名的有宋代方逢辰编写的《名物蒙求》。其内容涉及天文、地理、鸟兽、草木、日用器材等各种自然常识,以四言韵语编写,便于儿童记忆。这类教材是古代《诗经》"多识鸟兽草木之名"传统的继承和发展。五是封建伦理道德教育的教材。这类教材多为宋明理学家所编,以元代程逢原所编的《增广性理字训》为代表,教材多用格言成语,文字通俗,大多宣扬封建纲常与性理之说,并向儿童灌输消极的人生观和封建社会待人接物的世故,糟粕甚多。

第五节　官吏的选举与管理制度

一、选举制度的变革

选拔官吏的制度是奴隶制或封建制国家上层建筑的重要组成部分。中国历代统治者都根据自己的需要,建有一套与当时历史阶段和社会形态相适应的选官制度。

在原始社会的部落联盟中,实行"选贤任能"的民主制度。当时由于生产力低下,生产方式简单,人们共同劳动,共享收获,和睦相处。由于社会分工的需要,人们推选富有生产经验的劳动能手和具有指挥才能的英雄,充当本部落联盟的带领者、组织者、管理者和保卫者。人们所信任的英雄,必须是能够尽心尽力的领导者,如果被推选者不称职,就可以通过民众大会随时罢免他,另推举在实践考验中有才能的人担任。

在奴隶社会中,奴隶主贵族掌握政权,国王、诸侯按自己亲属血缘关系的远近相应地把土地、臣民分封给各级官吏,作为食邑,让他们世代相传,这称为"世卿世禄"制度。同时,也出现过一些考试或推荐的选官方式。

春秋以后,随着阶级关系和生产关系的变革,新兴地主阶级逐渐改变了世卿世禄制度,而采用军功爵制和"养士"的办法来重新组建自己的官僚队伍。所谓军功爵制,又称"赐爵"制,是一种主要用来奖励军功的爵位制度。一般认为,军功爵制以秦国商鞅变法所制订的"二十等爵"最为典型,它按照军功的大小授予爵位——"有军功者,各以率受上爵",既是官爵制度,也是新的等级制度,为秦国选拔出了许多优秀的人才。所谓"养士",就是统治者以国家或个人的名义把大批士人(主要是知识分子)招揽在身边,给予较高的待遇,让他们发挥自己的才干。由于诸侯纷争,各国都亟需多种人才,故养士之风在战国时兴盛。例如齐国的稷下学,曾招集文人学士上千人;燕昭王筑黄金台,礼聘天下贤才,都可以说是国家养士的典型事例。至于私人养士,则以齐国的孟尝君、赵国的平原君、魏国的信陵君、楚国的春申君和秦国的吕不韦为代表,他们都不遗余力地招引贤才,所养食客竟有数千人之多。

秦国在统一战争中选拔了许多有实际经验的人才,所谓"宰相必起于州部,猛将必发于卒伍",同时还实行了"王者不却众庶"的政策,大量地引进并重用客卿,终于完成了统一天下的大业。在秦始皇建立了专制主义中央集权的秦帝国之后,由于时世的变化,军功爵制开始丧失其应有的作用,而养士又容易造成分裂势力,不利于国家统一的政策。因此,为了适应统一的中央集权国家的需要,从西汉前期到西汉中期,统治者逐渐采用了一种新的选官制度,这就是在汉代占主导地位的选官制度——察举和征辟。

察举,亦称"荐举",即考察和荐举,是一种在先秦乡里举荐的基础上发展起来的选官制度。察举的具体方法是:先由皇帝下诏指定选举的科目,然后由丞相、诸侯王、公卿和郡国守相按有关科目的要求考察和荐举人才,最后再由应举者按不同的科目进行考试。汉代察举的科目繁多,有孝廉、秀才(东汉改称"茂才")、光禄四行、贤良方正、贤良文学、明经、明法、至孝、有道、敦厚、尤异、治剧、勇猛知兵法、明阴阳灾异等等。其中,最为人们所看重的是贤良方正,而选拔人才最多的则是孝廉科。

征辟,即皇帝征聘和公府、州郡辟除,这是一种自上而下的选官制度。具体来说,前者是指皇帝采用特征的方式聘用一些社会上的名士,对这些被征聘的名士,朝廷往往都为他们提供比较特殊的待遇,并授予很高的官职;后者是指中央各官署和州郡长官以辟除的方式自行聘请属员,被辟除者一般都被授予俸禄百石的低级官职。

汉代的察举、征辟制度实际上是把选官的荐举权交给地方官府和朝廷的高级官员,而把任命权集中到中央。这种制度的推行,虽然曾取得很大的成效,选拔了许多优秀人才,但由于荐举权被掌握在公府和州郡手中,而且朝廷对他们所荐举的人才,一般也都予以接受,这在一定程度上必然要削弱朝廷对官吏的任命权。尤其是在昏君执政、统治特别黑暗时期,往往使得奸佞得宠,贤能受阻,所谓荐举也大多名不副实。到了东汉后期,由于外戚、宦官交替专权,政治黑暗,地方上形成了世族豪门世代为官和地方缙绅控制"乡间评议"、操纵地方选举的局面,这就使察举制度更走向了反面,甚至严重危害了汉王朝的统治。所以到了东汉末年,曹操即针对当时察举制度的腐败,采取了"唯才是举"的用人方针。他主张不拘家世出身,不重品德,只要能有治国用兵的才能,都可以任用。曹操采用这种选举方法,把许多中小地主和下层知识分子都吸收到自己的麾下,从而极大地增强了自己的实力,为战胜群雄、统一北方起到了关键性的作用。

魏晋南北朝时期,采用"九品中正制"选拔各级官吏,在州、郡、县各级都分别设置"中正"官。这些中正官负责察举本地区的士人,把他们分为九品,即上上、上中、上下、中上、中中、中下、下上、下中、下下九等,然后按品级向主管选官的吏部推荐,吏部根据中正的报告,再依品授官。名列高品的可以做大官,下品的只能做小官。这种制度在魏文帝初期,还能做到

"不拘爵位,褒贬所加,足为劝励"①。但时隔不久,由于司马氏建立的西晋政权竭力扩大贵族地主的利益,门阀世族的势力不断增长,中正官都被他们控制。品评人才的标准单凭门第出身,"高下逐强弱,是非随兴衰"。所谓"强"、"兴",都是世家大族的子弟,于是出现了"上品无寒门,下品无士族"的现象,九品中正制的性质也因此发生了变化。九品中正制在很大程度上堵塞了庶族地主做官的道路,为世家大族操纵政权提供了保证。随着社会的不断变化,特别是经济的发展,人数比士族地主多的庶族地主,在政治、经济的实力日渐增大后,即要求享有其应有的政治地位,掌握政治权力。因此,门阀世族的势力逐渐衰落。到了隋朝,为了进一步加强中央集权,扩大政权的阶级基础,又把选官的权力重新收归中央,废止九品中正制,实行科举制度。

所谓科举,乃分科举人之意。这种选举制度最早始于隋文帝,到隋炀帝时设置进士科,以考试策问取士,即表明了科举制度的确立。到了唐代,在全国范围推行科举考试的取士办法,并作了进一步的补充和发展。唐代参加科举考试的考生主要有"生徒"和"乡贡"两大类别。科举考试的科目很多,其中最常见的是进士科和明经科,此外还有制举和武举。但只有进士科在唐代最受人们的重视,也最难考取。一般来说,凡参加朝廷省试被录取的考生即称为"及第",其第一名称"状元"或"状头"。新科进士互称"同年"。其主考官称为"座主"或"座师",被录取的考生就成为他的"门生"。新考取的进士都要到杏园去举行宴会,称"探花宴";新进士们还要到慈恩寺大雁塔题名留念,称"题名会";又要大宴于曲江亭子,谓之"曲江会"。

图 4-5-1　孔庙进士题名碑

---

① 《晋书·卫瓘传》。

隋唐科举制度的确立,对于彻底摧毁门阀世族的残余势力,扩大官吏的来源,具有十分重要的意义。这种选官制度保证了朝廷对全国士人的考试录取权和任用权,同时也使朝廷能够在更广泛的范围内选拔中小地主及下层知识分子担任各级官吏,使这些人有机会施展自己的抱负和才干。所以,在当时就出现了"五尺童子耻不言文墨焉,……故忠贤隽彦,韫才毓行者,咸出于是"①的现象。它不仅可以使国家政权获得更多阶层的支持,而且还有利于提高封建官僚队伍的政治、文化素质,起到强化封建统治的作用。这是中国自隋唐直到明清,科举制度成为其选官的基本制度的主要原因。

宋代科举也有很多科目,并且在制度上更为完备。宋代进士、明经等科一般分为三级,即州试、省试和殿试。由于殿试是由皇帝亲自主持,因而被录取的进士都成了所谓"天子门生"。宋太宗时,又把殿试录取的进士分为"三甲",即赐进士及第、赐进士出身、赐同进士出身三个等级。另外,在宋代凡省试、殿试录取的考生,朝廷都立即授予官职。元朝科举与宋代略同。明清科举亦以进士科最为重要,但考试更为复杂,除了要参加带有预备性的县试和府试(及格者称"童生"),还要通过院试(及格者称"秀才")、乡试(及格者称"举人"或"乙榜"、"乙科")、会试(及格者称"贡士")和殿试(及格者称"甲榜",泛称"进士")三级正式考试。明清殿试亦有三甲的规定,其中一甲仅有三名,即所谓"状元"、"榜眼"和"探花"。

科举制度虽然是隋唐以后选拔官吏的主要途径,但并不是唯一途径,另有一些官吏则是由保举和捐纳等途径入仕的。捐纳就是用资财买官,这种办法自秦汉以来历代都有,特别到清末鸦片战争以后,国家财政空虚,更加广为推行,由此产生了大量腐败而昏聩的官吏。此外,封建社会中的恩荫制度和残存的世袭制度,也是产生官吏的一个重要途径。

二、官吏管理制度

对官吏的管理是保证国家机器正常运转的重要手段。随着国家机构的不断发展,官员的数量急剧增加,如何对官吏进行管理就成为一个非常重要的问题。

1. 先秦时期

在夏商周三代,关于官吏的任免、等级和俸禄,主要是采用世卿世禄制。三代时期的爵位制度一般都分为五等,即公、侯、伯、子、男。

春秋战国时期,世卿制逐渐衰落,官僚制兴起。官僚制度的一个显著特点就是等级

---

① 《通典·选举三》。

性,它虽然源于世卿世禄制,担任官吏的还是大大小小的贵族,但他们都不再享有世袭权力,而是按职务或级别的高低来享有政治权力和报酬。由于当时的条件只能是以实物即粮食作为主要的支付手段,因而各国官吏的俸禄和等级基本上都以获取粮食的多少来划分。随着商品经济的发展,对有些封君和大臣也逐渐给予一定数量的货币。有关这些粮食和货币支付的等级、数额和级差等,当时已形成比较固定的制度,对秦汉时期产生了直接影响。

为了有效地实现对官吏的分职分级管理,提高行政效率,各国都逐渐建立和健全了关于官吏的考课和奖惩制度,所谓"申之以宪令,劝之以庆赏,振之以刑罚"①。当时所实行的考课制度,主要是集中在年终进行考评的"上计"制度,即逐级上交"计簿",接受官长和主管部门的考核。成绩优者称之为"最",予以褒奖;成绩劣者称之为"殿",予以惩处。一般多以三年作为一个考核期限。

春秋战国时期还出现了一些不同于世卿世禄制的封君制和赐爵制。关于封君制,它的显著特点是封君不再享有其封邑的统治权,而仅仅是享有一些经济特权,亦即只能获得封邑中的租税。至于赐爵制,到战国时已经是非常普遍的现象。其中最著名的,就是商鞅制订的"二十等爵",亦称"军功爵制"。这种新的赐爵制主要是用来奖励军功,并在此基础上建立起适应地主阶级统治的新的等级制度。这时的官、爵还基本一致,有爵即可以为官,为官亦往往有爵。

2. 秦汉魏晋南北朝时期

随着选拔制度的发展和变化,对于官吏的管理也更加严密和完善。仅就任用制度而言,这时的任用方式就已经多种多样,有守、拜、领、录、平、兼、行、假、试、权、知、监、参、掌、典、署、督、护、待诏等等,大致可归纳为候补、试用、拜授、兼领和参知五种类型。② 而在官吏的任用程序上,既有皇帝直接任命的,称为特召、特简、特拜、特任、特选、召拜、征拜、征聘等;又有由主管部门任命的,称为选、授、补、除、拜等。一般来说,高级官员的任命必须经皇帝亲自核准,中级官员的任命必须由主管部门核查备案,报请皇帝批复,低级官员的任命也必须报请中央主管部门批准。另外,在具体任用上还有许多身份限制,如职业限制、出身限制、民族限制、籍贯和亲属限制等。

秦汉时期的考课实行一年一考,三年课殿最一次。魏晋基本沿袭此制。南朝时期以三

---

① 《管子·修权》。
② 参见韦庆远主编:《中国政治制度史》,中国人民大学出版社1989年版,第190—191页。

年为小考,六年为大考。北魏孝文帝改革后,则实行三载考绩、三考黜陟的制度。在考课行政上,秦汉由皇帝考核三公,如果皇帝不亲政事,考核由尚书负责,报请皇帝核准。魏晋南北朝时期不断集中考课权,凡五品以上官员均由皇帝和公卿评议,具体操作由尚书和侍中负责,但对地方官的考课仍以上计和层层考核为主。

秦汉魏晋南北朝官吏的等级划分主要有四种:一是官秩品。秦汉时期是按谷物来计算,从万石到斗食而不等。曹魏时始以九品定官秩,分为九级。南北朝时,逐渐定为正、从九品,共分为十八级。二是官爵位。秦汉主要是军功爵第九等以上的官爵(汉代又增加了诸侯王)。魏晋以后改革爵制,除王爵以外,还有公侯伯子男五等爵位,每等再以郡、县、乡、亭划分等级,带有封邑的则加"开国",如开国郡公、开国县侯等。三是班阶。形成于魏晋以后,主要是作为排班和升降秩序,实际是一种荣誉称号。四是官职,即官吏的实际职务。官职与秩、爵、阶有一定的关系,但它们并不影响官职,有官职才有实权。秦汉官俸主要以谷物计算,西晋以后则出现多种形式,有米、绢、锦、钱、莱田、杂供给、占田、职田、给力役等。

3. 隋唐五代宋时期

这一时期的官吏任用制度更加完备。一个非常显著的变化,就是官吏的任命权均被收归中央,正所谓"海内一命之官并出于朝廷,州郡无复辟署之事"①。隋代任官事务皆由尚书吏部负责。唐代改为文属吏部,武属兵部,又按官品高低采用不同的委任方式:三品以上临轩册授,五品以上制授,六品以上敕授,六品以下旨授,视品及流外官判补。

唐宋官吏的任用方式与前代基本相同,其中最突出的变化是"检校"和"差遣"的出现。"检校",本是检查校阅的意思,由于唐太宗"省内外官,定制为七百三十员"②,而实际政务往往非定制官所能承担,于是出现"员外"、"特置"、"同正员"等官名,"检校官"就是在此后逐渐出现的一种新的不列于定制官的官名。以后相约成俗,遂成为一种常见的任用方式。检校授官后来发展为诸使,虽然仅具有临时性,但由于诸使皆拥有实权,故出现所任非有使之名则不能治其事的现象。实际上,宋代最为独特的任官方式——差遣,就是由检校、诸使任用方式演变而来的。所谓"差遣",即临时任用的意思,其名称有判、知、监、勾当等。一般来说,资历较深的差遣称判某事、知某事,资历普通的差遣称监某事、勾当某事,而资历浅的差遣则要加"权",如权知、权监等,非国家常设部门和常设职事也要加"权"。宋代差遣把官名和实际职权分开,这对于强化皇权和中央集权起了重要作用,但也造成了大量冗官和名实混乱的

---

① 《文献通考》卷 39《选举》十二。
② 《新唐书·选举志下》。

弊端。

唐宋考课制度已形成比较完善的体系。唐代实行一年一小考,四年一大考。三品以上的官员由皇帝亲自进行考核,四品以下的官员则分为京官、外官两大类,分别指定专人负责。考课的课目是"四善二十七最"①,成绩共分为上中下三级九等,以作为赏罚的依据。宋代采用一年一考、三年一大考和文官三年一任,武官五年一任的方法。宋代考课最具有特色的内容是"磨勘"制度。磨勘本指审核和推究,而作为考课和铨选的一项制度,则是指审核、勘验簿历文状的一系列做法和程序。簿历文状中有"解状"(即选解赴阙的证明)、"举状"(推荐者的荐举书)、"家状"(个人履历)、"考状"(功过考核表)等。宋代对于官吏的循资、转官有明确的规定,如文臣京官三年一磨勘,武臣五年一磨勘。但由于这种磨勘只注重形式,只要在任内不发生过错,到年限即可升迁,因而它也使得考课实际上已失去了自身意义。

隋唐五代宋时的勋赏爵位制度更为复杂。其名目有散官、勋、阶、品、位、爵、赐、号等等,以下择要予以简介。

(1) 文武散官。也称阶官,主要是作为班位服饰的等级。唐代文散官自"开府仪同三司"至"将仕郎"共29级,武散官自"骠骑大将军"至"陪戎副尉"共45级(宋代改为31级)。《宋史·职官志九》载:"文武三品以上服紫,五品以上服绯,九品以上服绿。"

(2) 勋官。是奖给文武官员的称号。唐制,自"上柱国"至"武骑尉"凡十二转,受勋者即称勋官。宋代因之。

(3) 封爵。唐爵设九等,宋则分为十二等,即王、嗣王、郡王、国公、郡公、开国公、开国郡公、开国县公、开国侯、开国伯、开国子和开国男。

(4) 食封。分为食邑和食实封两种,一般与封爵相结合。

(5) 赐。即奖给文武官员某种政治待遇。

(6) 号。是加赐给文武官员旨在表示尊崇的封号。

(7) 品。即品级,是官吏的级别,有流内、流外各九品,品内又分为上下阶,故称为品阶。

(8) 位。即班位,指朝见皇帝或参加其他重大典礼活动时排位的顺序。唐、宋略有不同。

(9) 宫观。是宋代授予退休官员的名誉职位,也是作为领取俸禄的等级。

隋唐俸禄制度均在官俸(禄米、职分田)之外规定有所谓"公廨田"或"公廨钱"。宋代官俸多以钱计算,且名目繁多。另外宋代还实行兼官兼俸。总的来看,宋代官吏的物质待遇非常优厚。

---

① 详见《新唐书·百官志一》。

4. 元明清时期

元明清时,关于官吏的管理制度基本上沿袭唐宋,同时又有一定的发展。其中比较明显的变化,除了元朝、清朝严格的民族界限以及元朝对"吏"员升迁的重视外,主要就是明朝的任用和考课制度,它对清朝有很深的影响。

明代任官,文官归吏部,武官归兵部。吏部共有四个司,其中文选司掌铨选,考功司掌考课,职位特别重要。明代授官最重资格,在科举中尤重进士,自神宗以后已成为定制。明代还规定除学官可在本省任职外,其他官员均不得在本省做官。兵部亦有四个司,其中武选司掌除授,职方司掌军政,处于显要地位。但兵部只负责中、下级军官的铨选,高级将领却必须经过"会推"产生,有些则必须由皇帝直接任命。

明代考课主要有两个方面:一是考满,二是考察,两者是相辅相成的。所谓考满,是评论官员任期内的工作态度,分"称职"、"平常"、"不称职"三种,以上、中、下三等考评。所谓考察,是指考课官吏的素质和品行,共分为八种,即贪、酷、浮躁、不及、老、病、罢、不谨。考满的方法是:三年初考,六年再考,九年通考,依职掌范围考核其政绩,分等以定升降。考察的方法是:京官六年一考,以巳、亥年为考察之年,称为"京察";外官三年一考,规定在辰、戌、丑、未年中进京朝觐,同时接受考课,称为"外察"。武官自成化二年(1466年)则定为五年一考。

在历代致仕(退休)制度的基础上,明代致仕也形成了固定制度。明朝初年规定,官吏致仕的年龄为60岁,一般有两种方式:一是官吏到法定年龄后,自己主动提出致仕,由皇帝御批,量力留用;二是年龄已超过规定,但本人仍不愿退休,由皇帝强令致仕。这对于整饬吏治、提高官员的办事效率曾起过明显的积极作用。但明仁宗以后,又改为年满70岁致仕,这使得官僚集团不断膨胀和老化,从而严重影响了统治机器的运转。

第六节 货币与度量衡制度

一、货币制度

我国是世界上最早使用货币的国家之一。我国最早的一种货币形式是海生的贝壳,叫做"货贝"。它以"朋"为计算单位,两串10个或20个称为"一朋"。在商周时期的墓葬里,经常能出土这种贝币。新中国成立后,在云南滇池附近的战国西汉时期滇族的贵族墓里,亦出土有大量的海贝。

随着商品交换的日益扩大，到了商代晚期便出现了用铜制造的铜贝（图4-6-1），这是人类最早使用的金属货币。在河南安阳大司空村商代晚期墓中出土有铸造的铜贝，它是世界上最早的金属铸币之一，比西方推许为铸币的发明者小亚细亚的吕底亚人开始铸币的年代（公元前7世纪）要早几个世纪。

图4-6-1 铜贝

春秋战国时期，铸币到处通行。由于各地皆自行铸币，因而货币种类繁多，主要的形制有铲形（布币）、刀形（刀币）、方形（爰金）、椭圆形（蚁鼻钱）、圆形（环钱）五种。布币是由当时一种叫"镈"的小农具演变而成，因"镈"与"布"同声，故称为布币（图4-6-2）。初期的刀币，是仿照当时刀的形状而造，种类也很多，上面铸有铸造地点等文字。爰金，是楚国的金币，多铸成长方版状，每版重1斤，上面压印有十几个带"郢爰"或"陈爰"二字的小方戳。郢、陈是地名，爰是重量单位。零星使用时，再剪成小块以秤量支付。蚁鼻钱，是楚国的铜币，可能是爰金的辅币。钱的正面凸起并有文字，像人面，俗称"鬼脸钱"。圆形环钱，战国中期出现，钱中间有圆孔，分无郭和有郭两种，铸有文字。由于圆形铸币最便于携带和清点，因而后来就排除了其他形状，成为金属铸币最普遍的式样。

图4-6-2 布币

秦始皇统一全国后，废除了布、刀、贝等币，规定币制为两种——黄金为上币（单位是"镒"，每镒重20两），铜钱为下币（单位是"半两"）。铜钱是一种方孔圆钱，正面铸有"半两"二字，每枚重为当时的半两（12铢），故称"半两钱"。因为当时半两钱并不完全由国家统一铸造，地方也可铸造，所以已发现的半两钱大小、轻重不完全相同。自秦始皇以后，方孔圆钱即成为我国铜钱的固定形式。

汉初，法定货币也是黄金和铜钱。黄金铸成"金饼"，大的每饼重1斤，折合铜钱1万枚；小的每饼重1两，折合铜钱625枚。汉武帝时还铸过麟趾金和马蹄金。汉初铜钱仍继续名为半两，但是其分量却不断减轻。例如吕后二年（公元前186年）铸的半两钱仅重8铢，文帝五年（公元前175年）铸的半两钱仅重4铢。民间私铸的铜钱尤其混乱，越铸越小，有的半两钱

图 4-6-3 荚钱

甚至不足 1 铢,好像用四片榆荚所组成的薄薄铜片,所以称为"榆荚半两"或"荚钱"(图 4-6-3)。汉武帝时,实行币制改革,"悉禁郡国毋铸钱,专令上林三官铸"①五铢钱。五铢钱是方孔有外廓的圆钱,它的重量和钱文都是 5 铢,故称"五铢钱"。从此之后,直到隋代的六七百年间,各个朝代均铸五铢钱,惟重量及大小不同而已。五铢钱是我国历史上数量最多、流通最久的货币。

西汉末年,王莽托古改制,废除五铢钱,恢复布、刀、贝等货币。在此后十几年中,他经常改变币制,铸造新钱。王莽时期的货币式样、种类很多,可归纳为"五物六名二十八品"。"五物"是指铜、金、银、贝、龟甲五种质地;"六名"是泉货、贝货、布货、银货、龟宝、黄金六种名称;"二十八品"即 28 个品种。王莽还铸造过大面值的刀币,如"金错刀"币,每枚值铜钱 5000,两枚即可收兑黄金 1 斤。王莽的货币改制,给人民带来了深重灾难,故东汉时又恢复了五铢钱。

魏晋南北朝时期,货币极为混乱,既有新钱,又有旧钱,而且布帛、谷物也成为重要的支付手段。尽管钱币品类繁杂,但其形状基本保持了五铢钱的式样。有的钱文中带年号,如南朝宋的"孝建四铢"、北魏的"太和五铢"等。

隋朝建立后,仍铸五铢钱。唐朝 300 年间,主要使用"开元通宝"(图 4-6-4)和"乾元重宝"铜钱。"开元"意为开辟新纪元,"通宝"意为通行宝货。"通宝"这个名称为后世历代所沿用,又常在通宝(或元宝、重宝等)二字前冠以年号、朝代或国名。开元通宝不标重量,每枚重 2 铢 4 絫,每十枚重 1 两(24 铢)。于是,我国衡制即改为两、钱、分、厘的十进位法,其中一钱即指开元钱一枚的重量。

图 4-6-4 开元通宝

宋代商品经济空前繁荣,货币需要量猛增,因此宋代铸币数量非常之大。北宋每年平均铸币数超过唐代近 20 倍。宋钱的品种多得难以统计,主要由于实行了"年号钱",即皇帝每改一次年号都用新的年号命名铸钱。从宋仁宗天圣年间起,又实行铸"对钱"的制度,即同一种钱,其铜质、大小、厚薄和内外廓完全一样,只是钱文用不同字体书写。宋徽宗赵佶用"瘦金

---

① 《汉书·食货志》。

体"亲自书写的崇宁、大观等钱,铸造得尤其精美,为后世收藏家所欣赏。从南宋淳熙七年(1180年)起,不再铸"对钱",而代之以一种纪年和纪地钱文的钱。这种钱背面铸有铸造的年代和地点,如"绍熙元宝",背面铸有"元"字,就是绍熙元年所铸;"绍熙通宝"铁钱,背面铸有"春三",就是绍熙三年蕲春地方所铸。

宋代铜钱和铁钱并用,由于铜贵铁贱,三个铁钱只能顶一个铜钱用,极不方便。北宋时,四川的商人自己印行了一种叫"交子"的纸币,代替铁钱。这是我国使用纸币的开始,也是世界上最早的纸币。宋徽宗崇宁四年(1105年)将纸币改名为"钱引",用以代替已贬值的"交子"。南宋发行的纸币称"关子"、"便钱会子"(后称"会子")。到了元代中统元年(1260年),第一次出现了不兑换的纸币"中统宝钞",并在元代得到长期使用。明清也发行过纸币。纸币出现以后,与金属货币同时使用,但流通不广,其大量流通还是近代的事。

早在西汉时期,我国就曾以银锡合铸过银币,其中一种名为"白撰"的圆形银币,值铜钱2000枚。后来银币大多铸成银铤、银锭或银饼,以本身的重量参与流通。元朝以后,我国实行银本位制度。16世纪,西方银元开始流入我国。17世纪后期,漳州地区铸造过"漳州军饷"银元,这是我国铸造的较早的新式银元。道光十八年(1838年)以后,我国台湾省也仿铸银元,称为"银饼"。鸦片战争后,各省则纷纷铸造"龙洋"(带龙图案的银元)。

二、度量衡制度

远古时期,我们的祖先在生产实践中逐步形成大小、多少、方圆等数量和形状的观念,并产生了"数"的概念,总结出许多计数的方法。随着生产、交换的发展,产生了统一的计量方法,即逐渐创造了尺、斗、秤等用途不同的计量工具。《大戴礼记·五帝德》说,黄帝时设置有衡、量、度、亩、数,谓之"五量"。《尚书·舜典》说,舜"同律度量衡"。《史记·夏本纪》记载,大禹"身为度、称以出"。古文献的这些记载,虽属于历史上的传说,但多少反映了商周以前的度量衡情况。

商周时期,度量衡器及其管理制度已比较完备。河南安阳殷墟出土的商代象牙尺(图4-6-5),长15.8厘米,刻十寸,每寸刻十分,说明我国在3000多年以前,就采用了先进的十进位制进行长度计量。商周时期,中央和地方都设有专职的官吏,负责度量衡标准器的颁发、检定和使用工作。据文献推算,周朝每尺长19.91厘米,每升合193.7毫升,每斤重228.9克。

春秋时期,诸侯国各自为政,度量衡制度混乱。例如,齐国每斤合198.4克,楚国每斤合227.2克。所以,当时孔子提出"谨权量",要整顿度量衡。战国时期,各诸侯国为了便于商品

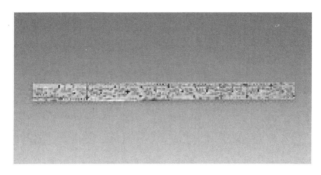

图 4-6-5 象牙尺

交换和征收赋税,都十分重视度量衡的整顿和统一。齐国的陈氏在夺取政权以后,将四进位制改为五进位制,并颁发了标准量器。传世的陈氏三量——子禾子铜釜、陈纯铜釜、左关铜𬬹(音和),就是当时的标准量器,从器物上的铭文可以看出,这些量器是放在齐国关卡上使用的,规定守关人员不许舞弊,违者依法制裁。

秦国商鞅实行变法,改革了度量衡制,实行"平斗桶、权衡、丈尺"之法,并在公元前344年颁发了标准量器商鞅铜方升,为秦始皇统一全国度量衡打下了基础。根据对战国时期的一些文物测量,当时各国度量衡制有些差别,但差异不大,每尺长在23厘米左右(现在1尺约33.3厘米);每斤重250克左右(现在1市斤是500克);每升容量在200毫升上下(现在1市升是1000毫升),这反映了秦统一中国前,各诸侯国的度量衡制渐趋统一。

秦朝建立后,用法律形式统一了度量衡。主要内容是:皇帝亲自颁布命令,全国统一度量衡,凡是不统一的都要统一;中央制造并颁发度量衡标准器,作为各地制作和鉴定的标准;每年对度量衡器鉴定一次。这些措施有利于中央集权的巩固,促进了社会经济的发展,对后世度量衡制度有着深远的影响。今按秦朝标准器折算,当时每尺长23.2厘米,每升合202.2毫升,每斤计258克。

汉代承袭了秦代的度量衡制度。西汉长度单位是分、寸、尺、丈、引,都是十进位。量的单位是龠、合、升、斗、斛,除一龠等于半合外,其余都是十进位。衡的单位和进位关系是:24铢等于1两,16两等于1斤,30斤等于1钧,4钧等于1石。

三国鼎立时期,基本沿用前代制度,度量衡无大变化。两晋南北朝是我国历史上的动乱时期,政权更迭频繁,度量衡制度比较混乱。实测北魏铜尺长30.9厘米,铁权每斤合515.5克,自铭"容一升"的北朝铜缶,容水395毫升。南北朝度量衡单位量值增长这样多,就出现了一个问题:历代用来制造天文仪器的标准尺——量天尺(测定日影长短变化的工具),长短不能随意改变;药剂处方,剂量大小也不能随意变化,某药一两,按秦制可以治病,按北魏制就可能杀人。为了解决这个问题,自南北朝开始,度量衡就正式形成了大小制。所谓小制,即秦汉之制,主要用于调乐律、测日影、定药量以及制作冠冕礼服等,而其他方面都通行当时的大制。

隋文帝统一全国后,又再次统一度量衡,把前期增大的量值固定下来。这时尺度比秦汉增长了 28%,单位量值增长了约两倍。唐承隋制,每长 31 厘米,每斤重 693 克,每升合 600 毫升。唐代将一两定为十钱,废除了 24 铢为一两的进位制。

从唐代至明清,度量衡相对统一,制度更加完备。宋代在衡器方面创制了精密、灵敏的戥秤,最小可称一厘,合今 0.04 克。在最小的重量单位"钱"下,增设了十进位制的分、厘、毫、丝、忽。将长度单位移于衡制,这是宋代的一个创造。量制也作了调整,将十斗一斛改为五斗一斛,两斛为石。在形状上,宋以前的斛是圆筒形,宋将升、斗、斛一律改为截顶方锥形。

明代资本主义已经萌芽,度量衡也有发展,常用尺分为营造尺、裁衣尺和量地尺三个系统,衡器种类有杆秤、天平和精巧的戥子。清代度量衡基本沿用明制,营造尺长 32 厘米、裁衣尺长 35.5 厘米、量地尺长 34 厘米,每升合 1 043 毫升,每斤重 598 克。

我国自古就是一个统一的多民族国家。建国以来,在山东文登、甘肃秦安、内蒙古奈曼旗与敖汉旗、山西左云、河北围场等地都有秦权秦量出土,在新疆吐鲁番有唐代木尺出土。内蒙出土的元代铜秤砣上铸有汉、蒙、回鹘和波斯文字,清代西藏地方用的铜砝码,刻有汉、藏两种文字。这些有关度量衡的文物说明,我国各兄弟民族和边远地区人民,在发展我国度量衡事业上都作出过自己的贡献。

思 考 题

1. 中国古代的土地制度有何变化?这些变化对中国古代社会产生了什么影响?
2. 你认为古代中国的制度文明中有哪些部分可以在当代中国的制度文明建设中发挥积极作用?

第五章 学术文明

中国古人称学术为"道术",它是安邦定国、治理天下之法。从先秦诸子学、汉唐经学、宋明理学到清代考据学,都与当时人们解读自身以及揭示社会发展规律的实践需要有关。其研究的对象也主要包括政治教化、人才培育、社会文化等内容。

作为鉴古知今的"显学",中国古代史学十分发达,历史著作十分丰富,著史名家层出不穷,更形成了优良的史学传统。从今人来看,中国古代史学既是民族精神的载体,也是治国安邦的经验宝库,更是汲取人生智慧的源泉。

中国古代藏书的千年积淀不仅为人才培养提供给养,更孕育着古典学术文脉。藏以致用,通过对古代文献典籍的保存、传递、校勘、记录,藏书家为中国学术文化的繁衍作出了巨大贡献。孔子修定"六经",结合文献整理方法开创了中国学术史研究的端绪,汉代刘向刘歆父子继承此传统,将学术史研究在形式上与校雠目录学结合了起来。在整理、诠释古籍的过程中,文字学、音韵学、训诂学也成为了中国古代学术史上的重要内容。

第一节 传承不息的儒家

儒家是中国历史上影响最大、持续时间最久的一个学派。自汉武帝采纳董仲舒建议"罢黜百家,独尊儒术"以后,儒家高居于中国封建社会上层建筑及其意识形态的正统地位长达2000多年。

关于"儒"的由来,据《周礼·天官冢宰》(宰夫八职)中云:"四曰儒,以道得民。"郑玄注:"儒,诸侯保氏有六艺以教民者。"贾公彦疏:"诸侯师氏之下,又置一保氏之官,不与天子保氏同名,故号曰'儒';掌养国子以道德,故云'以道得民';'民'亦谓学子也。"《汉书·艺文志》说:"儒家者流,盖出于司徒之官,助人君顺阴阳、明教化者也。"不过,这种把"儒"的由来与"教化"相联系的说法未必可信。

近代学者认为,"儒"是在春秋社会大变革中从巫、史、祝、卜之中分化出来的、以"相礼"(充当司仪)为业的知识分子。墨翟曾指斥儒者"贪于饮酒,惰于作务",只会办丧事混饭吃,说他们是"富人有丧,乃大说,喜曰:此衣食之端也"[①]。汉代《扬子法言·君子》篇称"通天、地、人曰儒;通天、地而不通人曰伎"。《说文解字》上释"儒,柔也,术士之称"。直到唐代,颜师古注《汉书》时还认为"有道术者皆称儒"。照此看来,最初的"儒"与"教化"、"教民"之间并

---
① 《墨子·非儒》。

无干系。

"儒"与"教化"的结合应始于春秋末孔子。孔子早年曾以"儒"为业,但他认为自己从事的是"君子儒","出则事公卿,入则事父兄,丧事不敢不勉,不为酒困,何有于我哉?"①因为孔子除了通晓贵族养生送死的仪节外,还关心时事政治,精通"六艺",并有一套完整的学说和主张。史称孔子打破"学在官府"传统,开私人讲学之先例,"以诗书礼乐教,弟子盖三千焉,身通六艺者七十有二人"②,由此形成了一个以他为核心的学派。后世称之为"儒家"。

儒家内部虽然始终存在着政治观点或哲学观点的差别与对立,但作为同一学派,又具有以下共同特点:①"祖述尧舜,宪章文武,宗师仲尼"③,视孔子言行如最高准则;②崇尚"礼乐"、"仁义"准则,提倡"忠恕"、"中庸"之道;③以《诗》、《书》、《礼》、《易》、《春秋》为经典,注重伦理道德教育;④"列君臣父子之礼,序夫妇长幼之别"④,维护君臣、父子、夫妇、兄弟等伦常关系。

一、孔子

孔子(图5-1-1)(公元前551年—公元前479年),名丘,字仲尼,鲁国昌平乡陬邑(今山东曲阜东南)人。其先世是宋国贵族。他的曾祖孔防叔因宋国一次政治变乱逃到鲁国,定居下来,从此孔氏成了鲁国人。他的父亲叔梁纥做过鲁国的陬邑宰。

孔子思想学说的形成与他所生活、受教育的环境有密切的关系。鲁国自西周初年以来一直是东方各国的文化中心,素有"礼乐之邦"之称。据《左传》记载,鲁襄公二十九年(公元前544年),吴使公子季札来聘,"请观于周乐",盛赞"美哉",并表示:"观止矣!若有他乐,吾不敢请已!"鲁昭公二年(公元前540年),晋使韩宣子来聘,"观书于大史氏",看到鲁国丰富的文物典籍,也惊叹:"周礼尽在鲁矣!吾乃今知周公之德,与周之所以王也!"另据《史记·孔子世家》记载,孔子从小就对周礼仪式有浓厚兴趣,"为儿嬉戏,常陈俎豆,设礼容";鲁国执政大夫孟釐子临

图5-1-1 《先师孔子行教像》
(唐吴道子绘)

---

① 《论语·雍也》、《子罕》。
② 《史记》卷47《孔子世家》。
③ 《汉书》卷30《艺文志》。
④ 司马谈:《论六家之要旨》。

终前嘱咐其嗣孟懿子:"孔子年少好礼","吾即没,若必师之"。

孔子幼年丧父,家道中落,自称"吾少也贱,故多能鄙事"。① 但作为士大夫子弟,他还是受到过良好的教育。孔子34岁时,孟釐子、南宫敬叔来学礼,从此招聚门徒讲学。不久遭遇鲁国内乱,去鲁至齐。齐景公问政于孔子,他答以"君君、臣臣、父父、子子","政在节财",甚得赞赏,因受到晏婴等人阻挠未得重用。返回鲁国后,他继续讲学,并开始整理古代文献。随着弟子逐年增多,影响也越来越大。孔子50岁时,任鲁国中都宰,"一年,四方皆则之",迁司空、大司寇。鲁定公十年(公元前500年),孔子随鲁定公赴夹谷之会,执相礼,折服齐景公,收回了被齐国侵占的郓、汶阳、龟阴之田。至十三年,因政局有变去职。随即带领弟子周游列国,向各国诸侯宣传其政治主张,直到鲁哀公十一年(公元前484年)回到鲁国。晚年致力于教育,整理《诗》《书》等古代典籍,"乃因史记作《春秋》"。②

孔子的思想学说集中体现在《论语》一书中。《论语》系孔子弟子及二三传弟子辑录其言论整理而成的。此外,《左传》和《史记》中有关孔子言行的记载也比较可靠。这些都是后人据以研究孔子及其思想学说的最重要资料。

孔子所生活的春秋末期是旧的奴隶制已日趋崩溃、新的封建制正蓬勃兴起的社会大变革时代。面对种种"礼崩乐坏"的现象,他在政治上的立场趋向于保守,但又具有某种改良的倾向。因此,孔子的思想学说中充满新与旧、改良与保守的矛盾,反映了他在这一特定历史时代中充满矛盾的思想特点。

孔子的哲学思想体系是唯心的,但在个别观点中却有唯物的因素。孔子一方面宣扬天命,说"死生有命,富贵在天","知我者,其天乎",另一方面又说"天何言哉?四时行焉,万物生焉";一方面很看重祭祀,认为"祭如在,祭神如神在",另一面又采取"敬鬼神而远之"的态度,"不语怪、力、乱、神"。他的这些宗教思想与传统的天命观是矛盾的,因而构成了西周天命观向战国唯物自然观转变的中间环节,对后世无神论思想的发展有一定的积极影响。孔子既强调"生而知之",又承认"我非生而知之者";既强调"唯上知与下愚不移",又承认"性相近也,习相远也"。所以,他在认识论和人性论上具有明显的二重性。

孔子政治思想的核心是"礼"和"仁"的学说。"礼"是夏、商、周三代维护等级秩序的典章制度和规范社会成员的行为准则。因为"殷因于夏礼","周因于殷礼",所以孔子尤为推崇"郁郁乎文哉"的周礼。"仁"指通过内心修养而成的无美不备的一种德性。孔子把"仁"的基本概念定义为"爱人"。他讲"礼",以"仁"为基础;讲"仁",以"礼"为原则。他说:"克己复礼

---

① 《论语·子罕》。本小节以下引文未注明者均出自《论语》各篇。
② 《史记》卷47《孔子世家》。

为仁""人而不仁如礼何""不知礼,无以立也"。这种将伦理范畴的"仁"和政治范畴的"礼"结合在一起的做法是孔子在政治思想上的一大创新,由此形成的伦理政治学说对后世的影响是极其深远的。

孔子的理想是恢复周礼,希望回到"礼乐征伐自天子出"的西周时代。他对当时"礼乐征伐自诸侯出""政在大夫""陪臣执国命"等违背周礼规定的僭越行为一概加以谴责。孔子认为周襄王应晋文公之召赴温会盟有违周礼,所以他一面指斥晋文公"以臣召君,不可以训",一面通过"天王狩于河阳"的春秋笔法来维护周天子尊严。[①] 鲁国大夫孙氏窃用天子之礼,"八佾舞于庭",孔子极为愤慨,说"是可忍也,孰不可忍也"。不过,孔子讲"礼"着眼于周礼的大节,于细微之处也主张"损益"。他把"仁"定义为"克己复礼"和"爱人"。所谓"爱人",就是推己及人的忠恕之道,即要求统治者"节用而爱人,使民以时",实行德政。他说的德政,主要包括两方面的内容:一是在经济上推行"因民之所利而利之"的方针,反对无节制的剥削;二是在政治上采取"道之以德,齐之以礼"的方式,反对纯任刑罚的苛政。孔子提出的这些主张尽管实际上是做不到的,但它毕竟在一定程度上反映了对人的重视,有利于缓和社会矛盾,因而是有进步意义的。

孔子的教育思想是他一生教育经验的总结,也是他思想学说中最有价值的部分。他坚持私人讲学数十年,前后培养弟子3 000人,对打破"学在官府"的贵族垄断教育局面,使教育在一定程度上向普通民众开放作出了贡献。他提出"有教无类"的主张,适应了当时学术下移、庶人议政的历史趋势,并进一步促进了这一历史趋势的发展。他极力倡导"学也,禄在其中""学而优则仕",要求为一些出身微贱而学有专长的士人提供从政机会,在当时具有一定的进步作用。此外,他在教学实践和学习态度、方法上的许多精辟论述,例如,"学而不厌,诲人不倦""知之为知之,不知为不知,是知也""学而不思则罔,思而不学则殆""学而时习之""温故而知新"等等,至今仍有积极意义。

因为孔子思想学说本身所具有的多面性,以及孔门弟子对孔子的理解各执一端,所以,孔子死后儒家内部很快便发生了分化。按照《韩非子·显学》中的说法,孔子之后的"儒"分为八派:有子张之儒、子思之儒、颜氏之儒、孟氏之儒、漆雕氏之儒、仲良氏之儒、孙氏之儒和乐正氏之儒。此外,《荀子·非十二子》中还提到过子夏氏之儒和子游氏之儒。在战国时期百家争鸣中,儒家除了和其他学派展开论战,其内部各派之间也相互论争,而且激烈程度并不亚于儒家与其他各家的论战。

---

① 《左传·僖公二十八年》。

二、孟子和荀子

孟子是战国中期孟氏之儒的代表人物,在儒家中的地位仅次于孔子,有"亚圣"之称。荀子是战国晚期孙氏之儒的代表人物,先秦唯物主义哲学的集大成者。

图 5-1-2 孟子

孟子(图 5-1-2)(约公元前 372 年—公元前 289 年),名轲,字子舆,邹(今山东邹县东南)人。据说他是鲁国贵族孟孙氏的后裔,幼年丧父,家境贫困。《史记》本传说他"受业子思之门人"。子思(孔伋)是孔子的嫡孙。孟子的学术思想是通过子思上继孔子的,故自视甚高。他对孔子极为尊崇,不但认为"自有生民以来未有夫子",而且表示"乃所愿,则学孔子也"①。孟子曾效法孔子周游列国,向梁(魏)惠王、齐宣王等宣扬他的政治主张,并敢于当面批评这些大国诸侯。他到魏国,以"五十步笑百步"讽喻梁惠王"好战";在齐国,用"四境之内不治"来讥责齐宣王不行仁政。因为孟氏之儒是当时很有影响的显学,所以孟子一行所到之处都能受到诸侯的礼遇,他本人还做过齐宣王的客卿。但由于"秦用商君富国强兵;楚、魏用吴起,战胜弱敌;齐威王、宣王用孙子、田忌之徒,诸侯东面朝齐";而孟子主张的"唐、虞、三代之德"则"迂远而阔于事情",终不为各国统治者所采纳。最后,他退而居邹,与弟子万章等人"序《诗》、《书》,述仲尼之意;作《孟子》七篇"②。

孟子生活的战国中期,封建制度伴随着各国"变法"相继完成而得以确立,原先诸侯林立的割据纷争逐渐演变成七个强国间的合纵连横,实现全中国范围的封建统一已经成为可能。因此,孟子不再坚持"礼乐征伐自天子出",在他看来,无论哪一国君主,只要采纳他的主张,都可以取周天子而代之,成为天下的"共主"。孟子在政治上倾向于保守,主张"守先王之道",但他并不是要求原封不动地恢复周礼,而是想用托古形式来推行温和的改良。孟子不赞成武力统一,而希望通过"以德服人"来"定于一"。他说:"不嗜杀人者能一之","善战者服上刑"。

孟子继承了孔子"仁"的思想,进而发展成"仁政"学说。他在《孟子·公孙丑》中把"仁政"的具体内容归纳为五点,即"尊贤使能,俊杰在位,则天下之士皆悦而愿立于其朝矣;市廛

---

① 《孟子·公孙丑上》。本小节以下有关孟子的论述引文未注明者均出自《孟子》各篇。
② 《史记》卷 74《孟子荀卿列传》。

而不征,法而不廛,则天下之商皆悦而愿藏于其市矣;关讥而不征,则天下之旅皆悦而愿出于其路矣;耕者助而不税,则天下之农皆悦而愿耕于其野矣;廛无夫里之布,则天下之民皆悦而愿为之氓矣"。他还断言:"信能行此五者,则邻国之民仰之若父母矣。……如此,则无敌于天下。"孟子对士(知识分子)"尊贤使能,俊杰在位"的主张,是与当时的封建官僚政治制度的发展相适应的;其余的主张都在于减轻人民的负担,体现了"仁政"学说关心生产、爱惜民力的积极方面。①

孟子认为,"仁政"就是"省刑罚,薄税敛",使民有"恒产"。他说"暴其民甚,则以身弑国亡",三代都是因为"仁"得天下、因为"不仁"而失天下。又说"民之为道也,有恒产者有恒心,无恒产者无恒心",而开明的统治者只要"制民之产,必使仰足以事父母,俯足以畜妻子,乐岁终身饱,凶年免于死亡",人民便不会轻易去触犯刑律。他主张:以一家一户的小农为基础,采取劳役地租的剥削形式,使每家农户有百亩之田和五亩之宅,宅边种植桑树,家中饲养畜禽,吃穿自给自足。所以,孟子提出"仁政""恒产"的主张,实际上是想通过稳定个体小农经济来达到巩固封建统治的目的。

孟子的"性善论"是他的"仁政"学说的哲学基础。孟子认为,每个人生来就具有基本道德品质的萌芽:"恻隐之心,仁之端也;羞恶之心,义之端也;辞让之心,礼之端也;是非之心,智之端也。"他说,"人之有是四端也,犹其有四体也",如果把它们"扩而充之",用来治理国家,"足以保四海",这就叫"以不忍人之心,行不忍人之政,治天下可运之掌上",也就是"仁政"。孟子还从"性善论"出发,否认人有先天的等级差别,在他看来,"圣人与我同类","人皆可以为尧舜"。因此,孟子的"性善论"虽然是唯心主义的,但无论在当时还是对以后都有一定的积极影响。

孟子提出的"民为贵,社稷次之,君为轻"是他思想学说的精华。这一观点的重大政治意义首先在于:它反映了当时奴隶社会崩溃后庶民地位提高这样一种历史的进步。其次,孟子把君臣关系看成是一定程度上的相互对等关系,没有天生的服从和隶属的义务。他甚至主张:"君有大过则谏,反复之而不听则易位","诸侯危社稷,则变置"。据《孟子·梁惠王》记载,孟子并不认为"武王伐纣"是"臣弑其君"的非礼行为。他说:"贼仁者谓之贼,贼义者谓之残,残贼之人谓之一夫。闻诛一夫纣矣,未闻弑君也。"这和孔子所坚持的"君君、臣臣"相比,无疑也是一种历史的进步。

荀子(约公元前 313 年—约公元前 238 年),名况,赵国人。时人尊号为"荀卿",汉代避宣

---

① 参见任继愈:《中国哲学史简编》,人民出版社 1984 年版,第 72 页。

帝(刘恂)名讳,改称"孙卿"。约齐闵王末年,荀子到过齐国。齐襄王时,又到齐国,在稷下学宫讲过学。因遭谗言,最终离开齐国。其后他到赵国议论过用兵之道,又赴秦国考察过政治。最后来到楚国,被春申君用为兰陵(今山东苍山兰陵镇)令。晚年定居其地,从事教学、著述,总结百家争鸣的学术成果。他的弟子很多,其中最著名的是韩非、李斯。现存的《荀子》共32篇,除了书末6篇是弟子附加的,其余26篇大都出自荀子本人的手笔。

《史记》本传说荀子"最为老师"、"三为祭酒",是稷下学宫里一位资深的学术领袖。又说他"嫉浊世之政,亡国乱君相属,不遂大道而营于巫祝,信禨祥,鄙儒小拘,如庄周等又猾稽乱俗,于是推儒、墨、道德之行事兴坏",对墨、道、名、法各家及儒家各派都进行过批判。荀子尊崇孔子,但他却把子张氏、子夏氏、子游氏目为"贱儒",并斥责子思、孟子"略法先王而不知其统,犹然而材剧志大,闻见杂博"①等等。所以,荀子的学说在儒家中独树一帜。

在荀子的自然观中,有继承孔子学说重人事、不重鬼神的成分,也有受老子"自然"、"无为"思想影响的因素,但这些都已经过了他的加工和改造。荀子在所著《天论》篇里对他的自然观作了全面阐述。在他看来,"天"不外是"列星"、"日月"、"四时"、"阴阳"、"风雨"、"寒暑"等自然界变化的现象而已,并不具有宗教的神秘性;"天行有常,不为尧存,不为桀亡","天"的运动变化规律是不会因为社会治乱、人事吉凶而转移的。在此唯物主义自然观的基础上,荀子一方面提出了"明于天人之分"的观点,认为人首先应当顺应自然界的客观规律性,"不与天争职",不以主观意志代替客观规律;另一方面又提出了"制天命而用之"的观点,强调发挥人在利用和改造自然中的主观能动作用。他说:"大天而思之,孰与物畜而制之!从天而颂之,孰与制天命而用之!望时而待之,孰与应时而使之!"所以,荀子论述的天人关系,是基于较高理论思维水平上的辩证统一,它对后世的唯物主义思想发展有重要影响。

在认识论的问题上,荀子指出,"凡以知,人之性也;可以知,物之理(即规律)也",意思是人具有认识客观事物的能力,客观事物规律也是可以被认识的。他又指出,人认识事物的方法是"以可以知人之性,求可以知物之理";其结果是"知有所合谓之智(知识)"。这种物理可知的思想是朴素的唯物主义反映论。荀子还把认识过程分为两个阶段,即"缘天官"和"心有征知",并说:"然而'征知'必将待'天官'之当簿其类,然后可也。"所谓"天官",指人的耳、目、鼻、口等感官,"缘天官"就是通过感官与外界事物接触获得感觉。所谓"征知",指对已经获得的感觉加以分类、辨别、取舍;"心有征知"就是通过"心"(思维)来对感觉进行鉴别验证,从而形成理性认识。此外,他还对造成认识片面性以及错觉、鬼神观念等现象,也作出了比较

---

① 《荀子·非十二子》。本小节以下有关荀子的论述引文未注明者均出自《荀子》各篇。

科学的解释。因此,荀子的认识论是辩证的,既肯定知识来源于感官经验,又克服了狭隘经验论的局限性,同时强调了理性思维在认识中的重要作用。

关于人性的问题,荀子针对孟子的"性善"说,提出了"性恶"的主张。荀子认为,体现礼义、法律的道德观念与人的本性是相违背的,因为"凡人有所一同:饥而欲食,寒而欲暖,劳而欲息,好利而恶害,是人之所生而有也,是无待而然者也,是禹、桀之所同也";如果一味讲求"从人之性,顺人之情,必出于争夺,合于犯分乱理,而归于暴";所以古代圣人"以人之性恶","为之立君上之埶(势)以临之,明礼义以化之,起法正以治之,重刑罚以禁之,使天下皆出于治,合于善也"。他还认为,人的本性可以通过后天人为加以改变,"涂之人可以为禹",人人都能够改造成圣人。荀子脱离了人的阶级性,抽象地讨论人性的"好利而恶害",固然是一种唯心主义的先验论,但由于他主张"人之性恶"的目的在于试图证明建立封建法制和加强教化民众的必要性,同时,由于他认为人性是可以改变的,强调后天环境影响与学习的重要性,因此,在当时还是具有一定积极意义的。

在政治和社会历史观方面,荀子提出了"群"(人的社会组织)和"分"(人的身份、地位)的概念。他说,人与其他动物的不同就在于,"人能群,彼不能群也";又说,"分均则不偏,埶(势)齐则不壹,众齐则不使"。若人无尊卑贵贱的区别,也就无法相互统属役使。所以,他以"人之性恶"为基点,认为"先王恶其乱也,故制礼义以分之,以养人之欲,给人之求。使欲必不穷于物,物必不屈于欲。两者相持而长,是礼之所起也",把国家政治制度的产生说成是统治者为了节制人的欲望的结果。荀子的社会历史观虽然是唯心主义的英雄史观,但在流行天命史观和君权神授说的当时,仍具有不容低估的进步意义。

荀子"隆礼",他说,"礼者,法之大分,群类之纲纪也",认为"礼"在调节社会人际关系方面有重要的作用。他继承了儒家为政以德的传统思想,倡言治国应该"平政爱民",并且还用"君者,舟也;庶民者,水也。水则载舟,水则覆舟"作比方,提醒统治者要推行王道政治,否则将遭"覆舟"的下场。但荀子与孔子不同之处在于:孔子把"礼"和"法"(及其刑罚)视为对立的;而荀子则将两者看成统一的。在荀子看来,"隆礼至法,则国有常","治之经,礼与刑"。他认为,只有做到"以善至者待之以礼,以不善至者待之以刑;两者分别,则贤不肖不杂,是非不乱",才能达到"处国有制"。所以,荀子的政治主张特点是:"礼"、"法"兼用;"王"、"霸"并重。

荀子的学说曾对汉代经学的发展产生过一定影响。但由于他的有些观点与儒家正统说法不合,因而不时遭受后人的指责和非议,及至宋代,则为程朱理学所不容,出现了扬"孟"抑"荀"的现象。直到清末,梁启超、章炳麟等才对荀子学说重新作出评价,肯定了它在中国古代哲学史上的重要地位。

三、汉唐经学

秦统一后,焚诗书、坑术士,禁止"道古以害今"①,法家以外的诸子学说都被取缔。随着大泽乡起义的爆发,"挟书之禁"成为一纸空文。汉惠帝四年(公元前191年)正式废除"挟书之禁"。在汉初学术论坛上,比较活跃的诸子学说有阴阳、儒、墨、名、法、道六家,其中影响最大的是儒、道两家。由于当时统治者正推行"顺民之情,与之休息"的政策,主张清静无为和刑名之学的道家黄老学说颇受青睐,五经博士仅具官顾问,并未得到重用。直到汉武帝采纳董仲舒建议,"罢黜百家,独尊儒术","兴太学,置明师"②,以孔孟为正宗的儒学才成了封建统治的正统思想,攻读"五经"成了士人干禄仕进的敲门砖。

随着儒学上升为官方的"经学",中国的政治思想领域也因此发生了两大变化:一是道、法、阴阳各家学说逐渐与"儒术"相融合;另一是儒学成了以孔孟学说为主、融汇其他学说在内的思想综合体,即所谓"霸王道杂之"③。为了统一经学观点,汉宣帝甘露三年(公元前51年)诏令萧望之、刘向、韦玄成等儒生,在长安未央宫北的石渠阁讲论"五经"之异同,由汉宣帝本人亲自裁定评判,这就是历史上著名的"石渠阁会议"。这次会议开封建统治者通过政治权力来干预学术文化的先例。

汉代经学的主要任务是说经和注经。当时有两种不同的儒经和经学:用通行"隶书"书写的儒经叫做"今文经",以今文经为研究对象的称"今文经学";用先秦"篆书"书写的儒经叫做"古文经",以古文经为研究对象的称"古文经学"。今文经学家讲求"通经致用",他们多结合阴阳、五行、灾异和刑名之说,着重发挥经文的微言大义。古文经学家讲求"通经识古",他们不讲或很少讲阴阳灾异,主要解释经文文字及名物、制度等。因为今文经出现较早,所以立于太学的都是今文经,古文经学则在民间传授。西汉末年,由于刘歆争立古文经于太学,才出现含有派别意义的"古文经学"。今文经学家们迫于古文经学的独树一帜也结成派别,由此形成了"经今、古文学之争"。

东汉初年,统治者在提倡儒学的同时,"宣布图谶于天下"④,把谶纬之学确立为官方思想。汉章帝建初四年(79年),为了统一儒经解说,并促使儒学与谶纬相结合,遂效法西汉"石

---

① 《史记》卷6《秦始皇本纪》。
② 《汉书》卷56《董仲舒传》。
③ 《汉书》卷9《元帝纪》。
④ 《后汉书》卷1下《光武帝纪下》。

渠阁会议",召集今、古文两派经学大师在洛阳北宫白虎观,讨论五经之异同,章帝亲临裁决,连月始罢。这就是历史上有名的"白虎观会议"。会议的讨论结果由班固整理成《白虎通德论》(又称《白虎通义》)刊布于世。白虎观会议再次以政治权力肯定了儒学的独尊地位,并把谶纬迷信与儒家经典糅合为一,使得今文经学进一步神学化。

《白虎通德论》的内容虽以董仲舒思想为主,但也认同了古文经学的一些观点。此后,在贾逵、马融等古文大师兼治今文的影响下,马融弟子郑玄"囊括大典,网罗众家,删裁繁诬,刊改漏失,自是学者略有所归"①。因为郑玄遍注群经能兼采众家之长,择善而从,所以随着"郑学"的流行,今文经学日益衰微。及至曹魏黄初年间,"复立太学,……盖不必有废置明文,而汉家四百年学官,今文之统,已为古文家取而代之矣"②。

魏晋玄学的流行,使得儒学独尊的地位受到了一定冲击,但作为封建统治的正统思想仍然是儒学。当"郑学"逐渐成为儒学正宗时,它的反对派亦随之而起。以反对郑玄出名的王肃是晋武帝司马炎的外祖父,他为《尚书》、《诗》、《论语》、《左传》及"三礼"等书所作的解说,在晋代太学中皆立有博士。不过,"王学"、"郑学"之争,只是对儒经的理解不同,二者思想体系则并无太大区别。此外,西晋杜预著《春秋左传集解》,多存旧说,不主一家,这对打破汉代经学固守门派之学风也起了一定促进作用。

魏晋儒学的特点之一,就是援引老庄来解释儒经以及经学的玄学化。当时,王弼(图5-1-3)的《周易注》摒弃象数,专说义理;何晏的《论语集解》杂采众说,并下己意。郑玄的《易》注、《论语》注,几乎尽为王、何所掩。不过学者们在展开"名教"与"自然"辩论时,无论主张名教出于自然,还是强调名教即自然者,都对儒家提倡名教给予肯定。而儒家学术也因援道入儒的诠释,其抽象思维水平得以大大提高。

东晋南朝和十六国北朝对峙期间,南北政权为争正统都采取了一些加强儒学的措施,经学在这一时期仍有所发展。其高峰,南方大致在梁武帝在位之时,北方则在魏孝文帝迁都以后。不过,"南北所治,章句好尚,互有不同:江左《周易》则王辅嗣(肃),《尚书》则孔安国,《左传》则杜元凯(预)。河洛《左传》则服子慎(虔),《尚书》、《周易》则郑康成(众)。《诗》则并主于毛

图5-1-3 王弼

---

① 《后汉书》卷35《郑玄传论》。
② 王国维:《观堂集林》卷4《汉魏博士考》。

公,《礼》则同遵于郑氏(玄)"①,出现了南学与北学的区别。"江左"南学较多沿袭魏晋学风,着重从综合、抽象义理上去探求;而"河洛"北学则主要继承两汉学风,更注重于兼通博考。《隋书·儒林传序》对当时南、北学风的特点作了概括:"大抵南人约简,得其英华;北学深芜,穷其枝叶。"

隋唐时期,南、北经学随着政治"大一统"局面的出现而走向统一。隋唐经学的统一实际上是统一于南学。这一时期比较重要的经学著作,如陆德明的《经典释文》撰自陈朝,颜师古的《新定五经》根据南朝本子写定,孔颖达的《五经正义》多从南学。此外,《尚书》用孔安国传,《春秋左传》用杜预集解,《礼记》用郑玄注等,也都是南学通行的注疏本。

有隋一代,统治者"不悦儒术,专尚刑名"②,所以当时"空有建学之名,而无弘道之实"③。唐朝统治者从一开始就高度重视儒学。据《旧唐书·儒林传序》,唐高祖"初定京邑,虽得之马上,而颇好儒臣","是以学者慕向,儒教聿兴";唐太宗即位后,尊孔子为"先圣"、颜渊为"先师",并"大征天下儒士以为学官",加筑国子学舍以增置生员。于是,"四方儒士,多抱负典籍,云会京师"。"国学之内,鼓箧而升讲筵者八千余人,济济洋洋焉,儒学之盛,古昔未之有也"。

随着儒学受到重视,由国家统一考订经文、确定经义也很快被提上了议事日程。唐太宗一面以儒经"文字多讹谬",命颜师古考订"五经"经文,撰成"新定五经",作为"五经"定本颁布全国;一面以"儒学多门,章句繁杂",命孔颖达等编撰《五经正义》180卷,"令天下传习"④。《五经正义》作为儒家经典的义疏之学,几乎统治了整个唐代经学,直到北宋初年仍有很大影响。唐人传习"五经"⑤,主要就是根据《五经正义》的旨意来解说经文。唐制,凡应试科举的士子必须依据《五经正义》答卷,不允许自由发挥。所以,经文、经义的统一固然有利于一般学子记诵"五经",但也严重限制了经学研究的创新。

由于孔颖达等编撰《五经正义》以"注不驳经,疏不驳注"为宗旨,唐人习经又只重记诵而很少创见,这种墨守成规的学风引起一些士人的不满。于是,有人便置《五经正义》于不顾,全凭己意自由解经。如天宝末年经师啖助,以善治《春秋》著称,他"考三家(三传)短长,缝绽漏阙,号《集传》,凡十年乃成"⑥。但啖助治《春秋》,"摭讪三家,不本所承,自用名学,凭私臆

---

① 《隋书》卷75《儒林传序》。
② 《隋书》卷2《高祖纪下》。
③ 《北史》卷81《儒林传序》。
④ 《旧唐书》卷189上《儒林传序》。
⑤ 唐时"五经","礼"分《仪礼》、《礼记》、《周礼》,"春秋"有《公羊》、《谷梁》、《左传》三传,合《易》、《书》、《诗》为"九经"。
⑥ 《新唐书》卷200《儒学传下·啖助》。

决",还宣称是"孔子意也"。他的学生赵匡、陆质亦"从而唱之",用和老师同样的方法,继续治《春秋》学。所以,这一派经师已实际开启了后来宋儒空言说经、任意穿凿的先例。

唐中期,韩愈鉴于儒学在思想界的地位受到佛理的冲击,一面撰《论佛骨表》极力抨击佛教灭弃伦常,使"子焉而不父其父,臣焉而不臣其君,民焉而不事其事";一面却著《原道》,仿照佛教诸宗"法统"的传法世系,提出了儒家之"道"的传授体系:"尧以是传之舜,舜以是传之禹,禹以是传之汤,汤以是传之文、武、周公,文、武、周公传之孔子,孔子传之孟轲,轲之死不得其传焉"。他还为儒家之道作了"博爱之为仁,行而宜之之为义"的诠释,并以孟子继承者自居,以卫"道"为使命。宋代朱熹又将这一儒"道"传授系统的学说进一步概括为"道统"之说。此外,与韩愈同时或稍后的柳宗元、李翱等所开援引佛、老入儒的先例,也启迪了后来的理学。

总之,因为唐代经学没有多少新的发展,已无法满足封建统治的要求,所以啖助、韩愈等人都试图从孔子的思想学说中演绎出一种新的儒学形态,以适应封建统治阶级在政治和思想意识方面的新的需要。

四、宋元明理学

理学是继经学之后出现的又一种重要的儒学形态,也是我国宋元明时期占统治地位的哲学思想。因其谈论最多的有道、器、理、气等概念,又称道学。它萌发于唐代,形成于北宋,盛行于南宋与元明,至清中叶逐渐衰落,但其影响一直延续到近代。

宋初经学仍拘守《五经正义》的章句传注之学,至宋仁宗庆历以后,风气始变。刘敞作《七经小传》①,最早对经义表示怀疑,并认为经文谬误,开始按照己意改经。欧阳修作《毛诗本义》,对《毛诗序》和郑玄笺注持怀疑态度,往往自己立说。稍后,苏辙作《诗集传》,仅用《毛诗·小序》首句,其余一律删去,全盘否定《毛诗序》。及至王安石作《三经义》②,不囿于先儒传注,独标新说,对结束汉儒的章句传注之学起了重要作用。因为宋儒直接通过经典原文阐释义理性命,所以这一新的儒学形态被称为"性理之学",简称"理学"。

儒家的"道统"思想发展到北宋中期逐渐形成理学思潮,并占据了儒学的主导地位。当时,周敦颐、邵雍、张载、程颢、程颐等从不同方面探讨宇宙和人生的根本问题,提出理学的基本范畴。他们都自称其道为"圣人之道",其学为"圣人之学",故习称"道学"。至南宋,"理学"之

---

① "七经",指《尚书》、《毛诗》、《周礼》、《仪礼》、《礼记》、《春秋公羊传》、《论语》。
② 《三经义》,又作《三经新义》。"三经",指《尚书》、《诗经》、《周礼》。

称渐盛。明中期以后,常有道学家被人诟为假道学,"道学"渐含贬义,"理学"之称更加盛行。

宋代理学分为不同流派,如北宋有周敦颐的"濂学"、邵雍的"象数学"、张载的"关学"、程颢和程颐的"洛学"、司马光的"朔学",南宋有朱熹的"闽学"、陆九渊兄弟的"江西之学"。这些流派之间有相同之处,也有区别与相互斗争,所以理学思潮错综复杂。不过,按照它们各自对世界本原的解释,可以分为"气一元论"、"理一元论"和"心一元论"三派。所谓"气"、"理"、"心",都是中国古代哲学的传统概念。"气"一般指构成宇宙万物的极细微的物质,"理"通常指条理、准则或规律。"理"、"气"是中国传统哲学中的一对基本范畴。但二程、朱熹所说的"理"还包括了封建纲常伦理,朱熹认为:"宇宙之间,一理而已","其张之为三纲,其纪之为五常,盖此理之流行,无所适而不在"。① "心"指人的意识,与"性"、"物"相对。所以,有关"气"、"理"、"心"三者何为世界本原的解释,分别代表了宋代理学的朴素唯物主义、客观唯心主义和主观唯心主义三大流派。

以张载为代表的"气一元论"是理学的朴素唯物主义学派。张载在《正蒙》一书中根据《易传》论证物质的"气"是世界的本原,否定佛教"以天地万物为幻化"和道家"有生于无"的学说。他提出"太虚即气"的命题,认为"太虚不能无气,气不能不聚而为万物,万物不能不散而为太虚"。又说"太虚无形,气之本体;其聚其散,变化之客形尔"②。但这一派在人性论方面则含有很大的唯心成分。

图 5-1-4 朱熹

以二程、朱熹(图 5-1-4)为代表的"理一元论"是理学的客观唯心主义派。他们提出万物生成有理有气,但"有理而后有气,虽是一时都有,毕竟以理为主"③。他们将理推之于社会生活,认为"在天为命,在义为理,在人为性,论其所主为心,其实一也"④;又说"父子君臣,天下之定理,无所逃于天地之间",三纲五常都是"理之流行,无所适而不在"⑤的形式。他们还把人的欲望当作"恶",使与至"善"之理相对立,主张"灭私欲、则天理明"⑥,"去人欲,存天理"⑦。由于程朱学派的思想体系严密完整,有利于维护封建专制统治,因此到了元、明、清三代成了官方哲学。

---

① 《朱文公文集》卷70《读大纪》。
② 《正蒙·太和》。
③ 《二程粹言》卷1,《朱子语类》卷3。
④ 《二程遗书》卷5。
⑤ 《二程遗书》卷18。
⑥ 《二程遗书》卷24。
⑦ 《朱文公文集》卷37《与刘共父书》。

清朝统治者更称赞朱熹在为封建统治"立亿万世一定之规"①。

以陆九渊为代表的"心一元论"是理学的主观唯心主义派。陆九渊提出了"心即理"的命题,认为"心"是天地万物的本源,"四方上下曰宇,往古来今曰宙;宇宙便是吾心,吾心即是宇宙"②。他主张"存心"、"去欲",宣扬"虽在贫贱患难中,心自亨通,正人达者观之,即是福德"③。明代王守仁把这一主观唯心主义哲学体系作了更加完备细致的发展。陆王学派因此又称"心学"。

宋代的理学著作大多以经注或经说形式出现。如周敦颐著《太极图·易说》、《易通》,以易理阐述理学思想;张载著有《易说》,又以易理贯串于《正蒙》之中;杨简著《易传》、《诗传》,鼓吹陆九渊学派的心学;朱熹则将《论语》、《孟子》、《大学》、《中庸》编在一起,合称"四书",重新加以注释。从此以后,朱熹的《四书集注》便成了封建知识分子必读的教科书。

金与南宋对峙期间,北方地区很少流传朱熹、陆九渊等人的著作。直到蒙古灭金,忽必烈在燕京(今北京)设立太极书院,延请朱熹再传弟子赵复讲授程朱理学的书目、宗旨与师承关系,培养了一批理学家。赵复也因此被视为北方理学的开山之祖。元代在理学上虽无多少创新,但它是理学承上启下的重要阶段。首先,理学成为官学始于元代。元统治者不仅把《四书集注》称为"圣经章句",还规定科举考试与州县学校教学,"四书五经,以程子(程颐)、朱晦庵(朱熹)注解为主"④。其次,朱(熹)学大量兼融陆(九渊)学亦始于元代。吴澄力主调和朱、陆两派之学,既为元代理学的一种趋向,也是后来王(守仁)学出现的先声。最后,元儒也效仿宋儒以经注、经说阐述其理学思想,出现了如许衡《读易私言》、吴澄《五经纂言》等著作。

明初程朱理学在思想界占统治地位,《四书集注》依然是科举取士的准则。胡广等还奉敕编纂《五经大全》、《四书大全》、《性理大全》等,以采辑宋元诸儒之说。明中期,王守仁(人称阳明先生)(图5-1-5)在陆(九渊)学的基础上,又融汇儒家思孟学派和佛教禅宗思想的因素,完成了理学的"心学"体系。

图5-1-5 王阳明

---

① 康熙:《朱子全书序》。
② 《象山全集》卷22《杂说》。
③ 《象山全集》卷23《荆门军上元设厅讲义》。
④ 《通制条格》卷6《传习误差》、卷5《学令·科举》。

拓展阅读10
万古云霄一阳明

王守仁继承陆九渊的"心即理"命题，进而提出"心外无物"、"心外无理"的论点："心之所发便是意，意之所在便是物"①；"夫物理不外于吾心。外吾心而求物理，无物理矣"②。他认为，人心是一切事物的本源，纲常伦理是人们心中固有的"良知"；所以"良知不假外求"，"致良知"的途径就是到自己心中去体验。他不赞成"先知后行"，而主张"知行合一"。他说："今人学问，只因知行分作两件，故有一念发动，虽是不善，然却未曾行，却不去禁止。我今说个知行合一，正要人晓得一念发动处即是行了。发动处有不善，就将这不善克倒了，须要彻根彻底不使一念不善潜伏在心中。此是我立言宗旨。"③王守仁强调"一念发动"就是"行"的目的，是要求人们自觉破除"心中贼"，从心底里服从封建专制统治。此外，他同朱熹一样，也把"人欲"当为"天理"的对立物。

在王守仁的众多弟子中，以泰州人王艮影响较大。王艮长期在下层百姓中讲学，"多指百姓日用，以发明良知之学"，提出了"百姓日用即道"的命题。在他看来，"圣人之道，无异于百姓日用。凡有异者，皆谓之异端"。他还认为，"饥寒切身而欲民不为非，亦不可得也"④。王艮的这种思想比较容易为下层民众所接受，因此对"心学"的普及推广有一定作用，但同时也给宋明理学的禁欲主张打开了一道缺口，为后来李贽倡导的"人必有私"学说作了一种铺垫。

因受科举取士的影响，明代本来就是读朱熹书的人多，对儒学有所发展的人少。自陆、王"心学"兴起后，更是"不习立艺之文，不考百工之典，不综当代之务"，"以明心见性之空言，代修己治人之实学"，⑤导致明后期的学术越发腐朽。

五、清代的考据学和新今文经学

明清之际，顾炎武、黄宗羲、王夫之等本着学术的"经世致用"对宋明理学展开了猛烈批判。顾炎武主张行"实学"，反对空言。所著《日知录》、《天下郡国利病书》、《音学五书》、《五经同异》等，对清代考据学有重要影响。黄宗羲著《宋元学案》和《明儒学案》，"以志七百年来儒苑门户"⑥，对宋明理学作了较为全面的总结。王夫之继承了张载的唯物主义思想，他的著

---

① 《王文成公全书》卷1《传习录》上。
② 《王文成公全书》卷2《传习录》中。
③ 《王文成公全书》卷3《传习录》下。
④ 《王心斋先生遗集》卷1《语录》、卷2《王道论》。
⑤ 顾炎武：《日知录》卷7《夫子之言性与天道》。
⑥ 全望祖：《梨洲先生神道碑文》。

作如《张子正蒙注》、《周易外传》、《读四书大全说》、《读通鉴论》等,以宏富深刻、得未曾有而著称。

清初学界开始出现"尊汉"的倾向,但以汉儒的治经方法来整理考订古代文献、辨析名物典章制度的所谓"汉学",直到雍正年间才逐渐兴起,乾嘉时风靡一时。如康熙朝官修诸经仍取宋学,而乾隆中刊《十三经注疏》则以汉学为主。汉学家以儒经与史籍为研究对象,校勘异同,考其真伪,正其讹误,辨其音义等;在治学的态度与方法上,强调博学多闻,力戒主观武断,重视证据,运用归纳法等。汉学的兴起,改变了宋明以来读书但观大意,说经则任意发挥、空谈义理性命的弊病。

清代汉学多系私家著述,主要分为吴、皖两派。"吴学"创自元和(今江苏苏州)惠周惕,成于其孙惠栋,继之者有余萧客、沈彤、江声、王鸣盛、钱大昕等。他们尊信和固守汉儒之说,认为汉代离古不远,孔孟遗说尚存,而且不曾受到过玄学和佛学的影响,因此要弄清古代圣贤的经典,必须遵循汉儒的注疏诠释。这一派学者虽以考证精深著称,但治学态度比较保守,很少有独创性的学术成就。

惠栋(1697年—1758年),字定宇,号松崖。早年随父至广东提督学政任所,及父亡归故里,终身未仕,以课徒著述为务。元和惠氏三世传经,皆宗汉学而摈弃宋儒之说。惠栋尤精于汉代《易》学,所著《易汉学》、《易例》、《周易述》等,驳诘宋儒《河图》、《洛书》、"先天"、"太极"诸说,为清代吴派经学奠基之作,深得乾嘉学者推崇。另著《古文尚书考》、《后汉书补注》、《九经古义》、《明堂大道录》等。他一生治经,以昌明汉学为己任,"凡古必真,凡汉必好"[①],对汉人遗说搜辑研究甚勤,却很少发挥自己见解。

吴派学者以钱大昕的学术成就为最高。钱大昕(1728年—1804年),字晓徵,一字辛楣,号竹汀。乾隆进士,官至少詹事。后引疾不仕,主讲钟山、娄东、紫阳等书院,出其门下者多至2 000人。他以"实事求是"为宗旨,主张从训诂以求义理,但并不墨守汉儒家法。其学术涉猎范围颇广,于音韵、训诂尤多创见。所著《十驾斋养新录》,后世以之与顾炎武《日知录》并称。他在史学上长于校勘考订,所著《廿二史考异》,萃平生之学,历时近50年,对当时的学术趋向转变有很大影响。一生著述甚丰,后人辑为《潜研堂丛书》刊行于世。

"皖学"创自婺源(今属江西)江永,成于休宁(今安徽黄山)戴震,继之者有段玉裁、王念孙、王引之、江藩、汪中、焦循、凌廷堪、阮元等。皖派学者的治学方式与吴派基本相似,不同的是戴震等人都有自己的见解和是非标准。他们认为,汉儒训诂有时亦傅会,所以并不专守

---

① 梁启超:《清代学术概论》之十《考证学的"群众化"和惠栋学派》。

汉儒成说。

戴震(1723年—1777年),字东原。早年从学于江永。家贫,以教书为业。乾隆中,特召为《四库全书》纂修官。在馆5年,病逝。他学问渊博,识断精审,著述勤奋,在文字、音韵、训诂及地理、数学等多方面都获得超越前人的成就,有"集古学之大成"的赞誉。戴震治学的特点是:实事求是,不主一家,不尚博览,务为专精。他还撰写了许多"义理"文章,宣扬唯物主义思想,与"宋学"正面对抗。戴震痛斥宋明理学的"存天理,灭人欲"是"以理杀人"。他说:"理者存乎欲者也","凡事为皆有于欲,无欲则无为矣。有欲而后有为,有为而归于至当不可易之为理;无欲无为,又焉有理?"又说:"人死于法,犹有怜之者;死于理,其谁怜之?"①戴震的义理之学虽然已接近近代的启蒙思想,但在考据之学风靡朝野的当时却未能引起重视。他著有《原善》《原象》等大量著述,后人汇编成《戴氏遗书》刊行。

戴震弟子及后辈多采用戴震"由声音、文字以求训诂,由训诂以寻义理"②的严谨考据方法,他们在各自的专门领域内都取得了较大的学术成就。如段玉裁的《说文解字注》、王念孙的《广雅疏证》和《读书杂志》,均是清代有关文字学、训诂学和校勘学的代表作。王念孙之子王引之的《经义述闻》《经传释词》,对训诂学也有很大贡献。此外,汪中受戴震影响至深,反对宋代理学尤为激烈;江藩撰《汉学师承记》,为吴、皖两派人物立传,公开标榜"汉学"。

在"吴学"、"皖学"盛行之时,另有一些学者则专事搜辑汉代"今文经学"的遗说。他们认为,"今文经"的出现早于"古文经",其说应当更接近孔子,故大力提倡今文经学。由此兴起了"新今文经学"(或称"清今文经学")。因为这一派学者多利用春秋公羊学说阐发其政治主张,所以又称为"公羊学派"。

首开此风气者是戴震的弟子孔广森,所撰《公羊通义》为今文经学复兴的标志;早期代表人物有庄存与、刘逢禄、宋翔凤等。庄存与的《春秋正辞》为新今文经学派的最早著作之一。该书虽为发挥《春秋公羊传》的"微言大义"而作,但他并未发挥公羊学中具有积极意义的"三世说",反而引进了理学,致使公羊学与"宋学"合流。新今文经学派的真正奠基人是刘逢禄。他撰写的《春秋公羊经何氏释例》《春秋公羊何氏解诂笺》等,发挥了公羊学的"大一统"、"张三世"思想,使公羊学为之一振。他又撰《左氏春秋考证》,排斥《左传》,攻击刘歆,以反对古文经学。宋翔凤则喜好傅会,所撰《论语说义》,宣称《论语》为孔子言性与天道的"微言"之所在。此外,还有陈寿祺、陈乔枞父子,辑集汉今文经学有关学说,撰《今文尚书经说考》《齐鲁韩三家诗遗说考》等。

---

① 《孟子字义疏证》卷上、下。
② 钱大昕:《潜研堂集》卷39《戴先生传》。

道光年间,龚自珍、魏源等进一步发展了刘逢禄等人的学说,成为当时新今文经学派的代表。他们的研究对象虽然还是儒家经典,但都把公羊学与现实政治密切结合起来,或抨击封建专制制度,或倡导变革,使思想界和学术界再次形成了"经世致用"的风气。

龚自珍在《六经正名》、《春秋决事比问答》等著作中,借用公羊义例,讥切时政,排诋专制;在《上大学士书》中指出,"自古及今,法无不改,势无不积,事例无不变迁,风气无不移易";又在《乙丙之际著议第七》中呼吁:"一祖之法无不蔽,千夫之议无不靡,与其赠来者以劲改革,孰若自改革?"他的这些主张,为沉闷已久的学术界带来了一股生气。此外,龚自珍还是边疆史地研究的先驱者之一。早在嘉庆二十五年(1820年),他通过所著《西域置行省议》分析西北形势,建议清政府在新疆设置行省,从内地移无产之民,充实边疆,以御外侮。

魏源把公羊学的"三世说"加以改造,形成了"太古"、"中古"、"末世"依次递嬗循环的历史进化学说。他指出:"天下无数百年不弊之法,无穷极不变之法,无不除弊而能兴利之法,无不易简而能变通之法。"①又说:"变古愈尽,便民愈甚。"②在他看来,当时中国正处于"末世",应当通过变法改革,以"气运再造"进入新的"太古"之世。经过这番改造,公羊学中的变异观点,成了新今文经学派要求变法革新的理论依据。魏源还提出了著名的"师夷长技以制夷"的口号,希望通过学习西方的先进科学技术,以达到富民强国和抵御列强侵略的目的。所以,他的"通经致用"思想已突破了封建经学的藩篱,对后来的历史发展产生过重大影响。

及至晚清,康有为、梁启超倡言变法维新,公羊学派更为风行。康有为在《孔子改制考》中声称:六经都是孔子所作,孔子是假托古代事迹来表达自己的改制思想,目的就是要建立民主政治。梁启超也唱和公羊"三世"、"六别"之说,以鼓吹变法。一时间,谈改制、议变法蔚然成风。但随着戊戌变法的失败,新今文经学亦迅速衰败下去。

总之,儒学发展到清代,虽然出现过乾嘉考据学和新今文经学风光一时的现象,但因为它本身早已失去活力而不再有发展余地。鸦片战争后,太平天国领袖以"拜上帝教"的平等教义为武器,发起反对儒家思想的运动。其后,在旧民主主义革命高潮中,章太炎等资产阶级民主革命派对儒家思想进行了更深入的批判。最后,在"五四"新文化运动"打倒孔家店"的一片口号声中,终于结束了儒学在思想界和学术界 2000 多年的独尊地位。

---

① 《魏源集》下册,《筹鹾篇》。
② 《魏源集》上册,《默觚下》。

第二节 儒家以外的诸子百家

一、老子、庄子与道家

道家,即"道德家"的简称。道家思想,在先秦诸子中,以最富精深的哲学内涵而著称,是我国传统思想文化的哲学基础。因主要代表人物是老子和庄子,故又称"老庄之学"。

老子(约公元前580年—公元前500年),一说即老聃或周太史儋。姓李,名耳,字伯阳,楚国苦县(今河南鹿邑东)厉乡曲仁里人。道家学派创始人。仕周任"守藏室之史",熟悉各种典章制度。孔子曾向他讨教过周礼。"著书上、下篇,言道德之意五千余言"[①]。后隐退。他的思想学说汇集在《道德经》(又名《老子》)一书中。

老子的思想核心是"道"。他认为,"道"存在于自然界之先、之外,即"先天地生","独立而不改,周行而不殆"[②]。他说:"天下万物生于有,有生于无";"道生一,一生二,二生三,三生万物";"道法自然"。可见这个所谓的"道",既指"万物之宗",又指事物的规律,实际上是个超越一切的虚无本体。然而,这些仅仅是"道"的表象,至于真正的"道",连他自己也说不清楚,即所谓"道可道,非常道"。所以,老子的哲学属于客观唯心主义。

老子以"道"为基础,提出了"无为而治"的政治主张。他理想中的社会模式是"小国寡民","使有什伯之器而不用,使民重死而不远徙。虽有舟舆,无所乘之;虽有甲兵,无所陈之。使民复结绳而用之";"邻国相望,鸡犬之声相闻,民至老死不相往来"。很显然,这是一种经过他的美化,仍保留氏族公社遗制的早期奴隶制社会图景。在他看来,"民之难治,以其智多",只有"绝圣弃智"、"绝仁弃义"、"常使民无知无欲",才能"为无为,则无不为"。

老子哲学思想的精华是朴素的辩证法因素。他说:"有无相生,难易相成,长短相较,高下相倾,音声相和,前后相随。"老子认为,任何事物中都包含着矛盾对立的两个方面,彼此既互有联系,又可以相互转化,如"祸兮福之所倚,福兮祸之所伏";"反者道之动,弱者道之用"。他还指出,事物对立面的转化是有一个过程的,"合抱之木,生于毫末;九层之台,起于累土;千里之行,始于足下"。但老子过分夸大事物对立面的统一,无视矛盾转化的条件,这样,他的朴素的辩证法思想最终必然导向形而上学。

庄子(约公元前369年—公元前286年),名周,宋国蒙(今河南商丘东北,一说今安徽蒙城)人。战国中期道家学派的代表人物。做过漆园吏。家贫,常靠借贷维持生活。曾以郊祭

---

① 《史记》卷63《老子韩非列传》。
② 《道德经》二五章。本小节以下有关老子的论述引文均出自《道德经》各章。

的牺牛"养食之数岁,衣以文绣,以入大庙"①为喻,拒绝楚威王的厚币、相位。著有《庄子》一书。

庄子继承老子"道"的学说,并加以进一步虚无神秘化。他说的"道"是"可传而不可受,可得而不可见"的,而且"莫知其始,莫知其终"②。庄子的这一阐释,完成了"道"由客观唯心主义向主观唯心主义的过渡。庄子认为,人可以通过修养得"道",与"道"同体。修养的方法,就是"坐忘",即"堕肢体,黜聪明,离形去知",也就是否定一切知识,归于"无"。这样,人生的苦恼和生死也就自然得到解脱。

老子的辩证法没有提到矛盾转化的条件,庄子则把它进而推向相对主义的诡辩术。他提出"齐万物"、"齐是非"的观点,认为事物的对立面可以相互转化,而转化又是无穷尽的,因此,事物的性质及其存在都是相对的、暂时性的。他说:"自其异者视之,肝胆楚越也;自其同者视之,万物皆一也"③;"以差观之,因其所大而大之,则万物莫不大;因其所小而小之,则万物莫不小"④。这就是说,事物之所以会有异同、大小的区别并不是因为事物本身,而是由人的认识来决定的。他认为,"是亦彼也,彼亦是也。彼亦一是非,此亦一是非。果且有彼是乎哉?果且无彼是哉?彼是莫得其偶,谓之道枢"⑤。即人人都可以有自己的认识,但以"道"论之,都不过是不断变易的幻象而已,所以"庄周梦为蝴蝶"亦即"蝴蝶梦为庄周"。

这种相对主义的哲学理论也被庄子运用到人生和处世方面。在他看来,社会政治并不存在是非、善恶的标准,人的生死、寿夭、祸福、贫贱等现象也是相对的;所以,斗争是没有必要的,"安时而顺处","依乎天理,因其固然","知其不可奈何而安之若命,德之至也"。⑥ 这种消极颓废反映了行将退出历史舞台的没落贵族的一种无可奈何的绝望心理。

以老、庄为代表的道家学说,"中心问题本来是全生避害,躲开人世的危险"⑦。他们遁世避俗和关注人的内心、关注自我解脱的行为方式,对后世产生了较大的影响。秦汉以后,道家的出世与儒家的入世成了封建士大夫的基本生活模式,而"以儒治国"、"以道修身",儒道互补,则共同构筑成中国传统文化的基本框架。

---

① 《史记》卷63《老子韩非列传·庄子附传》。
② 《庄子·大宗师》。
③ 《庄子·齐物论》。
④ 《庄子·秋水》。
⑤ 《庄子·齐物论》。
⑥ 《庄子·人间世》。
⑦ 冯友兰:《中国哲学史新编》上卷,人民出版社1998年版,120页。

二、 商鞅、韩非与法家

法家是在战国社会大变革中逐渐形成的一个政治哲学学派。因这一学说源自春秋时期管仲、子产等人所提倡的"君臣上下贵贱皆从法"①,故名。战国前期的李悝、吴起、商鞅、申不害、慎到等法家人物,都是各国变法运动的倡导者和主持者。其中尤以商鞅变法的成效最为显著。战国后期的韩非是先秦法家思想的集大成者。法家的历史观具有明显的进化论色彩,认为社会出现的"变"和"异"是进步的现象,因而主张"法后王",要求以今法取代古礼,并批判儒家的守旧观念。

商鞅(约公元前390年—公元前338年),卫国人,姓公孙,名鞅,亦称卫鞅。后在秦以战功封为商君,因称商鞅。他"少好刑名之学",初为魏相公叔痤的家臣;后闻秦孝公下令求贤,遂入秦,以"强国之术"进说秦孝公。秦孝公六年(公元前356年),任左庶长,"卒定变法之令"。旋升大良造(相国兼将军)。秦孝公十二年迁都咸阳,再度主持变法。商鞅相秦变法虽然奠定了秦国富强的基础,但他本人却招致了"宗室贵戚多怨望者",终于在秦孝公死后被贵族擒杀,"车裂以徇"②。商鞅的思想,主要保存在后人编辑的《商君书》中。

商鞅认为,治国应当法、礼并行,但法和礼都必须按照形势的需要而不断加以变化。他说:"法者,所以爱民也;礼者,所以便事也。是以圣人苟可以强国,不法其故;苟可以利民,不循其礼。"他曾经运用历史上"三代不同礼而治,五霸不同法而霸"的事实,来批驳反对派散布的"法古无过,循礼无邪"等阻挠变法的论调,以强调"礼、法以时而定,制、令各顺其宜";"治世不一道,便国不必法古"③。商鞅还从社会进化观点出发,认为"世事变而行道异"④,历史上出现的诸多变化都有其必然之理和必为之势。在他看来,时代在变化,治国方式也要有所改革。所以,"以战去战,虽战可也;以杀去杀,虽杀可也;以刑去刑,虽刑可也"⑤。商鞅的变法实践及其历史观,对秦国后来历史的发展有着非常重要的影响。

韩非(约公元前280年—公元前233年),出身韩国贵族,荀子的弟子。他"为人口吃,不能道说,而善著书"。曾建议韩王变法图强,未被采纳。乃"观往者得失之变"⑥,著《孤愤》、《五蠹》等十余万言,受到秦王政的赞赏。后出使秦国,因遭同学李斯的诬陷,入狱而死。传世的《韩非子》一书,大多出自他本人之手,是研究韩非及先秦法家思想的主要资料。

---

① 《管子·任法》。
② 《史记》卷68《商君列传》。
③ 《商君书·更法》。
④ 《商君书·开塞》。
⑤ 《商君书·画策》。
⑥ 《史记》卷63《老子韩非列传》。

韩非把历史发展分成"上古"、"中世"、"当今"三个时代,认为一个时代比一个时代进步。在他看来,"世异则事异"、"事异则备变",社会生活和政治制度都必然要发生变化,"是以圣人不期修古,不法常可。论世之事,因为之备"①。为此,他还对儒、墨两家的复古主张进行了批判,并说:"今欲以先王之政,治当世之民,皆守株之类也。"这一注重社会"变"、"异"的进化观点无疑是进步的。

韩非在继承早期法家思想的基础上,合"法"、"术"、"势"三者为一体②,并吸收了儒家"大一统"学说,架构成一套较为完备的专制主义中央集权的理论体系。韩非认为,对于专制君主来说,法、术、势是缺一不可的,"君无术则弊于上,臣无法则乱于下,此不可一无,皆帝王之具也"。"威势者,人主之筋力也"。③他同时还就中央和地方的关系,提出了"事在四方,要在中央,圣人执要,四方来效"的主张,以加强中央集权。韩非的这些理论和主张,对结束诸侯纷争、建立统一的中央集权的封建国家,产生了积极的推动作用。

韩非进一步发展了荀子的性恶论,认为人生来就是自私自利的,人与人的关系就是互相利用。他把君臣关系视为利益驱动下的一种买卖行为,"臣尽死力以与君市,君垂爵禄以与臣市。君臣之际,非父子之亲也,计数之所出也";所以,"上设重刑者而奸尽止",严刑峻法可以使臣下"小过不生,大罪不至"。很显然,韩非所主张的"威势之可以禁暴,而德厚之不足以止乱",④就是统一后的秦王朝"举措暴众用刑太极"的理论根据。

此外,韩非还把老子的"道"释为存在于万物之中的客观规律,并且指出"道"是可以为人所认识的。他说:"道者,万物之所然也,万理之所稽也";"今道虽不可得见,圣人执其建功处以见其形。"⑤从而克服了道家之"道"的神秘性。在认识论上,韩非不赞成道家"不见而知"的先验论,认为"先物行,先理动,谓之前识。前识者,无缘而妄度也",因而主张"循名实而定是非,因参验而审言辞",⑥即通过互相参照比较来考察认识是否正确。

总之,韩非的思想中有不少进步合理的成分,他的朴素唯物主义和辩证法以及中央集权思想,对后世的哲学、政治产生了深远的影响。但他的学说中也充满了反人民的观点。正是因为进步性和反人民性并存于韩非的具有矛盾的思想体系中,所以春秋战国时期的法家思想与儒家思想一样,具有不可否认的治世功能。几千年来,中国封建统治者一直奉行外儒内

---

① 《韩非子·五蠹》。
② 商鞅重"法",申不害重"术",慎到重"势"。法,是君王颁布的成文法令;术,是君王控驭臣下的方法和手段;"势",是君王至高无上的权威。法、术、势分别从不同角度加强了君权。
③ 《韩非子·定法》、《功名》。
④ 《韩非子·难一》、《六反》、《外储说上》、《显学》。
⑤ 《韩非子·解老》。
⑥ 《韩非子·喻老》、《奸劫弑臣》。

法、儒法并用的统治原则,法家思想成了不可或缺的"帝王之具"。

三、 墨子与墨家

墨家是儒家最早的反对派。春秋战国时期,儒、墨曾一度并称"显学"。它的创始人是春秋战国之际的墨子。

墨子(约公元前468年—公元前376年),名翟。宋国人,长期居住在鲁国。他是当时与公输般(鲁班)齐名的能工巧匠,也是在物理学、数学方面有杰出成就的自然科学家。墨子早年研习儒术,因不满儒家烦琐的"礼"学,故另辟新说,自成一家。其后,"从属弥众,弟子弥非,充满天下"①,成为当时先秦诸子中最有影响的学派。现存《墨子》一书是研究墨子和墨家学说的基本资料,但它不是墨翟自著,而是墨子弟子和墨家后学缀述编辑的著作集。其中,《兼爱》、《非攻》、《天志》、《明鬼》、《尚贤》、《尚同》、《非乐》、《非命》、《节葬》、《节用》等篇,分别阐述了墨子所提出的十大主张,代表了墨子的主要思想。

墨家与其他学派的最大不同,一是有严密的组织团体,二是不脱离生产劳动。近代有学者认为,"墨家"的取名并不是因为它创始于墨翟,而是由于墨家生活刻苦,面目黧黑,又有"瘠墨"之称。墨家重视生产劳动,他们认为,人与禽兽之所以会有区别就在于"(禽兽)故唯使雄不耕稼树艺,雌亦不纺绩织纴,衣食之财固已具矣;今人与此异者,赖其力者生,不赖其力者不生"②。因此,墨子的思想反映了生活在动荡的社会环境中的小生产者要求改善自身地位的意愿。

墨子把能否"兴天下之利,除天下之害"作为衡量事物的价值尺度。在他看来,当政者的首要任务就是增加社会财富。为此,他提出了"节用"、"节葬"的主张。他说,当政者只要"因其国家,去其无用之费,足以倍之";又说,"食不可不务也,地不可不力也,用不可不节也"。他还从节约社会财富出发,谴责儒家提倡的厚葬、久丧和繁缛礼仪,并斥责音乐是有害无益的铺张浪费。

墨子还提出了"尚贤"、"尚同"的主张。他认为,"尚贤者,政之本也",举贤应当不避贫贱、亲疏、远近,"有能则举之,高予之爵,重予之禄,任之以事,断予之令";"尚同"就是统一思想和政令,以"上之所是,必皆是之;上之所非,必皆非之",使"天下之百姓皆上同于天子",而天子则上同于"天"。所以,"尚贤"、"尚同"反映了当时的小生产者要求参政、要求统一、希望

---

① 《吕氏春秋·当染》。
② 《墨子·非乐上》。本小节以下有关墨子的论述引文均出自《墨子》各篇。

有一个安心生产和生活环境的愿望。

"兼爱"、"非攻"是墨家学说的核心。墨子认为"天下兼相爱则治","兼相爱,交相利",只要"强不执弱,众不劫寡,富不侮贫,贵不傲贱,诈不欺愚",天下就会太平。他从"兼爱"出发,提出了"非攻"的主张,认为战争不仅给人民带来极大危害,而且"计其所得,反不如所丧者之多"。但是,墨子只反对"攻伐无罪之国"的侵略兼并,而对正义的防御战争和诛伐无道则予以大力支持。

墨子还提出了"天志"、"明鬼"的主张。他认为,上天是有意志的,上天的意志就是"欲义而恶不义";鬼神也有意志,鬼神是以上帝意志为意志的。上天和鬼神都能拯救百姓,赏贤罚暴,兴利除害。因此,墨子所谈的上天、鬼神都是下层民众利益的代表。墨子曾坦言:"我有天志,譬如轮之有规,匠人之有矩。"所以,他的"天志"学说具有反对暴政的进步意义。但他在《明鬼》中用荒谬传说来证明鬼神的存在,这表明墨子尚未能摆脱传统宗教观念的束缚。

墨子的认识论属于唯物主义的经验论。他认为,人的认识基础是感官感受客观世界所获得的经验,"天下之所以察知有与无之道者,必以众之耳目之实知有与无为仪者";所谓圣人,不过"能使人之耳目,助己视听"而已。他反对儒家"是非之心,人皆有之"的先验的认识论,提出了认识的"三表"说,即"有本之者,有原之者,有用之者"。其中,"本"指"上本之于古者圣王之事",属间接经验;"原"指"下原察百姓耳目之实",属直接经验;"用"指"废(发)以为刑政,观其中国家百姓人民之利",是通过实践效果来对"本"、"原"进行检验。墨子认识论的出发点是唯物的,但他过分夸大感性经验的作用,忽视理性思维在认识上的重要性,并且往往把错误和幻觉假象当作真理,因而不能不带有唯心的色彩。

与认识论相联系的是,墨子在逻辑学方面首先提出了"类"(事物种类)与"故"(理由)的概念和"察类明故"的论证方法。他在辩论中擅长使用同一律(以"类"作类比、类推)和充足理由律(用"故"求事物缘由),并经常提醒对方,"子未察吾言之类,未明其故者也"。"类"、"故"概念经过墨家后学的进一步阐述,对中国古代逻辑思想的发展起了重要推动作用。"墨辩"则与古希腊的形式逻辑、古印度的因明学并称为世界古典逻辑的三大流派。

据《韩非子·显学》记载,"自墨子之死也,有相里氏之墨,有相夫氏之墨,有邓陵氏之墨",其影响力亦随之减小。西汉以后,统治者崇儒抑墨,墨学渐趋衰微。直到清中叶后,墨家著作才重新受到学者的重视。

四、《孙子兵法》与兵家

《孙子兵法》是我国现存最早、最杰出的一部军事哲学著作,书中总结了春秋末期及以前的战争经验,揭示出一些重要的战争规律,具有极高的军事理论价值和丰富的朴素唯物主义和辩证法的思想。作者孙武是先秦兵家的主要代表,中国古代军事理论的奠基者。

孙子,名武,字长卿,齐国乐安(今山东惠民)人。生卒年代不详,大约与孔子同时。据《史记》本传记载,孙武曾携其所撰《兵法》去见吴王阖闾,经过"吴宫教战"的"小试勒兵","于是阖闾知孙子能用兵,卒以为将。西破强楚,入郢,北威齐晋,显名诸侯,孙子与有力焉"。今本《孙子兵法》共13篇,6 000多字。但1972年在山东临沂银雀山西汉墓中发现的《孙子兵法》残简,除13篇外,还有《孙子兵法》佚文《吴问》等5篇。这些汉简的出土,为研究孙子及其军事哲学提供了难得的新资料。

《孙子兵法》虽然是专门探讨研究军事理论的著作,但该书宗旨绝不是仅仅为了战争,事实上作者对于是否发动战争所持的态度是极其谨慎的。如《孙子兵法》开篇的第一句话就强调:"孙子曰:兵者,国之大事,死生之地,存亡之道,不可不察也。"[①]在其后部分中又一再强调:"主不可以怒而兴师,将不可以愠而攻战。"因为"怒可以复喜,愠可以复悦;亡国不可以复存,死者不可以复生。故明主慎之,良将警之。此安国全军之道也"。在孙子看来,战争的胜利固然能给统治者带来"掠乡分众,廓地分利"的好处,但"不尽知用兵之害者,则不能尽知用兵之利也"。如果通过政治、外交等手段能够达到同样目的,就没有必要再发动战争。这样既可避免战争造成的危害,又能得到胜利的好处。他说:"上兵伐谋,其次伐交,其次伐兵,其下攻城;攻城之法,为不得已。"又说"用兵之法,全国为上,破国次之;全军为上,破军次之";"善用兵者"并不在于"屈人之兵"、"拔人之城"、"毁人之国",而是"兵不顿而利可全"。所以,一部《孙子兵法》首先是军事哲学,其次才是关于战争的谋略。

孙子认为只有全面准确地了解和研究敌我双方的真实情况,才能立于不败之地。为此,他提出了一系列矛盾对立的范畴,如敌我、主客、众寡、强弱、攻守、进退、虚实、奇正、动静、劳佚、治乱等,并且指出"兵无常势,水无常形",这些矛盾的对立面不仅互为依存,而且能在一定条件下互相转化。所以,战争的决策者和指挥者首先应当全面准确地了解敌我双方真实情况,加以认真分析研究,然后通过对战争一般规律的认识掌握和战略战术的得当运用,使双方力量对比朝着有利于我而不利于敌的方面转化,最终"因敌变化而取胜"。这也就是《孙子兵法·谋攻篇》中所说的"知己知彼,百战不殆;不知彼而知己,一胜一负;不知彼不知己,每战必败"。

孙子明确指出决定战争胜败有五大因素,即"故经之以五事,较之以计而索其情:一曰

[①] 《孙子兵法·计篇》。本小节以下有关孙子的论述引文均出自《孙子兵法》各篇。

道,二曰天,三曰地,四曰将,五曰法"。其中,"道者,令民与上同意也",是取得战争胜利的政治前提。孙子所说的"道",至少包含三层意思:一是政治是否修明,二是战争是否正义,三是是否得到人民拥护。孙子认为,要想取得战争胜利首先必须得到士卒和百姓的支持。他把政治列为决定战争胜败的首要因素,这在中外军事思想史上都是一大创举。此外,孙子还在书中对具体的战略战术、作战的原则和方式方法,以及选将、行军、用谋、用间等影响战争进程和结果的各种因素,均有精辟的论述。

不过,孙子的思想也有其不可避免的时代和阶级的局限性。如《孙子兵法》片面夸大将帅的决定作用,宣扬英雄创造历史的唯心史观,主张实行愚兵政策。又如书中多处强调的速决、防御、"归师勿遏(阻拦)"、"围师必阙(留缺口)"、"穷寇勿追"等作战原则,也未免过于机械和形而上学。尽管如此,《孙子兵法》仍不失为中国乃至世界古代的最伟大的军事著作。有关《孙子兵法》的研究不仅早已成为一个国际性的学术课题,而且一直呈现出持续升温的趋向。

从春秋到战国,战争越来越频繁,规模也更大。战国时期的军事家多著有兵书。他们在总结战争实践经验的同时,继承并发展了孙子的军事思想理论,从而形成了先秦诸子中最具特色的学派——"兵家"。吴起、孙膑是这一时期兵家的主要代表。

吴起(?—公元前381年),卫国左氏(今山东曹县北)人。据《史记》本传记载,他早先从曾子学儒,不久改习兵法。初为鲁将,大破齐兵。继入魏为将,攻取秦之河西地,"为西河守,以拒秦、韩"。后遭陷害,自魏奔楚。"至则相楚",辅佐楚悼王变法,楚因此转盛,"南平百越,北并陈、蔡,却三晋,西伐秦"。楚悼王死后,被旧贵族攻杀。

吴起治军严明,善于用兵,在历史上与孙子(武)并称"孙吴"。吴起军事思想的突出之处在于强调人为因素的作用。他曾经用历史上三苗氏"德义不修"、夏桀"修政不仁"、殷纣"修政不德"招致败亡的事例,阐发其提出的成功"在德不在险"的观点。他身为将帅,能与士卒共甘苦,并多次为士卒吮吸疮毒,深得部众之心。在魏守西河期间,还创建了一支战斗力很强的"武卒"。著有《吴子兵法》,已佚。①

孙膑是孙武后裔,生于齐国阿、鄄之间(今山东阳谷、鄄城一带),大约与商鞅、孟子同时。早年和庞涓一起学兵法。及庞涓为魏将,忌其才能,将他骗至魏国,施以膑刑(割去膝盖骨),故称孙膑。后经齐使帮助返回齐国,事齐威王,任将田忌军师。在桂陵、马陵之战中,他巧设奇计,两次重创魏军,迫使庞涓自杀。著有《孙膑兵法》,约唐以前散佚。②

---

① 据《汉书·艺文志》著录,《吴子》48篇。今传本《吴子》6篇系后人所托。
② 《汉书·艺文志》著录有《齐孙子》89篇、图4卷,但《隋书·经籍志》中已不见记载。

孙膑以用兵讲求机变著称,所创"围魏救赵"的战法,为历代兵家效法的范例。1972年在山东临沂银雀山西汉墓中发现的《孙膑兵法》残简,已整理出版的有33篇,其中《禽庞涓》、《见威王》、《威王问》、《陈忌问垒》等15篇可确定为孙膑原书的内容。他在书中提出了"战胜而强立,故天下服矣"①的观点,把战争视为统一天下的有效手段。他还强调具体分析敌我条件,认为寡可敌众、弱可胜强,提倡以法治军,强调进攻战略和灵活多变的战术,重视攻取城邑和运用阵法等,这些都是对孙武军事思想和军事理论的继承和发展。

这一时期的著名兵书,还有《司马法》、《尉缭子》、《商鞅兵法》、《庞煖兵法》、《信陵君兵法》等。它们的问世,为最终结束春秋战国数百年的割据混战,实现全国范围的统一作出了重要贡献。

五、惠施、公孙龙与名家

名家是战国时期参与"百家争鸣"的重要学派之一。随着春秋战国社会制度的变革,旧事物逐渐消亡、新事物不断涌现,旧的称谓已不能适应新的内容,而新的称谓又尚未得到一定的公认。于是,"名"、"实"的问题成为思想家们探讨与论辩的重要课题。在当时的"名辩"思潮中,有一批人专注于分析名词、概念和命题的相互关系,并致力于逻辑问题的探讨研究,由此形成了"名家"。

司马谈《论六家之要旨》中说,"名家使人俭而失真;然其正名实,不可不察",并把它与儒、墨、法、道、阴阳并列为"六家"。《汉书·艺文志》称"名家者流,盖出于礼官",将其列为"九流"之一。其实,名家并非是有着共同的政治思想或经济主张的一个学派,仅仅因为专门以"名"为研究对象,并以此与其他的学派相区别而已,所以名家内部由于观点不同又分成若干派别。

名家在诸子百家中以擅长论辩著称。一般认为,最早以"名辩"出名的是春秋后期的邓析。邓析是郑国讼师,与子产同时。据说,他的辩术相当高明,能将法律条文解释得与执法者的见解完全相反。邓析的著作早已失传,在《左传》、《荀子》、《吕氏春秋》等书中记有其人其事。之后,孔子"正名"的主张,对"名辩"思潮的兴起有一定的推动作用。战国中后期,名家的主要代表人物是惠施和公孙龙。

惠施(约公元前370年—约公元前310年),宋国人。担任过魏相,"欲以荆齐偃兵"②,提

---

① 《孙膑兵法·见威王》。
② 《韩非子·内储说上》。

倡各国和平相处。曾随魏惠王朝见齐威王,促使魏、齐国君相互尊王,还出使过楚国。他是名家"合同异"派的代表,主张合万物之异。著有《惠子》1篇。

惠施的著作虽然早已亡佚,但保存在《庄子·天下》篇中的"历物十事"(10个结论性的命题)大致反映了他的学说内容及特点。"历物十事"中,有3个命题属于宇宙观的论断:"至大无外,谓之大一;至小无内,谓之小一";"大同而与小同异,此之谓小同异;万物毕同毕异,此之谓大同异";"泛爱万物,天地一体"。其余7个命题都是关于事物对立统一性质的论断。惠施的学说具有朴素的辩证法思想,他认为事物的差别与对立都是相对的,并通过具体论证来揭示事物的矛盾统一。但是,由于他过分夸大事物的同一性,忽视事物的相对稳定性和本质区别,结果终于成为一种相对主义的诡辩。除了《庄子》,有关惠施言行的零星记载还散见于《荀子》《韩非子》《吕氏春秋》等书中。

公孙龙,字子秉,赵国人。生卒年代不可考,约稍晚于惠施。他反对诸侯之间的兼并战争,做过赵平原君的门客,曾与赵文惠王讨论过"偃兵"之事,还一度赴燕游说燕昭王"偃兵"。公孙龙是名家"离坚白"派的代表,主张离万物之同,"离坚白"论和"白马非马"论是他最出名的两大名辩论题。有《公孙龙子》6篇传世,首篇《迹府》系公孙后学辑录其生平言行之作,其余5篇都是他本人的作品。① 书中包括了这一名家流派的最重要的论题和论据。

所谓"离坚白"论,即以对石头的"坚"(硬度)和"白"(颜色)的感受方法为例,"视不得其所坚而得其所白者,无坚也;拊不得其所白而得其所坚者,无白也"②,证明同一事物的各种属性是互相分离的。而"白马非马"论是通过强调"马"和"白马"在概念上的规定与差别,否认同类事物之间存在着一般与特殊的关系:"马者,所以命形也;白者,所以命色也。命色者非命形。故曰:白马非马。"③公孙龙注重分析概念的规定性和差别性,这对我国古代逻辑思维的发展作出了一定贡献。但由于机械强调概念的规定性和过分夸大其差别性,无视概念所反映的事物同一性,致使他的学说终不免成为一种形而上学的诡辩。

总之,名家两大主要派别,"合同异"派夸大事物的普遍联系和变动不已的特性,合异为同;"离坚白"派夸大事物的相对独立和相对静止的特性,离同为异。在哲学上,前者犯了相对主义的错误,后者犯了绝对主义的错误。所以,汉代学者批评"名家苛察缴绕,使人不得反

---

① 《汉书·艺文志》著录《公孙龙子》14篇,《隋书·经籍志》不录。清代姚际恒以此断定古本《公孙龙子》已失传,今本系后人伪作。庞朴认为,古本、今本《公孙龙子》都是6篇,《汉志》著录篇数有误(说见《公孙龙子研究》,中华书局1979年版)。
② 《公孙龙子·坚白论》。
③ 《公孙龙子·白马论》。

其意,专决于名,而失人情"①。不过,名家的上述错误,经过战国末期一些哲学家的纠正,如墨家后学提出"坚白相盈",荀子强调"制名以指实",推动了古代逻辑学的进一步发展。

六、 阴阳五行家

阴阳五行是中国古代的一种自然哲学。"阴阳"和"五行"本来分别属于不同的观念系统,以后逐渐合二为一,形成了阴阳五行学说。

"阴阳"最初指日光的向背,即向日为阳、背日为阴。西周时,人们已用阴阳来解释四季变化,把春夏秋冬的更替当作阴阳消长的一种循环过程。春秋晚期,《老子》提出"万物负阴而抱阳",肯定阴阳矛盾对立是事物本身固有的;《易传》进而提出"一阴一阳谓之道",把阴阳交替视为宇宙的根本规律。于是,阴阳观念从此成了中国传统哲学的一对基本范畴。"五行"的出现早于阴阳,《尚书·洪范》说:"五行,一曰水、二曰火、三曰木、四曰金、五曰土。"及至春秋战国,一些思想家企图通过这五种最常见的物质来解释万物的形成与变化,并从中演绎出五行"相生"、"相胜"(相克)的原理。所以,五行观念是古代中国人用物质而不是用"神",来说明世界的起源以及多样性统一的最初尝试。

战国时期,阴阳五行学说盛行一时,形成了一个专讲阴阳五行的学派,叫做"阴阳五行家",又称"阴阳家"或"五行家"。汉代,阴阳家被列为"六家"或"九流"之一。《汉书·艺文志》中著录的阴阳家著述有68家、1 300余篇之多。战国至汉代的阴阳五行家中,一派以阴阳五行学说作为理论基础,解释季节的冷暖变化以及农作物的生长规律等,其代表性文献是《礼记·月令》和《吕氏春秋·十二纪》;另一派则把阴阳五行学说推广至社会,以"阴阳消息"、"五德转移"来解释王朝的兴衰更替,邹衍是这一派的主要代表。秦汉以后,阴阳五行学说对于中国传统文化形成和发展的影响主要体现在两个方面:一是它所包含的某些科学的思想方法,成为推动我国古代科学发展的积极因素,尤其在医学和化学领域表现得最为突出;另一是它所包含的"天人感应"思想,被西汉大儒董仲舒融进儒家思想,提出了"三纲五常"学说,成为维护封建统治的理论信条。

邹衍(约公元前305年—公元前240年),亦作驺衍,齐国人。曾到过魏、赵、燕等国,受到魏惠王、赵平原君、燕昭王的"尊礼"。他相当博学,"深观阴阳消息",但"其语闳大不经"。著有"《终始》、《大圣》之篇,十余万言",又"作《主运》",②皆佚。通过《史记》、《吕氏春秋》等书的

---

① 《史记》卷130《太史公自序》。
② 《史记》卷74《孟子荀卿列传》。

记载可以大致了解其学说的基本内容。

邹衍学说对后世影响最大的是所谓"五德终始说"(又称"五德转移说"),这是他根据"五行相胜"原理推演出的一种历史循环理论。邹衍不仅认为社会历史的发展就是"五德终始"的变化,并且附会出从黄帝到周文王的"五德转移"次序:即黄帝属土德,其色尚黄;夏禹属木德,其色尚青,代黄帝而兴,是木胜土;商汤属金德,其色尚白,代夏而起,是金胜木;周文王属火德,其色尚赤,代商而立,是火胜金。他还预言,以后继周而兴的新王朝是"代火者必将水","色尚黑"①。这一近乎宗教神学的唯心主义理论尽管荒诞无稽,但在当时却起了为建立封建统一政权制造舆论的作用。秦灭六国后,秦始皇自以为其属水德,"更名河曰'德水'","衣服、旄旌、节旗皆上黑",②就是采纳了"五德终始说"的主张。以后,"五德终始说"一再被统治者用作"奉天承运"、实行改朝换代的理论根据。

此外,邹衍还提出了"大九州说",把宇宙各部分连贯为一个整体加以总的说明。他采用"先验后推"的论证方法,"必先验小物,推而大之,至于无垠"。这对打破儒家在认识论上的封闭意识,启迪人们对未知世界的探索具有一定的积极作用。但是,由于"其语闳大不经",以及他用无法证实的幻想代替真实的联系,使得他的认识论又最终成为神秘主义的"怪迂"之说。

第三节　史学

中国自古就是一个珍视历史的国家。中国史学,源远流长,博大精深,是中国传统学术文化的主要组成部分。正如梁启超所指出的:"中国于各种学问中,惟史学为最发达。史学在世界各国中,惟中国为最发达。"③

一、史学的起源与流变

从远古时代起,华夏先民就对"历史"产生了浓厚兴趣,他们通过口耳相授的方式世代传诵着一些"历史"故事。司马迁《史记》的开篇《五帝本纪》,就是依据古代传说提供的素材写成的。

中国成文历史的开始,即便从甲骨文时代算起,也有3700多年了。"史"字在甲骨文中就

---

① 《吕氏春秋·应同》。
② 《史记》卷6《秦始皇本纪》。
③ 梁启超:《中国历史研究法》,上海古籍出版社1987年版,第10页。

已经出现。《说文解字》释为"史,记事者也"。根据近代学者王国维考证,"史为掌书之官,自古为要职"①;金毓黻进而认为,"史字之义,本为记事,初以名掌书之职,继以被载笔之编,于是史官、史籍生焉"②。1899年以来在殷墟不断出土的甲骨卜辞,实际上是商代史官收藏的文献档案。此外,史官掌管的文献还有古易《归藏》,以及《诗经》、《尚书》的部分篇章等。所以,周人说"惟殷先人有册有典"③。到了周代,随着史官制度逐渐完备,史官记录和保管的文献也越来越多。以后,孔子删编《诗》、《书》,审订《礼》、《乐》等,无一不是取材于商周以来官府收藏的文献档案。

西周不仅王室有史官,诸侯国也有史官。《周礼·天官冢宰》中说:"史掌官书以赞治。"所谓"赞治",按照《周礼》疏的解释,就是"起文书草,乃后判决"。史官"掌书"、"起文书草",能够对当政者"判决"(决策)发挥重要影响的,莫过于提供历史的经验教训作为借鉴。如《逸周书》中就有周初统治者一再探讨殷亡原因的篇章,《诗经》也有"宜鉴于殷,骏命不易","殷鉴不远,在夏后之世"的诗句。因此,以史为鉴、"彰往而察来"自古就是中国文化的一大传统。

西周后期,随着社会大变革的日益临近,史官的"赞治"也由编次保管文献档案,进而排列整理成编年的史册。于是,从共和元年(公元前841年)开始,中国历史不仅有了确切纪年,而且逐年记载,迄无间断。春秋时代,各国史官记事编史更加普遍,故当时有"百国春秋"之说。墨子自称见过周、燕、宋、齐等国的《春秋》。④ 孟子认为,"晋之《乘》,楚之《梼杌》,鲁之《春秋》,一也。其事则齐桓、晋文,其文则史"⑤。春秋晚期,孔子"因鲁史策书成文"⑥,兼采列国史料,删繁就简,编纂了中国最早的一部编年体史著《春秋》。他还经常援史立说,以教育学生和游说诸侯,由此开创了诸子百家纷纷以史论政的先例。及至战国,随着中国第一部史学名著《左传》的问世,中国史学终于度过了它的"童年时代"。

从秦统一到清中前期(公元前221年—1840年),中国古代史学的发展经历了三个阶段。

① 秦汉魏晋南北朝:古代史学的确立与初步发展阶段。

秦以法为教,焚书坑儒,学术文化遭到空前严重摧残,史学不可能有所成就。西汉司马迁著《史记》,"究天人之际,通古今之变",创立纪传体史书体裁,在中国史学发展史上具有划时代意义。东汉班固撰《汉书》,开纪传体断代史先例,为封建"正史"提供了范本。《史记》、

---

① 王国维:《观堂集林》卷6《释史》,中华书局1956年版。
② 金毓黻:《中国史学史·导言》,商务印书馆1957版。
③ 《尚书·多士》。
④ 《墨子·明鬼》。按:"春秋"一名,是当时所有编年史书的通称。以后,除了孔子编纂的《春秋》,其他的都未保存下来,于是"春秋"遂成孔子著述的专称。
⑤ 《孟子·离娄下》。
⑥ 《初学记》卷21《文部·史传》引杜预《春秋序》。

《汉书》的相继问世标志着古代史学的确立。经过魏晋南北朝的发展,不但史书的数量和种类急剧增加,而且史学本身也摆脱了经学附庸地位成为独立的学术门类。① 这前后800年间的时代特点,如统一多民族国家的形成、门阀政治、民族大融合等,都在史学上得到充分体现。与此同时,从东汉召名儒"著作东观"、曹魏置"著作郎"、北魏设"修史局",到北齐立"史馆"、以宰相兼领监修,表明了古代修史制度正在逐步确立。

② 隋唐五代宋元:古代史学的进一步发展与繁荣阶段。

隋代史学没有值得称道的成就,但隋文帝下诏"人间有撰集国史,臧否人物,皆令禁绝"②,却为封建政权垄断国史修撰定下了基调。自唐初定史馆制度,历代相袭,直至清末民初。刘知几的史学理论专著《史通》和杜佑的典章制度通史《通典》的出现,体现了唐代史学从总结到转折与创新的发展变化。五代十国,战乱频仍,仍有《旧唐书》的问世,史书的"会要"也在此时得以确立。③ 两宋,司马光的《资治通鉴》、郑樵的《通志》、袁枢的《通鉴纪事本末》,以及元初马端临的《文献通考》,把中国古代史学推向了发展高峰。尤其值得一提的是,元代史馆以宋、辽、金"三国各与正统,各系其年号"④,分别修撰了三部"正史"。这是中华民族大家庭成员文化心理认同观念不断深化的历史事实在史学上的一种突出反映。

③ 明清:古代史学的衰落阶段。

明修《元史》总共只用了不到一年的时间,清修《明史》前后历时竟长达90余年,都是闻所未闻之事。明前期,迫于"文字狱"的压力,罕见私人修史,所以撰史、考史和论史的成就皆不及唐宋。直到晚明,这一状况才稍稍有所改观。但随着清初文化专制主义的空前加强,史家被迫转入考据一途。乾嘉考据史学成就虽大,流弊亦不小。此外,明清二代统治者还把修史、编书当作强化文化专制和笼络知识分子的手段;而清编《四库全书》更是以整理文献为名,大量禁毁书籍,肆意摧残古代文化。不过,中国史学在这一时期内也出现了一些新的发展动向:一是明中期以后,地方志和经济史的著作不断增多;二是明清之际,由于顾炎武、黄宗羲、王夫之的倡导而兴起的史学"经世致用"的思潮;三是清乾嘉中,章学诚在《文史通义》中对古代史学所作的系统总结与批判。凡此种种,不但反映了当时的史学走向社会深层,同时也预示着这门古老学问即将发生重大的变革。

---

① 《晋书·石勒载记》载,太兴二年(319年)石勒称赵王,以"任播、崔浚为史学祭酒",是"史学"一词的第一次出现。《宋书·雷次宗传》载,元嘉十五年(438年)宋文帝使"何承天立史学(馆)",是"史学"第一次作为独立的学术门类。以《隋书·经籍志》与《汉书·艺文志》相比较,史书已由原先附于经书之末发展为经、史、子、集四大部类之一。
② 《隋书》卷2《文帝纪下》。
③ 一般认为,"会要"作为专记断代典章制度的史书体裁,是由唐代苏冕创始的,但它的分类编纂方法是由五代末王溥完成的。
④ 权衡:《庚申外史》卷上。

鸦片战争之后至"五四"前夕（1840年—1919年）的中国近代史学，以《辛丑条约》签订（1901年）为界，分为前后两个发展阶段。

在前一阶段，由于列强入侵民族危机不断加剧，中国史学开始发生重大变化：博古而不通今的考据史学日渐衰微；救亡图变的实学思潮迅速兴起，并产生了一批旨在经世致用的"当代史"著述。龚自珍率先"探世变也"①，他批判封建"衰世"，主张改革政治，重开史学经世致用的风气。魏源通过编撰当代史以探讨清朝盛衰缘由，寻求御侮图强之道，提出了"师夷长技"的主张。祁韵士、徐松、俞正燮等人研究边疆史地和蒙元史的成就，推动了"道咸时学"的形成。夏燮著《中西纪事》，重点记述两次鸦片战争的史实，揭露列强侵略罪行和清统治者的腐朽。王韬、黄遵宪等编撰外国历史，介绍君主立宪制度。严复通过"严译八大名著"②，系统介绍进化论等西方政治理论学说。康有为则把"公羊三世说"改造成"乱世"、"升平世"（小康）和"太平世"（大同）的社会进化学说。

在后一阶段，梁启超的《中国史叙论》（1901年）和《新史学》（1902年）的刊布，标志着中国资产阶级史学的开端。梁启超在批判封建史学的同时，提出"史界革命"口号，并初步建立起资产阶级"新史学"理论体系。资产阶级革命派则以历史事实来证明革命是社会历史发展的必然。如陈天华著《猛回头》，列举世界历史上的亡国事例作为教训以警示世人；章太炎著《驳康有为论革命书》，以中外历史事实论证采取革命手段推翻清朝统治的必要性；孙中山常常引证、评述历史，宣传革命学说。资产阶级革命派的著述言论，不但推动了当时的反帝反封建运动，也对史学发展产生了积极影响。夏曾佑的《中国古代史》、柳诒徵的《历代史略》、刘师培的《中国历史教科书》等，都是尝试以"新史学"的理论与方法编写的新式历史教科书，为中国资产阶级新史学的创建作出了重要贡献。但总的说来，在这一时期新旧史学的斗争中，资产阶级史学并没有完全战胜封建史学。

从"五四"到新中国成立（1919年—1949年），是中国现代史学的发展时期。

辛亥革命以后的近20年间，思想界和学术界曾出现一股复古思潮。由于袁世凯和北洋政府的扶持，以《清史稿》为代表的封建史学著作一度大量编纂、出版。这些史著虽有一定的史料和学术价值，但体裁陈旧，著述方法保守，其立场、观点与时代精神格格不入，只是封建旧史学退出历史舞台前的回光返照。

在这前后30年间，资产阶级史学仍然有所发展，并取得过不少重要的学术成就。梁启超

---

① 龚自珍：《乙丙之际箸议第九》，《龚自珍全集》第一册，中华书局1959年版。
② "严译八大名著"，指严复译述西方资产阶级哲学和人文科学的8部著作，即《天演论》、《原富》、《群学肆言》、《群己权界论》、《社会通诠》、《法意》、《名学》、《名学浅说》。

通过《中国历史研究法》及其《补编》，初步创建了中国史学史的学科体系。王国维运用"二重证据法"，将新出土的考古资料与传世的文献资料结合起来，相互印证，为古史研究开辟了新的途径。顾颉刚等"古史辨派"学者，以"疑古"为手段，以考信为目的，对于廓清古史中的一些荒谬传说作出了贡献。此外，陈寅恪在隋唐史、魏晋南北朝史、中国佛教史、蒙古史、敦煌学等研究领域，陈垣在中国宗教史、历史文献学、通鉴学等研究领域，都作出了开创性的贡献。不过，由于中国资产阶级史学对西方学术理论的过于依赖以及很少具备独创的时代文化特点，因而不仅难以将中国史学推向更高、更深的发展层次，就连它本身也在社会的急剧动荡变化中不断发生分化。

马克思主义史学的异军突起，代表了中国现代史学的发展方向，促使这门古老学科不断走向科学化。李大钊是中国马克思主义史学的奠基人。他的《史学要论》等论著，以唯物史观为指导，对史学理论的基本问题作了较系统的阐述。之后，郭沫若、吕振羽、范文澜、侯外庐、翦伯赞等一批马克思主义史学家，在史学研究各个领域取得的显著成就，奠定了马克思主义史学坚实的学术基础。郭沫若的《中国古代社会研究》（1930年）是第一部试图以马克思主义的立场与观点解释中国历史的名著。范文澜的《中国通史简编（上）》（1941年）是运用唯物史观系统研究和叙述中国古代史的代表作，该书夹叙夹议，行文简练，编撰手法也颇具时代特色。翦伯赞著《中国史纲》第一、二卷（1943年、1946年），既注意历史文献与考古资料的结合，又注意把中国历史置于世界历史大环境中加以考察，具有视野开阔、见识卓著的特点。自吕振羽《中国政治思想史》（1937年）问世后，侯外庐在运用马克思主义观点研究中国思想史方面用功最勤，建树也最多，他的《中国古代思想学说史》（1944年）、《中国近世思想学说史》（1945年）、《中国思想通史》第一卷（1947年）等至今仍有很高的学术价值。胡绳的《帝国主义与中国政治》（1949年）论述了近代史上帝国主义侵略中国的重大课题，既是一本通俗的政治读物，也是一部严肃的历史著作，为史学如何走向人民大众提供了成功的范例。

二、史家传统与史学名著

在德国著名思想家黑格尔看来，中国的史学发达是因为"中国'历史作家'的层出不穷、继续不断，实在是任何民族所比不上的"[①]。其实，中国史学的发达，除了因为中国史家的"层出不穷、继续不断"，更由于历代史家在治史过程中所体现出来的优良传统。正是因为中国史家的优良传统，中国史学才得以长盛不衰，历久而弥新。以下着重谈谈对中国史学发展影

---

① 《历史哲学》（王造时译），三联书店1956年版，第161页。

响至深的四大传统。

① 名山事业的信念。

"名山"一语,出自西汉司马迁的《史记·太史公自序》中"藏之名山,副在京师,俟后世圣人君子"之句,意思是把修史当作流传万世的不朽事业。司马迁从38岁整理其父遗稿,确定发凡起例,继续搜集史料,42岁开始《史记》的写作。因李陵事件触怒汉武帝,入狱3年,惨遭宫刑。出狱后,忍辱负重,发愤著述。直到53岁左右终于实现了父子两代人的夙愿。从此,立志"名山"事业成了史家的执著信念。为此,他们宁愿抛弃高官厚禄,甚至终身不仕。例如,南宋郑樵一生不事科举,他结庐山岩数十年,先后撰写《通志》等80余种著作,共1 000多卷。又如,被称为"清代考史三大家"的王鸣盛、赵翼、钱大昕,都是中年辞官,潜心治史,才有后来的成就。

② 直书实录的原则。

这是评判史家优劣和史著高下的主要标准。《左传》记载了这样两则"良史"的故事:一则是晋国史官董狐直书"赵盾弑其君",引起执政大夫赵盾的不满。为此,双方在朝中发生争执。但董狐据理力争,终于说得赵盾口服心服。另一则是齐国太史氏直书"崔杼弑其君",被执政大夫崔杼所杀。他的两个弟弟也这么写又被杀,第三个弟弟照样这么写。最后崔杼只得作罢。此时,南史氏听说太史氏兄弟被杀,"执简以往;闻既书矣,乃还"①。在以后的历史上,因为如实记事而招致大祸之事一再发生。例如,北魏大臣崔浩被满门抄斩的罪名之一,就是他在主持编修《国史》时"刊扬国恶"②。所以,要做到记事如实,首先要有不惧杀头的无畏精神。

③ 鉴戒垂训的旨意。

早在西周初年,统治者就说过:"我不可不监于有夏,亦不可不监于有殷。"③汉初实行"与民休息"政策,与陆贾在《新语》中指出秦"举措暴众而用刑太极"导致灭亡的告诫不无关系。唐太宗有名言"以铜为镜,可以正衣冠;以古为镜,可以知兴替;以人为镜,可以明得失"④;宋神宗为司马光主编的史书题名《资治通鉴》,这都是重视"史鉴"作用的突出事例。至于"孔子成《春秋》,而乱臣贼子惧"⑤,朱熹编《通鉴纲目》宣扬封建伦理,都把历史列为教育学生的重要内容,就是因为历史的垂训功能。事实上,历代优秀史家无不竭力将自己的著述撰写成合

---

① 《左传·宣公二年》《襄公二十五年》。
② 《魏书》卷35《崔浩传》。
③ 《尚书·召诰》。
④ 《资治通鉴》卷196,唐贞观十七年春正月。
⑤ 《孟子·滕文公下》。

乎鉴戒垂训旨意的教科书。

④ 注重德才的修养。

德才兼修既是对史家素质的要求,也是史家应当自觉遵守的准则。唐代刘知几说:"史有三长:才,学,识。"①"才"指史学研究与写作的能力;"学"是掌握史料的广度与深度;"识"即史学理论与观点。在他看来,"三长"之中以"识"最为重要,因为只有具备史识,才能做到"善恶必书,使骄君贼臣知惧",发挥史学的劝惩和垂训作用。清代章学诚在"史有三长"的基础上又提出了"史德":"能具史识者,必知史德。德者何?谓著书者之心术也。"②在他看来,史家具备才、学、识"三长"固然重要,但最重要的是必须有"善恶褒贬,务求公正"的"心术"。所以,他特别强调良史"当慎辨于天人之际,尽其天而不益于人",即史家记述史事应尊重客观,如实反映历史的本来面貌,不能搀杂个人的主观因素。

除上述四个方面外,中国史家的优良传统还包括对国家民族的忧患意识和高度责任感、对略古详今治史原则的坚持、对史学领域和史书体裁的不断开拓创新等等。总之,中国史学的发达是与历代史家的优良传统紧密联系在一起的。

中国的史书系统而繁富,体裁多种多样,仅《四库全书总目·史部》中所著录的史书就有15种体裁,共计2 114部、37 912卷。但是,以经、史、子、集四部划分图书的方法过于笼统,"若通盘考察,严格而论,经、子、集三部最少有一半可编入史部,或和史部有密切的关系"③。中国的历史记载绵延不断,历朝历代,无不有史,也是世界上"任何民族所比不上的"。

编年体在中国古代史书编纂三大主要体裁中出现最早,《春秋》是它的早期代表作,《左传》是它趋于完备的标志。《资治通鉴》是现存编年体史书中规模和影响最大的。这一史书体裁的特点是记事以时间为线索,按年代顺序叙述每年发生的重大史事。

孔子的《春秋》约18 000字左右(现尚存16 500余字),记载了春秋时期自鲁隐公元年至鲁哀公十四年(公元前722年—公元前481年)的历史。主要记述鲁国的政治事件和人物活动,并涉及周王室和其他诸侯国。该书记载虽然比较准确,但文义晦涩且过于简约,若不加说明几乎无从了解具体内容,故有"断烂朝报"之讥。作者以周礼为准则,往往通过审慎的遣词造句来表达对事件和人物的褒贬。如温之盟,明明是周襄王应召去见晋文公,孔子却讳之曰"天王狩于河阳",这就是所谓的"春秋笔法"。不过,《春秋》的意义,主要在于它重视人事的倾向以及促进私人著史、论史的作用。

---

① 《新唐书》卷132《刘子玄传》。
② 《文史通义》卷3《内篇·史德》。
③ 梁启超:《中国历史研究法》,上海古籍出版社1987年版,第296页。

《左传》是我国古代第一部史学名著和文学名著。作者传为春秋末左丘明,实际成书于战国。原先是独自叙述历史之作,今本系由西晋杜预改定。《左传》记事,上起鲁隐公元年,与《春秋》相同;下至鲁哀公二十七年,比《春秋》多出13年。书中不但详记当时政治、军事、社会、文化等方面的重要史事,还引述西周及更早的事件和传说。如《春秋》隐公元年的"郑伯克段于鄢"一语,《左传》作者用了500多字介绍这一事件的经过与前因后果;要了解"天王狩于河阳"的真实内容,只有通过《左传》的叙述才能详悉。擅长描写战争是《左传》的一大特色,其中有关齐鲁长勺之战、晋楚城濮之战等著名战役的描述,都是脍炙人口的名篇。作者把这些战役置于大国争霸的背景下,对战争起因、战前策划及战后影响详写,而战场交锋多用略笔,并把战争的胜负与参战国的政局、民心的向背、将帅的品格等因素有机地联系起来,点出了某种历史的必然性。书中还反映了作者轻鬼神、重人事的进步倾向和重视"史论"的做法。这些对后来中国史学发展均产生了深远的积极影响。

《资治通鉴》是北宋司马光主编的我国第一部编年体通史巨著。全书294卷,起于周威烈王二十三年(公元前403年),终于后周世宗显德六年(959年),共记载了1362年的历史。司马光酷爱史学,"自幼至老,嗜之不厌",因患史书繁多难以遍览,"欲删削冗长,举撮机要,……为编年一书"①。治平三年(1065年),他以《通志》8卷(即《通鉴》前8卷)进呈,受到宋英宗重视,英宗命其设局续修。至元丰七年(1084年),书成。期间,宋神宗赐其书名曰《资治通鉴》,并亲自为该书作序。参与此书编修的还有著名史家刘恕、刘攽、范祖禹等。

《通鉴》虽系多人分工合作而成,但最后由司马光一人修辞、定稿,从而保证了该书的体例严谨和结构完整。《通鉴》以体大思精、取材广泛著称,除《史记》、《汉书》等17部正史外,还引证了数百种杂史诸书的史料。书中叙事,往往一事采用数种材料写成。凡遇年月、事迹有歧异者,均加考订,以为"考异",因此具有相当高的史料价值和学术研究的参考价值。《通鉴》内容以政治和军事史实为主,记事略远详近,且记乱世多、治世少。这是因为作者试图通过展示历代治乱、成败、安危之迹,以"垂鉴戒于后世"。书中常用追叙和终言的手法,交代史事前因后果,使人易于得到系统而又明晰的印象。并于叙事之外,选录前人史论97篇,又以"臣光曰"的形式自撰史论118篇。这些史论体现了作者求"通"、循"礼"、尊君、注意民心向背、反对宗教迷信等政治思想。此外,文字简洁流畅,叙事生动形象,有相当高的文学价值,也是《通鉴》的一大特色。如赤壁之战、淝水之战等战争场面的描写,历来为人们所推重。

在《通鉴》的直接影响下,两宋及元代曾形成撰写编年体史书的高潮,出现了《续资治通

---

① 司马光:《进书表》。

鉴长编》《建炎以来系年要录》等一批当代编年史著。另外,在"通鉴学"上还因此产生了两个分支:一是改编《通鉴》而创纪事本末体和纲目体;二是注释和研究《通鉴》成了专门的学问。

纪传体出现于汉代,稍晚于编年体。在古代史书编纂的三大体裁中,以纪传体的影响最大。这一体裁由《史记》创始,《汉书》继踵并加以规范。它的特点是记史叙事以本纪和列传人物为中心。

《史记》是一部贯穿古今的纪传体通史,初名《太史公书》,西汉司马迁著。书中记载了从传说中的黄帝到作者所生活的汉武帝太初年间,我国上下3 000年的历史,并涉及亚洲其他一些国家和地区的史事。全书共130篇,52万多字。以本纪、世家、列传为中心,分层记述各类人物的活动;以书、表的形式,体现记载的全面性和系统性。开创了集本纪、世家、列传、书、表五种体例于一书的纪传体史书体裁。"自此例一定,历代史家遂不能出其范围,信史家之极则也。"[①]《史记》主要记述帝王将相的世系和活动,但也记录了不少社会下层人物的事迹,并肯定他们对社会的贡献和历史作用。如作者不仅把陈涉列为"世家",而且把秦末农民起义与"汤武革命"相提并论。书中还反映了司马迁重视人为作用、重视探讨历史变化规律、重视经济活动等积极的史学思想。《史记》还是一部史学与文学完美结合的典范之作。司马迁通过优美流畅的文笔,在生动表述重大历史事件的同时,也刻画出一个个性格鲜明的人物形象。所以,《史记》对中国后来的史学和文学的发展都产生了深远的影响。

《汉书》是中国第一部纪传体的断代史。主要作者是东汉班固,先后参与此书编纂的还有其父班彪、其妹班昭及同乡马续。《汉书》体例与《史记》大致相同而稍有变化,即取消世家,把汉代勋臣一律编入列传,并改书为志,扩大志的记述范围。这些变化为后来的纪传体史书所沿用。全书共100篇,分为120卷。记载了自汉高祖刘邦元年(公元前206年)至王莽地皇四年(23年)共230年间的史事。汉武帝中期以前内容大都移自《史记》。由于作者对司马迁的"论是非颇谬于圣人"持批评态度,因此移用时常有增删改易。《汉书》作者比较注重史料的选择和审核,虽然书中偶尔使用曲笔,但总的说来不失为"实录"。只是作者喜用僻字古词,向称难读,历史文学成就较《史记》逊色。《汉书》的主要贡献在于"十志",其中《刑法》、《五行》、《地理》、《艺文》四志为新创。《刑法志》系统叙述了法律制度的沿革和一些具体的律令规定。《地理志》记录了当时的郡国行政区划、历史沿革、户口数字,以及各地的物产、经济发展状况和民情风俗等。《艺文志》是我国现存最早的史志图书目录。此外,《食货志》两卷系由《史记·平准书》演变而来,但内容更加丰富。上卷谈"食",即农业经济状况;下卷论

[①] 赵翼:《廿二史札记》卷1《各史例目异同》。

"货",即商业和货币的情况,是西汉经济史专篇。

自从《史记》和《汉书》问世以来,历代皆有仿照《史记》、《汉书》体裁编纂的史书作品。清乾隆年间,官修《明史》告成后,把纪传体史书中的 24 部"钦定"为"正史",合称"二十四史"。以后,再加上《新元史》和《清史稿》便形成了"二十六史"。这些成书于不同年代的作品,各自独立,而又相互衔接,完整地记录了上下 5 000 年的中国历史,这在世界上是绝无仅有的。

纪事本末体在三大史书编纂体裁中出现最晚,是由南宋袁枢改写《资治通鉴》而创立的。这一史书体裁的特点是以历史事件为中心,每事各详起讫,独立成篇,并自为标题。行文简于纪传,事理明于编年。

《通鉴纪事本末》是中国第一部纪事本末体的史书。作者袁枢喜诵《资治通鉴》,苦其浩博,难以明察历史事件的终始,于是辑录《通鉴》原文,区别事目,按类排纂,把原书 294 卷记载的 1362 年史事,概括为 42 卷、239 篇。每篇记一件大事,标题立目,各编年月,起讫了然,颇便阅读。全书上起战国"三家分晋",下迄五代末"周世宗征淮南";另有 66 事,附于各篇之后,总计大小 305 事。内容如《通鉴》皆属政治、军事,经济方面很少。

袁枢的《通鉴纪事本末》于编年体和纪传体之外,又创立纪事本末体的史书编纂体裁,这是对历史编纂学所作的一大贡献。这种体裁由于因事命篇,不拘常格,能使人在短时间内获得系统的知识信息,又方便初学者重点把握历史发展的脉络。所以,明清两代学者纷纷效仿,产生了一大批纪事本末体的史书。

除了编年、纪传、纪事本末三体,中国史书常见的体裁还有政书、实录、起居注等。

"政书"专记历代典章制度的演变和发展,是我国历史上各项政治、经济、文化制度的资料汇编。现存的政书体史书以杜佑的《通典》、郑樵的《通志·二十略》、马端临的《文献通考》等"十通"最著名,影响也最大。另外,"会要"、"会典"也是较为常见的政书体史书。

"实录"是某朝皇帝在位期间的大事编年。这一体裁史书,以见于《隋书·经籍志》著录,南朝梁周兴嗣的《梁武帝实录》和谢吴(昊)的《梁皇帝实录》最早。前者记梁武帝时事,后者记梁元帝时事。唐以后,继嗣之君让史官为已故皇帝撰实录相沿成为定制。但元以前的实录多已散佚,仅《唐顺宗实录》因附于韩愈文集而得以完整保存至今。

"起居注"即帝王的言行录,是我国古代起源较早的一种史书体裁。有学者认为,《穆天子传》即起居注的最初形式。据说汉代由宫中女史担当此职事,如东汉马皇后撰《明帝起居注》。魏晋起,设官专修。唐宋时,分置起居郎、起居注舍人,所修起居注最为详备。元明以后,记载稍见简略。现存最早的起居注是《大唐创业起居注》,记李渊自起兵至称帝期间的事。

第四节　文字、语言与文献整理

一、汉字的起源与流变

汉字是记录汉语的文字，也是我国境内绝大多数居民用以记录语言、进行交流最主要的书面符号。

汉字是世界上最古老的文字之一。西安半坡遗址出土的"彩陶上的那些刻划记号，可以肯定地说就是中国文字的起源，或者中国原始文字的孑遗"①。半坡遗址的年代，根据 C^{14} 的测定，距今约 6 000 年。这就是说，在我国，汉字的起源至少有 6 000 年的历史。迄今发现的最早可识辨的文字是 3 000 多年前商代的"甲骨文"和稍后的"金文"。

甲骨文资料以"殷墟"出土的最为丰富。"殷墟"（今河南安阳小屯村），即"盘庚迁殷"后商朝后期 250 多年的都城之所在，自 1899 年以来，在此出土的带有文字的甲骨达 10 多万片。商代的甲骨文，连同其他器皿上的文字，约有单字 4 000 多个，目前能够释读的有 2 000 多字。从这些文字结构来看，我国古代文字发展到商代已经相当进步，如后世所说的"六书"②，除"转注"外都已具备。值得注意的是，1977 年，在周人兴起的"周原"（今陕西岐山境内）也发现不少带字的甲骨。此外，发现甲骨文的地点还有山西、北京等。这无疑说明，甲骨文是商周时期的通行文字。

自甲骨文之后，汉字形体主要经历了三个阶段的发展变化。

1. 从商周古文字到秦代"小篆"

甲骨文是已经可以完整记录和表达语言的一种符号体系，但仍有很多单字在表形、表意上离图画形式相去不远。西周的金文跟甲骨文基本接近，只是字体渐趋方整，笔画呈现线条化和平直化的倾向。春秋战国时期，列国文字虽属同一符号体系，却各具地方特色，汉字出现了简体、异体及一字多形的现象。一般说来，秦国文字较多保留周代古文字的特色，笔画繁复；而关东诸国文字则趋于简易，改变较多。

秦统一后，在李斯等人的倡议下，以秦国文字为标准，进行了全国范围的文字统一工作。秦

---

① 郭沫若：《古代文字之辨证的发展》，《考古学报》1972 年第 1 期。
② 即汉字的六种造字规则。"六书"之名，始见于东汉。班固《汉书·艺文志》以象形、象事、象意、象声、转注、假借为"六书"；郑众《周礼解诂》以象形、会意、转注、处事、假借、谐声为"六书"。许慎《说文解字》以指事、象形、形声、会意、转注、假借为"六书"。后来的文字学家基本上都采用许慎所说的名目和班固所列的顺序。

代官方规定的文字叫做"小篆"。它相对于先前的古文字,总的说来,在形体上比"大篆"①简单,在结构上比金文整齐,在写法上有更严格的规范,而且同属一个偏旁部首的字,其偏旁的写法和地位也有一定格式。因此,秦朝统一文字是汉字发展进程中的一大重要里程碑。它在基本消除文字异形现象的同时,也为后来汉字朝着方块字形的发展确定了方向。

2. 秦汉"隶书"

隶书是由简略篆书发展而来的。篆书笔划是圆转的,书写比较麻烦。一般人写字时,为了写得快些,往往把圆转的笔划省烦就简变成方折,并将有些部首相互通用,从而形成一种简略且便于书写的新字体。如战国兵器文字已有明显的简便倾向。秦代开始出现与篆书字形接近的隶书。相传这种字体最初流行于徒隶之中,故称"隶书"。到了汉代,隶书字形由接近篆书到逐渐改变篆书,并成为日常通行的书写形式。隶书的书写与篆书的不同在于笔划简化、结构改变、变圆笔为直笔或方笔三个方面。

两汉文字的发展,主要是在隶书的基础上出现三种快写字体:一是"章草",传为西汉史游所创,它每个字的笔划是相互连绵的,书写起来比隶书灵活方便,但两字之间不连写,用笔仍旧沿袭隶书写法;二是"今草",传为东汉末张芝所创,它书写时把许多字连贯在一起,显得更为流畅和活泼;三是"行书",传为东汉末刘德升所创,系简化隶书而成,笔法简易。不过章草和今草只求形似,行书偏于草率,三种字体都不易辨认,所以当时为人所重的还是楷法字体。

3. 魏晋以后的"正楷"

魏晋时期,从隶书的楷法字体中演变出一种更规整的楷书字体,称为"真书"、"正书",亦称"楷隶"、"今隶"。"楷"是规矩、规整的意思。楷书的字形,与汉代的楷法隶书相比,不但具有刚柔兼备的特点,而且波势明显减少,笔画也趋于平易。楷书发展到隋唐时达到了成熟阶段。唐以后,楷书既是用以书写官府文书和科举文章的正规字体,也是蒙童读书习字的标准字体。

此外,印刷术发明之初,刻印书籍也大都采用楷书字体。直到明末清初,在印刷行业形成了一种横轻竖重的楷书变体,叫做"宋体字"。现在汉语书籍、报刊等印刷品使用最多的就是这种字体。

---

① 所谓"大篆",特指"籀文",今所存石鼓文便属这种字体;泛指秦始皇统一文字以前的金文、籀文以及春秋战国通行于东方各国的文字等。

总之，在世界历史上，那些与甲骨文、金文几乎同时被使用的古老文字，如古埃及的象形文字、美索不达米亚的楔形文字、印度河流域的印章文字等，都成了早被遗忘的死文字。唯独汉字不仅仍在使用，而且正为越来越多的人所使用。汉字从商周甲骨文、金文，到秦代小篆、秦汉隶书，再到魏晋以后的楷书，其字形发展的总趋向是：由繁难变为简易，越来越便于书写。目前我国(除香港、澳门、台湾外)绝大部分地区使用的简体汉字，是上述发展趋势的必然结果。它更便于识别和书写，也更有利于汉字记录语言、交流思想。

二、文字学

汉语文字学是以汉字为研究对象，以研究汉字的形体和形体与声音、语义之间关系为内容的一门学科。

汉字是起源于上古世界各种古老文字中一直使用至今的仅存硕果。它从最初用绘画来表达语义，到由绘画发展成象形文字；以后，又以简单的象形字为基础朝着表意和表意、表音相结合的方向发展，而以表音、表意相结合的形式为主，但始终没有走上用拼音符号来记录语言的道路。这是汉字独具的不同于其他文字的特点，也是我国自古以来文字学就特别发达的主要原因之一。

在古代，文字学被称为"小学"。《汉书·艺文志》是我国现存最早的一部史志图书目录学著作。在《艺文志》中，"小学"一词共出现在三处：①"古者八岁入小学，故《周官》'保氏掌养国子'，教之六书"，这同现在对学龄儿童实施初等教育的小学并无明显区别；②"凡小学十家，四十五篇"，这个"小学"是指幼童识字课本和解释字义的书，如《史籀》、《苍颉》、《急就》、《训编》等；③"至元始(汉平帝年号，公元1年—5年)中，征天下通小学者以百数，各令记字于庭中"，很显然，这里所说的"小学"就是文字之学。①

南宋目录学家晁公武在《郡斋读书志》卷一中认为，"小学"应当包括三方面内容：一为体制，研究字形，如《说文解字》；二为训诂，研究字义，如《尔雅》；三为音韵，研究字音，如《四声谱》及反切之学等。在他看来，"三者虽各一家，其实皆小学之类"。清朝编撰《四库全书》，把"经部·小学类"书籍也分为三部分，即以《尔雅》以下属"训诂"、《说文》以下属"字书"、《广韵》以下属"韵书"，各有侧重。训诂属侧重诠释字义；字书属侧重辨别字形，兼及音义；韵书属侧重辨别字音，兼释字义。现代文字学研究的内容，基本上就是上述"小学"的内容。

---

① 以"小学"作为文字学的代称，还见于《汉书·谷永杜邺传》记载，张竦"从(杜)邺学问，亦著于世，尤长小学"。颜师古注："小学，谓文字之学也。"同传又载，"世言小学者由杜公(杜吉)"。

近代以来,由于音韵学和训诂学都已各自成为独立学科,因此有学者主张文字学专门研究文字形体,即主要研究汉字构造、形体变迁、字形的规范化和简化,及文字改革等问题,以自成一个系统。但随着殷墟大量商代甲骨卜辞的发现和各地先秦青铜器及其他文物的文字资料的不断出土,人们越来越清楚地认识到汉字的形、音、义是息息相关的,文字学研究必须同时兼顾字形、字音、字义三个方面。

文字学("小学")是我国传统学问的一个重要门类。《史籀篇》是迄今所知最早的学童识字课本,原书虽已亡佚,但从《说文解字》中保存的200多字来看,其字形繁复,与春秋及战国初期青铜器上的文字很接近。据王国维推断,《史籀篇》为"战国时秦之文字",而"秦之文字,即周、秦间西土之文字"①。秦统一后推行"书同文"的措施,以整齐规范的"小篆"取代字形异体的"大篆",是一次大规模的文字改革运动,它对后来汉字的发展产生了深远的影响。从秦始皇统一六国到新中国建立前,文字学的发展大致经历了六个不同时期。

① 秦汉时期。秦和西汉之时,以编纂学童的识字用书为主。及至东汉,由于古文经学家们注意研究古文字,分析造字原则并创"六书"说,初步建立了"小学"的学科体系。中国最早的词典《尔雅》和最早的字典《说文解字》,都产生于秦汉时期。

② 魏晋南北朝时期。随着文字逐渐增多和异体字、增益偏旁字的不断出现,各种注解详细的字书以及按韵编排文字的韵书也相继问世。我国最早的两部音韵学著作均产生于魏晋。晋宋以后"音义"②之书较为流行。

③ 隋唐五代时期。这是汉字楷书规范定型的阶段,因而有了《字样》③之学,要求文字形体尽量纯正,对正体、俗体分别很清。同时,韵书盛行,现存最早的一部韵书是隋代陆法言的《切韵》。此外,类似敦煌古书《时用要字》、《字宝》等记述日常用语的书籍,在社会上也颇为流行。

④ 宋元明时期。宋代,《说文》有了刻本,字学开始复兴。起初是注意搜集古文字,编订成书;继而古文字学随着古器物学的兴起而得以建立,古器物上的铭文成为研究古代文字和古代文化历史的资料。北宋吕大临的《考古图》,是第一部古文字学著述。南宋及元,有人重新利用"六书"来探讨造字的原则,郑樵、戴侗颇有创新之说。明代小学成就不大,但万历年间,梅膺祚作《字汇》,创以楷书笔画为序来排列部目,便于检索。这一方法至今仍被广泛

---

① 王国维:《观堂集林》卷5《史籀篇疏证序》。
② 音义书,专指解释字的读音和意义的书,有时还照顾到字的正误。这种书与字书、韵书、训诂书体例不同,在传统的"小学"著作中自成一类。
③ 《字样》1卷,系唐贞观年间颜师古所撰,用以刊定经籍文字。

使用。

⑤ 清代。文字学在清代有较大发展与当时盛行考辨经史、推重汉学密切相关。清代文字学以《说文》之学最为流行。乾嘉学者钱大昕、段玉裁、朱骏声等以探究古音为基础,融会贯通字音、字形、字义,开辟了文字学研究的新途径;成果主要集中在校勘《说文》版本讹误,解释《说文》的体例,疏证《说文》的训解,说明古今字和假借字,利用《说文》的谐声字研究古音,并根据《说文》的文字谐声系统因声以求义等方面。此外,道咸年间,有学者开始把钟鼎文字(金文)与《说文》篆书进行比较研究。及至同光年间,钟鼎文字研究已成为文字学的一个专门领域。

⑥ 近代。这是文字学研究成果比较丰富的时期。资料方面,包括甲骨卜辞、青铜器铭文、玺印、竹简、木简、绢帛、石刻等所有的古文字以及唐宋元明时期书籍中的俗体简字,其内容之广泛为前所未有。研究范围也不再单纯局限于识字,而是由识字为起点,进而涉及语词文句的意义和语法结构。王国维、郭沫若等用古文字资料来考辨古史和探讨古代社会文化,其学术研究的价值和意义已非文字学所仅有。在研究方法上,一是重视分辨材料年代,如研究甲骨卜辞必先确定其断代,诠释青铜器铭文则区分西周和春秋战国等;二是大胆破除"六书"旧说,从古器物上的文字探求古人造字原则和字形发展变化规律。如唐兰著《古文字学导论》,倡"自然分类法",以"三书"(象形、象意、形声)来概括一切文字,即是不同于传统的新见解。此外,还有一些语言文字学家通过整理汉字和简化汉字来促进文字的规范化。

三、音韵学与训诂学

汉语言文字学中,专门研究字音的分支学科叫做"音韵学",专门研究字义的分支学科叫做"训诂学"。古代,音韵学和训诂学都属于传统"小学"的研究范围,直到近代才成为各自独立的学科。

音韵学(又称"声韵学")以字音为对象,主要研究汉语语音系统的沿革,注重辨析字音中的"声"、"韵"、"调"三种要素,并探讨它们的类别、流变以及不同历史时期的分合异同。

古代把研究字音的著述称为"韵书"。据《隋书·经籍志》著录,我国最早的一部韵书是曹魏李登的《声类》,其次是晋代吕静的《韵集》。若以年代论,韵书的问世要比《尔雅》、《说文解字》等研究字义和字形的著作晚得多,但事实上音韵研究早在汉代就已经开始。如《说文》所使用的"珣读若宣"、"勾读若鸠"等注音方式,便是音韵学中的最常见方法;《释名·释天》称"青、徐言'风',踧口开唇推气言之",用的是音韵学的"譬况"方法。至于"声近"、"声同"、

"读为"、"读如"等音韵学术语,在汉代典籍中的出现,更是数不胜数。现存最早的韵书是隋代陆法言的《切韵》,原书残缺,有若干增修本流传,以宋真宗时所修《广韵》影响最大。

唐宋时期,随着韵书的不断增多,音韵之学已与"体制"、训诂并列为"小学"的三大组成部分。元代,周德清著《中原音韵》,以普通使用的活语音为记录和研究对象,具有首创意义。清代,随着"小学"的盛行,音韵学发展进入了高潮。康雍年间,官编韵书《音韵阐微》对"反切"进行了改良。自顾炎武把古韵分为10部,经江永、段玉裁、孔广森、江有诰等研究,逐渐发展成为21部。戴震提出了韵类"通转"的学说,钱大昕创立了"古无轻唇、舌上"音的理论等,都是音韵学研究所取得的重要成就。但音韵学和当时其他学术门类一样,也不可避免地存在着"厚古薄今"的缺陷。

一般说来,音韵学研究的对象主要包括古音、今音、等韵、现代音四个部分。

古音,又称"上古音",指周秦两汉时代的语音。古音学以《诗经》用韵为主要根据,结合形声字来研究上古时期语音系统。汉代以后,人们读《诗经》、《楚辞》等先秦韵文往往感到不押韵,不和谐。六朝时有人提出了"协句"主张,宋代又发展成"叶音"说(叶,即协,是和谐的意思)。但"协句"是通过强改字音来迁就今读,并非真正考辨古代本音。朱熹《诗集传》依"叶音"说认为,古今读音差不多,《诗经》作者用韵随便,有时用了不同韵的字。所以,"协句"、"叶音"都是错误看法。明代陈第在《毛诗古音考》中指出,"时有古今,地有南北,音有转移,亦势可必至",提倡给古韵分类。后经清初顾炎武等发扬光大,古音学才走上科学化的道路。

今音,又称"中古音",指南北朝至隋唐时代的语音。今音学以《切韵》系列的韵书为对象,研究中古时期的语音系统。《切韵》问世后,唐宋统治者都把《切韵》系列的韵书定为科举标准用书,因而不断有人为之增字加注。但是,《切韵》本身不是一时一地的实际语音,从《切韵》到《唐韵》、再到《广韵》,整个语音系统并没有大的改变,所以时间越久《切韵》音系与实际语音的距离越大。以至后来影响很大的"平水韵"[①],事实上已无法反映实际的语音。

在音韵学研究中,古音、今音只是相对而言,有时它们也被统称为"古音"。

等韵是音韵学上分析汉字字音结构的一种方法。等韵学以宋元以来的"等韵图"为研究对象,最初是分析韵书中的反切,以后又用等韵来分析研究相近时代的语音系统。等韵图(也称"韵图")是等韵学上用来拼切汉字字音的一种图表。图表中,纵行叫做"声",同一纵行

[①] "平水韵"的影响在于,一方面它是元明以来文人作诗用韵的标准,至今作旧体诗词者仍旧遵用;另一方面许多清代编纂的重要工具书如《佩文韵府》,就是按平水韵顺序排列的。据钱大昕《十驾斋养新录》考辨,这类韵书最早始于王文郁的《平水韵略》(1223年)。

表示声母相同或相近；横行叫做"韵"，同一横行表示韵母和声调相同。分为四等，依次排列。声、韵相拼而成字音。现存最早的等韵学著作是宋代刊行的《韵镜》，书中有韵图43个。到了清代，等韵又被进一步用于古音、古韵的研究。

有学者认为，等韵学可以说是中国古代的普通语音学，或者说是中国特有的语音学。但需要指出的是，语音学和音韵学虽然都研究语音（字音），但两者并非同一种类的学科，而且研究的对象、方法也都不一样。语音学研究的是人类发音的生理基础和物理基础；音韵学是专门研究汉语的语音系统，尤其是历史上的汉字读音变化。语音学研究要对发音作许多细微的辨析，而在音韵学研究中，只有当发音能够起到辨析词义的作用时，对它的辨析才成为必要。

现代音，又称"北音"，指元代以来逐渐形成的近代北方语音。北音学以《中原音韵》为对象，主要研究近代以"北音"为基础的普通话语音系统。这是音韵学研究中起步较晚的部分。《中原音韵》问世后，长期受到冷落，在传统的"小学"里也没有它的地位。《四库提要》把《中原音韵》列入"集部·词曲类"，并指责它"掊击古音，则拘于一偏，主持太过"；"乃以后来变例，据一时以排千古，其俱殊甚"。直到近代，随着"国语"运动的兴起，《中原音韵》的价值才开始引起一些语言文字学家的注意。如著名学者王力不仅认为，"书中的韵部是以当时北方的语音为根据，所以在语音史上也很有价值"①，而且还在《汉语史稿》（上册）中，从汉语语音发展史的角度，把它作为近代汉语语音的代表来加以论述。

"训诂"是传统小学中与"体制"、"音韵"并列的三大部门之一。训诂，又作"诂训"，其中"训"是用通俗的语言来解释词义，"诂"是用当代的语言来解释古言，或用通行的语言来解释方言。训诂学以字义为对象，偏重于古代词义的研究，尤其注重研究汉魏以前的文献词义。它的主要任务是解释语词和研究语义，兼而综合分析语法、修辞等语文现象。训诂学在我国萌芽于春秋战国，初兴于两汉，盛行于清代，至今已有2 000多年的历史。

孔子是最早为古文献作训诂的学者之一，如"子所雅言，《诗》、《书》、执礼，皆雅言也"②。所谓"雅言"，即"中夏"之言，就是当时中原地区通行的语言。因为随着时代的推移，古文献中的语词逐渐不为人理解，所以孔子要用"雅言"来对它们加以解释。到了战国，训诂已不再是个别现象。例如，《左传》宣公十二年"夫文，止戈为武"、昭公元年"于文，皿虫为蛊"，是根据字形说义，叫做"形训"；《孟子·滕文公上》"庠者，养也；校者，教也；序者，射也"，是通过音近立训，叫做"声训"。"形训"和"声训"都是后来最常用的训诂方法。

---

① 王力：《汉语音韵学》第四编，中华书局1956年版，第488页。
②《论语·述而》。

两汉有四部重要的训诂著作问世。《尔雅》是我国最早的一部词典,约西汉初成书。"尔"是近,"雅"是正,"尔雅"即言辞近于雅正的意思。今本19篇,前3篇《释诂》、《释言》、《释训》采用同义类聚的方法训释一般词语,后16篇主要训释经传古籍中的各类名事专科词语。《方言》是我国第一部方言词典,西汉末扬雄作,今存13篇。书中把意义相近的方言语词列为一条,用当时"通语"(通行用语)的同义词作解释,并分别说明它们通行的区域。东汉许慎的《说文解字》既是字典,也是训诂著作。书中大量采用训诂方法来解释字义,如根据字形分析造字本义,按照古训说明词义,通过声旁解说词义以及引方言为训等。《释名》属于另一种训诂著作。作者刘熙用"声训"法来推求事物所以得名之缘由,有意识地要把语音和语义联系起来。以上四部书,奠定了我国传统训诂学的基础。

除了已经提到过的形训、声训(又叫"音训")、通语,常用的训诂方法还有:"义训",不借助形、音,用描述比况直陈词义;"互训",用同义词互相解释词义;"反训",用反义词来解释词义;"递训",以几个意义相同或相近的词辗转训释;"破字",用本字来改读假借字;"读破",改变字音以表示字义的变化;"浑言",笼统称说;"析言",区别称说,等等。

清代"小学"盛行一时。当时,《说文》、《尔雅》为士子的必读之书,著名学者都擅长于训诂之学,研究《说文》、《尔雅》的重要著作就有数十种之多。段玉裁的《说文解字注》被认为是历来有关《说文》注释、研究著作中,最有成就的一部;邵晋涵的《尔雅正义》和郝懿行的《尔雅义疏》,是继东晋郭璞《尔雅注》、刘宋邢昺《尔雅注疏》之后,最重要的《尔雅》研究的著作。清代训诂学的最大成就是沟通了语言与文字的关系。段玉裁等人提出了因声求义的原理,把字形、字音、字义的研究统一起来,因形以知音,由音以求义;学者们还共同建立了许多推考字义的理论和方法,把零星分散的知识贯串在一起,使训诂学成为有系统、有理论、有严谨方法的一门学问。

近代以来,训诂学主要在字源和语根的探求、同源字虚词的研究、根据出土的古铜器铭文考订古书的训释,以及研究范围扩展到唐宋以后语词的考释等方面取得了较大的成就。目前,我国语言文字学家正在传统训诂学的基础上,根据现代语言学的原理,努力创建适应时代需要的科学的汉语语义学。

四、 文献整理

文献是记录知识和信息的一切载体,它由记录的内容、记录的符号(如文字、图表)、用于记录的物质载体和记录的手段四个要素组成。我国古代文献,按照物质载体可分为甲骨文献、金文文献、石刻文献、简牍文献、缣帛文献、纸质文献等；根据记录手段可分为铸刻文献、书写（手工抄写）文献、印刷文献等。自从造纸术和印刷术发明以来，纸质的印本图书一直是文献流布的主要方式。

在我国，"文献"一词始见于《论语·八佾》："子曰：夏礼，吾能言之，杞不足征也；殷礼，吾能言之，宋不足征也。文献不足故也。足，则吾能征之矣。"宋代朱熹把"文"释为书本典籍，"献"释为贤人的言论。元初马端临著《文献通考》第一次把"文献"用作书名。他在该书自序中还对"文"和"献"作了更具体的说明，书中凡是顶格书写的内容都是"文"，而低一格书写的就是"献"。正因为"文献"一词在我国古代有特定含义，所以传统的"文献整理"，实际上是以考订图书的源流真伪为核心，涉及考据、目录、校勘、版本、辑佚等多种学科的一门综合性的学问。

早在公元前8世纪初，孔子的祖先就开始对传世的文献进行了整理。据《诗·商颂谱》中云："至戴公，时当宣王，大夫正考父者，校商之名《颂》十二篇于周太师"；"宋之礼乐，虽则亡散，犹有此诗之本；考父恐其舛误，故就太师校之也。"这里提到的"戴公"即宋戴公（公元前799年—公元前766年），"宣王"即周宣王（公元前827年—公元前782年），"正考父"即孔子七世祖。所以，文献整理在我国至少已有将近2800年的历史。

孔子是历史上系统进行文献整理的第一人，"六经"的传世与他有极大关系。史称，《诗》、《书》是孔子删订而成的，《礼》、《乐》经过孔子的重新审定，《易》中有孔子"为之《彖》、《象》、《系辞》、《文言》、《序卦》之属十篇"①，"至于（孔子）为《春秋》，笔则笔，削则削，子夏之徒不能赞一辞"。② 因为受到师学的影响，子夏在文献整理方面也有相当造诣。据说他不但能校正文献错误，还能指出致误的原因。如"子夏之晋，过卫。有读史记者曰：'晋师三豕涉河。'子夏曰：'非也，是己亥也。夫己与三相近，豕与亥相似。'至于晋而问之，则曰'晋师己亥涉河'也"③。

西汉末年，在刘向、刘歆父子的主持下，第一次对国家收藏的文献进行了大规模的整理。据《汉书·艺文志》记载，这次文献整理大致按照以下四个步骤循序展开：首先，任命专人负责"求遗书于天下"；然后，挑选有关专家分头校理"经传、诸子、诗赋"以及"兵书"、"数术"、"方技"等图书；接着，由刘氏父子负责为每一本已校图书撰写叙录，分类著录；最后，"（刘）歆于是总群书而奏其《七略》"。由于刘向、刘歆等人的努力，不仅使我国古代文献得到了一次

---

① 《汉书》卷30《艺文志》。
② 《史记》卷47《孔子世家》。
③ 《吕氏春秋》卷22《慎行论·察传》。

全面清理,而且建立起一套完整的图书目录分类体系,并因此产生了中国第一部图书目录学专著《七略》。对此,著名文献学家郑鹤声、郑鹤春认为,"此为中国古典学最有系统、最有精密之整理,其用力之深,远契古圣,条宣究极,隐括无遗"①。

图 5-4-1 校雠俑

"校雠"是刘向等人在校理图书时使用的一种文献整理方法。如刘向《孙卿书录》中谓"所校雠中孙卿书(即《荀子》),凡三百二十二篇",即是。校雠,又作"雠校",按照刘向在其著《别录》一书中的解释:"雠校:一人读书,校其上下得谬误,为'校';一人持本,一人读书,若怨家相对,故曰'雠'也。"②之后,人们便把文献整理叫做"校雠"。

及至南宋,郑樵的《通志·校雠略》第一次以专著形式,从理论上系统阐述了文献收集、真伪鉴别、疏通伦类、得失之故和分类编目、流通利用等文献整理的基本问题。他指出:"学之不专者,为书之不明也;书之不明者,为类例之不分也。有专门之书,则有专门之学;有专门之学,则有世守之能。"并认为:"书之易亡,亦由校雠之人失职故也。"总之,郑樵在《校雠略》中,一方面肯定刘向等人整理古典文献的功绩,同时也指出其某些不足,如"尽采语言,不存图谱"等。另一方面则批评后来的文献整理由于缺乏严格措施而导致的种种错误,特别是对北宋的《崇文总目》严词大加指斥。因为《校雠略》的关系,从此,文献整理及其相关的学问被统称为"校雠学"。

郑樵之后,清代章学诚著有《校雠通义》系统探讨了文献整理理论。他在该书序言中提出了"校雠之义"在于"辨章学术,考镜源流"的著名观点,即要求文献整理必须明确反映并细致剖析各种学术思想的发生、发展过程以及相互间关系。《校雠通义》共 3 卷,由 18 个篇题组成,其中既有关于著录、部次(分类)、叙录、互著、别裁、治书、校书之法的阐述,也有对刘向、刘歆父子和班固、郑樵等人的评论。由于章学诚在书中所论及的一些问题,事实上"已经扩大了校雠的原意,不限于校对书籍",因此,这在"当时的学术界是不能接受的"③。章学诚的文献整理著作《史籍考》虽然没有流传下来,但从现存的《论修〈史籍考〉要略》中仍然可以很清楚地看出,《史籍考》在很多地方运用了《校雠通义》的理论。

---

① 郑鹤声、郑鹤春:《中国文献学概要》,上海古籍出版社 2001 年版,第 41 页。
② 据《文选·左思〈魏都赋〉》李善注引。
③ 《文史通义校注·出版说明》,中华书局 1994 年版。

清代是文献整理取得较为可观成就的时期。由于乾嘉考据学的兴起,文献整理工作还一度形成高潮。在图书目录方面,乾隆年间开馆编修的《四库全书总目》,共著录各类文献典籍 10 585 部,180 358 卷。在古籍辨伪方面,清初姚际恒的《九经通论》《古今伪书考》,一下子考证出近百部"伪书",整个学界为之震动;崔述的《考信录》,对先秦的历史和文献进行了系统考辨,基本上总结了前人在这一方面的主要研究成果。在书籍辑佚方面,四库馆臣们从《永乐大典》中先后辑出已经亡佚的古代典籍 385 种,4 946 卷;严可均编《全上古三代秦汉三国六朝文》,"起上古迄隋",共辑录 3 519 名作者(其中有姓名者 3 497 人)的文献 746 卷。此外,在旧史的补充和改写方面有万斯同的《历代史表》、谢启昆的《西魏书》;在史书文字与内容的考证方面有钱大昕的《廿二史考异》、王鸣盛的《十七史商榷》、赵翼的《廿二史札记》。由于清代学者对文献进行的大规模整理,使得一大批古代典籍因此得到了认真清理和重新恢复。

近代著名学者陈垣(1880 年—1971 年)在年代学、校勘学、辑佚学、史讳学等方面的创造性成就,从理论和实践上进一步推动了文献整理的发展。他研究《元典章》,通过元刻本与流行的沈刻本对校,再用其他版本互校,共校出了沈刻本中的谬误 12 000 多条,著成《元典章校补》。随后,他从中择出十分之一作为典型校例,写成《校勘学释例》(初名《元典章校补释例》),对古籍中的窜乱讹误现象及其致误原因分门别类地加以分析,提出了后来被文献整理工作者视为圭臬的"校法四例"(即对校法、本校法、他校法和理校法)。又撰《旧五代史辑本发覆》,汇集分析了《册府元龟》所载、而四库馆臣有意删改的原文资料共 10 类,194 条。此外,他所编撰的《二十史朔闰表》《中西回史日历》《史讳举例》等书,至今仍是从事文献整理工作的必备工具。

拓展阅读 11

既是方法的阐述,也是发展的思考

思 考 题

1. 概述儒家学派的形成与发展过程及其对中国社会的影响。
2. 说说学术文明与社会进步与发展之间的关系。

第六章 宗教文明

　　宗教是一种社会意识形态,它总是同政治、经济、文化、民族等方面历史和现实的矛盾相交错,具有特殊复杂性。研究宗教史可以发现:没有一个社会是没有宗教的,任何民族都需要信仰体系。宗教对于人类社会生活有着科学技术与物质财富无法替代的特殊功能。宗教与文化密切相关,中国传统文化是儒释道三家鼎立而互补的文化形态,宗教文化是中国传统文化的一部分。本章简要地介绍原始宗教、佛教、道教以及伊斯兰教、基督教等,这些主要宗教对中国古代历史和文明都发生过程度不同的影响。

第一节　原始宗教

一、图腾崇拜

　　宗教发端于原始时代的氏族制社会,是随着氏族制的形成而产生的。最早的宗教形式是图腾崇拜。图腾(totem)是印第安语,意为"他的族类"、"他的亲属"或"他的民族标记"。图腾符号一般为某种动物或植物(其中动物占绝大多数)。原始人常常把图腾作为本氏族的标记,认为它的盛衰象征着本氏族的盛衰,因此要保护图腾,崇拜图腾。

　　图腾崇拜在原始宗教中是一种带有世界性的普遍现象。根据古史及传说,我国从三皇五帝开始,各个氏族都有自己的图腾,且有相应的象征标志。传说黄帝分别同蚩尤和炎帝作战时,曾以熊、罴、貔、貅、䝙、虎六种野兽参加战斗,这实际上是指分别以这六种野兽为图腾的六个氏族部落。郭沫若说:"黄帝为有熊氏,说明熊氏族在这个部落中居于首位。"①商部族曾居于华北北部、东北部、燕山一带,以玄鸟为图腾。玄鸟俗称燕子。《诗经·商颂·玄鸟》中云:"天命玄鸟,降而生商,宅殷土茫茫。"就是记载了简狄吞玄鸟卵而怀孕生契的传说,契就是商始祖。此类始祖卵生神话,在古代曾流行于中国东部沿海和亚洲东北部各族中间。

　　某一氏族所信仰的图腾多与他们的生产方式、生活环境密切相关。齐地古称青州,是一片丘陵和山地,草木丛生,百兽出没。《尚书·禹贡》"青州"条下云"莱夷作牧",古代传说中也有夷人作弓的说法,可见狩猎是齐地夷人的重要生产方式。《尚书·禹贡》又说青州"海滨广斥",有较长的海岸线,沿海先民多以鱼蚌为食,山东荣成海滨的河口原始社会遗址中便发

---

① 郭沫若:《中国史稿》第一册,人民出版社1976年版,第118页。

现了大量的蛤蜊壳等堆积物。这样的生产生活方式，造成了齐地先民图腾崇拜的特色——以草野动物和水族动物崇拜居多。

原始社会基于对图腾的信仰形成了一些禁忌、礼仪和制度。禁忌的产生当源于宗教观念中自己与图腾的血缘关系，如禁说图腾名字，禁止杀害、捕食作为图腾的动物或植物，甚至禁止触摸图腾等。对图腾的信仰产生了祭礼和乐舞。原始部落的跳舞、歌唱与图腾崇拜的仪式有密切的联系。例如以鸵鸟为图腾的氏族，人们在舞蹈时就模仿鸵鸟的动作；以田蛙为图腾的氏族，人们在舞蹈和歌唱时常模仿田蛙的动作和声音。此外，我国姓氏制度的起源也与图腾崇拜有关，所以有姓为图腾之说。

图腾崇拜是原始社会采集、狩猎经济在宗教意识形态的反映，它曾对原始氏族的内部团结、协调行动以及氏族间的联合协约、共同对敌等重大社会活动起过决定性作用。但是，作为一种宗教信仰，就它对社会现象和自然现象的解释来说，还是孤立的，缺乏系统性。随着社会发展和时代进步，信仰也随之发生变化。原始氏族在完成由母系社会向父系社会的转变之后，亦由图腾崇拜渐渐地转变为对男性祖先崇拜了。

二、巫祀

早在原始社会末期，一种沟通神与人的媒介——巫就已经产生。传说黄帝之后颛顼进行了一场"绝天地通"的宗教改革，分天地之序，神属天，民属地，天地神人，"罔有降格"①。人们自由交通天地鬼神的权利被剥夺了，国王们垄断了交通上帝的大权。

古代卜、祝、巫、史常互相通称，他们是当时一些专业的知识分子，是与神打交道的专家。巫觋代表鬼神发言行事，充当鬼神祭祀的中介；他们专门驱邪、预言、卜卦、祈雨、解梦。有的巫师能歌善舞，显然，音乐和舞蹈是祭祀仪式的重要组成部分。有的以巫术行医，甲骨文中医字作"毉"字，"殹"本是病痛呻吟之声，"巫"是治病之人；二者会意而为毉字，颇能反映尧舜直至殷商时代巫医混一的医事活动。巫觋还能登屋为病人或死者招魂，出自公元前4世纪中叶的《楚辞·招魂篇》，就描绘了一幕巫以别处不宜居处为理由，恳求亡魂尽快归来的戏剧性的招魂场面。

古书中常见"三代"，指夏、商、周。夏商是神权巫术政治统治的时代，"殷人尊神，率民以事神，先鬼而后礼"②。商人以迷信鬼神著名，注重祭祀，凡事都要取决于卜筮，因此留下了无

---

① 《尚书》卷12《吕刑》。
② 《十三经注疏·礼记注疏》，中华书局1982年版，下册，第1642页。

数甲骨的纪录。甲骨是商代中后期巫师们为商王占卜吉凶的工具,甲骨文详细记载了商代朝廷的宗教生活。由甲骨卜辞得知,商人心目中的神灵大致分为三类:①帝(上帝)。这是凌驾于自然神、祖先神之外主宰世界一切的至上神。②自然神。如掌管土(社)、方、河、岳等的土地、四方、河、山之神。③祖先神。包括传说中年代久远的祖先神和有明确世系的先王、先妣及有影响的旧臣。商人在神权崇拜中以对祖先神的祭祀最多,卜辞记录商王"大亨于先王"的活动很多。其祭祀远代高祖,有燎、侑、帝、求、告、御、酒、束等名目;祭祀系谱明确的先公先王,分独祭、合祭、周祭几种形式;各类祭祀的名目有侑、燎、酒、御、翌、协、告、岁、伐、奏、犯、龠、工典等不下 140 种。这么多名目的祖先祭祀,把持集中于王,说明商王确实是把宗教作为对同族和其他民族进行精神统治的中心来驾驭的。商王在筑城、征伐、田狩、巡游以及举行特别祭典之前,均要求得到祖先的认可和赞同。他会请祖先预言自己当夜或下周的吉凶,为他占梦,告诉他王妃的生育,看他会不会生病,甚至会不会牙疼。总之,处在神权统治的商代,一切"民事"都被涂上了"神事"的色彩,占卜就是沟通"天"与"人"的桥梁。"通天地"的神秘人物——巫、史、祝、卜,尽管还保留着浓厚的巫术师气味,但都已转化为专职的祭司,成了统治阶级的重要成员。

周部族原是商朝西方邦国,商、周分属不同的宗教神系。周人把至上神称为"天","天"是西部高原文化的产物。商人称至上神为"帝","帝"是商族的保护神,导源于商部落的祖先崇拜,是商人图腾"玄鸟"的影子。周武王灭商后,"天"为征服者,取消商王帝号,周王自称"天子"。政治家、思想家周公旦尽力消解"天""帝"的对立,以求达到相容。后来,这两个名字合并起来,用以称呼那个至上的存在,那个包容一切的力。周公旦总结夏商以来奴隶主统治人民的经验,制定了一套完整的周礼。礼和宗教的结合,使宗教日益世俗化,原来注重神的宗教通过礼下降为更注重现实的世俗社会。以周公旦为首的周初统治阶级鉴于殷商亡国的教训,提倡"敬德保民"。这一思想肯定了普天子民在统治中的地位与作用,把民情当作天意的晴雨表,在神学里注入了最现实的内容,可以说是中国民本思想的肇始。

从宗教学角度讲,沿着夏商二代的"祭祀"宗教的路径向前发展,我国宗教在周代或可发展为成熟的伦理宗教,如同以色列先知的宗教、琐罗亚斯德宗教、基督教等。但人文思潮的产生与礼乐文化的发达,却使它改变了发展方向。"周人尊礼尚施,事鬼敬神而远之。"①这就为中国古代宗教的世俗化留下了契机。

---

① 《十三经注疏·礼记注疏》,中华书局 1982 年版,下册,第 1642 页。

第二节 佛教

佛教在公元前6世纪至5世纪产生于印度,创始人是释迦牟尼(公元前565年—公元前485年)。释迦牟尼是古印度迦毗罗卫国净饭王的太子,成道后,称为佛陀,略称为佛,意为"觉者"或"智者"。在释迦牟尼去世一二百年的时候,佛教僧团发生分裂,形成了小乘和大乘两大派系。小乘佛教恪守原始教义,着重自我解脱;大乘佛教标榜普度众生。中国汉族地区流传的主要是大乘佛教。在印度孔雀王朝阿育王(约公元前272年—公元前232年)时期,佛教从恒河中下游地区传遍印度各地,并不断向邻国传播,逐渐成为世界性宗教。

一、佛教的传入及其中国化

佛教在两汉之际传入中国。西汉哀帝元寿元年(公元前2年),大月氏国(今阿富汗、巴基斯坦北部一带)的使者伊存到了长安,曾口授佛经与博士弟子景卢。① 这是中国史籍关于佛教传入中国的最早纪录。以此为开端,佛教正式传入中国。东汉明帝时派遣使者西去求法,并邀请佛教僧人来华传教,开始翻译一些佛经,相传现存的《四十二章经》就是当时所译。同时在首都洛阳建造了中国第一座佛教寺院,它就是今天还存在的白马寺(图6-2-1)。所以,中国后来的佛庙就叫做寺了。其实在汉代,"寺"本是朝廷所属政府机关的名称。东汉时期,佛教开始在以宫廷贵族为中心的上层社会里传播,社会上所认识的佛教不过是成仙学道

图6-2-1 白马寺

---

① 见《三国志》卷30《东夷传》注引《魏略》。

的一种方术。当时政府明令不准中国人出家,所以汉代僧人除个别例外,都还只是一些外籍(印度、西域)译师。当时虽有了佛经的翻译,但为数不多,一般都是些选译本、节译本,质量也不高。

汉末魏初,佛经的翻译逐渐多起来。佛教在中国分为两大系流传:一为安世高系,是小乘佛教,重修炼精神的禅法,接近神仙家言;二为支娄迦谶系,简称支谶,为大乘佛学,重般若学,类似玄学。大乘教的般若学,经过支谦的再介绍,到魏晋时大行于世。

魏晋时期佛教长足发展,这一时期不仅译经数量有了明显的增多,而且译经质量也有了很大提高。同时,佛教的"中国化"过程开始加速,"义学"名僧辈出。佛教不仅有了自己的目录之学,而且还有了自己的注释之学。当时,老庄之学发展为玄学清谈,佛教义学发展为般若思想,于是宣扬"一切皆空"的般若学得到了广泛的传播,出现了所谓"六家七宗"。"六家七宗"是用佛教术语来阐发玄学关心的本末、有无问题,其思想体系是玄学化的佛教哲学。东晋十六国时期,战乱不断,生灵涂炭,佛教因宣传因果报应和彼岸世界的教义,受到社会普遍欢迎,发展很快,几乎普及到社会各个阶层。西域佛图澄是后赵统治者尊奉的"大和尚",他以报应之说告诫石勒、石虎,劝阻他们少残杀百姓。在他的影响下,朝廷正式允许汉人可出家为僧。于是北方广立佛寺,僧人骤增。佛图澄的弟子分散到全国各地,促进了佛教义理的传播和组织制度的发展。其中著名的道安(312年—385年)是我国第一个僧伽制度建立者。中国僧人出家后,废除原有姓氏,一律以"释"为姓,就是由道安提倡并由他开始的。道安整理佛经,撰《综理众经目录》,并组织外来僧人译经。道安还提倡般若空宗,是当时"六家七宗"学派之一。他认为般若学的思想就是玄学的"以无为本",将"无"与"空"视为万物之本,形成了本无宗的佛教学派。总之,道安是中国佛教传播史上的一位重要人物。道安的弟子慧远(334年—416年)住庐山,是东晋后期南方的佛教领袖。他提出协调王权和僧团、名教与佛法的理论,既倡般若,又倡西方净土信仰,被后世净土宗尊为初祖。公元401年,龟兹(今新疆库车县)名僧、佛经专家鸠摩罗什(343年—413年)到达后秦姚兴治下的长安,他在长安工作12年,较为准确地翻译了74部佛典,共384卷。其中有《摩诃般若波罗蜜经》、《妙法莲华经》、《金刚经》、《维摩诘经》、《弥勒成佛经》和龙树中观学说的代表著作《中论》、《百论》、《大智度论》等,为佛教的发展及中外文化思想的交流融合提供了丰富的思想资料,对后世影响深远,成为中国佛教各宗派立宗的经典依据。自道安、鸠摩罗什之后,中国佛教开始挣脱附庸地位,踏上独立发展的道路。佛教哲学与儒、道两家分庭抗礼,变成中国文化学术的一派巨流。

南北朝时期,随着佛教理论研究的深入,出现了各种不同的佛教学派,佛教在中国进入了它的消化阶段,标志着佛教更进一步"中国化"。继魏晋盛行"般若"之后,涅槃佛性学说特别受到人们的关注。竺道生(? —434年)在南朝大讲"一切众生悉有佛性","一阐提人(谓善性灭尽者)皆得成佛",认为一切众生在成佛问题上都是平等的;并提出"顿悟成佛"的理论,在佛教界产生了振聋发聩的影响。台湾学者南怀瑾指出:"道生这种思想的根源,实在也由《周易》、《老》、《庄》的三玄之学所开启。这也可见当时佛学思想与中国文化概可相互引证发明,已至融通之境了。"[1]编译于南北朝末期的《大乘起信论》,认为人们的精神世界(心)生来即具有善(真如、净)、恶(无明、染)两个方面,前者就是众生所秉有的佛性,后者即情欲烦恼;前者被后者遮蔽不能显现,只有通过断恶修善的修行,才可使佛性显现,烦恼解脱。这种心性学说的提出是以往般若本体论发展的必然结果,为隋唐时期建立的大部分佛教宗派所吸收。

隋唐是中国佛教发展的鼎盛期,当时主要僧人已经多为中国人,与在南北朝时最著名的僧人是西域人或印度人的情况完全不同。中国僧人开始创立宗派,从隋到唐,先后出现了八大宗派:天台宗、三论宗、唯识宗、律宗、华严宗、禅宗、净土宗、密宗。其中影响较大的宗派是天台宗、华严宗、净土宗和禅宗,这四宗代表了中国文化对印度宗教的吸收与改造,影响超越中国本土,远及韩国、日本等国。佛教宗派的建立,标志着佛教"中国化"的最后完成;从此,它可以名副其实地称之为"中国佛教"了。

天台宗:因创始人智𫖮(538年—597年)住在浙江天台山而得名。该宗以《妙法莲华经》(简称《法华经》)为立宗依据。在修行方法上主张定慧双修(坐禅与读佛经并重),从而改变了南北朝时期南重义理、北重禅法的分裂状态。其中心思想是"一念三千"和"三谛圆融"两点。所谓"一念三千",就是一切众生一念中都存在着宇宙万法,一念之中所有善恶诸法尽在其中。凡有情皆有念,有念便有善恶,可以说,有情皆天然具有善恶两种本性。因此,"一念三千"实际上是"性具说"。所谓"三谛圆融",强调在每一个事物上要同时看到空、假、中三谛相即相通,互不妨碍,就能达到最高认识境界。在天台宗看来,空、假、中(中道)不仅是三种观法,而且也是一切事物的真实相状(实相),三种实相亦称为三谛。这种思想强调事物的空、假性质,不应当执著,它势必引导人们走上脱离现实的道路。

华严宗:因以《华严经》为根本典籍,故名。它的实际创始人法藏(643年—712年)曾为武则天讲经,凭借政治势力使华严宗得到传布和推广。该宗主要理论是法界缘起,事事无碍。所谓"法界缘起","法"指事物,"界"指分界、类别,"缘起"指随缘(条件)而起,意思是说,

---

[1] 南怀瑾:《中国佛教发展史略》,复旦大学出版社1996年版,第80页。

世间和出世间的一切事物,都是"法界"随缘而起的产物。世界上各种现象和事物虽千差万别,但它们都是理(真如、佛性)的体现。因此,具体事物、个别现象之间都是圆融无碍的,这叫做"事事无碍"。既然一切现象和事物都相涉相入,都是无矛盾的,本体是一,具有同一性,因此也就不必去计较人间的贫穷或富贵。此宗学说对后来的程朱理学有较大影响。

净土宗:由唐代道绰(562年—645年)及其弟子善导(613年—681年)创立,主要依据《无量寿经》《阿弥陀经》。该宗认为,相信阿弥陀佛及其西方极乐世界(净土),反复诵念"南无阿弥陀佛",就可消除罪过,死后往生净土。由于法门简便,所以它在民间有很多的信徒。

禅宗:因该宗的早期代表人物均为禅僧,故名。禅宗的真正创始人应是慧能(638年—713年),亦称惠能。慧能的师兄神秀,主渐修,号称北宗;慧能主顿悟,号称南宗。中唐以后,南宗成为禅宗正统,北宗湮没无闻。禅宗的基本理论是心性本净,佛性本有,直指人心,见性成佛。它认为人人皆有佛性,只是人不能自己认识而已,故而主张通过"无念为宗"的修行方法。无念即对一切外物都不起贪著,将一切外界的影响尽数消除,见人本心本性;无念并不是什么念都没有,而是无妄念。至于正确的念还是要有的,这正确的念就是般若(特殊的智慧)。总之,要想成佛,不需外求,"我心自有佛,自佛是真佛"①;佛不在外,在我心中。而一旦顿悟,马上便可以成佛。成佛问题的实质,是现实生活中人们如何避苦求乐的问题。禅宗提出的简易成佛法,不仅能被广大的下层群众所接受,而且也为上层的统治阶级所欢迎。所以,中唐以后,禅宗便逐渐取代佛教其他各宗,成为支配以后1000多年中国佛坛的唯一强宗,禅学也就成为佛学的代名词。

拓展阅读12 禅宗祖庭定山寺与达摩"一苇渡江"的传说

外来的佛教要在中国得到发展,就必须使自己的思想和实践符合中国文化的传统,实现佛教中国化(或曰"汉化")。佛教的中国化经过了一个长期的过程,从汉到唐,大约经历了8个世纪。汉代与魏晋时期属于佛教初传时期,人们一时尚不容易理解它的思想,因此往往总是用玄学的"贵无"哲学来解释佛教的空观。南北朝时期,属于佛教经典的消化时期,当时形成了许多学派(如三论学派、成实学派、涅槃学派、摄论学派等),反映出中国佛教徒们不断消化印度思想,融会贯通,判教立说,构筑自己体系的努力。隋唐时期是中国佛教宗派创立的时期。有一类继承印度原型的宗教,如玄奘创立的唯识宗,其学说繁复,含义精奥,仍保持印度原来的精神,结合中国传统思想甚少,因而不适合中国当时的现实需要,仅仅30余年便消沉式微。密宗的一套,尤其是"乐空不二"的密法,与儒家伦理思想直接抵触,因而被限制传播,

---

① 释法海编:《坛经》,(台湾)大正新修《大藏经》1990年版,第48卷,第344页。

只是在中国西藏地区获得流行。另一类的天台宗、华严宗、禅宗等，由于能结合中国传统思想，中国化色彩很浓，因而得到巨大的发展。其中禅宗尤为突出。

禅宗的思想是融合了印度佛教文化与中国本土文化的产物。它既吸取了印度大乘空宗（主一切皆空）和大乘有宗（主佛性为实有）的思想，又继承了我国儒家人性论学说与道家的一些思想。禅宗的性净自悟宗旨，性净就是孟子所谓"人皆可以为尧舜"的性善论的佛教版；自悟、顿悟，虽其直接渊源是竺道生的顿悟成佛说，但也与中国文化的特性大有关系，是综合儒佛两家学说长处的结果。禅宗后来不礼佛、不读经，寓修道求佛于行住坐卧、搬柴运水的日常生活之中，以为在日常生活中就可以实现成佛理想，实际上是深受道家的自然主义、玄学家的"得意忘言"理论以及旷达放荡、自我逍遥的影响的表现。[1] 禅宗对禅修的创造性发展在于：禅修已不是静坐执空之思（枯禅），而成为"运水搬柴，无非妙道"的实践。禅被生活化了，禅宗也因此大规模地被大众化、普及化了。

以禅宗为代表的中国佛教宗派，不仅在佛理上是中国式的，而且在价值取向上也具中国性格。印度佛学以出世和个人解脱为价值取向，而中国佛学则宣扬功德度人，注重"入世"。禅宗六祖慧能提出了"勿离世间上，外求出世间"的命题。元朝宗宝对慧能之意心领神会，他在《六祖大师法宝坛经》中将慧能的偈语作如下解释："佛法在世间，不离世间觉。离世觅菩提，恰如求兔角。"中国文化"经世—入世"的性格溢于言表。

佛教哲学的中国化过程，显示了中国传统文化的充分开放性、高度坚韧性和善于消化的能力，表现了中华民族强大而鲜明的主体意识。

二、 佛教的经藏与仪轨

佛经的全集叫《大藏经》。相传释迦牟尼去世后不久，弟子们以会议的方式对他的说教进行"结集"，形成了经、律、论"三藏"。"经"是记载释迦牟尼的讲说，"律"是记载僧众宗教生活的规章制度，"论"是大德的著作，用以诠释经文、发挥义理。这即是佛教经典的最初形态。约在公元前后，印度佛教原典开始有文字记录并向国外传播。在以后的发展中，又逐渐形成汉文大藏经、巴利文大藏经、藏文大藏经等几种体系。汉文大藏经主要传播于我国汉族地区，又通过我国传入韩国、日本等国。

在我国，佛教的传播是伴随着佛经翻译同步进行的。现存的汉译佛典绝大部分是在东汉到隋唐时期翻译的，共译出佛典2 100余种，6 000余卷。其间鸠摩罗什、真谛、玄奘和不空

---

[1] 参见方立天：《佛教与中国传统哲学的冲突与融合》，《世界宗教研究》1988年第1期。

被称为"四大翻译家"。在佛教传入我国的漫长岁月中,有姓名记载的佛典翻译家有200余人,这还不包括他们的助手。众所周知,佛经翻译不是个人工作,大都是合译,甚至由多人组成小组一起翻译。印度佛教典籍被系统地介绍到中国,给灿烂的中国文化提供了巨大的精神财富,从而极大地推动了佛教在我国的传播和发展。

自两晋南北朝开始,中国僧人也有了自己的著述,从章疏论著以至目录、史传的编撰,丰富和发展了佛教原来的内容,使佛教大藏经真正成为一部百科全书的佛教总集。中国僧人的撰述区别于印度佛教,反映了中国佛教的特点。例如慧远的《沙门不敬王者论》、僧肇的《肇论》、智颢的《法华经玄义》、法藏的《华严经师子章》、窥基的《成唯识论述记》、慧能的《坛经》(这是佛经里唯一一部出自中国人之手而能成为经的作品)、普济编的《五灯会元》、颐藏编的《古尊宿语录》、延寿的《宗镜录》、宗杲的《正法眼藏》等等,都是重要的佛典名著。此外梁僧祐编著的《出三藏记集》及《弘明集》和唐道宣纂集的《广弘明集》及《法苑珠林》,都是极为重要的佛教思想资料。还有三朝的《高僧传》,即梁慧皎的《高僧传》、唐道宣的《续高僧传》和宋赞宁的《宋高僧传》,这类佛教僧人总传不仅是研究中国佛教史的重要资料,也是研究中国历史的重要史料。

随着译经和著述的大量增加,从东晋道安开始,不少人对佛教典籍进行分类整理,编写目录和提要,目录学遂发展起来。中国僧人编纂的佛经目录,一般简称"经录"。现存30余种经录中,著名的有南朝梁僧祐的《出三藏记集》、隋朝费长房的《历代三宝记》、唐朝道宣的《大唐内典录》、唐朝智昇的《开元释教录》(简称《开元录》)等。这类经录中影响最大的是智昇编撰的《开元释教录》20卷,该书以编次严谨,记载翔实,校核精细著称。全书分"总录"和"别录"两大类,"别录"的最后两卷为"入藏录",收集经籍1076部、5048卷,并首次将中国僧人的著作入藏流行。此外,智昇还创造了以当时的蒙学课本《千字文》中各字为序对入藏经典的编目方法,每字摄经十卷,以便检索。这种《千字文》编目方法沿用了千年之久。《开元释教录》撰成后,逐渐在全国传播开来。各寺庙纷纷以《开元录·入藏录》为标准,点勘本寺藏经,斥伪留真,访阙补遗。因此,《开元录》起到对全国各地的藏经进行规范化、标准化的作用。一时间,5 048卷这个数字几乎成了大藏经的代名词,而且为后来大藏经编目所遵循。宋初刊印的我国第一部刻板大藏经《开宝藏》,就是以《开元录》为依据进行的。在此以后,历宋、辽、金、元、明、清几个朝代,1 000年间先后有20余次刻本。1933年在山西赵城县广胜寺发现的金代刻本大藏经,俗称《赵城藏》,是当今大藏善本中卷帙最多的一部。

佛教的制度和仪轨是一种规范化、程式化的宗教行为,内容主要有称呼、丛林、清规、殿堂、度牒、课诵、木鱼、打七、忏法、水陆法会、焰口施食、节日活动等。

称呼：佛教徒有四类，称四众弟子，就是出家男女二众，在家男女二众。出家的男众称比丘，俗称僧人、和尚；出家的女众为比丘尼，俗称尼姑。在家信教的佛教徒，俗称居士、女居士。一般僧侣之间相互称为"同参"。对那些佛教界的上层人物，有佛理素养又善于讲解经文的，称为"法师"或"大德"。

丛林：丛林通常指禅宗寺院，故亦称禅林。中国佛教丛林由唐代禅宗名僧马祖道一（709年—788年）、百丈怀海（720年—814年）所创。每个丛林都从属于一定宗派，世代相承。一般分为十方丛林和子孙丛林两类。明清以来，国内禅林，大多是禅宗临济宗的门派。

清规：清规是丛林组织的程序和寺众日常行事的章程，这种规制是依据佛教戒律结合当时当地的实际情况而制定的。中国最古的清规创自4世纪东晋时代的道安，唐代怀海制定的"禅门规式"被后代奉为圭臬，是为"百丈清规"。百丈清规最重要一条是"普请法"，即倡导"一日不作，一日不食"的农禅制度，将劳动生产与修持相结合。虽然掘地垦荒违背了印度佛教"杀生"戒律，但是自力自救，适应时势和国情，为以后禅宗的发展奠定了基础。

殿堂：寺院中的殿是供奉佛像以供礼拜祈祷的处所，堂是僧众讲经说法和日常生活起居的地方。佛寺大门称为山门殿。由山门往北，第一进是天王殿，四大天王分列左右（较小的殿只有哼、哈二将），中间端坐大肚弥勒佛，背后韦驮菩萨是寺庙守护神。第二进是大雄宝殿，中间通常供三尊佛，三佛背面是"海岛观音"，观音像旁塑善财童子和龙女，这是受《西游记》中童子拜观音的描述的影响。第三进或供地藏菩萨，或为藏经阁等等。

度牒：是封建政府发给僧尼的证件，等于现代的文凭或身份证。唐代称为"祠部牒"，因为它自尚书省祠部发出。唐宋两朝，持牒者可以享受免除赋税徭役的特权，宋代的度牒还可以作为货币使用。明代僧尼依然给牒，清朝乾隆年间废止了政府发给度牒的制度。

课诵：僧人定时念诵经咒、礼拜三宝和梵呗歌赞等法事。中国佛教的课诵仪式始创于东晋道安，宋明以来又在此基础上形成了寺院普遍奉行的朝暮课诵制度。佛教徒希冀获功德于念诵准则之中，所以也叫功课。现早晚两课已成为佛寺通行的重要规则。

木鱼：在佛教的法器中，木鱼占有独特而重要的位置。木鱼分两种：一种呈现鱼头状，并饰以鱼鳞状纹路，中空，僧人在诵经时用小木槌击打出声；这一方面起调和音节的作用，一方面也使诵经者手脑口并用，不致单调困乏。另一种为完整的挺直鱼形，形体比前一种大得多，中空，用大木槌击打。它一般悬挂于佛寺库堂前，当吃粥饭或召集僧众时，击打大木鱼头。这种木鱼，俗称梆。这两种木鱼，虽然形体和作用不同，但都是用木头制成鱼头或鱼体状。为什么一定要取鱼形呢？据说鱼昼夜都不合眼，因此用鱼形来激励僧众昼夜诵经，求取正道。

打七：打七是禅宗和净土宗的重要仪式。禅宗以直接参究心性的本源为要务，净土宗以专心念佛愿求往生为目的。于是此二宗的修行仪式，不是礼拜忏法，而是于七日之中，专心参究，或专心持名，这叫做"打七"。禅宗的打七，通常从阴历十月十五日起到腊月八日止，共"七七"四十九天，也叫结冬坐禅。

忏法：佛教徒悔除以往所犯罪业，并发愿今后积极修行的一种宗教仪式。历来通行的忏法有两类：一类是纯粹忏悔罪过的忏法；另一类是修习止观的忏法，此系天台宗智颉首创。这种忏法既是修行的方法，也是忏悔的仪式。上述两种忏法，原来都是佛教徒本人从事宗教修习的活动，但后来逐渐演变为施主拿出一定的财物，就可以请僧人为自己做某种指定的忏仪。这种修行方法变成了一种僧人谋利的佛事活动，有悖于它的本来意义。

水陆法会：又称水陆道场。举行时间最少7天，多则49天；参加法事的僧人可达上百人。诵经设斋，礼佛拜忏，追荐亡灵，这是中国佛教经忏法事中最隆重的一种。《红楼梦》里描写贾府为秦可卿大办丧事，即有"四十九日消灾洗业平安水陆道场"等语。

焰口施食：原是密宗施食饿鬼的一种行仪。通常在黄昏举行，取一净器，盛以净水及少许米饭糕饼之类，右手按器，先口念经咒，后称如来名号，再取食器，泻净地上，以为布施，超度饿鬼。焰口是佛教传说中的一种饿鬼。近代的习惯，凡佛教重大法会圆满结束以及丧事期中，一般都要举行焰口施食仪式。

节日活动：佛教的节日很多，一年中，佛教最大的节日有两个：一是四月初八的佛诞节。在佛诞日要举行浴佛法会，就是在大殿用一水盆供奉太子像（即释迦牟尼佛诞生像），全寺僧侣以及信徒要以香汤沐浴太子像，作为佛诞生的纪念。再者就是七月十五日的盂兰盆会，在每年农历七月十五日举行的超度历代祖先的活动。盂兰是梵语，意是倒悬；盆是汉语，是盛供品的器皿，言此供具可以解先亡倒悬之苦。因此，盂兰盆会实是一个"孝亲节"。西晋时，记载目连救母的《佛说盂兰盆经》被翻译到了中国，立刻受到提倡孝道的中国人的喜爱。梁武帝首次在汉地创设盂兰盆会，此后成为佛教寺院一年一度的重要法事。

第三节　道教

一、道教的产生与演变

道教是我国土生土长的一种传统宗教，它是深深根植于中国古代社会，发源于中国古代文化的大型宗教。道教形成于东汉时期，但其孕育过程相当久远。它以神仙信仰为核心，神化老子及其关于"道"的学说,吸收阴阳五行家、道家、墨家、儒家以及谶纬学的一些思想,在中国古代社会的宗教信仰的基础上,由方仙道和黄老道演变而来,具有较强的巫术色彩。早期它主要在民间流传,魏晋以后,经过封建统治阶级的改造,成为官方宗教,因此也得到发展,至今仍然存在。

早期道教有两支:一是张陵创立的五斗米道,一是张角创立的太平道。五斗米道又称天师道,是张陵于东汉顺帝时在西蜀鹤鸣山(今四川大邑县)创立的,奉老子为教主,以《老子》五千言为主要经典。入教的人,须交纳五斗米的费用。张陵的孙子张鲁在汉中建立了政教合一的地方政权,下设24个"治"(教区),各治置治头祭酒统领部众;并设"义舍"为过路人提供免费食宿,"行路者量腹取足,若过多,鬼道辄病之。犯法者,三原,然后乃行刑"[①]。现在流传的《老子想尔注》就是五斗米道的著作,它按照神仙长生的理论解释《老子》,并且把老子神化,"太上老君"的称号就最早见于此书。张鲁在汉中统治了30年,后被曹操吞灭。张角的太平道是民间巫术与黄老崇拜相结合的产物,以《太平经》为主要经典。《太平经》的基调是维护封建宗法制度,但也批评统治者的聚敛财物而不救穷济急,有很强的乌托邦主义和救世意识。其中还提出修炼精、气、神三者混一的长生不死的神仙思想,后来成为道教的重要理论。张角利用《太平经》的一些思想干预政治,用跪拜首过、饮符水咒语治病的方法争取群众,发展到36个"方"几十万人,最后掀起了声势浩大的黄巾大起义。起义失败后,太平道也遭到镇压。晋代以后,主要是天师道盛行。

晋代的葛洪(283年—363年)不满意早期道教的粗糙,提出改造民间道教,建立官方道教的主张。他撰《抱朴子内篇》,主张用儒术治国安民,用道术养生修仙,把儒和道结合起来。这部著作为官方道教奠定了理论基础。以葛洪为代表的丹鼎道派,注重个人炼丹修行,宣扬服食金丹可以成仙,是上层道教流派之一。寇谦之(365年—448年)是北朝道教的代表,他"清整道教,除去三张伪法、租米钱税及男女合气之术。……专以礼度为首,而加之以服食闭练"[②]。三张,一般指张角、张梁、张宝。"三张伪法",当然是指早期道教在农民起义中建立的种种做法。"专以礼度为首",礼就是儒家制度。寇谦之将早期道教逐渐纳入到儒家忠孝仁义的道德规范之中,受到了统治阶级的欢迎,经他改革的道教被称为北天师道。南朝前期,道士陆修静(406年—477年)整理道经,著有《三洞经书目录》,为后世《道藏》的分类编目奠定了基础。他还吸收佛教仪式,为道教制定较完整的科仪,改变了早期道教中那些原始粗野的成分。陆修静在道教史上是南天师道的建立者。道教的教规、仪范经过寇谦之和陆修静

---
① 《三国志》卷9《张鲁传》。
② 《魏书》卷114《释老志》。

修订之后,便逐步定型。在此基础上,陶弘景(456年—536年)继续吸收儒释两家思想,充实道教的内容。陶弘景对道教的贡献,主要有两点:首先,他构筑了道教神仙谱系,大体上具备了后来道教以三清尊神为首的神谱轮廓。其次,他是道教上清派的重要传人,苦心经营茅山成为上清派的基地,完成了自葛洪以来南朝士族道教徒对早期民间道教的改造。①《隋书·经籍志》记载:"陶弘景者,隐于句容,好阴阳五行、风角、星算,修辟谷导引之法,受道经符箓。(梁)武帝素与之游。及禅代之际,弘景取图谶之文,合成'景梁'字以献之,由是恩遇甚厚。"正是由于道士对统治者的迎合和统治者对道教的利用,二者一拍即合,才推动了道教的发展。总之,经过南北朝时期的整顿改造,道教从一个民间宗教转变成适合封建统治阶级需要的官方宗教;经过不断改造,道教也从一个不成熟的宗教转变为成熟完备、与佛教并列的宗教。

唐宋时期是道教兴盛时期。唐朝皇室出身于关陇集团的武人世家,门第不高,于是制造神话,与老子攀亲,自称李耳的后裔。唐太宗贞观十一年(637年)下诏:"老子是朕祖宗,各位称号宜在佛前。"唐玄宗设置崇玄馆和玄学博士,又将《老子》称为《道德经》,《庄子》称为《南华经》,《列子》称为《清虚经》,《文子》称为《通玄经》;并亲自为《道德经》作注疏,颁发到全国各地的道教宫观。唐朝还设立道举制度,规定贡举人必须兼通道经,并把《老子》《庄子》《文子》《列子》作为"明经"科的内容之一进行考试。赵宋王朝对道教也是极力提倡,尤以真宗、徽宗崇道著称。宋真宗虚构他的始祖赵元朗为道教尊神,给皇室涂上神圣的色彩。道观内普遍供奉神像,张天师世系的确定以及天师道以龙虎山为本山,均始于宋真宗时。宋徽宗尤其迷信道教,宠信符箓派道士,设置道官,尊道贬佛,并自号"教主道君皇帝",成为人君、天神、教主三位一体的皇帝。上之所好,其下必盛。在朝廷的大力扶植下,一时道教大盛,道书的研究蔚然成风,道教的著作日益增多,道教理论向纵深和细密方向发展,著名道教学者和道士相继出现。如唐朝的孙思邈、司马承祯、施肩吾、王玄览、李筌、吕洞宾,五代十国的杜光庭、谭峭,北宋时期的陈抟、张伯端、陈景元等等,都是道教史上或学术史上有较大影响的人物。他们或者撰写论著以阐述自己的学说,或者通过注释道经以发挥思想,研究范围相当广泛。其中许多著作不仅对当时道教思想的发展有重要的意义,而且对中国古代学术文化也有相当的影响,对宋代理学的形成更起了直接的作用。

道教的分宗立派,始于金元时期。当时的政治形势南北对峙,道教出现了不同宗派,主要有五大教派,其中以正一派和全真派最为著名。正一派起源于东汉末年的天师道,因在南

---

① 任继愈主编:《中国道教史》,上海人民出版社1990年版,第174—183页。

方传播,亦称"南方道教"。元成宗命张天师后世子孙为"正一教主,主领三山(龙虎、阁皂、茅山)符箓",中心在江西龙虎山。全真派由金代道士王重阳(1112年—1170年)在山东宁海(今牟平)创立,后因王重阳大弟子丘处机应元太祖成吉思汗邀请,西行万里进见,成吉思汗在大帐中召见丘处机,晤谈甚洽。丘处机劝成吉思汗止杀,"及问为治之方,则对以敬天爱民为本;问长生久视之道,则告以清心寡欲为要"①。因此受到礼遇,全真派在元代得到广泛传播,盛极一时。此派不尚符箓和黄白之术(即冶炼仙丹、金银之术),注重敦品励行,修身养性;主张修道者应出家,依照佛教建立出家和丛林制度;并认为"三教圆融","识心见性",即为全真。相传王重阳曾在终南山修筑了一座坟墓式洞穴,居住其中修炼,自称"活死人墓"。全真道主张清心寡欲的修炼术可见一斑。

明清时期的道教,虽然没有唐宋金元的兴盛但仍有相当的市场。明成祖在湖北武当山为张三丰大兴土木,使武当成为道教的圣地。明世宗崇信道教,躬亲斋醮。道士邵元节、陶仲文出入宫廷,担任要职。朝臣的升降以青词为依据,致有所谓"青词宰相"的现象。清朝康熙皇帝曾颁发《老子》一书,命令满族王公大臣学习。雍正皇帝推崇张伯端,亲自为《悟真篇》作序,备极赞赏。直到清末,道观都在不断修建,如北京的白云观、成都的青羊宫、山东的崂山、广东的罗浮山、甘肃的崆峒山等处,都是迄今还存在的道教胜地。然而道教在理论上逐步丧失了创造力,走向衰微。元代中叶以后,道教只有全真和正一两大派流传。全真道徒不结婚、素食、头顶挽髻、重清修,称出家道士。正一道徒有家室,不住宫观,可以饮酒食肉,重符箓,主要从事斋醮仪式活动,称在家道士。道教也有道姑,但她们不能参加某些礼仪。全真、正一两派明清以来历世相传,直到现代。

二、道教的典籍与仪轨

《道藏》是汇集道教书籍及其有关书籍的一部大丛书。道书的结集,始于东晋;《道藏》之名,始于唐代。自唐宋以来,历代均有编修。现存的《道藏》为明代的《正统道藏》和《万历续道藏》,共收书1 476种,5 485卷。20世纪20年代,商务印书馆借北京白云观正续《道藏》影印,遂有涵芬楼影印本行世。

《道藏》按照三洞四辅七部分类法进行编排。所谓"三洞",即洞真、洞玄、洞神。洞是通的意思,洞真是说通往真仙之道,类似佛教的大乘经典;洞玄是说通往玄妙之道,这是中乘;洞神是通于神灵,能够召制鬼神,这是小乘。所谓"四辅",就是把"三洞"以外的经论分为太

---

① 《元史》卷202《释老传》。

玄部、太平部、太清部、正一部四类。太玄辅洞真，太平辅洞玄，太清辅洞神，正一总辅通贯。道教统称为三洞尊文，七部玄教。三洞之中，每洞又分成12类，罗列如下。①本文类，就是道经的原文。②神符类，指以符箓咒语为主的道书。③玉诀类，是注解道经的文字。④灵图类，是以神灵图像为主的道书。⑤谱录类，记神仙谱系。⑥戒律类，指戒规、科律的道书。⑦威仪类，记道教的礼仪制度、斋法、醮仪等。⑧方法类，讲修行及招魂制鬼之法。⑨众术类，讲炼丹及变化之术。⑩传记类，为道史及神仙传记。⑪赞颂类，指歌颂赞唱的道书。⑫章表类，指建斋设醮的章表、青词等。总之，三洞四辅七部分类法渊源于道教神学体系，缺乏科学性和适用性，只不过因习惯而沿用至今。

《道藏》是一部包罗万象的丛书，除了道教的经籍文献外，兼收教外古籍。有类书，如《太平御览》；有诸子书100多种，除《老子》、《庄子》而外，有《孙子兵法》、《墨子》、《公孙龙子》、《韩非子》等；还有《黄帝内经》、《千金要方》等医药书20余部，养生学古籍50余种，道士们注重生理与药理，对中国医学作出了重大贡献。还有天文历象、占卜术数、堪舆等书。此外还有许多文集、笔记等文学艺术方面的书籍。总之，《道藏》内容庞杂，在学术上有重要的价值，是研究我国古代哲学、历史、文艺思想以及医学、药物学、化学、天文、地理等科技史的重要史料。对《道藏》的研究是从第二次世界大战后开始的。英国李约瑟博士研究中国科技史，主要资料来源之一就是《道藏》。我国学者陈国符的《道藏源流考》、日本学者吉冈义丰的《道教经典史论》等，均是研究道教文献的名著。

道教的仪轨主要有宫观、戒律、清规、修炼、外丹、内丹、符箓、青词、斋醮、镇宅、祭岁星、守庚申、节日活动等内容。

图6-3-1　全真派宫观　长春观

宫观：道教庙宇的通名。系指道士修行、祀神和举行宗教仪式的场所，也是其日常生活起居的地方，是道宫和道观的合称。12世纪中叶，注重清修的全真派建立了十方丛林与子孙庙两个系统。十方丛林是对佛教丛林的仿效，其庙产属于本派公有。子孙庙是私有财产，可以收授弟子，但无权传戒。

戒律：道教戒律很多，最基本的为五戒、八戒、十戒。这些条文式的戒律，具有规范人心、制约行为的意义。就道教内部来说，全真道较重戒律，而正一道则十分松弛。

清规：戒律是防止犯罪的警戒条文，清规则是对违反戒律的道士的惩罚条例。清规由各道观自己订立，对犯律道士的处罚不外是：罚跪、杖责、驱逐，最重的处罚是处以火化，亦即处死。

修炼：道教认为经过修炼，形神都可以不灭，可以长生成仙。一是精神修炼，通过除掉利欲、收心习静等步骤，做到对心灵的净化与专一，对外在事物的摒弃与超脱。二是呼吸修炼，基本功为服气法，作深长呼吸，最后达到鼻息若有似无，呼吸似在脐部进行，如同胎儿在母腹中一样，道教称为"胎息"，后来成为内丹功法的一个重要环节。三是形体修炼，包括按摩、导引、拳术等。关于导引，古人认为导气令和、引体令柔，谓之导引。相传华佗的五禽戏、钟离权的八段锦，都有宣导气血、锻炼肢体、疗病健身之效。四是食物修炼，主要是辟谷法。道教认为人吃粮食，在肠中积成粪便，秽浊充塞，所以不能延年益寿。辟谷并非什么都不吃，只是不吃粮食，但可以服食药物，饮水浆。

外丹：又称金丹，把丹砂铅汞等矿石或药物烧炼成丹，认为服用后可以长生不死。但是这些矿物质含有剧毒，许多迷信神仙的人，辛辛苦苦日夜炼丹，炼成之后，吃了金丹，不仅不能延年益寿，反而中毒身死。所以古人诗中说："服食求神仙，多为药所误。"唐朝是道教外丹术的黄金时期，唐朝皇帝因服丹致死的即有6人，大臣死于此者更多。因此，外丹术愈来愈不为人们所信。

内丹：由吐纳、服气和胎息等呼吸功法发展而来，指用人体作炉鼎，以精、气、神为烹炼对象，炼气修真，便可结丹长生。内丹之术是宋元以降道教徒修炼的核心，并且形成了南宗、北宗、东派、西派等流派，各派功法也各有侧重。宋代张伯端所撰《悟真篇》，是道教内丹神学的主要经典，"与魏伯阳《参同契》，道家并推为正宗"[①]。

符箓：道教徒臆造的笔画屈曲、似字非字的图形，源出中国古代鬼神信仰和巫术祠祀。他们声称符箓是天神的文字，可用以召神劾鬼，排除邪魔和成仙。在坛醮祈禳等宗教活动

---

① 《四库全书总目·悟真篇提要》，中华书局1965年版，第1252页。

图6-3-2 元代道家玉符箓

中,常与符箓(图6-3-2)并用的还有禁咒、令、印。这些道术主要为正一派道士所操持。

青词:上呈天神的奏章表文。文章简短,一般用骈体,词采华丽,因用朱笔写在青藤纸上,故名。

斋醮:是道教举行祭祷的一种宗教仪式,主要用来为人祈福、消灾,为死者超度亡灵等,同时也是道教徒自身修炼的方法。规模较大的斋醮,俗称做道场,有唱诵、舞蹈、乐器伴奏等。做道场的收入是平时道观的主要经济来源。

占卜:有卜卦、抽签、测字等占法,香火道士往往以此术谋生,而为清修道士所不为。

镇宅:这是专为驱除住宅内邪魔的活动,一般都要诵经礼拜,画符箓,写青词。

祭岁星:岁星又称太岁,为值年之神,掌理人间一年祸福。道教认为祭岁星可保流年顺利,所以金元以来,每年正月初八日为特定的祭岁星日。道教还认为礼拜本命神可以得到福佑。

守庚申:在庚申夜,通宵不眠,使人体内的三尸神(亦称三虫)不能离体升天,语人罪过。道教修养者很看重此法。日本的守庚申信仰即受此影响。

拓展阅读13

国家与历史之间

节日活动:道教的宗教节日很多,如正月初九日是玉皇大帝的诞辰纪念,二月十五日是太上老君的圣诞,正月十九日是丘处机的生日等。届时都有民众的烧香、祭赛活动,有些节日形成了规模浩大的香期庙会,成为以道观为中心的民俗节日。

第四节 其他外来宗教与民间宗教

一、伊斯兰教在中国的传播与影响

伊斯兰教与佛教、基督教并称世界三大宗教。它信仰安拉(中国译称"真主",也称"胡达")为超验的至上神,基本经典为《古兰经》,其信徒通称穆斯林。

伊斯兰教作为一种意识形态,兴起于阿拉伯半岛的麦加城。它的创始人穆罕默德(约570年—632年)在创教过程中统一了半岛,建立起阿拉伯民族的政教合一的国家。伊斯兰教的基本教义是"六信五功"。所谓"六信",即信真主、信经典、信天使、信使者、信末日、信前定。所谓"五功",即①念功,即诵念"万物非主,唯有真主,穆罕默德是主的使者"。②拜功,每天对安拉拜5次。③斋功,每年一月的斋戒。④课功,每年交纳定额的财产物。⑤朝功,有条件者,一生要去麦加朝觐一次。又有"圣战",也是穆斯林不容规避的宗教义务。在伊斯兰教原教旨主义派中,强调进行圣战是穆斯林的天职。

7世纪中期,伊斯兰教开始传入中国。主要经过两条途径:一条是丝绸之路,从敦煌传入;另一条是海上的丝绸之路,从广州、泉州等地传入。唐宋时期的伊斯兰教,基本上是"蕃商胡贾"的宗教,也可以说是侨民宗教。他们从陆海两路来到中国,以阿拉伯人、波斯人居多,聚住区大都在东南沿海和西部。他们在长安开设"胡店"、"胡邸",专售宝石、象牙、香料、玻璃、珍珠等阿拉伯商品。在沿海城市的侨居区,当时称之为"蕃坊"。据9世纪到过印度和中国的阿拉伯商人苏莱曼在他的《印度·中国游记》中记载,当时广州有伊斯兰教判官一人,依本教风俗管理本国人民,负责领导宗教活动,管理民事诉讼,联系贸易等。宋朝已有不少土生蕃客(五世蕃客)在其住地修造清真寺,以过宗教生活;并辟建了"蕃客墓"区,即埋葬穆斯林的公共墓地。宋文献中开始称其为"回回"。在长期居留的过程中,他们与中国人通婚,繁衍后代,逐渐成为中国的穆斯林。

元代西域穆斯林大量东来,数量为唐宋两朝来华穆斯林总和的几十倍。被视为"色目人"的许多民族中,穆斯林占的比重最大。色目人受到元廷的优待和重视,地位仅次于蒙古人而高于汉人、南人。元代伊斯兰教获得较大的发展,穆斯林从侨民转为中国人,逐渐形成回回民族共同体。回族,作为一个民族是在明初形成的。回族的形成,使中国伊斯兰教在内地有了一个坚实的社会性载体,在中国大社会中形成了一个穆斯林的小社会。明代一则史料写道:"夷人党护同类,固其习性同然,而回回尤甚。"①说明了回族在民族形成以后民族意识的增长。回族在与汉民族的交往中,采用汉语作为交际工具。明代下半叶,陕西经师胡登洲(1522年—1597年)倡创经堂教育,开中国伊斯兰教宗教教育之先河。从此,中国有了自己培养的教长、阿訇。直到清末,以清真寺为中心的宗教教育相当普遍,主要课程是学习阿拉伯文、宗教哲学。明末清初,在江南地区和云南大理、保山一带,以王岱舆、马注、刘智、马复初等人为代表的穆斯林学者,开辟了"以儒解回"的途径,巧妙地将伊斯兰教义与中国儒家思想结合起来,编著了许多伊斯兰汉文著作,创建了中国伊斯兰学。中国伊斯兰教逐渐民族化,成为中华民族灿烂文化的一个组成部分。刘智的《天方典礼》20卷被收入《四库全书存

---

① 陆容:《菽园杂记》卷6。

目》,即是明证。

在西北的新疆地区,信奉伊斯兰教的时间虽先后不一,但到17世纪以后,新疆各少数民族大致均皈依伊斯兰教。几乎在这一时期,撒拉族、东乡族和保安族也相继接受了伊斯兰教信仰。在西北的甘肃、宁夏、青海地区,由于伊斯兰教苏非派各种修道思想的传播,在回族、东乡等民族中形成了中国的门宦制度。"门宦"一词,相传由中国古籍中的"门阀"和"宦门"两词拼合而成,实际上是一种教主兼地主的制度。它的出现,标志着伊斯兰教与中国封建主义相结合的特点,从而有别于其他国家和地域的伊斯兰教。

伊斯兰教是至今仍在回、维吾尔、哈萨克、乌孜别克、柯尔克孜、塔塔尔、塔吉克、保安、撒拉、东乡等10个民族中传播的宗教。它对于中国社会生活,尤其是在历史上对天文、历法、医药、文学等方面有着深刻的影响。即以历法而言,"元代历法之精湛,乃史家公认之事实,然斯学何以能于最短期间,骤跻精深,跨越前代,必有其致此之原因,尝思其故,盖回回历法思想输入而已"[①]。受阿拉伯数学的影响,中国数学家开始采用数码,并且用"0"表示空位。此外,阿拉伯的医学、建筑艺术也对当时中国产生了一定的影响。

伊斯兰教影响着信徒们的日常生活。中国穆斯林在生活习俗方面,如饮食、服饰、婚姻、丧葬等等,不仅有着很深的宗教色彩,而且渗透着中国传统的儒家思想和汉族某些习俗。

二、基督教在中国的传播与影响

基督教起源于公元1世纪的巴勒斯坦地区,相传为耶稣所创立。它是西方最重要的宗教,对欧美各国的历史、政治、思想及文化都产生过巨大的影响。就世界范围来说,基督教的信徒(包括各种教派)在三大宗教中是最多的。

基督教以《旧约全书》和《新约全书》为"圣经",信仰上帝创造并主宰世界,认为每个人生来都带有一份"原罪",上帝的独生子耶稣上了十字架,用他的血救赎了人们的原罪。人们要信仰主耶稣的道,才能得救。今天所说的基督教,包括三个主要组成部分:天主教、东正教、新教。后者指16世纪德国马丁·路德宗教改革后从西欧天主教脱离出来的一些新宗派,以路德宗、加尔文宗为主,后来又分化、发展为上百个教派。在中国则习称基督教或耶稣教。

唐朝传入中国的景教是基督教的别支——聂斯托利派。此派信徒在西亚、波斯一带传教,得到波斯王的保护,在5世纪末建立了教会。聂斯托利派教徒工技艺,善经商。唐初,中

[①] 金吉堂:《中国回教史研究》,上海书店1989年版,第148页。

国与西方之间的丝绸之路贸易十分繁盛,聂斯托利教徒便沿此路进入中国。在中国,他们自称为景教,这一非常汉化的名称,出自中国古代的祥瑞典故。唐代贞观九年(635年),景教僧阿罗本抵达长安,唐太宗命宰相房玄龄迎于西郊,准予在皇宫内翻译经典。又三年,唐太宗诏敕在长安义宁坊建立波斯寺,后改名大秦寺。到唐高宗时,景教便有"法流十道,寺满百城"的盛况,在长安、洛阳、敦煌、成都等地均建有景教寺。唐玄宗曾召集景教传教士进宫,修功德,做礼拜,以示支持。唐德宗建中二年(781年),景教徒在长安附近立了"大秦景教流行中国碑"以资纪念,此碑叙利亚文、中文并用,后于明天启年间出土。但到了唐武宗会昌五年(845年),皇帝下令灭佛,景教亦受打击。当时许多中国人把景教看作佛教的一个派别,西来的景教徒被"送还本处收管"①。景教从此一蹶不振,在中原地区灭绝。

元朝统治下基督教又一度复兴。元时基督教入华有两个派别:其一是流行于蒙古、中亚的景教;其二是罗马天主教遣使来华,布教于内地。元代统治者统称基督教两派为"十字教",称信奉者叫"也里可温",故又称为"也里可温教"。景教在唐代,就经西域传入蒙古高原,并一直流传下来。元朝皇室成员及宫廷显贵中有许多人信奉景教,因此,景教在元代经历了一段兴旺发展的时光。当时大江南北修造了不少教堂,最负盛名的是马薛里吉思所建的镇江、杭州七寺,这在《马可·波罗游记》里也有反映。天主教在元代首次传入中国。蒙古军西征后,为说服蒙古人皈依天主,罢兵修好,罗马教皇曾几度派使节到上都(和林),但收获不大。元世祖时,威尼斯商人波罗一家充任了天主教传入中国的中介。1294年,意大利方济各派修士约翰·孟德高维诺携教皇的信件抵达大都(今北京),被允许设堂传教。孟德高维诺在北京建了三座教堂,并在10年中为6 000人施洗礼。孟德高维诺传教的最大收获是说服高唐王阔里吉思改宗天主教,阔里吉思为汪古部首领,居住在今内蒙古河套地区,原是景教徒。经孟德高维诺的说服,阔里吉思率部皈依了天主教。1307年,教皇任命孟德高维诺为大都和中国教区大主教。此后,孟德高维诺派遣传教士到泉州、扬州等地传教。1313年在东南沿海最大港口泉州添设一个主教区,任命哲拉多·阿布意尼为主教。不过,元代基督教表面上虽轰轰烈烈,但其信徒多半是蒙古人和迁居内地的中亚人。基督教依附于蒙元的政治势力,浮在社会表层,并没有在中国社会里真正扎下根来,所以元亡后再次中断。

明末清初,天主教再度传入中国。以利玛窦为代表的耶稣会传教士起了最关键的作用。明朝万历十一年(1583年),利玛窦从澳门到达广东肇庆,为了适应中国国情,他穿上和尚袈裟。以后,他又潜心研习四书五经,结交文人学者,并易袈裟为儒服。1601年,利玛窦带着学

---

① 《旧唐书》卷18上《武宗本纪》。

术书籍和新式仪器进入北京,向万历皇帝进呈了万国全图、自鸣钟、三棱镜、天主像等,并获准在宣武门内居住。利玛窦在传教中注意尊重中国传统文化,宽容中国信徒敬天、祭祖、尊孔等礼仪。他将基督教思想与汉文化结合起来,争取中国士大夫的支持,以求基督教在中国文化土壤中生根结果。清朝初年,天主教发展较快。来自德国的传教士汤若望主持国家天文台钦天监的工作,被顺治皇帝尊为"玛法"(满族语对长辈的尊称)。康熙帝即位后,比利时人传教士南怀仁被任命为钦天监监副,奉命制造天文仪器。在平定三藩的战争中,南怀仁又奉命设计了一种轻型火炮,有力地支援了平定三藩、统一国家的战争。到1700年,天主教徒达到30万人,全国28个城市设有教堂。但因传教士之间为在华传教方针发生派性冲突,引起了"礼仪之争"。争论的焦点是:造物主之名能否译成"天"或"上帝",以及是否允许中国教徒保留祭孔、拜祖的习俗。当时的教皇恰恰站在保守派一边,强调对正统教义的严格信守,最后引起教皇与康熙皇帝的直接冲突。康熙为维护国家主权,下令禁教,只留有技艺的传教士在宫中服务。雍正以后各朝,教禁更严,天主教处于十分衰微的境地。[①]

1727年中俄《恰克图条约》签订后,俄国正式派传教士来到北京。不过,东正教基本上在俄国人中信奉,在中国影响不大。

19世纪初,新教各教派也纷纷派人来华传教。最早来华的是英国伦敦会传教士马礼逊,他于清嘉庆十二年(1807年)来到广州,任东印度公司的翻译员。以后又有美国公理会传教士裨治文、卫三畏、伯驾等人。在禁教的情况下,这些早期来华的新教传教士只能翻译《圣经》,编写传教书籍,办医院以及搜集情报等,为在中国发展传教事业作准备。

基督教自唐朝初年传入中国,已有1300余年的历史。可是它没有连续下去,均因宗教、民族、文化等冲突而中断,其种种努力亦半途而废。真正传到中国,并引起广泛影响是在鸦片战争以后。基督教第四次东来是靠着大炮进来的,而且传教士凭借不平等条约,横行内地,做了一些伤害中国人民的事。但是传教士利用报刊、学校和医院等传播了西方近代文明,打开了中国社会长期闭关自守的大门,客观上具有一定的积极意义。

三、民间宗教

所谓民间宗教,是指流行于社会中下层,未经统治阶级认可的多种宗教的统称。由于这类宗教大都秘密流传,因而又称为民间秘密宗教。在中国古代社会,农民起义利用的宗教,一般就是秘密宗教,影响较大的有弥勒教、摩尼教、白莲教、罗教、黄天教、红阳教、闻香教、八

[①] 谭家健主编:《中国文化史概要》,(台湾)明文书局1989年版,第362页。

卦教等等。

弥勒教：南北朝梁武帝时傅大士所创立，以"弥勒下生"为基本教义。傅大士在创立弥勒教之始，便萌发了政治野心，企图与世俗政权分庭抗礼。隋唐时期弥勒教继续传播，并多次举行反抗政府的活动。"弥勒下生"说影响很大，凡是弥勒出世，就是佛祖更替、改天换地的时代。因此，弥勒佛成为改朝换代之佛，常常成为下层群众反抗封建统治的旗帜。

摩尼教：公元3世纪由波斯（今伊朗）人摩尼创立，以二宗（光明、黑暗）三际（初际、中际、后际）为根本教义。认为摩尼作为明王的使者，将通过传教教化，最终战胜黑暗，出现光明王国。唐朝时传入中国，后被严禁，从此隐迹于下层社会，秘密流传。混合有道教和佛教教义的明教，就是由摩尼教发展而来的。明教尊张角为教祖，敬摩尼为光明之神，并崇拜日月，主张节俭、素食和互济互助。五代、宋、元农民起义均利用明教作为组织形式，最著名的是北宋宣和二年（1120年）的方腊起义。

白莲教：白莲教渊源于佛教净土宗，是南宋初吴郡僧人茅子元所创。白莲教徒都是火宅僧，娶妻生子，与平民无异，社会上称他们为"有发僧"。① 元代白莲教发展颇盛，一度成为合法宗教，但为时不久，又遭禁止。白莲教吸取了摩尼教和弥勒教中的异端思想，开始具有明显的叛逆性。在组织上也不再是半僧半俗的净业团体，而是变成了民间秘密结社。元代末年，农民群众以白莲教为其组织形式，以"天下大乱，弥勒佛下生"、"明王出世"为宣传口号，发动了红巾军大起义，推翻了腐败的元政权。明初，朱元璋为巩固政权，明令禁止白莲教。明中叶以后，白莲教先后与多种民间宗教相融合。

罗教：明正德年间，山东即墨人罗梦鸿（又名罗清，尊称罗祖）创教于直隶密云。罗教深受禅宗影响，以"真空"（此取自佛教般若学）为宇宙本原，创"真空家乡，无生老母"八字真诀，劝人修证来世。罗教有五部经典，世称五部六册宝卷，即《苦功悟道卷》、《叹世无为卷》、《破邪显证钥匙卷》（2册）、《正信除疑无修正自在宝卷》、《巍巍不动泰山深根结果宝卷》，共8万字，称引的佛、道和其他民间宗教经卷达60余种。五部六册刊刻问世后，一版再版，风靡于社会下层，被明清时代民间宗教各教派奉为共同经典。② 罗梦鸿死后，罗教分为无为教和大乘教两大支，它在江南的分支则有老官斋教。清代运河水系的罗教支派，在漕运水手中拥有信徒，道光以后演变为青帮。一般认为，罗教是由宋元时代的白莲教向明清各民间宗教过渡的桥梁。

黄天教：明嘉靖时由直隶万全县人李宾所创，是一支佛道相混、以道为尊的教门。该教

---

① 刘崧：《槎翁诗集》卷2《壬辰感事》。
② 濮文起主编：《中国民间秘密宗教辞典》，四川辞书出版社1996年版，第187页。

在河北、山西一带影响颇大，它的一支明末传入浙江（长生教）。清代，黄天教两次遭到镇压，但流传不衰，直到新中国成立之前还在河北省北部盛行。

红阳教：明万历年间由号称"飘高老祖"的韩太湖所创，该教主要活动在北京、河北、山西、东北一带。它在皇宫内经厂印造了众多的形制古旧、装潢精美的宝卷，居于诸多民间宗教之冠。入清以后，红阳教仍在畿辅内外活动。在清史档案中，查到的红阳教案件就有数十起之多。其中乾隆十一年（1746年）对一起红阳教的惩处案例，成为后来定拟邪教案的律条。① 嘉庆年间，京城一带红阳教徒（当时同坎卦教融合称天理教）曾同宫中太监相联络，于嘉庆十八年（1813年）九月十五日袭击了紫禁城，演出了一场"汉唐宋明未有"的历史事件。②

闻香教：又称东大乘教。明末由直隶滦县人王森所创。王森以皮工为业，相传他得妖狐异香而创立此教。明天启二年（1622年），王森的弟子徐鸿儒在山东竖旗起义，揭开了明末农民大起义的序幕。清代，闻香教改名为清茶门教，名称来自神佛前献清茶，并以清茶治病，主要经卷是《三教应劫总观通书》，宣扬"劫变"观念。该教活动在华北和江南数省，嘉庆年间被清政府彻底禁毁。

八卦教：康熙初年由山东单县人刘佐臣所创。该教以八卦为组织形式，形成了"内安九宫、外立八卦"的宗教体系。刘佐臣故后，由其子孙世代传教，成为一个庞大的世袭传教家族。八卦各派中，震卦、离卦、坎卦三支实力较为雄厚。该教有明显的反清思想情绪，成为清代华北地区最不安分的民间教门。清中叶山东爆发的清水教起义、直鲁豫爆发的天理教起义，乃至清末的义和团运动，都有八卦教的影响痕迹。

明清两代，民间宗教名目繁多，异常活跃。因此，对它的研究不仅是宗教学的重要课题，也是历史学、社会学、民俗学等不可忽视的领域。

思考题

1. 宗教对中国社会产生过什么影响？
2. 为什么说禅宗的思想是融合了印度佛教文化与中国传统文化的产物？

---

① 马西沙、韩秉方：《中国民间宗教史》，上海人民出版社1992年版，第489页。
② 《清实录》卷24 嘉庆帝《罪己诏》。

第七章 文 学 艺 术

　　王国维认为"一代有一代之文学"。几千年来,中国文学史、艺术史上涌现了无数闻名世界的大家,留下了无数光辉灿烂的诗篇。唐诗、宋词、元曲、明清小说等等蔚为大观。文学之外,其他艺术形式,如音乐、舞蹈、书法、绘画、戏剧等同样令人目不暇接,散发着璀璨照人的光芒。

　　在中国,古代文学艺术是整个中华传统文化中最为鲜活生动的核心内容,是优秀传统文化中的精华部分。中国古代文学艺术作品忠实地记录了中华民族的喜怒哀乐,生动地表达了中华民族的社会理想和人生态度,直观地反映了中华民族的文化性格。同时,中国古代文学艺术蕴含着整个中华民族鲜明的文化基因,蕴含着整个中华民族鲜活的心灵史,也蕴含着中华民族未来的发展方向,是中华民族的宝贵财富,也是全人类的宝贵财富。

第一节　文学

一、诗歌

　　中国是一个诗的国度,在各种文学体裁中,诗占有十分重要的地位。中国古代诗歌有自己的生命历程,而在不同的历史过程中,表现出不同的特点。

　　先秦两汉是中国诗歌的产生与发展期。先秦时期所产生的《诗经》和《楚辞》,一现实,一浪漫;一朴质,一奇幻,标志着中国诗歌的正式产生。《诗经》是我国古代第一部诗歌总集,约产生于公元前11世纪至公元前6世纪。在内容上,《诗经》分为风、雅、颂三类。风是民间音乐,十五国风即十五个地区的民歌;雅是宫廷音乐,有大雅和小雅之分,多为西周诗,产于西周王畿;颂是宗庙祭祀音乐,分为商颂、鲁颂和周颂。在艺术创作方法上分为"赋""比""兴"三种。赋即铺陈叙述,比即譬喻,兴即借助其他事物以引出歌咏之辞。"楚辞"产生于战国时代的楚国,原是指以具有楚国地方色彩的乐调、语言和名物而创作的诗赋。西汉末年刘向辑录屈原、宋玉及部分汉代人作品,编成《楚辞》一书,故又由诗体之名而成为诗集之名。楚辞以屈原《离骚》为代表,故后人常以"诗骚"并称。秦代享国日浅,诗坛荒凉,至两汉出现了乐府民歌和文人五言诗,前者基本继承《诗经》而加以发展,后者兼收并蓄,既有诗骚的痕迹,也汲取了当时乐府民歌的营养,标志着中国诗歌的发展。两汉乐府民歌是由朝廷乐府机构搜集、保存而流传下来的,主要保存在郭茂倩所编《乐府诗集》的郊庙歌辞、鼓吹歌辞、相和歌辞和杂歌谣辞中。汉乐府"感于哀乐,缘事而发"①,其内容或反映平民疾苦,或渲染富贵之家;或表现婚恋大胆泼辣,或抒写乐生恶死的愿望。其叙事诗成就尤为突出,《孔雀东南飞》成为叙事诗的经典之作。而《古诗十九首》抒发了游子的羁旅情怀和思妇闺怨,则代表着汉代文人五言诗的最高成就。

魏晋南北朝是中国诗歌的完善与定型期。这一时期文学进入自觉时代,文人创作繁荣,个性鲜明;文人集团大量出现,呈现出诗坛的新格局;诗歌体裁齐备,不仅传统的四言、乐府得到了长足发展,而且七言诗开始出现,五言诗趋于完善定型;诗歌题材空前丰富,不仅生命的悲歌、现实的关注、哲理的探求成为诗歌表现的主调,而且田园、山水、女色、器物等都一起涌入诗中,呈现出一片斑斓的色彩。魏前期的建安文坛以曹氏父子为中心,以"建安七子"为羽翼,竞逞才藻,各造新诗。曹操古直悲凉,曹丕娟秀婉约,曹植辞采华茂,骨气奇高。这批文学家高扬政治理想,慨叹生命短暂,个性浓烈,极具悲剧色彩,构成了后人企慕的"建安风骨"。魏后期的正始文学,以"竹林七贤"的嵇康和阮籍为代表(图7-1-1)。他们以"越名教而任自然"为幌子,或揭露礼教虚伪,或逃避寻求超脱,或表达忧生之嗟,其中嵇诗清峻,阮诗遥深,表现出与建安诗风的不同。西晋武帝太康前后,文坛繁盛,著名有三张、二陆、两潘、一左,但大多咀嚼一己悲欢,风云气少,儿女情多,其诗风由轻澹而趋于繁缛,只有后期刘琨赴身国难,慷慨悲歌,表现出对建安诗风的回归。晋宋之际,陶渊明在日常生活中发掘诗意,并开创田园诗派。其诗风古朴、自然、浑融、玄远,成为这一时期最为杰出的诗人。稍后的谢灵运在仕途失意之时,徜徉于永嘉山水之中,描摹山水,抒写沦落之悲,开创山水诗派。齐梁两

图7-1-1 竹林七贤

① 《汉书》卷30《艺文志》。

代,"永明体"创立,沈约、谢朓、王融将"四声"知识运用于诗歌,创立诗歌格律,并在辞藻、用事、对偶等方面做出新的探索,成为古体诗向近体诗过渡的必然环节。齐梁时,分别以南齐竟陵王萧子良、梁武帝萧衍、昭明太子萧统为中心形成三大文学集团,"性情渐隐,声色大开",使柔靡轻艳的宫体诗成为诗坛主流。南北朝的对峙和文化、地理以及心理的不同,导致南北文风的差异。南方清绮,北方质朴。南朝民歌中的抒情长诗《西洲曲》和北朝民歌中的叙事长诗《木兰诗》分别代表了南北朝民歌的最高成就。梁末庾信北上,以乡关之思发为哀怨之辞,形成"凌云健笔"的诗歌风格,艺术造诣穷"南北之胜",促进了南北文风的交流。

唐宋是中国诗歌的鼎盛与转型期。诗至唐宋,诗人队伍空前壮大,诗歌流派络绎纷呈,诗歌题材异常开阔,诸体皆备,技巧圆熟,使唐宋诗成为中国诗歌发展的极境。但是唐宋风格不同,唐诗以韵胜,贵蕴藉空灵;宋诗以意胜,贵深析透辟。唐诗如美眷少年,宋诗如沧桑夫子,各有千秋,难分轩轾,共筑了中国古典诗歌美学的两大范式。唐最初90年左右,是唐诗走向繁荣的准备阶段。题材逐渐从宫廷台阁走向关山塞漠,作者也从宫廷官吏扩大到一般寒士。国家的空前统一,使南北文风融合,其诗风既见轻绮又重气骨。被称为"初唐四杰"的王勃、杨炯、卢照邻和骆宾王,成为这一时期的代表。此外,沈佺期、宋之问等对律诗的深入研究,使近体诗的各种声律体式基本定型。开元天宝盛世,唐诗走向全面繁荣,出现了著名的山水田园诗派、边塞诗派和李杜双子星座。山水田园诗人王维、孟浩然,把山水田园的静谧明秀的美表现得让人心驰神往。王诗"诗中有画,画中有诗",孟诗"自然流走,冲淡闲远"。边塞诗人高适、岑参表现出"功名直向马上取"的高昂盛唐意气。同是壮美,高诗将高昂意气和冷峻直面现实相结合,慷慨悲壮;岑诗将高昂意气与边塞奇异景色相结合,奇丽壮阔,其清刚劲健之美,基于北方士人的阳刚气质,又带有南国的清虚情韵。天才诗人李白(图7-1-2),以其非凡的自负和自信,狂傲的独立人格,豪放洒脱的气度和自由创造的浪漫情怀,使其诗如行云流水而又变幻莫测,壮阔飞动而又"清水出芙蓉,天然去雕饰"①,充分体现了盛唐士人的时代性格和精神风貌。安史之乱以后,"诗圣"杜甫(图7-1-3)直面社会人生,其诗涌入忠君爱民、伤时悯乱的复杂情怀,面对安史之乱前错综复杂的社会矛盾以及安史之乱后满目疮痍的乾坤,他的一系列乐府诗以及"三吏"、"三别",以叙事手法写时事,并融入深沉的抒情,形成"沉郁顿挫"的艺术风格。社会的衰退引起大历诗人的心绪彷徨,诗中出现了寂寞情思、夕阳秋风,气骨顿衰。到贞元元和年间,士人渴望中兴,与政治改革同时,诗坛上也出现了革新的风气,诗歌创作出现了又一个高潮。韩愈、孟郊、李贺等人,受到杜甫用语奇崛、句

---

① 李白:《赠江夏韦太守良宰》,《全唐诗》卷170。

图 7-1-2 李白

图 7-1-3 杜甫

式散文化的影响,更加怪变,甚至以丑为美,形成韩孟诗派。白居易、元稹、张籍、王建等则从乐府民歌吸取养料,把诗写得通俗易懂,形成元白诗派。长庆以后,中兴成梦,士人生活走向平庸,心态内敛,感情趋于细腻,题材趋于狭窄。在这一片诗的退潮中,杜牧、李商隐异军突起。特别是李商隐,以其善感的心灵、细腻丰富的感情,用象征、暗示、非逻辑结构的手法,表现朦胧的情思与意境,把诗歌表现心灵的能力推向极致,成为唐诗的最后一抹余晖。

图 7-1-4 苏轼

宋诗在唐诗盛极难续的局面下,另辟蹊径。在题材方面,宋诗向日常生活方面倾斜,选材角度趋于世俗化,抒情主人公更多为普通人。宋诗的典型美学风格是以平淡为美,实为一种超越了雕润绚烂的老成风格,一种炉火纯青的美学境界。宋初白体诗、晚唐体到西昆体均师法白居易、贾岛和李商隐,为后世诗文革新运动提供了经验和教训。开宋诗风气之先的有欧阳修、梅尧臣、苏舜钦。欧诗用散文手法和以议论入诗,风格流丽宛转;梅诗取材于生活琐事,风格平淡;苏诗直率自然,意境开阔,以雄豪奔放见长。王安石早期诗多抒情述志,诗风直接刻露;晚期则趋于含蓄深沉,丰神远韵,体现出向唐诗复归的味道。苏轼(图 7-1-4)为北宋诗坛上的第一大家。他的诗题材广泛,形式多样,情思内蕴深厚,干预现实和思考人生的主题十分突出。其艺术技巧纯熟,能翻新出奇,挥洒如意。黄庭坚的诗歌成就与苏轼齐名,"平淡而山高水深"①,并称"苏黄"。此外,陈师道诗简洁精练,质朴无华,外表浑朴而意味深长。宋徽宗初年,吕本中作《江西诗社宗派图》,把黄、陈为首的诗歌流派取名为"江西诗派",这一流派一直延续到南宋。南宋初年,诗坛上转变风气的人物是吕本中,其诗轻快圆润。然而创作成就最高的是陈与义和曾几,陈诗风格雄浑深沉,曾诗则清新活泼。此后,诗坛出现了陆游、杨万里、范成大、尤袤,史称"中兴四大诗人"。陆游是南宋最杰出的爱国诗人,《长歌行》被后人推为其压卷之作,"看似奔放实则严谨"②。杨万里诗兴主要在自然风物和日常生活的情趣上,最后形成独具特色的诚斋体。范成大诗中价值最高的是使金纪行诗和田园诗。

另外,辽代第一个有名的契丹诗人是耶律倍,最具典型的诗作是《醉义歌》。金代诗坛以元好问写于金亡前后的"纪乱诗"为上乘。

元明两代是中国诗歌的衰落期。元人学唐,在实际创作中多止于形貌,且多取平和淡远、温润流丽一类;后期诗人则大多学中晚唐秾丽奇诡之体,由于未能取法乎上,所以成就有限,艺术独创力尤其不足。元代诗歌领域的突出倾向是理学和文章合一。被称为"元诗四大家"的虞集、杨载、范梈、揭傒斯的诗歌典型地体现出当时流行的崇尚"雅正"的文学观。元末社会动荡不安影响到诗风,诗歌更具写实倾向。杨维桢的"铁崖体"一改元中期沉闷的诗风,追求奇特的构思和意象,给诗坛注入了新的活力。元明之际,时代动荡,政治黑暗,以刘基、高启等为代表的作品多表现时代的创伤以及愁苦郁闷的心态,格调凝重悲怆。明中叶以李梦阳、何景明为代表的前七子和以李攀龙、王世贞为代表的后七子,强调"诗必盛唐",影响较大,而成就较小。晚明以袁宗道、袁宏道、袁中道兄弟为轴心的公安派,以"性灵说"与复古派相抗衡,其诗多是抒写士大夫的闲情逸致。此后,以钟惺、谭元春为代表的竟陵派,也反对复古,提倡抒写性灵,但将创作引上"幽情单绪"、"孤行静寄"之路③,显示出晚明文学思潮中激进活跃精神的衰落。

清代诗歌创作又进入中兴。清初诗歌创作转向伤时忧事,遗民诗人之呼号、悲愤、砺志,其他诗人之徘徊观望、黍离之悲、沧桑之感,成为清代前期诗的主旋律。遗民诗人顾炎武(图7-1-5)、

图7-1-5 顾炎武

---

① 黄庭坚:《与王观复书》之二,《黄庭坚全集·正集》卷18。
② 赵翼:《瓯北诗话》卷6。
③ 钟惺:《诗归序》。

黄宗羲、王夫之气节高尚,用血泪诗篇抒发爱国之志和哀民生疾苦之情。清初诗坛钱谦益和吴伟业并称,他们都有失国之痛和失节之悲。吴的歌行诗"梅村体"代表作《圆圆曲》脍炙人口。康熙诗坛上,朱彝尊和王士禛并称"南朱北王";施闰章、宋琬也称"南施北宋",统领诗坛。乾嘉诗坛,人才辈出,各领风骚。沈德潜、翁方纲,或主格调,或言肌理,固守儒雅复古的阵地;厉鹗扩大浙派的门户;袁枚、赵翼、郑燮标榜性灵,摆脱束缚,追求诗歌解放;黄景仁等抒写落寂穷愁,吟唱出盛世的哀音。总之,清代诗坛流派纷呈,而且诗人众多,创作业绩较为辉煌,是元明之后中国古典诗歌的中兴期。

二、赋

赋是中国特有的一种文学样式,内容侧重于状物叙事,形式介于散文和韵文之间。它产生于战国后期,定型、盛行于两汉,转变于魏晋南北朝。

赋的本意是铺陈直叙,是我国古代诗歌的表现手法之一,至战国后期成为一种独立的文体。《诗经》"铺陈其事"的表现手法,是赋的远源。楚辞以华美的辞藻,局部设为问答的方式,来铺陈事物,描述幻想,抒发情感,成为赋的近源。赋作为一种文体是由宋玉和荀子首创的。宋玉在屈辞基础上,吸取当时散文的一些形式特点,创作出了《高唐赋》《神女赋》等一系列赋体作品,表现出与屈辞的明显区别。在内容上,由屈辞侧重抒情转向侧重咏物叙事,并以"微辞"进行讽喻;在手法上,描写事物比屈辞更为夸张、细腻;在语言上,词采更为华美富赡,开所谓"淫丽"之风;在形式上,设为问对,韵文与散文兼行。总的说来,诗的成分减少而散文的成分增多,为汉赋的形成奠定了基础。枚乘、司马相如明显受其影响。荀子作有《赋篇》,内容上名为咏物,实为阐释儒家义理;形式上设为一问一答,以四言韵语为主,也杂有散文形式。荀赋对汉代咏物赋以及扬雄、班固等有较大影响。宋玉、荀子赋的出现,不仅标志着赋作为一种文体正式产生,而且也体现了赋的一些基本特点。

赋的定型与兴盛是在两汉时期。两汉赋的发展基本上可分为三个阶段:形成期、鼎盛期和衰落期。形成期以骚体赋为代表。这类作品依傍于屈原,取资于宋玉,重在咏物抒情,抒发的多是抑郁之情,格调和《离骚》相近,总称为骚体赋。它借鉴楚辞与战国纵横之文主客问答的形式、铺张恣肆的文风,又吸取先秦史传文学的叙事手法,并且往往将诗歌融入其中。贾谊是汉初唯一的骚体赋作家,代表作有《鹏鸟赋》、《吊屈原赋》。在形式上,贾谊的赋趋向散文化,同时又大量使用四字句,显示了从楚辞向新体赋过渡的痕迹。汉初梁孝王刘武招延四方文士,游于梁园。梁园文士多善辞赋,枚乘尤为突出,其代表作《七发》假设楚太子和吴客的问答,以七大段文字铺陈了音乐、饮食、漫游、田猎等盛况,辞采富丽,气势宏阔,艺术上铺张扬厉,标志着汉赋的正式形成。这种以铺陈排比为主要手法的"体物"大赋是汉赋的主流。武帝至成帝时期是汉赋的鼎盛期,以散体大赋为代表,以"润色鸿业"为主要目的,代表作家是司马相如、扬雄等。司马相如的《子虚赋》《上林赋》假托子虚、乌有先生、亡是公三人的对话,对天子、诸侯的田猎盛况与宫苑之豪华壮丽作了极其夸张的描写,作品歌颂了大一统中央王朝无可比拟的气魄和声威,卒章归之于节俭,委婉致讽。两赋内容连属,构思一贯,结体谨严,实为一篇完整作品的上下章,代表了两汉散体大赋的最高成就。此外,王褒的《洞箫赋》"辩丽可喜"、"虞说耳目"[①],以善于描摹物态在文学史上占有一席之地。作品以洞箫演奏时音调的美妙和艺术感染力为中心,从竹管生成的独特气质和盲乐师专注于洞箫演奏两方面构筑洞箫音乐艺术,臻于至境。扬雄类似作品以《甘泉赋》《长杨赋》《河东赋》《羽猎赋》等最著名,具有较强的针对性。《甘泉赋》谏汉武帝修建宫殿的穷奢极侈;《羽猎赋》《长杨赋》针对成帝好猎而发;《河东赋》写于随天子巡游以后,劝讽有加,铺陈描写也更加沉博绝丽。扬雄赋意在规讽,却以宫殿建筑之美给人以深刻印象。另外,扬雄的《蜀都赋》实开后世京都赋的先河。

东汉散体大赋深邃冷峻、平正典丽的风格代替了昔日铺张扬厉、汪洋恣肆为主调的风格和豪放昂扬的气势;骈俪对偶的句式取代了散句单行的语言,辞赋获得新发展。以都洛、都雍(即长安)为题材的作品,规模宏大、影响巨大的首推班固的《两都赋》,它开创了京都赋的范例。《两都赋》传本分为《西都赋》《东都赋》两篇,实为上下篇。作品虚拟"西都宾"、"东都主人"两个人物,作者的京都意识、京都美的理想在宾主的设定之间已明晰可辨,作者观点与立场也自然地融入到对京都各方面事物的陈述中,突破了传统的赋"劝百讽一"的结构关系。《西都赋》汪洋恣肆,《东都赋》则平正典实。东汉末,在京都题材的作品中,张衡的《二京赋》尤为人所瞩目。《二京赋》在结构谋篇方面完全模仿《两都赋》,作者不求素材的代表性和典型性,务求在体制和规模方面超越前贤,在铺陈过程中面面俱到。因此,《二京赋》以规模宏大被称为京都赋之极轨,推动了以京都、都会为题材的文学创作的发展。从总体上看,汉赋在语言上虽有堆砌、重复、拙笨之疵,但我们依然可感受到江山的宏伟,物产的丰饶,宫殿的巍峨,服饰的奢侈,鸟禽的奇异,人物的气派,狩猎的惊险,歌舞的欢快。

东汉抒情赋汇西汉抒情赋之涓涓细流为汹涌奔腾之海洋,蔚为大观。东汉抒情赋主要有纪行赋和述志赋两类。纪行赋以纪行为线索,兼有抒情述怀,写景叙事,一般篇幅不太长。东汉纪行赋的殿军是蔡邕的《述行赋》。这篇赋将历史与现实、景物与情感有机地熔为一炉,

---

① 《汉书》卷64下《王褒传》。

赋的前半部为吊古,后半部为伤今,层次清晰。全篇以秋天淫雨为衬托,以山行景色为点缀,气氛悲凉沉重,情感痛彻沉着。述志赋是东汉赋向抒情方面转变的又一新发展,为述志赋注入巨大活力的当属张衡。张衡的抒情小赋,以清新、淡雅的文风取代了汉赋载道、颂谀的积习,代表作有《归田赋》《思玄赋》等。这两篇赋中写游仙,写归田,并非以隐逸为归宿,而是用此排解精神上的苦闷。张衡的抒情小赋对后代魏晋抒情赋的发展产生了重大影响。东汉末年赵壹作《刺世疾邪赋》,体制活泼自由,篇幅短小精悍,语言刚劲朴素,情感抒发痛快淋漓,是早期抒情小赋的名篇。东汉抒情赋通常都是理胜于情,一方面以知命为解脱,反映出对人生的理性态度,另一方面流露出个人无力把握自己命运的惆怅。

辞赋在魏晋时期出现了新局面,其标志是抒情小赋的涌现,而且拓展了辞赋的表现领域和表现风格。这一时期的作家往往集诗人与小赋作者于一身,标志着诗赋交相影响的深化,辞赋创作显示出抒情化、小品化的特色。王粲的诗赋为"七子之冠冕"①,其代表作《登楼赋》,即景抒情,情景交融。魏晋时期还涌现出一批体物写志的佳作。如曹植的《洛神赋》对传统题材加以转换,描绘对洛神的追求与幻灭过程,借以抒发作者个人政治上的失意和理想的破灭。向秀的《思旧赋》追悼惨死于政治屠刀下的挚友嵇康,情感深挚,语带呜咽。阮籍的《猕猴赋》在赋中嬉笑讥讽。刘伶《酒德颂》和陶渊明《归去来兮辞》在赋中追求超脱放达的性情。此外,辞赋生机的焕发还表现在大赋的体式功能得到一定的调动。魏晋以来的大赋更多的是表现个人生活中的大事,如潘岳的《西征赋》、谢灵运的《山居赋》、梁武帝的《净业赋》等。相对于汉大赋文末的"乱""诗""歌",这类文字的声辞之美游离于主体结构之外,魏晋时期的大赋倾向于有意识地在主体结构中汲取诗意,不少中长篇作品的命意就取自"诗骚"或抒情小赋,如潘岳的《秋兴赋》就取自《九辩》。南朝有"元嘉三大家"之称的谢灵运、颜延之和鲍照,骈赋技巧亦高。谢灵运有山水题材的《岭表赋》、《长溪赋》、《山居赋》;颜延之的骈赋有《赭白马赋》等;鲍照以奇峭之风运妍丽之辞,所作以《芜城赋》为代表。诗体赋为齐梁文章新变的成果,是赋的抒情化或诗化的进一步尝试。有的将五言诗或七言诗句式同赋融合在一起,如沈约的《愍衰草赋》、萧悫的《春赋》等;有的在题材的处理方式上就已宫体诗化了,如萧纲的《舞赋》等。

唐宋以后,赋虽然也时见于文人创作,但已渐渐地从文坛上退隐了。唐代出现了律赋,将近体诗的韵律引入赋中,使赋的对偶和格律更趋于严谨。在宋代"诗文革新"的推动下,欧阳修改造前代的骈赋、律赋,去除了排偶、限韵的两重规定,改以单笔散体作赋,创造了文赋。

---

① 刘勰:《文心雕龙·才略》。

明清以后,虽间有佳作,但总体上缺少创新。

三、散文

　　散文萌芽于商周、春秋,成熟于战国。甲骨卜辞和殷商铜器铭文是我国先民记言、记事的实物,可视作散文的萌芽。《尚书》的出现标志着散文的形成。值得注意的是,春秋时代孔子编撰《春秋》,它按时间编排,简略叙述史事,具有自觉的记事意识和写作义例,影响了史传散文的产生。战国散文可分为叙事和说理两大类,文辞宏丽,情感激越,标志着中国散文的产生。按照历史发展可分为三个时期:第一,春秋末战国初。历史散文有《左传》和《国语》等。《左传》叙述事件完整准确,人物形象生动鲜明,记言之语简洁精练。《国语》以记言为主,记事为辅。记言多记朝聘、飨宴、讽谏、辩诘、应对之辞,用语生动形象。说理散文有《论语》、《老子》和《墨子》等。《论语》创立语录体,在对话中说理,某些篇章记录人物活动,神情逼肖,生动形象。《老子》以韵文为主,韵散结合,在哲学的表述中饱含强烈的自我意识和情感。《墨子》虽大量采用语录体,但段与段之间围绕同一个论题加以论述,有内在逻辑。第二,战国中期,叙事散文消沉,说理散文出现《孟子》、《庄子》等杰出作品,文辞更为繁富,说理更为通达。《孟子》长于论辩,巧妙运用逻辑推理,善用譬喻与寓言,大量采用排偶、叠句等修辞手法,形成气势浩然的风格。《庄子》创造性地运用"卮言"、"重言"、"寓言"等表现方式,以奇谲的想象,构成瑰玮的形象世界,极具浪漫主义色彩和浓郁的诗意。第三,战国末期,历史叙事散文《战国策》反映了战国时代"士"阶层的崛起,士人精神的张扬,塑造了一批"士"的形象,开创了以人物为中心的纪传体散文的先例。《荀子》论辩透彻,逻辑周密,思想深邃,理论系统。《韩非子》峻峭犀利,锋芒毕露。两者代表了先秦说理散文的最高成就。

　　秦代散文很少建树,可以称述者当推秦相吕不韦招集门客编成的《吕氏春秋》和李斯的《谏逐客书》。《吕氏春秋》杂取诸家思想,构成所谓"法天地"的理论框架,其中一些文章精练短小,文风平实畅达,用事说理颇为生动。李斯《谏逐客书》排比铺张,音节流畅,理气充足。其文多用对偶,可谓骈体之祖。汉代散文诸体兼备,丰富多彩,是继先秦散文的又一高潮。汉初政论散文发达,贾谊、晁错等既有专题政论文,如贾谊的《过秦论》,又有就具体问题所写的疏牍文,如贾谊的《陈政事疏》、晁错的《粟论贵疏》。汉武帝以后,伴随政治上稳定以及思想上独尊儒术,散文由气势磅礴、感情激切转向深广宏富、醇厚典重,由越世高谈转为本经立义。董仲舒的《贤良对策》三篇,论理宏博深刻,风格儒雅雍容。司马相如的《难蜀父老》、东

图 7-1-6 司马迁

方朔的《答客难》、桓宽的《盐铁论》、扬雄的《解嘲》《解难》等亦负盛名。史传文学以《史记》、《汉书》为代表。司马迁(图 7-1-6)的《史记》是以人物为中心的纪传体的史学著作,鲁迅认为是"史家之绝唱,无韵之离骚"①。东汉班固的《汉书》是第一部纪传体断代史。西汉散文还有淮南王刘安招集门客编撰的《淮南子》,多用神话、传说、历史故事,富有文学色彩。此外,武帝后期书信体抒情散文较盛行,如邹阳的《狱中上梁王书》、司马迁的《报任安书》等,成为汉代散文的一枝奇葩。东汉散文虽整体成就不如西汉,出现骈俪化的倾向,但仍有发展。历史散文方面,除《汉书》之外,还有赵晔的《吴越春秋》;政论散文有王充的《论衡》和王符的《潜夫论》,但在气势上不及西汉;叙事散文出现了成熟的碑文和游记,如蔡邕的《郭有道碑》、马第伯的《封禅仪记》等。

魏晋南北朝文风大变,美文盛行。刘宋时期的抒情体物的华章美文,上接东晋,日趋骈化。齐梁骈文大兴,影响波及北方,写景文成就尤为卓著,山川景物一寓笔下,更富情韵。以北魏郦道元的《水经注》与北齐杨衒之的《洛阳伽蓝记》文学业绩最为显著。郦道元《水经注》"集六朝地志之成"②,心灵与自然之趣相通,对游记文影响较大。杨衒之的《洛阳伽蓝记》行文秾丽秀逸,成为寺塔记的典范之作。

唐代散文变革源于"古文运动"。"古文运动"就内容而言,强调明道载道,把散文引向政教之用;自形式言,是由骈体而发展为散体。其先驱有李华、萧颖士、独孤及、梁肃、柳冕等,但他们的理论带有空言明道性质,到韩愈(图 7-1-7)、柳宗元才真正迎来"古文运动"的高潮。韩、柳以"文以明道"为理论核心,建立了新的散文美学规范。就文体而言,将大量应用文写成文学性很强的散文;从辞采来说,能够博采众长,特别注意吸取骈文长处,造成长短错落、音调铿锵的声情效果;从语言来看,强调

图 7-1-7 韩愈

---

① 鲁迅:《汉文学史纲要》,《鲁迅全集》卷 10,人民文学出版社 1973 年版,第 581 页。
② 陈运溶:《〈荆州记〉序》。

"务去陈言"、"文从字顺"①和"体备词足"②；从技巧看，善于用比喻、排比、细节描写等来丰富文章的艺术感染力；从情感看，将浓郁的情感注入散文，大大强化了散文的抒情特征和艺术魅力，把古文提高到真正的文学境地。及至晚唐，韩门弟子李翱、皇甫湜片面发扬韩愈的创新主张，追求奇异怪僻，使散文创作道路越走越窄。古文渐趋衰落的同时，晚唐小品异军突起，多为篇幅短小、情感炽烈的刺时之作，代表作家有皮日休、陆龟蒙、罗隐等。

宋代散文继承唐代传统，作家阵容庞大，创作成就辉煌。在文体方面，创造了四六文和文赋；在散文功能方面，将实用价值和审美价值融于一体；在散文风格上，更为多样化，主体风格平易自然、简洁明快。宋初散文承五代余绪，多作骈体，成就较高的是王禹偁，其文已显新文风端倪。宋初柳开、梁周翰等提出复古主张，反对骈俪，但创作实绩不显。北宋中期，欧阳修倡导文风革新，主张文道并重，不拘于继承韩愈的道统，更侧重于学其文统；提倡其"文从字顺"，不满其奇险深奥，由此产生了新的文风。欧阳修作为文坛领袖，创造了文赋和四六新体，其散文成果卓著，内容充实，形式多样。王安石散文语约义丰，形成"瘦硬通神"③的独特风貌。曾巩文议论委曲周详，文字简练、平正。苏轼成就最高，他的散文思绪泉涌，挥洒如意，气势雄放，而语言又平易自然。其记游、小品、杂说、书札、序跋等，更是翻新出奇，形式活泼，抒情浓郁，思想深刻。南宋的散文成就没有北宋高，但对前代仍有新的超越。南宋散文成就体现在政论文和笔记小品两个方面。南宋政论文多以吁请抗敌、谋划复国为主要内容，如胡铨和陈亮等人的散文，政治功利目的明确，大都秉笔直书，气势磅礴，在欧苏曾王之外开辟新境界。笔记小品在南宋广为流传，像陆游的《老学庵笔记》、洪迈的《容斋随笔》等笔记中有不少文学性很强的小品文。

明代戏曲、小说创作生机勃勃，传统散文则显得消沉。明初，宋濂记叙散文简朴淡雅，不落俗套。刘基的寓言散文集《郁离子》，多表达愤世嫉俗的态度和拯救时弊的意图。明中叶，诗文领域出现了文学复古思潮，前后"七子"为纠"台阁体"之弊，打着"文必秦汉，诗必盛唐"的大旗，由于过度重视古人诗文法度格调，艺术成就不高。与此同时，唐宋派散文崛起，代表人物王慎中、唐顺之、茅坤、归有光等倡唐宋文风，影响较大。其中归有光成就较高，他善于在普通人物、平凡琐事中状情摹态，寄寓感情，让人回味无穷，代表作如《先妣事略》、《项脊轩志》等。晚明散文创作在变革中步履维艰，但颇具特色的晚明小品趋于兴盛。小品文体制短小精练，体裁不拘一格，内容表现出生活化、个人化的倾向，反映了晚明文人特有的生活情

---
① 韩愈：《南阳樊绍述墓志铭》，《韩愈全集校注》第5册，第2640页。
② 韩愈：《答尉迟生书》，《韩愈全集校注》第3册，第1462页。
③ 刘熙载：《艺概》卷2《诗概》。

图7-1-8 方苞

调,其成就较大的有袁宏道、张岱、王思任等。

清代散文被要求回归到"载道"的唐宋古文传统上。在清初有侯方域、魏禧、汪婉三大家,这三家是桐城派的嚆矢。康熙年间由安徽桐城人方苞(图7-1-8)开创,刘大櫆、姚鼐发展的有严密体系的古文流派,称之为桐城派。桐城派以"义法"说为论文纲领,讲求雅洁,代表作品像方苞的《左忠毅公逸事》、刘大櫆的《游晋祠记》、姚鼐的《登泰山记》等。桐城派的分支是以恽敬和张惠言为代表的阳湖派,恽敬的《游庐山记》、张惠言的《书山东河工序》,均以博雅放纵取胜。在桐城派几乎独霸文坛之时,具有晚明小品风采的散文依然占有重要地位,袁枚、郑燮和沈复等都是清代小品文的重要作家。

四、词曲

词从孕育萌生到词体初步建立,经历很长时期。隋、初唐时词多为下层民众创作,盛唐、中唐文人们依声填词,表现出文人词的发展。晚唐、五代词渐趋成熟,确立了以小令为主的文学样式和以柔软婉丽为主的审美趋向。这一时期以西蜀和南唐为创作中心。西蜀赵崇祚所编的《花间词》,是最早的文人词总集。花间词以"香而软"的温庭筠为鼻祖,词境以男女情爱为中心,艺术上文采繁华,轻柔艳丽。南唐词兴起晚于西蜀词,主要词人为李璟、李煜及冯延巳等。李璟词溢于"众芳芜秽、美人迟暮"之感,冯延巳词致力于人物心境情绪的展示,李煜由皇帝成为囚徒的人生经历引起词风变化。其后期词写亡国之痛、血泪之情,如《浪淘沙》、《虞美人》等,跳出了相思、女性的狭隘题材,拓宽了词的表现领域,增加了词抒发情感的能力。李煜将词提升到与诗同等重要的地位,从此词开始与诗并峙发展。

两宋是词发展的高度繁荣时期。北宋前期,晏殊、欧阳修发展了词的艺术,但尚未脱去"花间"情调,而范仲淹、张先、王安石则致力于词境开拓。范仲淹(图7-1-9)写军旅生涯,沉郁苍凉,开豪放词之先;张先一方面作酬唱词,扩大词的实际功用,一方面开题序于词的先例,使日常生活进入词的范围;王安石怀古

图7-1-9 范仲淹

咏史词韵味飘举。与此同时柳永等人登上词坛，宋词真正步入发展轨道。柳永为革新宋词的第一人。音乐体制上，他创制慢词，创用词调，使词的体制完备，令、引、近、单调、双调、三叠、四叠等长调短制日益丰富；创作方向上，从雅变俗，女性愁思、都市繁景都进入了他的创作视野；语言表达上，他用生活中的口语、俚语入词；表现方法上，他创造性地运用铺叙和白描手法，从而成为北宋婉约词的早期代表。北宋中后期，词的创作题材、内容和风格形成范式。黄庭坚、秦观、晏几道承传晚唐、五代艳词。黄庭坚多侧艳俚俗之词；秦观词和婉醇正，是婉约词的典型代表；晏几道忠于"花间词"的路数，借离合之情写身世之感。而苏轼、晁补之、贺铸、周邦彦等人的词作拓展了词境。苏轼对词题材范围的扩展几乎达到与诗同等广阔的程度，变爱情之词为性情之词，"凡赋诗缀词，必写其所怀"①。其词有感旧怀古的《念奴娇·赤壁怀古》，有感悟人生的《定风波》，有抒发豪情的《江城子·密州出猎》，有观照自然的《行香子·湖州作》等，词境疏宕，情感奔放，开创豪放词派。此外，苏轼"以诗为词"，成功地运用题序和用典，丰富、深化了词的审美内涵。晁补之词吟咏隐逸情怀，成为隐逸词的代表。贺铸词融英雄豪气与儿女之情于一体，表现英雄豪侠的悲壮情怀，上承苏轼，下开辛词。周邦彦"为南宋咏物词重寄托开启了门径"②，其羁旅行役词、咏史词亦别具一格。总之，北宋中后期在词的风格倾向上，婉约柔美与豪迈磊落并存，清丽淡雅与浓丽精巧相竞。南渡前后，靖康之难改变了词人的生活和创作，词被赋予时代感，密切联系现实。以张元幹为首，叶梦得、"南宋四名臣"——李纲、赵鼎、李光、胡铨以及名将岳飞等是其代表词人。张元幹、叶梦得的后期词循苏轼路径，表现民族灾难和社会苦难，写出战乱中普通人的体验。"南宋四名臣"和岳飞等的词虽不著称，但词经他们之手变成时代最强音，慷慨激烈。

  南宋词在美学风格上更加规范，确定了婉约派和豪放派。婉约派词人李清照和豪放派词人辛弃疾，在词境和艺术成就上风格迥异。在词境上，李清照认为"词别是一家"③，她的词真实记录了她的情感历程。前期主要是缠绵深挚的爱情之歌和轻盈妙丽的自然之词；南渡后，主要表现个人生活今昔之比引起的深愁，蕴含着家国兴衰的沉痛，其《声声慢》最为人所称道。辛弃疾词境拓展有三方面：塑造了虎啸风生、气势豪迈的英雄形象；延续南渡词人有关民族社会的忧患，对社会进行理性批判；对农村田园生活和隐逸情趣的表现。在艺术上，李清照善于选取自己日常生活中的起居环境、行为、细节来展示自我的内心世界；运用平淡简练的生活化语言表现微妙心理情感；以白描手法创造出淡雅清疏的境界。辛弃疾（图

---

① 杨湜：《古今词话》。
② 王兆鹏：《论宋代咏物词的三种范型》，《中国诗学》第三辑。
③ 李清照：《词论》，《李清照集校注》卷3，人民文学出版社1979年版。

图7-1-10 辛弃疾

7-1-10)"以文为词",将古文辞赋中常用的章法、议论和对话等手法植入词中,词风总体上虽刚柔兼济,亦庄亦谐,但其豪放词的审美境界雄豪壮阔,展示了血性男儿的力度美和崇高美。辛弃疾作为两宋词坛上开拓性词人,独创"稼轩体",确立豪放派。辛派其他词人如张孝祥、陆游、陈亮、刘过等,远承东坡,近学稼轩,影响较大。其中张孝祥尤为著名,其词得苏词之"放"、辛词之"豪",风格骏发踔厉,在词史上占有重要地位。

宋末词坛处于词史上高峰状态的结束期,也是多种词风的融合期。婉约派以姜夔为代表;豪放派以刘克庄为代表。姜夔词,写恋情则情趣高雅,咏物又寄托遥深;在体制上自创新曲;艺术上虚处传神,又往往配以有韵味的小序;词风以"幽韵冷香"见称。姜夔这种反俗为雅的审美倾向被奉为雅词典范,在辛派之外开宗立派。此外,吴文英词专于艺术表现,创造出亦梦亦幻的艺术境界、跳跃错综的章法结构和翻新出奇的字句语言,成就也值得注意。宋元之际,史达祖、周密、王沂孙、张炎等追随姜夔,以白石"雅词"为典范,注重锤炼字句,恪守音律,追求高雅脱俗的艺术情趣;题材上多咏物,讲求寄托。而刘克庄则是辛派的后劲词人,其词除反映紧迫的危急国势外,还拓宽艺术视野,广泛反映社会生活;词风雄肆疏放。其他辛派词人如刘辰翁、文天祥等以稼轩为宗,崇尚抒情写志的痛快淋漓,政治锋芒尖锐,但不免有叫嚣之失。此期,独立于宋末词坛风气之外的词人蒋捷,词风兼容豪放派的清奇流畅和婉约派的含蓄蕴藉,自成一家,影响了清初阳羡派词作。

元明戏剧、散曲兴盛,词坛冷落,直到清代词坛,流派纷呈,高潮迭起,出现了以陈维崧为代表的阳羡派,朱彝尊为代表的浙西派,张惠言为代表的常州派。阳羡派陈维崧风格导源于辛弃疾,以豪情抒悲愤。此外,还有蒋景祁、史唯园、陈维岳等大批阳羡派词人,振兴了词的创作。浙西派早期词人朱彝尊崇尚雅正,推崇南宋诸家,宗法姜夔和张炎;中期的领袖人物厉鹗向往姜夔的"清空"境界,艺术成就较高;但后期浙西词因生活狭窄和词境单一而日渐式微。张惠言开创的常州派,倡导词中要有言外之意,比兴寄托,词风"深美宏约",后来周济发扬光大此派,以宋四家周邦彦、辛弃疾、吴文英、王祈孙为学词途径。此外,清代不依门派、独树一帜的词人有清初的纳兰性德(图7-1-11)、曹贞吉、顾贞观等,清中期的郑燮、项鸿祚、蒋春霖等。其中纳兰性德成就尤为突出。

金元之际民族大融合带来乐曲的合流,孕育出新的乐曲,于是散曲应运而生。散曲是继诗、词之后兴起的新的诗歌样式。散曲的体制主要有小令、套数与介于两者之间的带过曲等几种。散曲同词一样,产生于民间的"俗谣俚语",后来的文人散曲摄取传统诗词的滋养,形成独特的艺术个性和表现手法。其主要表现是:句式灵活多变,语言以俗为尚和口语化、散文化,审美风格明快显豁,自然酣畅。从总体倾向看,散曲更多带有俗文学的印记。

图 7-1-11 纳兰性德

散曲作家,约 200 余人①,存世作品小令 3 800 多首,套数 470 余套②。以元仁宗延祐年间(1314 年—1320 年)为界分为前后两个时期。前期创作中心在北方,曲风以豪放为主;后期转至南方,曲风以清丽为主。前期曲词作家除了以卢挚、姚燧等为代表的官宦作家外,还有以关汉卿为突出代表的书会才人作家和以马致远等人为首的平民及胥吏作家。关汉卿散曲虽多写男女恋情,但蕴含叛逆精神,表现出生命自由的、放诞不羁的"浪子"情怀,如著名套数[南吕·一枝花]《不伏老》,艺术上市民情趣浓厚。马致远散曲突出表现传统文人积极用世与超脱放旷重叠交织的悲剧性人格,如知名套数[双调·夜行船]《秋思》,艺术上文人气息浓郁,被视为元散曲豪放派的代表。后期散曲创作较之前期,题材内容得以拓展;思想情调由愤世嫉俗转为哀婉蕴藉;艺术上趋于成熟,韵律、语言、对仗、典故都得到加强。后期成就最高的是张可久和乔吉。张可久词是后期词雅化的典型代表,代表性的是一些清丽、华而不艳的写景之作;乔吉词雅俗并用,于雅丽蕴藉中涵天然质朴的韵味。明代散曲继元代之后,十分兴盛。与元曲曲调清新自然、语言浅俗活泼相异,明代散曲倾向于文人化,尤其是明中叶以后,词藻化、音律化现象突出。明初散曲成就不高,至弘治、正德年间,散曲创作兴盛。从作家地域分布和风格特征可分为南、北两派。南派散曲代表有王磐、陈铎等,多清丽俊逸、细腻婉约;北派代表有王九思、康海等,多豪爽雄迈、质朴粗率。自嘉靖以后,散曲创作进一步繁荣。南派中金銮散曲清丽婉转、亦庄亦谐;北派中冯惟敏散曲爽逸豪迈、率直浅显。

---

① 元代散曲作家,据任讷《散曲概论》统计,可考者为 227 人;隋树森《全元散曲》收录有作品流传的散曲作家 212 人。
② 此据隋树森《全元散曲》及明抄残存六卷本《阳春白雪》统计。

五、小说

"小说"最初并不是作为一种文学体裁出现的。《庄子·外物》和汉代桓谭《新论》皆认为小说是不登大雅之堂的浅薄琐碎的言论。班固《汉书·艺文志》把小说家列于诸子略十家的最后,使小说获得了独立的文体地位,并且给小说下了一个明确的定义:"小说家之流,盖出于稗官。街谈巷语,道所途说者之所造也。"由此可见,小说原自民间传说。此外,未载入正史部分的神话传说,活跃于人们口头上的逸史,子书中的寓言故事,以及史传等也都成为小说的渊源。

至魏晋南北朝,中国小说才真正进入发轫阶段。魏晋南北朝小说创作势头较为旺盛,产生了约50种作品,大致可以分为志怪和志人两大类。秦汉以来神仙方术盛行,汉末佛、道宗教广泛传布,产生了侈谈鬼神、称道灵异的社会风气,志怪小说得以产生。志怪小说内容庞杂,有炫耀地理博物、夸饰历史传闻以及讲说鬼神怪异等。其典范之作是干宝的《搜神记》,内中除一些荒诞离奇的鬼神故事外,还有一些优秀的民间传说,如《干将莫邪》《韩凭夫妇》《李寄斩蛇》等。志怪小说中人物性格和情节构思都已初备型制,影响了唐代传奇小说和宋以后的笔记小说创作。志人小说的兴盛与士族文人之间品评人物和崇尚清谈的风气有很大关系。志人小说有笑话,如邯郸淳的《笑林》;有野史,如葛洪伪托刘歆所作的《西京杂记》;有逸闻轶事,如刘义庆的《世说新语》,这本书多记录魏晋名士的逸闻轶事和玄言清谈,艺术成就"记言则玄远冷隽,记行则高简瑰奇"①,语言简约含蓄,隽永传神,透出机智和幽默。后世出现《世说新语》的仿作达几十种之多,足见其影响深远。

到唐宋时期,中国小说迈向成熟。这主要表现在两方面:一是唐代出现新的小说体式——传奇,标志着文言小说发展成熟;二是宋元话本标志着白话小说的完善。唐传奇指唐代流行的文言小说,作者多以史家笔法,记载奇闻异事。"传奇"发轫于初、盛唐,鼎盛于中唐,衰退于晚唐。初、盛唐作为六朝志怪迈向唐传奇的过渡阶段,作品数量少,艺术未具成熟,代表作有王度的《古镜记》、无名氏的《补江白猿传》、张鷟的《游仙窟》等。中唐传奇繁盛,作品数量较多,艺术成熟,现实性强。唐传奇题材涉及面广,有爱情、梦幻、历史、政治、神仙等,其中成就最高的是表现男女情爱的作品,代表作有白行简的《李娃传》、蒋防的《霍小玉传》、元稹的《莺莺传》。《霍小玉传》《莺莺传》都是爱情悲剧,女主人公霍小玉和莺莺,虽一个出身下层妓女,一个出身名门闺秀,但都有年轻炽热的心,渴望爱情,思慕相知。她们被抛弃的恋爱经历以及霍小玉的死后复仇,这些行为本身就是对封建门阀制度和封建礼教的批判

---

① 鲁迅:《中国小说史略》,《鲁迅全集》卷9,人民文学出版社1973年版,第203页。

和揭露。作者对"始乱终弃"的李益、张生的谴责,乃是对整个封建社会上层统治者残酷、自私的唾弃和否定。《李娃传》虽以大团圆结局,削弱了艺术效果,但其突出成就在于前半部塑造出李娃这样一位封建社会中美好、善良的下层妓女。此外,陈玄祐的《离魂记》、沈既济的《任氏传》等也是此类题材中较著名的传奇。晚唐传奇衰落,但出现了牛僧孺的《玄怪录》、李复言的《续玄怪录》、裴铏的《传奇》等传奇专集和杜兴庭的《虬髯客传》、裴铏的《昆仑奴》等豪侠传奇,后者开我国武侠小说风气之先。宋代出现了白话小说——话本,开创了文学新局面。宋元话本反映了城市市民阶层普通人的生活,采用接近口语的白话,其形式体制在正文之前有诗词或故事组成"入话";用韵文来写景状物,对人物、事件起渲染烘托作用;全文最后用诗或套话结尾,含箴规劝诫之意。宋代话本主要有小说话本和讲史话本两类。小说话本讲述脂粉灵怪,公案故事。脂粉故事中往往突出女性对爱情生活的主动追求,如《碾玉观音》中的璩秀秀、《闹樊楼多情周胜仙》中的周胜仙。公案故事与现实关联密切,典型的有《错斩崔宁》《简帖和尚》等。讲史话本讲述前代历史兴废,现存宋元讲史话本多标"平话",既有宋人编元人刊,如《梁公九谏》《五代史平话》《宣和遗事》等,又有元人自编自刊,今存有虞氏刊印的《全相平话五种》。讲史话本成为元明以来长篇小说的前驱。

明清时期中国小说进入繁盛期。长篇章回小说发展定型,并成为主导文学样式,涌现出第一流的文学大师,如罗贯中、施耐庵、吴承恩、蒲松龄、吴敬梓、曹雪芹等。从元末明初的《三国演义》《水浒传》至明代中叶的《西游记》再至万历中前期的《金瓶梅》,小说家的创作意识经历了从借史演义到寓言寄托再到关注社会人生的转变。《三国演义》和《水浒传》同为借史演义,但前者着眼于全面地描写一代兴废或几朝历史,后者以塑造一个或几个传奇式的英雄人物为重点;前者以帝王将相、军国大事为叙述对象,后者将目光移向民间日常生活和普通人。二书塑造人物时,均以"忠义"为人物活动的价值取向。《三国演义》刻画诸葛亮之忠,关羽之义;《水浒传》将以宋江为首的梁山好汉的"忠义"精神,与上自朝廷下至地方的贪官污吏、恶霸豪绅的"不忠不义"进行对比,正是作者这种价值取向的突出表现。神魔小说《西游记》重寓言寄托,"游戏中暗藏密谛"[①],在神幻、诙谐中蕴含哲理。作者主观上要通过塑造孙悟空形象来宣扬心学——"求放心""致良知",使受外物迷惑而放纵不羁的心回归到良知的自觉世界,客观上却突出了心学的另一倾向——张扬个性和道德完善。世情小说《金瓶梅》关注现实人生,描摹出一幅明代社会市井风俗、社会生态的形象画卷。其作者以冷峻的笔触,客观地描写了以西门庆为代表的商人对财的贪求和对色的冲动,这种动物的本能、膨胀

---

① 李卓吾评本《西游记》总批。

的占有欲,其结果只能是理性的淹没、人性的扭曲,乃至自身的毁灭。

明代前期的文言小说、中后期的长篇小说及白话短篇小说均取得丰硕成果。首先,明初文言小说瞿佑《剪灯新话》的出现,标志着传奇小说的崛起。此外,明代还出现了一批"中篇传奇小说",以《钟情丽集》等为代表。其次,随着文言小说的风行,收集汇刊各类文言小说蔚然成风,其中较著名的有《艳异编》《虞初志》等。长篇小说主要有历史演义小说与神魔小说,如《列国志演义》《续编三国志后传》和《封神演义》《南游记》等。此外还有以《海刚峰先生居官公案》《金瓶梅》为代表的公案小说与世情小说。白话短篇小说集有冯梦龙编著的"三言"——《喻世明言》《警世通言》《醒世恒言》,凌濛初编著的"二拍"——《初刻拍案惊奇》和《二刻拍案惊奇》。"三言""二拍"之后,明末清初白话短篇小说出现了繁盛局面,但仍以"三言""二拍"成就最高。

清代是我国小说创作又一辉煌时期。清代小说家已摆脱对民间传说的依附,从实际生活取材,进行独立创作,创作呈现出繁盛局面。蒲松龄的《聊斋志异》在清初小说中成就最高。此书多叙写神仙狐鬼精魅故事,但不再像六朝志怪那样仅以"怪异非常之事"为内容,而是将志怪作为表达小说思想内蕴的载体,即通过狐鬼花妖故事,以文学幻想的审美方式和表现方法随意地藉以观照现实人生,抒写人生苦乐,出脱个人的内心隐秘。18世纪中叶,出现了两部影响深远的伟大作品——《儒林外史》和《红楼梦》。吴敬梓的《儒林外史》是我国古代讽刺文学的杰作,取材于现实士林,对封建制度下知识分子的命运进行了思考和探索。作品中展示了科举制度下扭曲的文士和沽名钓誉的"名士"。这些儒林士人为追逐功名富贵而不顾"文行出处",在八股制艺、玄谈中消磨生命,从而造成精神荒谬,道德堕落,才华枯萎,丧失了独立人格和人生价值。但作者通过对以杜少卿为代表的真儒名士的称颂,寄托着自己改造社会的理想。《红楼梦》全书以贾宝玉的独特视角来感悟人生。宝玉遭遇了"木石前盟"和"金玉良缘"的爱情婚姻悲剧,目睹了"金陵十二钗"女儿国的悲惨人生,经历了贵族家庭贾府由盛而衰的巨变。由此,小说展示了上至皇宫、下及乡村的广阔历史画面,揭示出封建社会种种黑暗腐朽,反映出封建末世尖锐复杂的矛盾冲突,从而客观地揭示出封建王朝的必然衰败。《红楼梦》作为我国古典小说的一部巨著,堪称封建末世的百科全书,其作者问题、文本思想内涵、人物形象、艺术特征等都引起了后学的兴趣,得到精深的探讨,形成了专门的学问——红学。

六、文学批评

先秦时期是中国文学批评萌芽发展阶段。先秦时期人们的文学观念比较笼统,往往包含在对总体文化的一般性论述中。以孔子为界,先秦文学批评可分为两个阶段:前一个阶段,《易经》《诗经》《国语》《左传》《尚书》等古典文献中包含了一些文艺基本观点,成为后来儒道两家文艺思想的历史渊源。如《易经》的"言有序""言有物"说,《诗经》的美刺说,《国语》《左传》的"献诗讽谏"说和"观诗知政"说,《尚书·尧典》的"诗言志"说等,都成为中国文学批评的滥觞。后一个阶段,随着诸子百家的出现,开始形成了多种派别的文艺思想,特别是儒家和道家思想影响尤为深远。以孔子为代表的儒家文学观的核心是"诗教",强调文学要为政治教化服务,认为文学是以仁义礼乐教化百姓的最好手段。老子、庄子作为道家文艺美学的重要人物,反对文学、言辞、文采、音乐等,提出"为学日益,为道日损""善者不辩,辩者不善"等主张。但他们崇尚自然、反对人为的文艺美学思想却产生了积极影响。除儒道两家以外,其他各家在文学思想上亦各有特点,如墨家强调功利,否定文艺;法家主张"先质后文"等。

汉魏六朝时中国文学批评逐渐发展成熟。两汉儒家思想成为封建社会的正统思想,儒家的文艺思想也发展成为封建正统的文艺思想,强调文学和政治教化的关系、文学的社会教育作用,侧重于探讨文学的外部规律。在文学创作和文学批评上进一步形成原道、宗经、征圣的原则,在对《楚辞》和汉赋的评价中也都贯穿了以儒家经学为指导的思想。但到东汉,随着反对谶纬神学迷信思想而出现的异端思想家桓谭、王充等,对儒家思想进行了不少突破。

魏晋南北朝时期文学观念发生了巨变。儒学衰落,玄学勃兴,影响了文学批评的思维特质。文学研究由研究外部规律而转向研究文学本身的审美特征和规律;在文艺创作观念上出现了从"言志"到"缘情"、强调作家独特的创作个性的变化。具体有以下几点:第一,注意文学内部的审美特征。曹丕《典论·论文》中提出"诗赋欲丽"的主张,到了萧统《文选序》、萧绎《金楼子·立言篇》中,更无视文学作品的思想内容,而强调抒情、辞藻、声律,倡导"纷披""放荡"之说。陆机《文赋》对文学表现技巧进行了阐述,沈约等人提出了永明声病说。刘勰《文心雕龙》的《体性》、《风骨》、《通变》、《定势》、《附会》、《总术》等篇,论篇体的风格、组织结构;《情采》、《镕裁》以及《声律》等篇,论用字造句、敷设文采等等,都是对文学审美特征的研究。第二,注意不同文体的分类。曹丕《典论·论文》中提出"四科八体"说,刘勰《文心雕龙》从第六篇《明诗》起到第二十五篇《书记》止,则对不同文学作品体裁作了详细论述。第三,注意作家个性研究。《典论·论文》认为作家的气质才性不同,决定了他擅长不同文体,表现出不同的风格。《文心雕龙》中《体性》、《定势》两篇也有这方面论述。钟嵘《诗品》更是系统评论了历代五言诗的作家,并通过对作家个性风格的分析比较,指陈渊源继承,从而归纳出若干流派。第四,注意批评本体研究。这一时期在理论上具体研究了批评态度、原则和方法。《典论·论文》反对"各以所长,相轻所短"。葛洪反对贵古贱今、爱同憎异的不良风气。《文心雕龙·知音篇》更是要求摒除偏见，博观圆照，评价公允。第五，批评不良文风。挚虞、裴子野、刘勰、钟嵘等都批评了西晋南北朝繁缛浮艳的文风。其中最典型的是刘勰，他反对当时"採滥忽真"、"羽华随侈"的文风，推崇建安风骨，提倡明朗、刚健、质朴的文风，同时重视文采，要求风骨与文采相结合。

唐宋金元时期中国文学批评进入深入扩展期。唐代的诗歌理论有继承，有革新。陈子昂推崇风雅兴寄和汉魏风骨，重视诗歌的社会内容和明朗刚健的风格；李白承陈子昂，提倡自然清新的诗风；杜甫要求文学表现民生疾苦，推重《诗经》传统；白居易领导新乐府运动，大力提倡讽喻诗，主张"文章合为时而著，歌诗合为事而作"①，强调以"质而径""直而切"②的语言，"惟歌生民病"。晚唐五代，"意境"理论趋于成熟，成为中国最具民族特色的文学理论范畴。意境理论萌芽于殷璠的《河岳英灵集》，其"兴象"说，主要是指田园山水诗人所表现的在幽静环境中的情趣。唐代中叶，出现了皎然的《诗式》，重视"文外之旨"③；同时高仲武编选的《中兴间气集》，强调诗歌清雅婉丽。晚唐司空图重视诗歌韵味和艺术技巧，要求诗歌表现得"近而不浮，远而不尽"，使它具有"韵外之致"和"味外之旨"。④ 他推崇王维、韦应物诗，认为"澄澹精致""趣味澄夐"，标志着意境理论基本成熟。唐代的"古文运动"成为唐代古文创作和批评的主要潮流。古文运动的前驱萧颖士、李华、独孤及、梁萧等，阐明文与道的关系，强调文章的教化作用，推崇先秦两汉的经史学术文章，不满屈宋以来"丽而淫"的辞赋，严厉批判魏晋以来的骈体诗文。作为古文运动的领袖韩愈、柳宗元，发展了前驱者的理论。韩愈明确地提出"文以明道"，注重实用的思想，强调"不平则鸣"⑤的创作主张，从而成为封建社会中富有民主精神和反抗精神的重要命题。柳宗元为儒学复古主义的倡导者，以儒学为主而兼取百家。他所说的"道"，非儒家之道，含义更加宽泛，其中包含"辅时及物"的内容。唐中晚期及五代，韩门一派的文论，反映了唐代古文运动后期的创作思想。李翱贵创意深远、语言独创，皇甫湜倡新奇怪异文风。皇甫湜及唐末孙樵等人的理论反映出古文运动后期的不健康文风。

北宋诗文革新运动的理论以文为主导，兼而论诗，其中欧阳修和苏轼的理论成就最大。在文论方面，欧阳修推崇韩愈，主张以道论文，以道充文，注重文章的实际内容，将文学革新与政治改革联系起来；苏轼论文，提出"道可致而不可求"，要在不断的生活实践中把握事物

---

① 白居易：《与元九书》，《白居易集》卷45。
② 白居易：《新乐府序》，《白居易集》卷3。
③ 皎然：《重意诗例》，《历代诗话》(上)，中华书局1981年版，第31页。
④ 司空图：《与李生论诗书》，《全唐文》卷1870，"司空图"。
⑤ 韩愈：《送孟东野序》，《韩愈全集校注》第3册，第1464页。

的特征和规律，反对语言艰深怪僻，提倡平易通达。在论诗方面，欧阳修推崇李白、杜甫，提出"诗穷而后工"著名论断；而苏轼诗论则显得复杂矛盾，一方面推崇杜甫，诗歌须"有为而作"，另一方面又赞誉陶渊明等魏晋诗人的风高绝尘，以"空"为旨归。此外，梅尧臣论诗，强调诗骚传统，重视比兴，提倡平淡质朴，与欧阳修同途；黄庭坚受理学思想影响，指出诗歌要"以理为主"，在创作方法上提倡"夺胎换骨"①，"点铁成金"②。南宋文学批评的主要形式是诗话，其中最值得注意是以禅喻诗，论述诗歌意境。严羽的《沧浪诗话》在宋诗话中最有理论系统。严羽不满"以文字为诗，以才学为诗，以议论为诗"的苏黄诗风，推崇"以盛唐为法"，以禅喻诗，强调"妙语"，标举"兴趣"。他以"羚羊挂角，无迹可求"、"如空中之音，相中之色，水中之月，镜中之象，言有尽而意无穷"③对诗歌意境艺术特征的描述影响尤大。此外，宋代词论获得发展，戏曲理论开始出现。词学的婉约与豪放之争，实质是围绕词作为一种文学样式的独特性展开的。婉约派李清照认为"词别是一家"，重视词声律"本色"。而苏轼以诗为词，以内容表达和感情抒发为旨归。金元时期的诗文批评基本沿袭宋代余绪，有成就者有王若虚、元好问等，元氏《论诗绝句》尤为人注意。随着戏曲、小说的发展，戏曲、小说的批评也相应萌芽。戏曲方面如燕南芝庵的《唱论》，钟嗣成的《录鬼簿》等；小说方面，则出现了全面总结话本创作经验的罗烨的《醉翁谈录》。

明清时期，诗文创作衰落，戏曲、小说创作高涨，因此文学理论批评领域不再是诗文理论批评独占鳌头，而是出现诗文、小说、戏曲分途发展，异途同归的局面。

第一，在诗文领域中，明清时出现了承传和新变两种相异的理论倾向。明代前后七子提出"文主秦汉，诗规盛唐"④的复古主张。明后期在追求个性解放的思潮中，产生了李贽"童心说"，公安派"独抒性灵"说，竟陵派的"幽情单绪""孤行静寄"说，本质都是要求创作源自真情实感。清代诗学或宗唐或宗宋，多徘徊于旧辙，其中王士禛"神韵说"、沈德潜"格调说"、翁方纲"肌理说"、袁枚"性灵说"影响较大。而诗学新变理论成就卓著的是叶燮的《原诗》和章学诚的《文史通义》。《原诗》纵论诗歌发展，以源、流、正、变，"踵事增华""因事递变"，揭示诗歌演进趋势；以沿、革、因、创分析继承与革新关系；他还以才、胆、识、力和理、事、情全面概括诗歌创作主客观条件，构成完整的诗学体系。《文史通义》提出"六经皆史"的观点，反对以儒经为教条，反对"离事而合理"，具有唯物主义倾向。在文论方面，桐城派方苞、刘大櫆、姚鼐等

---

① 黄庭坚：《答洪驹父书》，《黄庭坚全集·正集》卷18。
② 惠洪：《冷斋夜话》。
③ 严羽：《沧浪诗话·诗辨》。
④ 《明史》卷285《文苑传一》。

主张义理、考据和辞章,基本也属于复古范围。第二,戏曲理论繁荣。伴随新思潮的到来,明嘉靖、隆庆时期出现了提倡"本色"的戏曲理论思想,代表者如李开先、何良俊、王世贞、徐渭和李卓吾等。明后期产生了两个对立的戏曲流派——吴江派和临州派,围绕着戏曲创作是重音律还是重机趣进行论争。而权衡两派观点,取其所长,弃其所短的两部专著是吕天成的《曲品》和王骥德的《曲律》。《曲品》重视戏曲的文学剧本,《曲律》则要求戏曲创作表现真情真性。清代李渔更是我国古代戏曲理论的杰出代表,其《闲情偶寄·词曲部》较全面地论述有关戏剧的文学剧本创作、演员表演艺术,以及导演艺术等重要问题,在戏剧创作上明确提出"结构第一",要点包括"立主脑""脱窠臼""密针线""减头绪"等方面。第三,明清时期小说评论主要是围绕明代《水浒传》《三国演义》《西游记》《金瓶梅》四大奇书及其他小说进行评点式批评。首先,小说的地位和作用得到提高,强调小说与诗文并重。其次,这些评论探讨了以《三国演义》为代表的历史演义小说的历史真实和艺术真实的关系问题。再次,探讨了以《西游记》为代表的神魔小说中幻与真的问题。复次,探讨了《水浒传》中的人物形象塑造问题。清代金圣叹评《水浒传》、毛宗岗评《三国演义》、张竹坡评《金瓶梅》、脂砚斋评《石头记》、闲斋老人评《儒林外史》、冯镇峦评《聊斋志异》等形成了小说评点的新局面,由此对小说的思想内容、艺术特点、艺术典型、艺术真实等系列理论问题作出了深入探讨。总之,明清时期我国小说批评理论较为成熟,并自成系统,各具特色。

第二节 艺术"百花园"

一、音乐

先秦时期是中国音乐的奠基期。中国早期音乐的基本特点是诗、歌、舞三位一体,原始祭祀歌舞即具有这种特点。原始歌舞多与原始人的狩猎和畜牧生活相关,内容包含祭祀图腾祖先、天地万物等,如《吕氏春秋·古乐篇》所记载的《八阕》《云门》就是传说中的古乐。原始音乐音节简单,没有一定的音律,后来经过长期实践,逐渐产生了简单音律。据记载,晚商时期已存在五声、七声音阶以及半音关系。殷代已有鼓、磬、编磬、编钟等打击乐器和籥、骨笛、埙等吹奏乐器。西周时音乐获得长足发展,以六代之乐和雅、颂乐最为重要。六代之乐规模宏大,严肃静穆,主要用于祭祀天地、山川、祖宗,声调平淡,节奏缓慢;颂是大型典礼用的歌舞;雅有大小之分,其中大雅与颂类似,只是音调稍显清越;小雅接近民歌,用琴或瑟伴奏。周人以制作材料为依据将乐器分为金、石、土、革、丝、木、匏、竹八类,谓之"八音"。在韵律上,周代在商代出现的半音关系的基础上逐渐形成完整的半音结构十二律——黄钟、大吕、太簇、夹钟、姑洗、仲吕、蕤宾、林钟、夷则、南吕、无射、应钟。而且转调理论也已经产生,五声、六律、十二管、旋相为后来的旋宫理论奠定了基础。春秋战国时期,音乐有南音、北音之分。《诗经》的十五国风,多为北方民歌,曲式较简单,质朴平实;产生于南方楚地的《九歌》是流行于楚国南部的一种大型歌舞曲,谓之"楚声",曲式趋于复杂,奇幻浪漫。大约在战国时期还出现了独特的说唱形式"成相",成相本为古人在舂米、捣衣等劳动时伴随杵声的歌唱,成相的歌唱形式就是后世说唱音乐的远祖。在音乐理论上,《管子》提出的"三分损益法",正式确立了用数学方法计算五声音阶中各音的弦长比例的原则,五音中的徵、羽、宫、商、角及七音中的变徵、变宫两音皆可由"三分损益法"求得。

两汉魏晋南北朝时期是中国音乐发展期。秦国享国日浅,音乐发展并不显著。两汉时期民间音乐空前繁盛,各民族音乐初步出现融合交汇的局面。汉代民间音乐昌盛,从高祖刘邦起,统治者偏爱民间音乐,直接影响了民间音乐的发展。汉代"乐府"主要就是以采集、改编民间音乐为主的音乐机构。民歌经过乐府整理,加上管弦乐器伴奏,就形成所谓"相和歌"。此外,北狄音乐传入中原,与汉乐及其民间音乐结合,逐渐形成风格各异的鼓吹乐。鼓吹乐从内容上分为天子宴乐群臣时用的"黄门鼓吹"和车驾从行时吹奏的"骑吹"两种;从乐器的配置和运用的场合上又分为鼓吹、横吹、短箫铙歌三类。汉代的吹管乐器笛、箎(图7-2-1)、角等也随着鼓吹乐的发展而日趋兴盛。此外,七弦琴从形制到技法趋于成熟,建立了七弦十三徽的形制,而且琴的演奏开始与歌唱相结合;弹弦乐器管簇、琵琶亦得到发展。

图7-2-1 箎

乐律学领域则出现了计算精密的京房六十律,在相和歌的基础上产生了"相和三调"的音乐理论。魏晋南北朝时期的音乐主要体现为两个基本特点:一是各民族音乐大融合,另一是南北音乐风格迥异。进入中原的西域音乐主要有龟兹、疏勒、康国、安国、高昌以及天竺等国的音乐,以龟兹乐影响最大。其中重要的乐器锣(图7-2-2)、钹、筚篥、羯鼓等,都与西域音乐传播与佛教盛行分不开。西域音乐传入并逐渐与汉民乐结合,产生了风格各异的新的乐曲,如龟兹乐与秦声结合产生所谓"西凉乐",北齐祖珽等人的"广成乐"及高纬

图7-2-2 锣

的"无愁乐"等。另外,魏晋南北朝长期处于南北分离的局面,因而在民族音乐融合的同时,南北音乐的特点表现得比以前更为显著,尤其在民歌方面,分头发展,各具特色。南朝乐府除前代传下来的鼓吹曲、相和歌外,新兴的主要是"吴声歌"和"西曲歌"。其歌曲普遍采用新的音阶,不用"变徵",而改用比变徵低半音的"清角"。北方处于统治地位的鲜卑等族的文化多受西域影响而倡"胡乐"。北朝乐府史称"北歌","北歌"与汉魏"横吹曲"有一定渊源关系,故又称为"鼓角横吹曲"。在音乐理论上,南朝人着重探讨与实践管子的三分损益法理论,产生了何承天的新律、荀勖的笛律等。此外,荀勖的"管口校正数"亦具重要价值。

进入隋唐五代,音乐艺术出现了鼎盛。隋唐音乐的两大潮流是宫廷燕乐和民间俗乐。隋唐宫廷燕乐集中反映了这一时期音乐的最高成就。隋朝以法令形式颁布了"七部乐"的燕乐体制,唐初因隋旧制设九部乐,后增为十部。隋炀帝时设立教场,唐玄宗又首创梨园,这些宫廷音乐机构都是适应宫廷燕乐的高度发展而建立的。"法曲"和"大曲"在隋唐宫廷燕乐中居于重要位置。"法曲"源于道教音乐,"音清而近雅";大曲源于汉魏相和大曲,但发展得更为复杂庞大,是一种歌舞、器乐并重的大型歌舞曲,《霓裳羽衣曲》是唐时最著名的大曲。民间俗乐有两种主要形式:变文和曲子。"变文"属于说唱艺术;"曲子"又称"小曲",是在魏晋南北朝清商乐基础上继续发展的民间俗乐,结构多为五言四句或七言四句,也有不少长短句型。隋唐时,一方面民间歌曲推动了绝句律诗和长短句的发展,另一方面诗人的创作又促进了民间曲调的发展。诗作由于入乐歌唱从而得到更广泛的传播,王维的《阳关曲》是典型例证。曲子所配的歌词称为曲子词,为宋词之滥觞。曲子和变文开始盛行,促进了歌唱艺术的发展与说唱形式的兴盛。隋唐最盛行的乐器是琵琶(图 7-2-3)和古琴,琵琶演奏名家辈出,如白明达、裴神符,著名琵琶大曲《春莺转》《倾杯乐》也出自此二人之手。唐古琴演奏形成不同风格的地方性流派,其中"吴声"、"蜀声"、"秦声"和"楚声"四派影响尤大。琴曲以陈康士独奏曲《离骚》最为著名。此外,笙篪、羯鼓以及新乐器方响、拍板也广为流传,轧筝和奚琴这两种早期的拉弦乐器对我国乐器和器乐的发展影响很大。隋唐音乐著作空前增多,并系统总结了乐律宫调理论。此外,《通典》、《艺文类聚》、《初学记》、《白氏六帖事类集》等史书和类书也保存了丰富的音乐史料。隋唐时期的宫调理论成果体现在隋代八十四调和唐代燕乐二十八调体系,唐代音乐创作中相当流行的"犯调"和"移调"的手法,就是利用宫调变化提高音乐表现能力。这些方面无疑都表现了隋唐音乐的繁荣。

图 7-2-3 琵琶

宋代以后，中国音乐出现了新变。随着社会的变化和经济的发展，北宋以后，市民音乐迅速崛起，曲子、散曲随之产生与发展。这些新的音乐形式的产生，标志着传统音乐发生新变。曲子又称曲子词，其音乐部分称"曲子"，歌词部分称"曲子词"，简称"词"。曲子萌芽于隋，发展于唐五代，进入两宋则呈现出全面繁荣。宋代曲子主要是继承了隋唐以来的民歌、曲子或大曲、法曲的片断，其创作方法大多是依声填词。金元时期又兴起了新的歌曲形式——散曲，承宋代曲子传统，散曲体制上有小令、套曲和带过曲三种形式，音乐比较单纯，一般要求抒情优美，而不讲求戏剧性效果。套曲通常由引子、正曲和尾声三个部分组成，每套只用一个宫调。早期套曲只有单纯的由北曲组成的北套和由南曲组成的南套，大约到元末才出现南北曲兼用的"南北合套"，而后成为明代南戏的主要音乐体式。而南戏在音乐方面则又因流传地区不同而逐渐演变为各种不同的声腔体系，影响较大的有所谓"海盐、余姚、弋阳、昆山"四大声腔。此后音乐发展变化主要体现在说唱与戏曲艺术上。宋元时，产生了许多文人编撰的音乐文献，价值较高且保留至今的如《乐书》《碧鸡漫志》《词源》《唱论》等。明中叶朱载堉提出了十二平均律的理论及其算法，解决了乐律学上的黄钟不能回归本律和不能完满旋宫的千古难题。此外，明清出现了专门的琴谱和琵琶谱，如朱权的《神奇秘谱》、华秋苹的《琵琶谱》。在演奏上，琴曲既有"琴歌"又有独奏曲，形成声乐和器乐两大琴派彼此争胜的局面；琵琶大曲既有"武曲"或"武板曲"，又有"文曲"或"文板曲"。明清民间合乐主要有鼓吹、丝竹、清罗鼓等形式，以鼓吹形式最为通行，其中《弦索备考》就是一部以弦乐器为主的合奏曲选集。

二、舞蹈

先秦时期是中国舞蹈产生阶段。舞蹈在原始社会即已萌生，内蒙古阴山地区新石器时代的岩画上的狩猎者舞蹈形象，青海大通出土的彩陶盆上的三组舞人，都是原始社会舞蹈萌生的证明。奴隶社会舞蹈伴随着巫风而盛行。殷商时代，在祭祀活动中，巫觋以卜筮、巫词、咒语以及歌舞等手段制造气氛，沟通人神之间的关系，其中尤以舞蹈为重要手段。周初确立礼乐制度，整理前代遗传的乐舞，包括黄帝的《云门》、唐尧的《大咸》、虞舜的《大韶》、夏禹的《大夏》、商汤的《大濩》及周武王的《大武》总称为"六代舞"，用于祭祀。六代舞集周以前古代舞蹈之大成，开中国古代雅舞之先河，代表古乐舞之正统，是封建社会礼教的一种象征。到春秋战国，西周雅舞衰落，民间歌舞逐渐兴盛。民间歌舞主要是巫觋祭祀活动中的舞蹈，《诗经》中的《东门之枌》和《宛丘》篇即是描绘陈国的民间巫舞盛况；屈原的《九歌》记载有当时楚地民间巫舞的情况。较后于巫舞的是优舞,优舞起源于夏人。巫舞用于事神,优舞则用以事人——奴隶以此侍奉奴隶主。春秋时代,晋有优施,楚有优孟。优善歌舞,能唱俳歌,也称为俳优。优的活动导致了后代戏剧的发展。

两汉魏晋南北朝时期,中国舞蹈进入了各民族舞蹈融合阶段。汉代至魏晋时期舞蹈艺术的发展主要表现在三个方面:传统舞蹈的继承,歌舞戏的发展和民族舞蹈的融合。而魏晋南北朝时期主要表现在中原和西域舞蹈融合。汉代"乐府"机构,除采集民歌以外,还兼收集民间舞蹈并加以加工润色,常见的有长袖舞、折腰舞、巾舞、槃舞等。到南北朝时,江南民间歌舞十分兴盛,而且大量民间歌舞为宫廷贵族所采用,南朝盛行的《清商乐》内容不断地得到扩大,成为包括许多民间歌曲、乐曲和配合舞蹈表演的舞曲和舞歌。《清商乐》中的舞蹈,有的用于郊庙祭祀,称为雅舞;有的成为宫廷显贵的宴会娱乐舞蹈。此外《西歌曲》《子夜吴歌》中亦有舞曲,这些吴地歌舞舞容今虽不存,但舞时的歌曲犹存,内容上多为女子的情歌。汉代还盛行"百戏",百戏是带有民间故事情节的舞蹈,其中最值得注意的是大型歌舞《仙会总唱》和角抵戏《东海黄公》。北齐至隋末产生了最早的歌舞戏《踏摇娘》、《兰陵王》等舞,这类古舞多具刚劲朴野之风,与南朝柔靡的情调迥然异趣。此外,还有装扮人物的歌舞,如晋时的《公莫舞》和《礼毕》等。汉代各民族舞蹈艺术融合的趋势已开其端。汉乐府也收集少数民族及域外的民族歌舞丰富"乐府"内容,如四川阆中賨的《巴渝舞》和苗瑶族的《建鼓舞》等。南北朝时期,以中原舞蹈为基础,兼收各民族不同舞蹈艺术,从而成为各族舞蹈艺术交流融合时期。其中对中原舞蹈影响较大的有《安乐》,后周称之为《城舞》;其次是西凉乐舞,它吸取汉族和西域其他地区(特别是龟兹)的乐舞,从而形成了独特的风格;而影响最大的是龟兹乐舞,龟兹乐舞因为有欢乐的曲调、鲜明的节奏,非常适宜于伴奏舞蹈,因而北周和隋唐时代的舞曲很多是用龟兹乐。外族舞艺与中国本土舞艺结合,形成学习胡舞的风气,开隋九部、唐十部的先河。

隋唐至宋,中国舞蹈形成鼎盛局面。开皇九年(589年),隋集中整理了中外各种乐舞制成"七部乐"的燕乐体制,到隋大业,又增为九部乐。这九部乐的名称是:一曰清商伎、二曰西凉伎、三曰龟兹伎、四曰天竺伎、五曰康国伎、六曰疏勒伎、七曰安国伎、八曰高丽伎、九曰礼毕伎。唐初教坊因袭隋制设九部乐,后增为十部,大约到高宗时,才以音乐歌舞的特点和表演形式分为"坐部伎"和"立部伎"两大部。"坐部伎"和"立部伎"多是以中原乐舞为基础,大量吸收融化外来乐舞而创制的新乐舞节目。"坐部伎"在厅堂内演出,特点是规模小、人数少,舞蹈比较精致,艺术水平高;"立部伎"多在室外广场庭院演出,特点是规模大,讲究排场,气势雄伟,最著名的有《破阵乐》和《太平乐》。在开元、天宝之际,最后整理编排成为整套乐部即宫廷"燕乐",著名的歌舞大曲《霓裳羽衣曲》就是宫廷燕乐的代表。霓裳羽衣舞塑造出仙女美的形象,创造出仙的意境,舞蹈上采用"小垂手"这一传统舞姿,又糅进了西域舞中精彩的旋转动作,并改变其原先矫健豪放的气质,描绘出浮云飘起、飘飘欲仙的舞态,从而成为中国古代舞蹈史上的杰出代表。唐代在一般宴会或其他场合表演的小型舞蹈,分为"健舞"和"软舞"两大类。健舞矫捷刚健、节奏明快,有《剑器》、《胡旋》等;软舞大多优美柔婉、节奏疏缓,有《绿腰》、《凉州》、《乌夜啼》等,从名称上即可看出其所受西域音乐的影响。唐代民间歌舞戏也较繁荣,《代面》、《拨头》和《踏摇娘》是著名的三大歌舞戏。其中,《代面》起源于北齐,《拨头》传于西域,《踏摇娘》则取材于民间题材。宋代舞蹈主要有队舞和民间歌舞。宋代队舞相当普遍,是由隋唐燕乐发展演变而来,在舞蹈中杂有唱述或表演人物故事的段落,歌词和致语形成了固定格式。民间歌舞多为节日群众性的活动,如《扑蝴蝶》、《鞑靼舞》、《十斋郎》、《村田乐》等。此外,宋代歌舞与"百戏杂陈"等戏剧艺术构成密切联系。在表演艺术领域里,宋杂剧居于主导地位,"散乐传学教坊十三部,难以杂剧为正色"[1],但是杂剧大量地从歌舞艺术中吸取营养成分,与歌舞关系密切。"百戏杂陈"是宋人在勾栏瓦肆里表演的各种技艺,其中舞蹈或舞蹈性较强的节目有《舞旋》、《舞番乐》、《花鼓》、《舞剑》和《舞砍刀》等等。

到了元明清时期,中国舞蹈出现衰退的迹象。元明清三代,除了少数民间舞蹈仍在流传发展以外,中国舞蹈的大多数形式都融入到戏剧之中。从戏剧角度说,吸收舞蹈表现方式,丰富了表演形式;而从舞蹈角度说,则表现出衰退趋势了。具体表现为:第一,舞蹈与戏剧的融合。舞蹈对于戏剧塑造出众亮眼的人物形象无疑是重要手段。戏曲表演中的舞蹈,一方面继承了古典歌舞,如明汤显祖的《牡丹亭·游园惊梦》、李开先的《宝剑记·林冲夜奔》都以传统舞蹈形式表达剧中主人公的情感;昆曲《长生殿》与杂剧《梧桐雨》都安排有杨贵妃"盘舞"的情节。另一方面又大量吸收各地的民间歌舞,如表现农家生活的《村田乐》就被运用到《刘玄德醉走黄鹤楼》中作为一段插入的舞蹈;明传奇《浣纱记》中西施歌舞的场面以及其他如灯舞对民间歌舞的吸收等。一些民间舞如《跳和合》、《舞鹤》、《哑背疯》、《跳虎》等甚至在明代戏曲中成为了专有名词,为戏曲所广泛吸收。戏曲中的各种舞蹈程式动作对继承和发展我国的舞蹈艺术传统有重要意义。第二,民间舞蹈向地方小戏的转化。在戏曲艺术影响下,清代各地民间歌舞逐渐发展转化为独具风格的地方戏。如花鼓戏是由《地花鼓》、《花灯》等民间歌舞发展而成的新兴小戏;采茶戏是由民间歌舞《采茶灯》发展来的;江苏锡剧吸收了《采茶灯》的舞蹈动作;甬剧是由宁波一带民间歌舞《马灯调》、《田头歌》发展而来的。这种转

---

[1] 吴自牧:《梦粱录》卷20《妓乐》。

化,使舞蹈性减弱,戏剧性增强。当然,在民间歌舞向戏曲转化的同时,仍有一些原先的歌舞形式在民间流传,如《狮子舞》《大头和尚舞》等。明代姚旅的《露书》记载了山西洪洞的多种民间舞蹈,如《凉伞舞》《回回舞》《花板舞》等。清代的民间舞蹈最重要的有《太平鼓》《秧歌》《花鼓灯》等。

一些少数民族自娱性、群众性的舞蹈活动也极为普遍,保存着较浓厚的民族特色,风格纯朴、健康,生活气息浓郁。如维吾尔族的大型歌舞曲《十二木卡姆》,藏族的《卓》《锅庄舞》,瑶族的《长鼓舞》,苗族的《芦笙舞》,壮族的《扁担舞》《踏舞》等。

三、绘画

我国绘画艺术最早可追溯到新石器时代。新石器时代绘于彩陶上的装饰性绘画、岩画、壁画和地画均可视为我国绘画的萌芽,其中成就最高的是仰韶文化与马家窑文化的陶绘图案。先秦时期一方面承原始绘画的余风,产生了大量的壁画;另一方面又出现新的绘画形式,即战国帛画。西周曾创作过重大历史题材的庙堂壁画,春秋战国时的壁画尤甚,绘饰内容丰富。长沙楚墓出土的战国时代的人物帛画,勾线流畅,比例匀称,标志着我国人物肖像画的萌芽。

秦汉时期是人物画的发展期。秦咸阳宫殿残存的车马仪仗壁画,形象刻画简洁生动,以线描为主。两汉壁画盛行,举凡殿堂祠庙、衙署府第诸种建筑均以壁画为饰。宫殿衙署壁画见于文献记载,以麒麟阁及云台之画像最负盛名,规模颇大的为西汉鲁恭王灵光壁。墓室壁画以贵族官僚形象为中心的车马出行图、宴饮乐舞百戏图居多。两汉帛画现在所能见到的是出土于汉代墓葬中的旌幡,其题材内容仅限于墓主人生活情状及幻想升仙的情景。秦汉时代,施于漆器、铜器、陶器上的装饰性绘画颇为发达,以湖北云梦的双鱼单凤纹漆盂和江陵凤凰山出土的人物纹漆梳篦为代表。西汉时的工艺装饰画,技巧成熟的有长沙马王堆出土的神怪瑞兽云气纹漆棺,长沙砂子塘出土的西汉墓舞女图和车骑出行图漆奁,西安贵县罗泊湾出土的外壁有漆绘的人物校武田猎图的铜提梁竹节筒和铜盆等。此外,还有秦汉的画像石和画像砖,以长清孝堂山"郭巨祠"、嘉祥武氏祠和沂南画像石墓最具有代表性。其中武氏祠画像,仙神祥瑞、历史人物、现实生活兼有,尤以宣扬帝王圣贤、孝子烈女、义士刺客故事为多,表现形式皆用减地平雕加阴线刻的技法。这些方面都标志着秦汉人物画的发展。

从魏晋南北朝至唐朝,中国绘画技艺趋于成熟。这一时期,画类齐全,技巧圆熟,绘画理论长足发展。在绘画种类上,有人物画、佛教画、山水画、花鸟画等。东晋顾恺之的《女史箴图》《洛神赋图》,南朝宋陆探微的"秀骨清象"的六朝士人形像图,唐阎立本的《步辇图》(图7-2-4)、《历代帝王图》,唐张萱的《虢国夫人游春图》《捣练图》,传为周昉的《挥扇仕女图》《簪花仕女图》等,都是著名的人物画。南朝张僧繇、北朝曹仲达是佛教画创作最为活跃的画家,北朝敦煌莫高石窟盛行本生、本缘故事画,唐代石窟壁画出现的净土经变图、说法图、佛教史迹图,吴道子的宗教画、石窟壁画等,都是佛教画的代表作。隋代展子虔的《游春图》,唐代李思训的《江帆楼阁图》,李昭图的《明皇幸蜀图》(图7-2-5)等,都是著名的山水画。在花鸟画(包括畜兽、鞍马一类)中,盛唐薛稷的花鸟壁画,边鸾的花鸟画,韩幹的《照夜白图》、《牧马图》等,都是代表作品。在表达技巧上,顾恺之的人物画以线造型,注重表现人物精神面貌,尤重眼神的描绘;阎立本善用健劲的线描,加以深色的设色,刻画出人物面部特征;而张萱画

图7-2-4 步辇图

图7-2-5 明皇幸蜀图

细节动作具体而生动。展子虔的山水画采取俯瞰式构图，获得"远近山川，咫尺千里"的艺术效果；李思训采用青绿重彩，显现出恢弘的气象；王维以诗入画，创造出简淡抒情的意境。薛稷、边鸾的花鸟画以写意取势。张僧繇的佛教画另创"疏体"；吴道子利用笔墨线条的功能、力度与运动感，创造出"天衣飞扬、满壁风动"的艺术效果。这一时期绘画理论趋于成熟，南朝宋炳的《画山水序》认为山水是以其外形体现"道"，还提出"应会感神、神超理得"的创作构思方法；王微的《叙画》，强调山水画创作的"致"和"情"。隋唐时期，绘画史著作大量出现，其集大成者是晚唐张彦远的《历代名画记》。

从五代至宋元，中国绘画出现鼎盛。这一时期，作品数量更多，门类更为齐全，技巧更趋圆熟，特别是文人画的兴起在中国绘画史上产生重要影响。第一，人物画。从表现对象上可分为三类：仕女类，以五代周文矩的《宫中图》为代表；佛教禅宗人物或文人隐士类，以宋武宗元的《朝元仙仗图》、梁楷的《李白行吟图》、陈居中的《文姬归汉图》最为成功。此外，还有李唐的《采薇图》、宋佚名的《折槛图》、元代张渥的《九歌图》、李肖岩的《杨林西像》等；世俗生活类，以顾闳中的《韩熙载夜宴图》（图7-2-6）、张择端的《清明上河图》最为著名。第二，山水画。五代北方以荆浩、关仝为代表，江南以董源、巨然为代表。宋代山水画更为鼎盛，李成以画寒林平野著称，范宽善画崇山峻岭的雄伟气势，米氏父子（米芾、米友仁）山水画通过简率淡墨表现烟云溟濛的意趣，特别是他们的小景山水开创了文人画的格局。号称"南宋四家"的李唐、刘松年、马远、夏圭，以技巧的翻新，意境的优美，促进了山水画的新变化。而"元四家"黄公望、吴镇、倪瓒、王蒙，或苍润浑厚，或松秀简淡，或纵逸多姿，情调伤感，淡泊独寂，使山水画发生了巨变。第三，花鸟画。五代时以黄筌的奇禽名花，徐熙带有装饰趣味的"装堂花""铺殿花"为代表。宋代花鸟画分为宫廷花鸟画与文人花鸟画两类。宫廷花鸟画繁荣于

图7-2-6 韩熙载夜宴图

北宋后期,充满富贵气息,画风细腻柔媚,只有崔白的败荷凫雁给宫廷花鸟画注入了新的血液。北宋中后期文人士大夫花鸟画呈现出独立体系,文同的《墨竹》、杨补之的《四梅画卷》、南宋赵孟坚的《岁寒三友图》等为人称颂。元代文人水墨写意的花鸟画勃兴,显示出花鸟领域的巨变。王渊以水墨画白描法画花鸟山石有独创性,张中作精简淡逸,兼工带写,王冕的梅林,花密充满生意,而法常的花鸟画"随笔点墨",成为水墨写意画的先驱。这一时期的绘画理论著作主要有荆浩的《笔记法》,提出绘画之"六要",发展了六朝谢赫的六法论;郭熙的《林泉高致集》,强调画"可游可居之境",要画出士大夫渴慕林泉的理想情境;王绎的《写像秘诀》则是研究肖像画创作的重要资料。

明清时期,中国绘画产生了新变。第一,山水画。明前半叶以戴进为代表的宫廷画和以吴伟为代表的浙派山水画在画坛上占统治地位。明中叶主要是吴派文人画,以吴门苏派为中心。吴门画派兴于沈周而成于的文徵明,宗法董源、巨然、赵孟頫及"元四家",与明宫廷画相对峙。此外,明末董其昌是华亭山水派代表人物,追求以书法入画,并简化山石树木形象,以笔势的运动作"不似之似"的组合,并创造了以前人母题作画并结合有关画论的题记而义余画外的表现方法,在山水画中影响最大。清初的"四王"——王时敏、王鉴、王原祁及王翚师法华亭派,而"四僧"——八大山人、石涛、髡残和弘仁则与"四王"对立,重视师法自然,独抒性灵。第二,写意花鸟画。明中叶陈淳与徐渭将写意花鸟画推向新阶段。陈淳笔墨自由如意,笔法放逸不恣纵;徐渭作品强烈抒写内心情感,画风更加放纵洗练。清前期有八大山人、石涛、"扬州八怪"等。八大山人花鸟画构图和用笔极简,意境清奇幽冷,充满孤独幽愤;石涛的花卉墨竹纵横恣意;"扬州八怪"重视生活感受,强烈抒发性灵,发展了阔笔写意画。第三,人物画。陈洪绶、吴彬等别树一帜,开辟了"宁拙勿巧,宁丑勿媚"的艺术道路,取材多为道释人物,人物造型多夸张变化,笔法遒劲,设色古雅,饶有装饰意趣。明末清初肖像画形成了著名流派"波臣派",因代表人物曾鲸之字而得名,曾鲸创墨骨画法,以淡画勾定轮廓五官,施墨略染后再赋色彩。总之,明清山水画的转变,花鸟画的写意,人物画的变形,都体现了中国传统绘画的新变。

此外,明清绘画除壁画在前人基础上仍有发展外,还出现了版画和年画两种新的画种。明中叶后,版画空前发展,至万历年间达到了高峰,徽派版画以黄应麟、汪忠信两家最为突出,其风格精细秀美,线纹柔细,人物修长,细节刻画繁密精丽,主要作品有《养正图解》《后列女传》等。在徽派影响下,金陵、武林(杭州)、苏州等刻书中心也均形成各自不同的特色。明后期还出现了印刷木版年画的作坊,著名的有天津杨柳青、苏州桃花坞和山东潍县杨家埠等处。杨柳青以单色版印制,辅以人工染色,线刻精工细腻,染色鲜丽辉煌;苏州城北桃花坞画风朴中带雅,明净分明;杨家埠造型夸张,构图饱满而富有装饰性,风格质朴生动,有很强的民间风貌。

四、戏剧与其他说唱艺术

1. 戏剧

戏剧在中国发展得相对较为迟缓,先秦至魏晋中国戏剧才开始孕育。这一时期,中国戏剧并未产生,只是歌舞和盛行于两汉魏晋的百戏具有戏剧的表演因素。先秦时,民间歌舞具有装扮人物和带有故事的表演因素,祭祀活动中演出的傩舞和巫舞更是具有较多的戏剧因素,这些与戏剧有渊源关系。秦汉歌舞艺术更为兴盛,汉代百戏中有大型歌舞戏《总会仙唱》和角抵戏《东海黄公》,尤其是《东海黄公》是有动作程式的戏剧性表演。汉代百戏的出现,使戏剧进入了"扮演人物、敷演故事"的新的艺术领域。魏晋南北朝百戏中装扮人物的歌舞、滑稽表演、俳优表演等,对促成后世戏剧形成关系密切。特别值得注意的是,后赵石勒时产生了皇帝利用俳优讽刺犯官的表演,使优戏由原来讽刺皇帝发展为讽刺百官,促进了优戏形式的变化,并逐渐形成一种格式,成为参军戏的来源。

隋唐宋辽金时期,中国戏剧才正式形成并取得了长足发展。隋唐歌舞戏盛行,并出现了参军戏,标志着中国戏剧的形成。歌舞戏由《东海黄公》进一步发展而来,并带有故事因素。最早的歌舞戏产生于北齐、北周,盛行于隋唐,其著名的有《代面》、《踏摇娘》、《拨头》等。其中《拨头》有两个角色,有歌唱、舞蹈、表情动作和格斗武打;《踏摇娘》以其人物造型性格化见长。参军戏在优戏基础上发展而来,以滑稽问答为主。它有"苍鹘"和"参军"两个比较固定的角色,情节简单,即兴表演,以滑稽讽刺为主。参军戏在发展中不断地融入歌舞成分,并朝着扮演故事的方向发展。歌舞戏和参军戏共同的发展趋势是表演的故事成分加强,而两者的互相结合,对于促成综合性的戏剧起了重大作用,故可视为中国戏剧的形成。此外,唐代的变文、傀儡戏(图7-2-7)、大曲等都具有很强的戏剧因素。宋代杂剧与金院本的产生是中国戏剧的进一步发展。宋杂剧承继唐代参军戏传统,

图 7-2-7　傀儡戏

又广泛地吸收和发展了许多表演、歌唱的技艺，形成新的表演艺术形式——戏剧。杂剧所用乐曲主要是唐、宋以来流行的歌舞大曲、词调、诸宫调等。戏剧——歌舞戏和准戏剧——滑稽戏，是杂剧的两种基本样式。金院本是在行院中一些伎艺人演出的节目，从院本的体制、内容、规格来看，它与宋杂剧基本相同，只是因为地理上的关系而带有地方性色彩。

南宋中后期至元代，中国戏剧进入成熟期。第一，南戏的产生标志着中国戏剧的定型。宋代杂剧已脱尽百戏或散乐体制，以戏剧艺术的独立姿态跻身于艺林，但其自身没有定型，更未形成单一的戏剧剧种，直至南戏的出现，中国戏剧才进入定型阶段。南戏产生于南宋，因产生于浙江的温州永嘉一带，故又称为温州杂剧，或永嘉杂剧。最初的南戏是"村坊小伎"，主要以当地流行的民间歌谣并吸收了宋人的词调来演唱故事，无宫调限制；在形式上将歌舞戏和滑稽戏的表演联为一体，形成了以唱为主，唱念做舞并用的单一的戏剧体制；角色分工确立了以生旦为主的体制。《张协状元》是现存最早的一部南戏作品。进入元代以后，北方杂剧涌入南方，南戏吸取了北曲的成就，后来出现了"南北合套"。元末昆山腔的演唱丰富了南戏的唱法，促使南戏在体制和艺术形式上趋于成熟，从而使剧本文学的发展进入了一个新的所谓"传奇"的时代。南戏综合运用歌唱、念白、动作、舞蹈等多种表演手段，幽默风趣、生动活泼，以分场表现戏剧的剧本结构，反映出戏剧艺术的特殊的舞台时空观念，而且各种艺术手段运用具有程式化。南戏作为比较成熟的戏剧舞台艺术的形成，促使戏剧艺术的表演形式和戏剧文学的结构形式都有较大的发展。第二，元杂剧是在宋金杂剧的基础上，广泛吸收诸宫调、唱赚等说唱艺术和各族民间歌曲及其他多种技艺形成的成熟的戏剧形式。其基本结构是四折一本，或加一楔子，剧本由曲调、宾白、科范组成。元杂剧同散曲一起而被称之为元曲，其实杂剧乃是元曲的主体。元杂剧的产生标志着中国戏剧的成熟。作为元代一代艺术的代表，元代出现了著名的"元曲四大家"——关汉卿、马致远、郑光祖、白朴，以及王实甫等人，拥有一大批杰出作品，如《窦娥冤》、《梧桐雨》、《汉宫秋》、《西厢记》等，在中国戏剧史上取得了辉煌的成就。

明清以后，中国戏剧出现空前繁盛。明中叶以后至万历年间，随着传奇的兴盛，杂剧日趋衰落。明清传奇故事情节曲折离奇，多为鸿篇巨帙，具有隶属于各个宫调的、曲牌联套的严格音乐结构。传奇在发展壮大中形成了中国戏剧较为完整的表演体系，而且随着南曲的不断繁衍，出现了余姚腔、海盐腔、弋阳腔、昆山腔和青阳腔等众多声腔争胜的局面。明代传奇流派主要有以沈璟为代表的吴江派和以汤显祖为代表的临川派，尤以汤显祖影响最大，其著名作品"临州四梦"——《牡丹亭》、《紫钗记》、《邯郸梦》、《南柯记》，更是震撼明代剧坛的作品。清代传奇以洪昇的《长生殿》和孔尚任的《桃花扇》为"压卷之作"。此外，李玉的《清忠谱》也颇具代表性。明清传奇的声腔最为兴盛,其中弋阳腔和昆山腔从明代万历以后至清初康熙年间,主宰全国城乡戏剧舞台,成为风靡全国的腔调。弋阳腔形式灵活,有干唱、帮腔,还有"滚调",风格高亢、粗犷、豪放;昆山腔在由魏良辅为首的一批艺术家进行革新以后,建立起了"水磨调"的崭新昆山歌唱体系,其突出特点是委婉、细腻、流丽悠远。

清代地方戏兴盛。乾隆时期,除昆、弋诸腔以外,地方戏在民间兴起了许多声腔,被称之为"乱弹诸腔"。在发展过程中逐渐形成高腔、昆腔、弦索、梆子腔、皮黄等五大声腔。各大声腔互相交流、互相影响,并且有合班演出,促成了新兴大型剧种的出现。在皮黄系统中,最早产生的剧种是汉剧和徽剧,西皮和二黄两个声腔就分别形成于这两个剧种。徽班进京以后,在汉剧和徽剧的基础上,吸收其他剧种营养,逐渐融入北京地方特色形成了京剧。京剧最初只是北京皮黄戏的一个地方剧种,后影响扩大,遍布全国各大城市,遂跃为称尊剧坛的全国性大剧种。京剧声腔是由徽戏(二黄)吸收了京腔(又称北京乱弹)、昆曲、秦腔(山陕梆子与四川梆子)等剧种声腔而逐渐形成的,从整体上说属于皮黄声腔系统。

这一时期,地方戏和京剧规模巨大,发展迅速,剧本创作繁荣。其戏剧音乐的突出成就主要表现在两方面:一是出现了种类繁多的戏剧声腔,各声腔的系统融合,既形成了多声腔剧种,也形成了庞大的声腔系统。再一是创造了板式变化的戏剧音乐。此外,表演风格多样,艺术手段充分,角色行当齐全。

2. 说唱艺术

说唱艺术可溯源到战国时的《成相》,汉魏的相和歌曲也有部分属于说唱艺术,至唐代变文的出现才真正产生。变文吸收群众喜爱的民间曲调,开始用于宣传佛教教义,后内容不断扩大至历史故事和民间传说,如《伍子胥变文》、《王昭君变文》等。宋元说唱艺术主要有陶真、鼓子词、货郎儿、唱赚、诸宫调等。陶真是用琵琶伴奏的说唱艺术,在音乐上反复伴唱。鼓子词分为:抒情性鼓子词,以支曲叠唱为基本形式,多在宴会上使用,结构简单,亦无故事情节;叙事性鼓子词,主要也用一个词调反复歌唱,但其中却有说白,如现存唱本《崔莺莺商调蝶恋花鼓子词》和《刎颈鸳鸯会》。货郎儿是由货郎儿的叫卖声渐渐发展而成的一个民间曲牌,其曲牌称为《货郎儿》或《货郎太平歌》,元代艺人将它分为前、后两个部分,中间串入其他曲调,形成所谓《转调货郎儿》,并用几个不同的转调货郎儿,其间插入说白来说唱一段故事,演唱者自摇串鼓伴奏。唱赚是曲子的进一步发展,以鼓、拍板和笛为主要伴奏乐器而清唱套曲的一种表演形式,其曲体结构在北宋时已经确立,主要有缠令和缠达两种曲式。唱赚是一种集"诸家诸腔"之大成的曲艺,其所用曲牌范围广,表演上有程式性的规定。诸宫调是大型的说唱艺术,它继承了叙事鼓子词及唱赚曲艺的形式,在说白方面承袭了唐代变文的代言体特点。现有诸宫调约十余种,内容多属民间传说及历史故事,《西厢记诸宫调》是目前所见保存最完整的一部作品。

明清曲艺继承了宋元曲艺的成就,体制上可分为板腔和曲牌两大类型。板腔源于唐代变文及宋元词话,曲牌则出于宋元唱赚和诸宫调。其发展的新趋向是在板腔性曲艺中插用一些牌子小曲,从而构成一种综合性结构。总体上,明代及清代前期说唱艺术较占优势,现存约有200多个曲种,在音乐上独具风格,略可归纳为弹词、鼓词、道情、琴书、牌子曲等几类。弹词是明中叶南方兴起的一种板腔性曲艺,唱词以七言诗赞为主,明中叶以后发展为以三弦和琵琶为主要伴奏乐器的弹词和以鼓板伴奏的鼓词两系。弹词发展于江南的苏州、上海一带,在唱腔上以细腻委婉见长。明中叶后,北方鼓词广为流传,多为长篇巨制,清中叶后兴起了"摘唱"、"段儿书"等短篇形式,并大量删减说白,走向了发展新阶段——大鼓,有子弟书、西河大鼓、梨花大鼓、京韵大鼓等。此外,还有道情,在明末由词曲体制发展为一种叙事性的民间说唱;琴书,音色清越甜美,宜于演奏中国风格的曲调;牌子曲,继承宋元南北散曲的艺术成就,并不断吸取了明清民歌小曲发展起来的一种曲牌性的曲艺等。

五、书法与篆刻

书法与篆刻是中国所特有的艺术形式,集线条美、结构美、布白美、神韵美于一体。而且发展至后期,书法、篆刻和绘画融为一体,相映成趣,富有极高的艺术价值。

1. 书法

秦汉是中国书法的产生期。先秦的甲骨文、金文、石鼓文和帛书竹简可视为中国书法的萌芽。殷商的甲骨文契刻古朴劲秀,带有笔意,包含了书法的艺术要素。西周金文逐渐摆脱甲骨文影响,突出金文铸刻的特点,笔画加粗,出现了一些"团墨"笔画,形成了金文大篆凝重浑穆、劲气内敛的典型风貌。石鼓文是中国最早的刻石,其字体从属籀文,用笔"藏头护尾,字在其中",圆融古质,成为金文向小篆的过渡。帛书竹简书写更为自由,已能够看出后来汉代隶书笔意。中国书法的真正产生是在秦汉。秦朝废除六国文字,简化加工秦国传统字体大篆而形成小篆,同时又大力推行新书体——隶书。小篆以刻石为代表,字体结构齐整均匀,圆融峻整。秦隶字体开始化繁为简,改圆笔曲线为方笔直线。汉代书法篆、隶、章草、今草、楷、行诸体皆备,其演进轨迹是:由古隶到八分,再发展到草隶,后衍变出章草和今草。王莽时期章草独立使用,成为草书的雏形。草书是从章草衍化而来的,体势连绵起伏,笔画奔放飞舞,传为东汉张芝所创。行书是介于草书与楷书之间的一种书体,书写流畅迅捷,易于辨认,婉约妍丽,通达晓畅,传为东汉刘德升所创。楷书,由隶的楷化发展而来,早期楷书带有隶书遗风,后期日趋严谨方正,劲健遒丽,并产生了楷书的运笔和结构。碑碣是汉代隶书的主流,其典型特征是有波磔,总体风格工稳庄重。

魏晋南北朝是中国书法的形成期。这一时期,草、行、楷等新字体杂然并用,一批享誉青史的大书法家的产生,标志着中国书法的正式形成。如魏的钟繇,工篆隶、行草,尤以楷书擅名,其《宣示表》(图7-2-8)、《明威将军郭休碑》是晋楷与晋隶的代表作。东晋王氏揭开中国书法史的崭新一页。王羲之书法集前人技巧之大成,又一变汉魏古朴浑雄的书风,完成了楷、行、草三体书法艺术,形成了娇美秀逸、韵胜度高的晋书格调,以行书《兰亭序》(图7-2-9)、草书《十七帖》、楷书《东方朔画赞》为代表。其子王献之书法骨力稍逊,但艳美超过其父。王氏父子的书法促成了行书、草书的定型与成熟,确立了笔法、构字、章法上的艺术技巧。

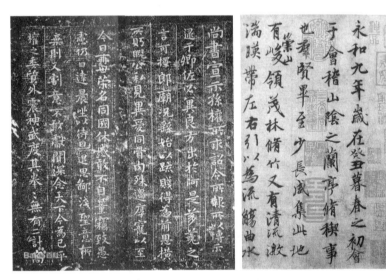

图7-2-8 宣示表　　　　图7-2-9 兰亭序

隋唐是中国书法的高峰期。隋代书法兼容南北书风,楷书规范化,碑帖合流,二王的书风开始盛行。隋代碑版《龙藏寺碑》,笔意强而刀意弱,遒劲潇洒,为初唐书体先驱。唐代上承隋风,效法王羲之,文字书写趋于规范严谨,特别是楷书登峰造极,群雄并峙。欧阳询以篆隶为基础,改方形为长形,造型严整,彻底创造出了具有时代精神的新形式,成为楷书的典范。虞世南笔致圆融丰腴,外柔内刚。褚遂良是完成唐代书法艺术第一人,书风清峻绝妙,境界独到。颜真卿广采博取,变汇通融,创造出丰腴端庄、气势雄浑的"颜体"。柳公权笔力苍劲、结构谨严、风骨峻逸，与颜字丰腴相对。楷书代表作品有欧阳询的《九成宫醴泉铭》、虞世南的《孔子庙堂碑》(图7-2-10)、褚遂良的《雁塔圣教序》、颜真卿的《千福寺多宝塔碑》、柳公权的《玄秘塔碑》等。唐代狂草以张旭的《肚痛帖》和《古诗四帖》、怀素的《自叙帖》和《圣母帖》为顶峰。张旭草书肥劲，怀素草书瘦硬。篆书首推李阳冰，隶书有史惟则等。

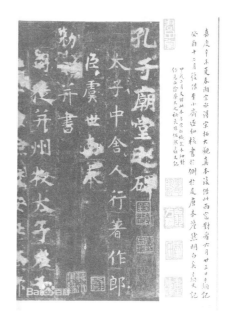

图7-2-10 孔子庙堂碑

从五代至元明是中国书法的徘徊期。五代至宋书法惟"二王"书法是尊，惟帖是学，从而形成书学封闭的整体态势，窒息了书法艺术的创新意识。五代最杰出的是杨凝式，笔意透润，韵味淡逸，书风超尘绝俗，对宋代"散僧入至"书风的形成有很大的启示作用。北宋书法以"宋代四大家"蔡襄、苏轼、黄庭坚、米芾为代表。严格地说，蔡、米属崇尚"二王"的旧派，苏、黄才是"尚意"的宋书革新派。苏轼书法总揽诸家之长，追求个性，不求形似，遗貌取神，表达出一种洒脱奔放的情怀。黄庭坚书法早期因袭王羲之，以后逐渐趋于"尚意"，楷草并胜，后期书法波澜老成，意气风发，风格强烈。元初，赵孟頫书法也师法王羲之，以笔法妍媚、结构淳古而风靡一世。元后期杨维桢、杨居仁诸家，书风奇肆多姿，直抒性灵，与文人画相阐发，开明代书风的先声。此外，宗教书法以禅道修行所崇尚的悟道境地为基础，表现出独特风格。明初以帖学为宗，缺少开创精神，但到明中期出现了文徵明和祝允明，开创吴门书家秀逸婉雅的书风。后来董其昌集帖学之大成，宗法王羲之，但不取形似，以魏晋精神为基础，主张清新洒脱的率意之书，成为明末自由奔放书风的先驱。明代草书风格强烈，富有创新，特别是陈淳和徐渭，在书法上追求与大写意画一致的精神气度——狂放不羁，笔法、章法突破传统，影响了整个书坛。

清代书法成就比较辉煌，其最大特点是帖学与碑学互斥互融，大体可以分为帖学期和碑学期。帖学期又分为两大时期：乾隆以前的帖学前期，乾隆时期的帖学后期。碑学期亦分为两个时期：嘉庆年间的碑学前期，道光以后的碑学后期。帖学前期，董(其昌)、赵(左)帖学盛行，同时碑学开始萌芽。帖学后期，《佩文斋书画谱》一书巩固了以集帖为主的帖学学术基础，《三希堂法帖》集书法之大成(图7-2-11)。此时期帖学虽是书法主流，依然存在多种书法审美趋向。碑学前期，金石学发展到一个新阶段，邓石如和伊秉绶在创造新篆隶方面取得

图 7-2-11 清拓《三希堂法帖》陆继善双钩本兰亭序

了丰硕的成果,由此碑学风气渐开。碑学后期,阮元、包世臣倡导北碑理论,出现了碑帖兼学的名家何绍基。篆隶研究受北碑流行的影响,扩大到石鼓文、古印以及古铜器铭文等诸方面。康有为风标独立,是清代碑学书家最后一位集大成者。此外,"扬州八怪"的艺术创作超脱一般的形式和技法,随心所欲表现自我,其中金农、郑燮、高凤翰三人书法成就很高。金农用墨浓如漆,用笔方扁如刷,具有漆简的笔趣,其行书"如老树着花,溢其姿媚"。郑燮书法是一种杂书体,但其志向所趋则在于碑碣风趣,有很强的隶意,"自称六分半书,极瘦硬之致"。

伴随着中国书法的发展演变,书法理论研究也十分深入。著名的书法理论著作,魏晋南北朝时期有王羲之《书论》、卫恒《四体书势》、王僧虔《书论》、庾肩吾《书品》等;唐代有唐太宗《笔法决》、《指意》、《王羲之传论》和张怀瓘《书断》、孙过庭《书谱》等;明代有张绅《法书通解》、解缙《书学传授》、祝允明《书述》、文徵明《文待诏题跋》、董其昌《画禅室随笔》、项穆《书法雅言》等。从清初至乾嘉时代书法著录表现出注意汉魏石刻的倾向,翁方纲注意到唐代碑版,阮元倡导北魏碑,著《石渠随笔》,包世臣的《艺舟双辑》、康有为的《广艺舟双楫》更详尽深入地论述了北碑书法。

2. 篆刻

篆刻滥觞于春秋战国,成型于秦代,鼎盛于汉代。秦印谨严方正,印材以青铜为主,多为凿刻,铸印较少。汉代篆刻,其形制、文字、章法上都达到了精美的地步,成为一种独立的艺术形式,风格浑穆端庄,气度从容。汉印分为官印、私印、吉语印等,其中西汉官印多为铸印,而东汉则凿印多而铸印少。此外,肖形印在篆刻史上占有重要地位。肖形印是一种镌刻图像的印章,其产生与青铜器的纹饰雕刻有关,至迟出现于西周晚期。战国时有《虎形印》《兽形印》等。秦代肖形印发现不多,其印形常见于秦私印,形体多呈权状。两汉时,肖形印盛行,内容丰富,形式多样,题材广泛。肖形印不仅有艺术价值,也有历史价值。

魏晋至隋唐篆刻处于衰微时期。北朝刻碑之风盛行,魏碑成就突出,此外还有摩崖、造像记和墓志等石刻资料。魏碑由汉隶演变而来,笔法厚重刚健,结构宽博严谨,气度高逸宏放。北魏造像记以洛阳尹阙山龙门石窟为代表,摩崖刊刻以北魏郑道昭的《圣峰山右阙题字》为代表。魏晋南北朝时代的篆刻承汉印之风,但魏晋篆刻率意为之,不及汉印精制严谨、沉穆雄浑。常见的有四种:多字印、多面印、悬针印、朱文印,肖形印已难见到,说明篆刻艺术的历史高峰期已经过去。隋唐官印其文方折而转,布白匀整,唐印以艺术性"闲语"为内容,虽艺术性增强,然秦汉印的那种宛转自然的艺术趣味已经消失。宋代官印基本承袭唐制,风格缺少变化发展,印文亦延用九叠篆。花押(署押)印、私印在宋代开始盛行,赏鉴印、斋馆印也开始流行,但尚未将印章钤印在书画作品上。

元明两代是篆刻转变期。元代艺术家重视篆刻的艺术作用,书画家、书画鉴赏家在书画上钤印渐成风气。赵孟頫以秦篆入印,参以己意变化结体,谓之圆朱文,并将印章与书画结合。王冕创制了花乳石印。元代至正六年(1346年)颁行八思巴文,其官印为八思巴篆文,有的一半为汉文,一半为八思巴文,其篆法方折古劲,有时代特色。篆刻艺术在明代中叶出现了新的突破。文彭、何震在印坛上一反浅陋怪诞的九叠文,力追秦汉,开辟了明清篆刻艺术的昌盛局面;印学理论确立,编制印谱成风,如《集古印谱》;书画与篆刻相映成趣,而且比宋元更为考究。文彭采用石质印章,印材得以改革,使文人得以自篆自刻,促使明清篆刻迅速发展。文彭还开刻边款的风气,使篆刻艺术与书画平起平坐,成为一门独立的艺术,因此文彭被看作是文人篆刻的鼻祖。何震有印论《续学古篇》及印谱《印选》传世,后人尊其为徽派的开创者。明代篆刻各派中,徽派占有绝对优势,代表人物有苏宣、朱简、汪关等。清中叶丁敬、邓石如等大家崛起,标志着清代篆刻艺术进入鼎盛时期。丁敬首开浙派印风,邓石如成为皖派的巨擘。清后期篆刻艺苑名家辈出,不少文人试行刻印,出现了吴熙载、赵之谦、吴昌硕、黄士陵等篆刻艺术大家。

六、建筑、雕塑与园林

1. 建筑

先秦是中国建筑的草创期。先秦的建筑有明显的阶段区别,商代早期宫殿遗址为大型的木构建筑,屋顶为重檐四坡式;西周时,开始用瓦盖屋顶,左右对称,布局谨严。它是中国古代木结构建筑的特点之一,它加深了屋檐外挑的深度及高度,使建筑外观愈加优美。

秦汉魏晋南北朝时代,中国建筑逐渐成熟。秦汉的都城、宫苑、陵园等各类建筑规模急剧扩大,建筑水平日益提高。秦都咸阳,南临渭水,北倚土塬,地势北高南低,宫殿东西横贯全城,居高临下,气魄雄伟。西汉长安的形制、布局基本上符合"面朝后市"的规制,城市平面形状不甚规整,宫苑建筑多取中轴对称的群体构图方式。东汉洛阳东倚邙山,南临洛水,城内有南、北两宫,南城墙至洛水之间建筑了明堂辟雍、太学、紫坛(天坛)及灵台(天文台);城北郊建地祇坛。长安、洛阳两都的平面布局,具有由不规整型向规整型发展的过渡阶段特征。魏晋南北朝的建筑以北魏都城洛阳为代表。此时洛阳的高台建筑虽已减少,但飞阁相通,并出现大量的佛教寺院以及高耸的佛塔,使以高大宫廷建筑为主体的城市增加了空间轮廓线的变化。这一时期还出现了大量的石窟寺、佛塔、砖塔等。石窟寺多依山崖开凿,窟前往往建造木构或仿木构建筑,著名的有克孜尔石窟、敦煌莫高窟等。南北朝时最通行的佛塔形式是平面方形木构楼阁式塔,以北魏永宁寺塔为代表。此外还出现了单层砖石塔和密檐多层砖塔,现存最早的砖塔是河南登封嵩岳寺塔(图7-2-12)。

图7-2-12 登封嵩岳寺塔

隋唐时期中国建筑发展到了高峰。隋唐建筑艺术在继承前代的基础上,大多有创新,其风格恢弘朴质,显示出雄深和阔大的风貌,体现出封建社会盛期的时代精神。两都长安和洛阳的皇城、大明宫、兴庆宫都是当时最大的宫廷单体建筑和组群。唐代的佛寺建筑、砖石塔和木塔,有的至今尚存。敦煌的石窟建筑有一半属于隋、唐窟。隋代的安济桥(图7-2-13)

图 7-2-13 安济桥

在桥梁史上占有很高的地位,它是世界现存最早的敞肩桥。

两宋至元中国建筑进入转型时期。宋代建筑,风格变唐代的雄伟质朴为秀美多姿,是中国建筑的转型期。北宋首都汴京在旧城衙署的基础上改建,有外城、内城、宫城三重,宫廷正门两旁建阙楼,御街直贯内外城南门,城北建有艮岳,西城外则有琼林苑、金明池等皇家园林。元的大都主要是汉族传统样式,也有少数民族风格的建筑,布局严谨,气象雄伟,为明清北京城及宫殿建筑奠定了基础,是古建筑的杰作。宋辽金元保存的建筑遗迹以寺庙最多,如太原晋祠圣母殿等。北宋的开元寺料敌塔明快简洁,朴实无华,是最高的古塔。元的妙应寺白塔,是现有最早的喇嘛式塔,塔身以砖砌成,外涂白灰,洗练匀称,雄伟壮观。另外,北宋李诚的《营造法式》是古建筑理论的珍贵文献。

明清的建筑真正形成了中国建筑的民族特色。明清的建筑,沿着古代传统继续发展,呈现出定型化与世俗化的面貌,主要以都城、宫苑、坛庙和陵墓为代表。都城布局体现了以皇室为主体的规划思想,以宫城为中心,宫城、皇城、内城的三重城垣,层层围绕,形成了坚实严密的封闭结构;都城与宫室的设计以一条南北走向长达 7.5 公里的中轴线为骨干,从而形成了整齐严肃的城市面貌;在艺术上采取了中轴线上主体建筑与次要建筑造型的同中有异,又善于在平面布局上纵横交错,在空间组合上运用外轮廓线的变化及体量对比,造成了统一而多变化的节奏。明清继续修建佛教寺塔,著名的有建于明代的南京灵谷寺、报恩寺和太原崇善寺。佛塔出现三种样式:一为明式楼阁式砖塔;二是兴于元朝的喇嘛塔,以西藏的布达拉宫在喇嘛教建筑中最为壮观;三是金刚宝座式塔,如北京西直门外大正觉寺的五塔。

2. 雕塑

中国雕塑可上溯到几万年之前,首先体现在陶塑上,陶塑艺术与制陶工艺几乎同步产生。1978年河南新郑裴李冈出土的猪头和羊头雕塑品和密县莪冈出土的人物头像,都颇具神态之美,多属工艺装饰雕塑或陶瓷器上的陶饰物。

秦代雕塑有陶塑兵马俑、青铜铸像。秦始皇陵有三座埋藏大型陶塑兵马俑(图7-2-14)的从葬坑,通过严谨的布局,排列成面向东方,气势磅礴、威武雄壮的军阵场面。青铜铸像形体巨伟,设计巧妙,工艺精良,其代表作是大型的钟镰与铜人。西汉雕塑主要有陶俑、园林陵墓雕刻和青铜雕像,陶俑有侍女俑、舞女俑、乐舞杂伎俑、陶俑盘等,艺术简洁概括,长于刻画动态。东汉有立式说唱俑和击鼓说唱俑(图7-2-15),形象惟妙惟肖,呼之欲出。园林陵墓装饰雕刻著名的有赵佗先人墓附近的跽坐裸体石人,昆明池的石刻牵牛、织女,造型简洁,风格古朴。青铜景观雕像以神明台上的铜铸仙人承露盘最为雄伟,以鎏金铜马最为精美。东汉雕塑有石人、石俑、青铜雕塑,如石人李冰石像、石兽石天禄、石辟邪、大型青铜雕塑"马踏飞燕"等。

图7-2-14 兵马俑

图7-2-15 东汉击鼓说唱俑

魏晋南北朝以佛教雕塑居于主体地位,成就突出。东晋戴逵以擅长佛教雕塑著称,灵宝寺丈六无量寿佛和菩萨木像及五躯佛像是其代表作。到南北朝时,石窟大量开凿,山西大同的云冈石窟、河南洛阳的龙门石窟、甘肃敦煌的莫高窟(图7-2-16)、甘肃永靖的炳灵寺石窟、甘肃天水的麦积山石窟等闻名于世。其中云冈石窟的雕塑技巧高超,人物形象面目清瘦、眉目开朗、神采飘逸。北魏时龙门石窟的代表洞窟有宾阳洞、古阳洞、莲花洞等,石窟中的北魏造像达到北朝雕刻的巅峰,呈现出浓郁的中国作风和气派。

隋唐主要是宗教雕塑。莫高窟、龙门、麦积山、天龙山等石窟均有隋代的宗教雕塑。隋代雕塑在形态造型和神态风格上都出现了世俗化的趋势,开唐佛像雕塑之先河。如敦煌莫高窟中的隋塑菩萨面容秀美丰丽,眉目微笑含情,形体丰满绰约。盛唐以其强大的国势、财力大兴石窟,促使宗教雕塑艺术进入了黄金时代。唐佛像典型代表是敦煌莫高窟内各种造型不同的菩萨,如150号窟菩萨造型婀娜多姿、面容丰润秀丽;天王金刚雄健豪迈,极具力和美。洛阳龙门石窟以奉先寺佛像雕塑最为精美,特别是那尊高达十多米的卢舍那本尊大佛,堪称我国宗教雕塑中的精美力作。其佛教人物都各具情态和性格情感,植入了现实生活中的人物性格,世俗色彩浓郁。唐代动物石雕展现出新的时代特色。"昭陵六骏"(图7-2-17)是唐太宗昭陵墓前的六匹骏马浮雕,神态自然、英武强健,成为传统马雕艺术的经典性作品。唐高宗的乾陵墓及武则天母亲的顺陵墓有石雕、石狮、石马、侍臣、华表等石雕,以其雄浑的皇家气派,折射出盛唐气势恢弘的主体精神。唐代陶俑雕塑盛行,风格趋于丰腴饱满,手法趋于写实,某些陶俑的神态性格刻画得生动有趣,色彩鲜艳富丽,艺术上超出前代。

图7-2-16 莫高窟第420窟

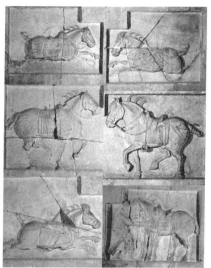

图7-2-17 昭陵六骏

宋代宗教雕塑占重要地位,缺乏隋唐时的宏伟规模和奔放气势,但现实性生活气息则大大增强,优美生动,有的菩萨、罗汉、侍者像几乎是现实生活中人物的写照。宋代寺庙雕塑最有特色的当推苏州保圣寺及山东长清灵岩寺罗汉和太原晋祠侍女像彩塑。宋代已无大型的石窟建造,四川大足县的石刻以北山及宝顶山的规模最大,杭州飞来峰宋元造像则是古代江南石窟中的突出作品。宋代雕塑出现的新趋势是和民间工艺美术相结合,到明清则更加突出。元朝统治者推崇喇嘛教,在宗教雕塑上风格转变,一些值得赞誉的作品往往是"汉式"风格的佛教雕塑,如杭州飞来峰22龛像一度母造像。现存宋元陶木俑的写实技巧尚具相当水平,特别是有些戏曲俑动态自然,表情传神,反映出这一时期戏曲艺术的发达。明清雕塑中宗教雕塑与陵墓及其他建筑中的仪卫性雕刻,总体上反映了神权与皇权的渐衰,但实用工艺雕刻与小品雕塑获得了蓬勃的发展。明代宗教雕塑,技法精到、雕工考究,主要是泥胎彩塑,较出色的是罗汉像和侍女像。清代宗教雕塑趋于概念化而缺少内在精神。同时,木雕与铜铸的喇嘛教造像增多。明代的仪卫性塑像主要为陵墓前的石像,宫殿苑囿及其他公共建筑中石雕或铸铜的石狮与瑞兽等,但气势渐衰。清代则更失去了坚实感而呈现平庸颓萎的态势,如北京天安门前的石狮,故宫中一些的鎏金铜狮等,均缺少了自由精神,成为已被驯化后的家畜的美化和放大。明清建筑装饰部位的雕刻有了新发展。在皇家建筑的装饰性浮雕中,北京故宫保和殿后石阶正中的龙凤石最为有名。此外,民间建筑装饰雕刻、小型雕塑品、大型观赏性的雕塑等都十分发达。

3. 园林

大约5000年前,先民们开始利用山泽、水泉、林木、鸟兽进行造园活动。尧设"虞人",舜封"虞官",都是专管苑囿田猎之事的官员。商纣王扩建"沙丘苑台",养有野兽飞鸟;周文王圈有"灵囿",饲养着珍禽异兽,且筑有灵台,凿有灵沼,设"囿人"管理。早期的皇家苑囿是帝王狩猎之所,只是中国园林的萌芽。

从秦汉到六朝是古代园林发展的转折期。其转折的标志有两点:一是园林的功能由狩猎转向皇族居住游乐;二是私家园林出现。秦朝上林苑,宫殿、园池、台榭,绵延300里,其中阿房宫尤为著名。汉武帝扩建上林苑,修建离宫70余所;还起造规模更加宏大的甘泉苑,方圆500多里;又于建章宫内挖太液池,堆造三山,象征海上的蓬莱、方丈、瀛洲三座神山,这一布局一直影响到明清。汉代私家园林中,梁孝王刘武建兔园,以灵山巧石、奇花珍兽而著称;汉武帝时,巨富袁广汉营建私宅园林,山水阁廊等园林要素都已齐备。魏晋时期,私人造园之风颇盛。石崇所造的金谷园,依山傍水,楼阁勾连,绿树成荫,特别著名。

隋唐两宋是中国古代园林建筑的发展期。隋炀帝时有西苑;唐长安有东苑、内苑、禁苑,三苑之中皆有大量的园林建筑;宋徽宗修筑"艮岳",历时10年,利用踞山临水的自然条件,叠万寿峰,凿曲江池,岩深壑幽,亭榭天然,它标志着叠石堆山艺术的兴起。唐朝还出现了诗人、画家经营的"诗画园林",王维的"辋川别业"、白居易的"庐山草堂"都是具有诗画意境的园林,以无言之美传递出沉静幽思的生命情调。

明清两代是古代园林建筑的鼎盛期。此期皇家园林有颐和园、北海、中南海、圆明园、承德避暑山庄等,这些园林多集全国各地名园胜景,圆明园中还再现了西洋园林建筑,成为"万园之园"。承德避暑山庄集朝会、居住、玩赏、狩猎于一体。这些都体现出此期皇家园林总结性、集大成性的特点。江南私宅园林集中于苏州、扬州、杭州等地,其中以苏州为最。苏州的拙政园、沧浪亭、狮子林、留园最负盛名,号称"苏州四大名园"。此外,无锡的寄畅园、上海的豫园、浙江的安澜园等也都很有名。北方私宅园林以书画家、造园家米万钟的勺园声名最著。这些私家园林对自然山水进行精心的模仿与再造,构成诗情画意的境界,可居可玩,可游可赏,使园林建筑成为一门真正的艺术。

中国园林建筑艺术的特点在于:园林的实用功能逐渐退隐,而赏玩游乐、怡情养性的审美功能逐渐成为主调,表现自然的活泼生意成为中国园林建筑的一大特色。

思考题

1. 概述中国艺术的最主要成就。
2. 艺术作品总是由具体的艺术家所创作的,能不能说艺术仅与个人相联系而与社会、时代无关?

第八章　中华文明与世界文明

第一节　中华文明与世界上其他文明的相互作用与影响

一、中华文明圈的形成与发展

以华夏族为主体的中华文明形成以后,历经夏、商、周三代的发展与春秋战国时期的民族大融合,到秦汉时期形成了大一统的格局,标志着一个强大而稳固的文明中心的确立,并且不断地向外辐射,形成以中华文明为核心的中华文明圈。

高度发达的中华文明在向外辐射的过程中,一方面继续吸收融合边远地区少数民族的文化,另一方面对周边地区的国家也产生了较大的影响。朝鲜半岛由于与中国东北相邻,从而最早进入中华文明圈。中朝之间的交往历史悠久,据《汉书·地理志》记载:"殷道衰,箕子去之朝鲜,教其民以礼义,田蚕织作。"此后,中朝之间的交往更加密切。西汉初,燕人卫满率千余人投靠朝鲜王箕准,后自立为朝鲜王,建都于王险城,统治朝鲜半岛西北部。汉武帝时,卫氏朝鲜为汉所灭,设玄菟、乐浪、真番、临屯四郡,汉文化对朝鲜的影响进一步加强。此后,朝鲜北部陆续兴起高句丽、百济、新罗,南部有马韩、辰韩、弁韩,这些国家无论是经济、文化还是典章制度,都深受汉文化的影响。

与此同时,与中国仅一海之隔的日本也开始与中国遣使通好。早在先秦时期,中日两国就有往来。日本出土的不少青铜器,都带有春秋战国时期中原青铜器的特点,说明这些青铜器,若不是从中国传入,便是日本所仿制。秦始皇时徐福东渡的传说与记述,进一步表明了中日之间友好交往的悠久历史。东汉初年,日本倭奴国派遣使臣与汉通好,光武帝刘秀赐以"汉倭奴国王"金印。这枚金印已于1784年在日本福冈志贺岛出土,成为中日友好交往的历史见证。

在东南亚,越南很早便与中国发生交往,在中华文明的影响下,也逐渐融入中华文明圈。公元前258年,越南历史上第一个阶级国家瓯雒国建立,首都在红河中游的古螺城。秦始皇灭六国后,又派兵南下,将今广东、广西及瓯雒国的部分地区划入版图,设桂林、南海、象三郡。秦王朝土崩瓦解后,南海郡尉赵佗乘机割据独立,建立了南越国。公元前207年,赵佗灭瓯雒国,在今越南北部和中部北区置交趾、九真二郡。越南旧史把南越国列为正统,称之为赵朝,推尊赵佗为开国之君。汉武帝时,南越国为西汉所灭,分其地为九郡,置刺史、太守进行统治。九郡之中,交趾、九真、日南三郡在今越南境内。自此以后,大约在1 000多年的时间里,越南成为中国的郡县,直接受中国封建王朝的统治。在此期间,中华文明先进的生产工具、生产技术以及政治制度与思想文化源源不断地传入越南,促进了当地经济文化的进步与发展。在 13 世纪,越人利用汉字结构和形声、会意、假借等造字法创造了本国文字,在此之前,越南一直使用汉字,这也使得越南很早就融入中华文明圈。

魏晋南北朝时期,中国又经历了一次大规模的民族融合,虽然社会长期处于分裂割据状态,但许多边远地区都得到了开发,为隋唐大一统以及文明的勃兴奠定了基础。隋唐是中华文明的鼎盛时期,文明的辐射力空前强大。新罗统一朝鲜半岛后,与唐王朝继续保持着密切的交往,中华文明对朝鲜的影响更加广泛而深入。如新罗仿效唐朝,设立国学,实行科举制度,以儒家经典作为考试科目。中国的书籍大量传入新罗,既有儒家典籍,也有诸子百家之言。中国的诗文在新罗很受欢迎,尤其是白居易的诗,更是广为流传。唐末五代时,中国雕版印刷术传到了新罗,更加促进了新罗文化的发展。在政治制度上,新罗中央设执事省,相当于唐朝的尚书省,地方行政机构也分为州、郡、县等级。甚至连新罗的首都平壤都仿照隋、唐长安城而建,全城分为宫城、皇城和外郭城三大部分。可以说,到了这一时期,朝鲜半岛已完全融入了中华文明圈。

隋唐时期,随着中华文明的勃兴,日本开始大规模吸收中华文明的成果。在此之前,日本虽遣使与中国通好,但其社会发展水平仍处于原始落后状态。大化二年(646 年),日本进行"大化改新",仿照唐朝的政治、经济制度进行改革,全方位接受中华文明。经过改新,日本的政治、经济与文化产生了飞跃式的发展,封建制度得以确立。唐代时日本受中国的影响是多方面的,从典章制度到科学技术,从语言文字到文学艺术,从宗教哲学到社会习俗等等,无不深受浸染,有些习俗一直沿用至今。在中华文明东传过程中,大批日本遣唐使起到了关键的作用。他们在中国全面学习唐朝先进的政治、经济与文化,回国后为日本的封建化作出了巨大的贡献。同时,中国学者的东渡也促进了中日文化的交流,鉴真大师便是其中杰出的代表。也正是在这一时期,日本开始融入中华文明圈,中华文明圈得以进一步发展扩大。

隋唐以后,中国北方的游牧民族辽、金、西夏、蒙古等相继崛起,并一度击败了汉人王朝。但是在先进的汉文化的影响下,这些民族却逐渐为汉文化所吸收融合,中华文明的根基得以更加壮大。明代郑和七下西洋后,中华文明的对外辐射进一步加强,尤其是东南亚地区受中华文明的影响越来越大。此后随着越来越多的华人加入到这一地区的开发,东南亚的一些地区也最终成为中华文明圈的一部分。

二、 佛教与近世西方文明的传入

中华文明在发展过程中,一方面对世界上其他文明产生了重大影响,另一方面也气势恢弘地吸收了其他文明的精髓,佛教的传入便是其中典型的例子。印度佛学博大精深,堪称古典世界的精神高峰,它传入中国所造成的思想震撼之深之广,也都是空前的。中华文明对于这一外来文化,经历了容纳、排斥、消化吸收、重组再创的复杂过程,从而为中华文明注入了新的活力。

佛教自两汉之际在中国传播后,虽然也遇到一些挫折,如著名的"三武一宗灭佛"①,但这只是一时的挫折,总体而言,中国的朝野上下更多地对佛教持容纳态度,在容纳之中消化改造,使佛教中国化,并努力使之与中国传统的儒、道合而为一。

佛教传入中国,首要任务是要把梵文经书译成汉文。最初的汉译佛经不仅数量少,而且辞不达意,多援道入佛,以至于人们将佛与老子并称。此后经过中印两国高僧的不懈努力,大量的佛经被译成汉文,今天中国反倒成为保存佛教典籍最为丰富的国家。在这一过程中,印度高僧鸠摩罗什与中国的玄奘法师居功至伟。

为了适应中国的实情,佛教在传入中国后经过了一系列的调整,从而形成了具有中国特色的佛教文化。如佛教的基本教义主张无君无父,一不敬王者,二不拜父母,这与中国的皇权以及儒家的伦理道德格格不入,因此在佛教中国化的过程中,不敬王者的教义不得不放弃,而且将帝王与佛并尊,并添加了许多孝顺父母的句子。从这可以看出儒家道德观念对于汉译佛经的渗透和影响。为了吸引更多的信徒,中国化的佛教摆脱了需要经过长期艰苦的修行才能得道成佛的束缚,让成佛变得简单化、世俗化。如佛教禅宗提倡"不立文字","见性成佛","顿悟成佛",从而不需要像印度佛教徒那样累世修行。而净土宗更是开了方便法门,认为只要口念佛号,便可往生佛国。

中华文明在吸收佛教的过程中不断对其进行选择、改造,将有益于中国的教义大加发挥。如在佛教的大、小乘中,选择普度众生的大乘,发挥其入世舍身的教义;进而又从大乘中发展出重顿悟、运用中国智慧的禅宗、华严宗、天台宗等中国佛教宗派,成为中华文明的一个有机组成部分。中国传统的儒学虽长于伦理、政治,但在宇宙论和终极关怀方面一直比较薄弱,故自唐代开始,儒家开始"援佛入儒",此后的宋明理学正是这一努力的成果。同时道家也采用了佛教的一些思想与教义,以至于出现了"三教共弘"、"三教一家"的局面。梁启超在《中国近三百年学术史》一书中说:"中国智识线和外国智识线相接触,晋唐间的佛学为第一

---

① "三武一宗灭佛",指魏太武帝、北周武帝、唐武宗和后周世宗分别在位时,对佛教徒的抑制与镇压活动。

次,明末的历算学便是第二次。"对于中国文明与外来文明的第一次交融,方立天先生评价说:"中国传统文化面对外来佛教文化的输入挑战,并没有被取代,它有效地吸取了佛教思想成果,并将其吸收和改造为中国文化的一部分,这显示了中国传统文化的充分开放性、高度坚韧性和善于消化的能力,表现了中华民族的强大而鲜明的主体意识。"①

梁启超认为,中外智识线的第二次接触始于明末的历算学,事实上这也正是中外文明的第二次交汇,主要表现为近世西方文明的传入。源远流长的中华文明发展到明代时已渐显疲态,封建制度的腐朽性越来越多地暴露出来,资本主义萌芽虽已出现,但无法得到应有的发展。与此同时,西方文明在摆脱了中世纪的黑暗后,经过文艺复兴的洗礼,正在突飞猛进地发展,随后的工业革命更是为其提供了充足的动力。在世界大潮面前,古老的中华文明开始落后了。新航路开辟后,西方文明开始向外大肆扩张,中西文明的交汇已不可避免。

近世西方文明的传入始于明末,基督教耶稣会会士成为最初的开拓者。意大利人利玛窦是最先在中国打开局面的人。他根据中国的实际情况,确立了"学术传教"的方针,以天文历算、几何学、地理学等西方科技知识来吸引中国士人。其后,西方传教士纷纷来华,其中著名的有龙华民、熊三拔、艾儒略、金尼阁、汤若望、南怀仁等等。他们在传教之余,努力宣传西方科技,并且带来了大批西方典籍,为近世西方文明的传入作出了较大的贡献。清朝康熙年间,由于教仪之争,造成清政府与罗马教廷失和,清政府开始驱逐传教士,禁止传教,实行海禁,造成中西文明的交流中断了一个多世纪。当西方文明在近代化的道路上高歌猛进时,中国却固步自封,徘徊不前。等到鸦片战争的炮火打开中国国门时,历史的天平早已倾斜。

在内忧外患面前,中国的有识之士开始"开眼看世界"。林则徐开风气之先,他广泛搜集西方资料,编纂翻译成书,向国人介绍西方知识。其后魏源更是不遗余力地致力于此,并提出著名的"师夷长技以制夷"的口号。鸦片战争以后,清政府已经意识到西方的先进发达,开始派遣官员出国考察。1866年,清政府派出斌椿等一行5人游历法国、英国、丹麦、比利时、俄罗斯等11个国家,斌椿为此写了《乘槎笔记》一书。张德彝更是多次出国,先后写下《航海述奇》、《再述奇》、《三述奇》等书。这些著作记述了国外见闻,对国人更多地了解西方有一定的帮助,但其基本停留在"叙奇志异"的水平上,对西方文明还不能真正做到理解与接受。而一些有思想、有见识的外交官如郭嵩焘、曾纪泽、薛福成等人,开始关注西方先进的文明成

---

① 方立天:《中国佛教与传统文化》,上海人民出版社1988年版,第411页。

果,主张向西方学习。作为最早的驻外使节,郭嵩焘出使英法,竭尽全力维护祖国利益,同时极力主张向西方学习,认为学习西方不应局限于军事方面,应从教育、矿冶、铁路、电报等着手。他特别奏请朝廷,通过翻译西方律例,了解西洋立法,在此基础上纂辑一部通商则例,借以约束洋人。然而,郭嵩焘的开放思想不仅没有得到应有的响应,反遭国内士人的白眼。在他接受出使任务时,其家乡湖南的士子甚至写了一副对联讥讽他:"出乎其类,拔乎其萃,不见容尧舜之世。未能事人,焉能事鬼,何必去父母之邦?"由此可见,由封闭迈向开放的第一步是何等艰难!与此同时,中国的留学生在近世西方文明的传入中开始大展其才。近代以前,中国人留学海外的极少,而且多是教会资助。鸦片战争以后,国门洞开,才逐渐兴起了留学潮。而引导这一潮流并作出巨大贡献的是早期留美生容闳。容闳从美国耶鲁大学毕业回国后,四处奔走,提倡西学,并先后促成了四批官费留学生出国留学,为西方文明的传入打下了坚实的基础,更为以后的思想启蒙播下了星星之火。

要想全面深入地了解学习西方先进的文明成果,翻译工作是必不可少的。19世纪60年代先后设立的同文馆、广方言馆以及江南制造局的译书馆等成为外语学习与翻译机构。这些译馆和书馆一般由外国人主持,同时有大量中国学者参与。如著名数学家李善兰在上海与外国人合译了80多卷天文、数学和力学著作,化学家徐寿翻译了《化学鉴原》等十几种化学著作。据统计,从1853年到1911年,共有468部西方科学著作在中国翻译出版,其中总论和杂著44部,天文气象12部,数学164部,理化98部,博物92部,地理58部。[①] 在思想启蒙方面,严复的翻译工作也功不可没。他先后翻译了《天演论》、《原富》、《群学肄言》等多部西方经典著作,希望能通过这些著作来唤醒国人,救亡图存。以上这些西方著作的翻译,对于当时的洋务运动和后来的维新变法以及新文化运动都起到了积极的推动作用,进一步促进了近世西方文明的传入。

第二节 中华文明前瞻

一、中华民族的伟大复兴与中华文明的发扬光大

鸦片战争以后,清政府在西方列强的坚船利炮下签订了一系列不平等条约,割地赔款、备受欺凌。丧权辱国的现实让曾经辉煌的中华文明尊严尽失,文化自信遭遇到前所未有的冲击,近乎丧失殆尽。如何变法图强,使中华民族走上伟大的复兴之路,成为了一代又一代

---

① 王鸿生:《中国历史中的技术与科学——从远古到1990》,中国人民大学出版社1991年版,第225页。

仁人志士的奋斗目标。

向西方文明学习，救亡图存，富国强兵，洋务派首先做出了努力。从"师夷长技以制夷"到"中学为体，西学为用"，洋务运动从器物层面开始向西方文明学习，探索对中华文明的改造。但是，洋务运动拒绝制度层面尤其是政治体制的变革。戊戌变法将改革的矛头指向了制度层面。康有为指责洋务派经营数十年而成效甚微，原因就在于"变事"而不"变法""变政"，提出效法俄国彼得大帝和日本明治天皇实行变法，"变法""变政"与"变事"结合，以图富国强兵。然而戊戌变法只是一次改良运动，仍然是在尝试中国传统的"体"内嫁接西方文明。面对顽固腐朽的帝制，其结果只能昙花一现，很快以失败告终。而同时代的日本，在经过明治维新后，殖产兴业、文明开化、富国强兵三大政策同步推进，全面向西方学习，并速速崛起。在清王朝腐朽的统治下，中华民族没有能够走上复兴之路。

辛亥革命如一声春雷，结束了统治中国几千年的君主专制制度，震撼了死气沉沉的古老中华。以孙中山为首的资产阶级革命派努力按照西方资本主义模式建立现代化国家。由于中国资产阶级的软弱性，辛亥革命没能改变旧中国半殖民地半封建社会的性质，没有完成实现民族独立的历史任务，形势险恶，内外交困，持续不断的军阀混战再一次扑灭了中华民族复兴的希望。但辛亥革命打开了中国进步闸门，传播了民主共和理念，极大推动了中华民族思想解放，以巨大的震撼力和影响力推动了中国文明变革。

在民族危难之际，中国大地爆发了震惊中外的"五四"运动。以陈独秀为代表的一批先进人士高举起爱国主义的伟大旗帜，倡导西方文明的科学与民主精神，全面掀起了传播新思想、新文化、新知识的伟大思想启蒙运动和新文化运动，以磅礴之力鼓动了中国人民和中华民族实现民族复兴的志向和信心。

在中华民族救亡图存的时代大潮和历史背景下，中国共产党诞生了。从立党之初，中国共产党人就将谋中华民族伟大复兴为初心使命。自中国共产党成立以来，中国共产党人也自觉珍视中华文明，始终担负传承中华优秀传统文化的伟大使命，创造出人类文明史上的一个个奇迹。正如习近平总书记所强调的"中国共产党从成立之日起，既是中国先进文化的积极引领者和践行者，又是中华优秀传统文化的忠实传承者和弘扬者"，中国共产党人旗帜鲜明地提出"是中国工人阶级的先锋队，同时是中国人民和中华民族的先锋队"，明确宣告自己的历史使命就是实现中华民族的伟大复兴。

历史告诉我们，洋务运动不能富国强兵，维新改良只能昙花一现，辛亥革命的失败也彻底否定了资本主义的尝试，只有在中国共产党领导下才能实现中华民族的伟大复兴。十月革命一声炮响，为中国送来了马克思列宁主义，给苦苦寻求救亡图存出路的中国人民指明了前进方向、提供了全新选择。实践告诉我们,一代又一代的中国共产党人,根据中国实际和时代需要,不断推进马克思主义中国化,不断推动理论创新,将马克思主义和中华文明不断融合、相互激发,形成了毛泽东思想、邓小平理论、"三个代表"重要思想、科学发展观和习近平新时代中国特色社会主义思想,实现马克思主义和中华文明双向互融,从而实现中华民族的文明再造。

古老的中华文明曾经辉煌灿烂,在中华民族日益走近伟大复兴的今天,如何将中华文明发扬光大,这是我们中华儿女义不容辞的责任。面对21世纪人类发展的共同困境与难题,如何发扬和传承中华文明,不断创造出优秀的文明成果,为解决全球性问题提供有益启示,造福全人类发展进步,是我们面临的时代课题。

中华文明积淀着中华民族最深沉的精神追求,是中华民族生生不息的丰厚滋养,是中华民族发展壮大的文化基因。一个民族从何处来,到何处去,离不开对文明的追溯。如何处理历史与现实、传统与当代的关系,是实现民族振兴必须解决的问题。不忘本来才能开辟未来,善于继承才能推陈出新。

今天中国正在走近世界舞台中央,中华民族以更加自信的姿态屹立于世界民族之林。随着中国经济社会不断发展,中华文明也必将顺应时代发展焕发出更加蓬勃的生命力,未来之中国必将以更加开放的姿态拥抱世界、以更有活力的文明成就贡献世界。

二、构建新时代中国特色社会主义新文明

自进入21世纪,面对全球增长动力不足、经济徘徊不前、军备竞赛升级、局部冲突不断,以及资源枯竭、环境恶化等一系列全球性难题,曾经主导世界的西方文明开始备受挑战,已经难以解决当今世界难题,新时代呼唤新的文明。习近平总书记指出:"这是一个需要理论而且一定能够产生理论的时代,这是一个需要思想而且一定能够产生思想的时代。"构建新时代中国特色社会主义新文明是时代的召唤,我们不能辜负了这个时代。

面对前人留下来的灿烂辉煌的中华文明,我们要结合中国特色社会主义新时代的新特点进行创造性转化、创新性发展。只有坚持继承与借鉴相结合,进行辨证的综合创造,构建新时代中国特色社会主义新文明,为世界提供"中国智慧""中国方案",才是实现中华文明复兴的道路。只有抛弃中西对立、体用二元的僵化模式,排除盲目的华夏中心论和西方中心论的干扰,在马克思主义普遍真理的指导下,以开放的胸怀、兼容的态度,对古今中外的人类文明成果,进行科学的分析和审慎的筛选,立足时代需要,发扬民族的主体意识,结合当前、面

向未来地进行创造性转化、创新性发展,才能创造出一种既有民族特色、充分体现时代精神,又能与世界各国交流互鉴的中国特色社会主义新文明。

1. 坚持马克思主义指导

文明建设需要有一定的思想作指导,需要用思想作武器对各种文明要素进行分解、评价和筛选,进行立足当前、面向未来的创新、创造和再生,对新文明系统进行必要的设计、建构。马克思主义是在批判总结全人类文明优秀成果的基础上产生的,是现代文明的活的灵魂。马克思主义的人民性、实践性和辩证方法,是我们综合创造新文明的方法论基础。马克思主义深刻改变了世界,在进入中国的百年间,更引发了中华文明深刻变革,是中华文明现代转型的关键动力。只有坚持以马克思主义为指导,才能更好地对人类文明的成果进行科学的概括和总结,使新时代中国特色社会主义新文明的建设始终走在正确的道路上,为中国和世界提供新思想、新理论、新话语。

2. 弘扬民族本体精神

在建设新时代中国特色社会主义新文明的伟大事业中,弘扬中华民族的本体精神,十分重要。中华民族有着深厚文化传统,形成了富有特色的思想体系,体现了中国人几千年来积累的知识智慧和理性思辨,这是中华文明的独特优势。中华文明富含讲仁爱、重民本、尚和合、求大同等优质基因,在修身、齐家、治国、平天下方面积累了丰富经验。这些基因、优势和经验不仅可以成为实现中华民族伟大复兴的精神动力,也可以成为当今全球治理的独特资源。

中华文明绵延数千年,为中华民族生生不息、发展壮大提供了丰厚滋养,也是我们在世界文化激荡中站稳脚跟的根基。最近一百多年来人们的诸多困惑,常常在于如何处理接受外来文化和保持中华文化的关系上。"中体西用论"者害怕在外来文化的汹涌冲击中丧失了民族的自我;"全盘西化论"者对中国传统文化自我更新的能力丧失了信心,看不到保持民族文化独立性的重要;"东方文化救世论"不过是时代落伍者的自我陶醉和一厢情愿。在当今的世界上,没有自尊自强的民族意志、没有蓬勃向上的生命力、没有不断进取的拼搏精神,就有可能成为随人俯仰、任人宰割的弱者,在欧风美雨的冲击下被别人同化。没有中国文明传统美德的兼容精神、气魄和胆量,就可能成为因循守旧、闭关自守的侏儒,因为顽固不化而葬送民族的前途。所以,弘扬我们民族的自强精神、自我意识和自觉能动性,在建设新时代中国特色社会主义新文明的伟大事业中,就显得特别重要。

3. 走中西文化融合之路

习近平总书记指出:"文明也是一样,如果长期自我封闭,必将走向衰落","交流互鉴是文明发展的本质要求。只有同其他文明交流互鉴、取长补短,才能保持旺盛生命活力"。中华文明如果不与西方文明对话交流,难以走进世界舞台中央。只有多元文明交流互鉴,才能形成真正的人类共同价值。

当代中国正经历着我国历史上最为广泛而深刻的社会变革,也正在进行着人类历史上最为宏大而独特的实践创新。建设中国特色社会主义新文明,需要有一个宽广的视角,需要将中华文明放到世界和中国发展大历史中去看。建设中国特色社会主义新文明,只有通过对民族文化优秀传统的保持和发扬、对外来文化的吸收和转化才能获得成功。通过中西文化的会通、融合,创造出一种高度发达的文化,是从徐光启以来许多代知识分子的理想和奋斗目标,过去由于客观条件的不成熟和方法的不尽恰当,一直未能实现。随着中华民族伟大复兴梦想的逐步实现,随着中国日益走向世界政治经济的舞台中央,我们已经拥有前所未有的优越条件,来实现"会通以求超胜"的理想。

党的十八大以来,习近平总书记提出的构建人类命运共同体,以世界多样统一性、不确定性和挑战性为现实依据,以国家富强、民族振兴、人民幸福为根本立场,以辩证思维、共同体理念为思想方法,以建设利益共同体、价值共同体、发展共同体、安全共同体、合作共同体为核心内容,着力建设物质、精神、政治、社会、生态的全面文明,着力建设人民共创、共享、共治的全要素文明,着力建设以构建人类命运共同体为核心的全球文明,实现了对中华传统文明的发展、对西方文明的超越。

世界历史发展告诉我们,人类文明是在同困难的斗争中不断前进的,人类文明进步的历程从来没有平坦之途。当今世界正处于大发展、大变革、大调整时期,世界大变局加速演变的特征日益明显。面对风险挑战,只要我们能始终坚持以马列主义、毛泽东思想、邓小平理论、"三个代表"重要思想、科学发展观和习近平新时代中国特色社会主义思想为指导,不忘本来、吸收外来、面向未来,推动中华文明创造性转化、创新性发展,激活其生命力,中华文明必将同全世界各国人民创造的多彩文明一道,为人类进步提供正确精神指引。

思考题

1. 如何正确看待中华文明在中国现代化进程中的作用?
2. 说说你对中华文明与世界文明在当今世界与未来世界发展进程中的相互关系的看法。

参考文献

1. 成中英:《中国文化的现代化与世界化》,中国和平出版社1988年版。
2. 中国社会科学院考古研究所编:《新中国的考古发现和研究》,文物出版社1984年版。
3. [英]李约瑟:《中国科学技术史》中译本,科学出版社、上海古籍出版社1975年版。
4. 姚汉荣:《中国古代文化制度简史》,学林出版社1992年版。
5. 任继愈:《中国哲学史》,人民出版社1966年版。
6. 葛兆光:《中国思想史》,复旦大学出版社2001年版。
7. 王葆珍、徐远和:《中华文明观》,东方出版社1998年版。
8. 余英时:《中国思想传统的现代诠释》,江苏人民出版社1998年版。
9. 中国大百科全书编委会编:《中国大百科全书》,中国大百科全书出版社1998年版。
10. 田昌五、漆侠:《中国封建社会经济史》,齐鲁书社、文津出版社1998年版。
11. 冯天瑜等:《中华文化史》,上海人民出版社1990年版。